U0899100

国家社会科学基金研究成果（青年基金项目）
（批准号：02CFX005）

民商法文丛

# 证券欺诈民事救济制度研究

彭真明 常健 文杰 江华 著

中国社会科学出版社

**图书在版编目（CIP）数据**

证券欺诈民事救济制度研究/彭真明等著．—北京：中国社会科学出版社，2008.12

ISBN 978－7－5004－7445－6

Ⅰ．证…　Ⅱ．彭…　Ⅲ．证券交易－诈骗－民事责任－赔偿－研究－中国　Ⅳ．D922.287　D925.104

中国版本图书馆 CIP 数据核字（2008）第 194178 号

责任编辑　王半牧
责任校对　王应来
封面设计　王　华
版式设计　王炳图

---

出版发行　中国社会科学出版社
社　　址　北京鼓楼西大街甲 158 号　　邮　编　100720
电　　话　010－84029450（邮购）
网　　址　http：//www.csspw.cn
经　　销　新华书店
印　　刷　北京奥隆印刷厂　　装　订　广增装订厂
版　　次　2008 年 12 月第 1 版　　印　次　2008 年 12 月第 1 次印刷
开　　本　880×1230　1/32
印　　张　11.5　　插　页　2
字　　数　309 千字
定　　价　28.00 元

---

凡购买中国社会科学出版社图书，如有质量问题请与本社发行部联系调换

# 前　言

对于证券市场而言，广大投资者的存在是其产生的基石，而投资者合法权益的保护则是证券市场得以健康、有序发展的保证。从经验的角度不难发现，凡是市场经济比较成熟、证券市场活跃的国家（地区），其对投资者权益的保护就愈加完善与全面。这种情况以英美法系国家（地区）证券立法与司法最为典型；而在大陆法系，即使是证券市场尚称不上发达的我国台湾地区也制定有专门的《证券投资者权益保护法》。对于投资者权益的保护，除了立法给予明确规定以外，司法成为投资者权益保护最后的一道保护索，是恢复投资者对证券市场信心的有力措施。证券法是保障证券市场健康运行的基本法律，它的最高宗旨应是保护证券投资者的利益，而要确保投资者的利益不受侵害，最重要的是在证券法中设置合理的民事责任条款及其相应的救济制度。近几年来，我国证券市场中的欺诈行为到了使中小投资者难以忍受的地步，特别是以银广夏为代表的重大财务舞弊案，使证券投资者的信心受到严重打击。近几年，在已被查处的证券违规案件中，受到行政处分者有之，追究刑事责任者不乏其人，但追究民事责任者至今则寥寥。究其原因，证券违法事件中的受害人在行使自己的诉权时，遇到来自公司法、证券法等立法上以及司法实践中的众多困难与阻碍，使得追究证券违法者的民事责任成本过高，从而使有心通过诉讼维权者望而却步。我国证券市场投资者的维权诉讼之所以步履维艰，其中一个重要原因就是我国现行法律对于证券市场的投资者权利受到侵害时救济方法规定得相当不完备，证券民事责任制度严重缺位。2003 年 1 月 9 日，最高人民法院出台了《关于审理证券市场因虚假陈述引发的民事赔偿案件的若干规定》（以下简称《1.9 规定》），该规定对证券欺诈中的民事责任问题作了一些规定，但很不完善。《1.9规定》不仅在证券欺诈诉讼前置程序、因果关系认定和诉讼方式规定等方面有种种不足，而且在更深层次上，还具有立法理念的偏差和法院执法角度不公等缺憾。《1.9规定》的立法理念在于缓解人民法院受案压力，方便法官审案，这与各国证券民事责任立法的着力保护投资者合法权益的立法理念存在着明显的偏差。《1.9规定》的立法意图在为审理证券虚假陈述民事诉讼案件法律依据的同时，却着重通过设置前置程序、因果关系认定标准和诉讼方式等机制来缓解人民法院受案压力，方便法院审案。而在这其中贯穿《1.9规定》始终的由上述若干具体制度体现出来的立法理念显然主要在于缓解法院受案压力，方便法官对案件的审理。比较而言，及时救济投资者放在了次要位置。特别是在确定虚假陈述与投资者损害之间因果关系的问题上，明显不利于保障投资者的合法利益，当市场出现异动时，如果投资者及时售出股票，保护自己的合法权益，反而还会因在披露日之前卖出而无法得到救济，这明显不符合公平原则的要求。2005年10月通过的新《证券法》虽然在完善证券民事责任方面有所进步，但在法律责任的设计上，仍然具有重行政责任、刑事责任而轻民事责任的特点。

缺乏公平、衡平、正义、诚信的理念，就没有法和法治，徒有其表的立法、法条、法袍何益之有。[①] 在“依法治国”、“依法行政”、“司法为民”等法治口号纷纷唱响的同时，而我国在证券虚假陈述受害投资者的司法救济方面，却出现如此的理念与价值的偏差，着实令人遗憾。而反观英美法系国家，其法院与法官即使在法无明文规定的前提下，依然能够秉持公平、衡平、正义、诚信的理念维护弱势受害投资者的合法权益，这种法律的正义理念与精神的确值得我们的法院、法官反思与自省。法治的实现，并不是依据立

① 史际春、李青山：《论经济法的理念》，载史际春、邓峰主编：《经济法学评论》（第3卷），中国法制出版社2003年版，第2页。

法的数量、法院的结案率、法官的人数等纸面上的数据决定的；法治应是反映社会法律现象具有相对稳定性和极大权威性的一种状态，在这种状态中，法律代表着全体人民的意志和利益，体现公平、正义，符合社会发展要求，同时有效地规范和制约着国家行政权力的行使；权利本位观念深入人心，普遍实现有法可依、有法必依、执法必严、违法必究。在法治实现过程中，法治理念的培养与确立则是至关重要的，是中国法治实现的核心与基础。因此，如何秉承客观公正的立场，立足我国国情，吸收借鉴国外行之有效的法律规则、司法经验以及理论研究成果，合理地构建我国的证券民事法律责任体系，是一个需要理论界、实务界及立法者协同努力、共同解决的重大问题。

本著作试从分析证券欺诈民事责任的基本理论入手，对证券欺诈的民事责任及其诉讼机制问题作一些探讨。

# 目　录

# 第一章 证券欺诈民事责任的基本理论

## 一 证券欺诈的界定

### （一）证券欺诈概念的经济学分析

从经济学的角度看，“欺诈行为是一种利用交易对方的信息劣势（信息不对称）或契约劣势（契约不对等）而谋求超额收益的市场交易行为”。① 这是基于市场主体是经济人的基本假定的分析。经济人即以追求自我利益为动机、充满理智且精于自身利益计算的理性人。当然这种“理性”是“有限理性”。欺诈行为是欺诈者在自利动机驱使下追求效用最大化的选择行为，欺诈者采取欺诈行为的预期效用必然大于采取诚信行为获得的预期效用。从经济学角度看，欺诈行为的发生是欺诈者理性选择的结果，原因在于欺诈的收益高而成本低。这种解释有助于我们对证券欺诈行为成因的理解。例如，证券内幕交易就是典型的利用信息不对称进行的欺诈。我国证券市场证券欺诈的大案要案不断，从经济学的角度看，就在于证券欺诈的高收益和低成本之间的不合理比例。

### （二）证券欺诈概念的法学分析

从法学的角度分析，在罗马法中，欺诈称为诈欺，是实施行为时具有的损害他人的有意心态。因而在适法行为中，一切为使相关人受骗或犯错误以便使自己得利的伎俩或欺骗，均为诈欺；总之，

---

① 曹玉俊、李怀祖：《欺诈行为的经济学分析》，《当代经济科学》1998 年第 3 期。

任何恶意作假或对事实的隐瞒都是诈欺。[1]

据《牛津法律大辞典》的解释是："在民法上，诈欺是一种虚伪陈述，或图谋欺骗的行为，通常以故意做虚假陈述、或者做出其本人并不相信其真实性的陈述，或者不顾其是否真实而做出的陈述等方式构成，并意图（并且事实上如此）使受骗人引以为据。但是，诈欺同样也可以以隐瞒真相或故意不做出其理应做出的陈述方式，或者通过行为构成。"[2]

根据《布莱克法律辞典》的解释："欺诈是指故意歪曲事实，诱使他人依赖于该事实而失去属于自己的有价财产或放弃某项法律权利。"[3]

《国际商事合同通则》第3·8条注释将欺诈的概念解释为："欺诈行为是指意欲诱导对方犯错误，并因此从对方的损失中获益的行为。"

史尚宽先生认为："诈欺谓使他人陷于错误之故意行为。"[4] 梁慧星先生认为："所谓欺诈，指故意欺骗他人，使其陷于错误判断，并基于此错误判断而为意思表示之行为。"[5] 我国最高人民法院《关于执行〈民法通则〉的意见》第68条规定："一方当事人故意告知对方虚假情况，或者故意隐瞒真实情况，诱使对方当事人作出错误的意思表示的，可以认定为欺诈行为。"

以上就是"欺诈"一词在民法学上有代表性的定义。从总体上看，欺诈可以分为作为法律行为瑕疵的欺诈和作为侵权行为的欺诈。欺诈作为法律行为的一种主要瑕疵，在大陆法系民法中多有规定；但对于欺诈作为侵权行为却少有明确的立法。而在英美法系，

---

① ［意］彼得罗·彭梵得著，黄风译：《罗马法教科书》，中国政法大学出版社1992年版，第72页。

② 《牛津法律大辞典》，光明日报出版社1988年版，第350页。

③ 曹建明：《国际经济法学》，中国政法大学出版社2000年版，第163页。

④ 史尚宽：《民法总论》，中国政法大学出版社2000年版，第432页。

⑤ 梁慧星：《民法总论》，法律出版社1996年版，第170页。

情况却不同，英美普通法的民事法律制度中没有关于法律行为的抽象规定，自然也就没有作为法律行为瑕疵的欺诈；而是将欺诈定性为一种独立的侵权行为。

我们要探讨证券欺诈的民事责任，首先需要解决的一个理论上的问题就是，欺诈行为本身是否构成侵权？

从我国《民法通则》及《合同法》的相关规定来看，并不认为欺诈行为构成侵权。根据《民法通则》第58条的规定，一方以欺诈的手段，使对方在违背真实意思的情况下所为的行为是无效的民事行为。根据《合同法》第52条的规定，一方以欺诈的手段订立合同，损害国家利益的，合同无效。根据《合同法》第54条的规定，一方以欺诈的手段，使对方在违背真实意思的情况下订立的合同属于可变更、可撤销合同。所以说，欺诈是否可以构成侵权行为，在我国立法上没有明确依据，在学界探讨较少，态度也不明朗。但笔者认为，应该将欺诈行为作为一种侵权行为对待。下面做一个比较法的考察：

在罗马法中，诈欺是私犯[①]的一种，“诈欺之诉”是一种极为严重的诉讼。[②]

在德国，因被欺诈而作出意思表示的，表意人依据《德国民法典》第123条、第124条可以行使撤销权。《德国民法典》没有规定，因欺诈的意思表示被撤销时，表意人可以获得信赖损失赔偿，理解上为不纯人信赖赔偿。但德国帝国法院认为，表意人被侵害的不是信赖利益，而是意思自由被妨碍，所以，就欺诈的意思表示，表意人可以同时主张侵权救济，引用《德国民法典》第826条[③]规定，以诈欺人故意以

① 私犯即侵权行为。

② ［意］彼得罗·彭梵得著，黄风译：《罗马法教科书》，中国政法大学出版社1992年版，第73页。

③ 《德国民法典》第826条：以违反善良风俗的方式故意对他人施加损害的人，对他人负有损害赔偿义务。

违背善良风俗方法加害为由，使其负损害赔偿责任，但以有实际损失为限。①

"在日本，则以权利为侵权行为之要件，故必有固有权利之存在，而后有侵权行为之可言。日本学者主张诈欺胁迫为个人自由权之侵害，即对于自由意思之决定加以侵害，是以构成侵权行为。"②《日本民法典》第709条规定，因故意或过失侵害他人权利时，负因此而产生损害的赔偿责任。在日本民法上，侵权行为的客体仅规定为权利不免狭隘，故在实践中往往对固有权利作扩大解释，以应司法实践之需。

我国台湾地区民法第184条是规定一般侵权行为的条款。第184条规定："（一）故意或过失，不法侵害他人之权利者，负损害赔偿责任。故意以背于善良风俗之方法，加损害于他人者亦同。（二）违反保护他人之法律，致生损害于他人者，负赔偿责任。但能证明其行为无过失者，不在此限。"我国台湾地区民法学理秉承德国学说，也认为欺诈构成侵权行为。史尚宽先生认为："诈欺为民法上得撤销行为之原因或构成刑法之诈欺罪，致他人受有损害者，同时构成违背良俗致侵权行为。"③"诈欺或胁迫构成侵权行为或债务不履行时，得使诈欺人或胁迫人负损害赔偿责任。诈欺人或胁迫人故意以背于善良风俗之方法加损害于他人者，构成侵权行为（我国台湾地区民法第184条第1项后段）。"④

我国台湾地区学者王泽鉴也认为，欺诈行为应该构成侵权行为。"诈欺系故意以背于善良风俗加损害他人的典型案例。"⑤"以诈欺使他人为意思表示者，系侵害法律所保护之权益，一

---

① 龙卫球：《民法总论》，中国法制出版社2002年第2版，第501—502页。

② 史尚宽：《债法总论》，中国政法大学出版社2000年版，第131页。

③ 同上书，第162页。

④ 同上书，第440页。

⑤ 王泽鉴：《侵权行为法》，中国政法大学出版社2001年版，第295页。

般言之，多会招致损害，应构成侵权行为，被害人得依第184条规定，请求损害赔偿。”[①] 在因受欺诈所为的买卖与侵权行为的关系上，我国台湾地区有学者认为：“按诈欺系属侵权行为，出卖人既因受欺诈而交货，显然受有损害，自得依侵权行为之法则，请求损害赔偿，并于此项损害赔偿请求权消灭时效完成后，请求返还不当得利。虽受诈欺而为之买卖，非无效之法律行为，出卖人之价金请求权依然存在。然仅系请求权之竞合，出卖人（债权人）可择一行使，不能因价金请求权依然存在，即谓出卖人不得请求损害赔偿或返还不当得利。”[②] 上述论说，笔者表示赞同。笔者认为，欺诈行为不应该局限于法律行为和合同的范围来讨论，在一般情形下，其本身侵权行为应该成立。在存在合同关系的场合，也可能产生合同责任与侵权责任的竞合，欺诈行为也应该作为侵权的一种重要诉因，为受害人提供更为周全的保护。

但在英国普通法中，欺诈行为是一种过错行为：“欺诈行为之诉被认为属于过错行为诉讼，而不是违反合同之诉。”[③] 虽然欺诈行为在合同订立、履行中也是普遍存在的，但“在普通法中，认为欺诈行为本身构成行为人承担责任的适当根据的观点可能从来都没有真正消亡”[④]。“到1789年在巴克利诉弗里曼案中，欺诈行为的责任才作为一种具有其权利内容的责任形式被明确的确定下来。这种责任既不必然与合同的责任相联系，也不必然为合同责任所排除。现代作者把这种古老的基本责任形式的复活看作是新的侵权行为法中少有的‘发明创造’的典范。事实上，这只是历史在今天

① 王泽鉴：《民法学说与判例研究》（第2册），中国政法大学出版社1997年版，第207页。

② 王泽鉴：《侵权行为法》，中国政法大学出版社2001年版，第185页。

③ ［英］密尔松著，李显东等译：《普通法的历史基础》，中国大百科全书出版社1999年版，第410页。

④ 同上书，第411页。

的重演。"[①] 欺诈行为之诉作为一种独立的侵权诉讼，在普通法法中具有重要的意义，"它揭示了现代侵权行为诉讼的演进过程"。[②]

本文所讨论的证券欺诈不是狭义的民事欺诈，而是一种特别法（证券法）上的欺诈，是一种有别于合同责任的侵权责任。当然，在存在合同关系的情况下，可能出现责任竞合，当事人可以选择适用之法。在抽象的意义上，我们可以这样界定证券欺诈，即所谓证券欺诈是指行为人在证券发行、交易及相关活动中，通过各种欺骗手段实施的侵害他人财产权利或利益的侵权行为。

**（三）证券欺诈与一般民事欺诈之比较**

证券欺诈与一般民事欺诈都是欺诈行为，但两者存在诸多差异，主要表现为：

1. 主体要求不同

一般民事欺诈的主体是一般民事主体，可以是自然人、法人或其他组织。证券欺诈的主体是特定主体，必须是实施了证券欺诈行为的个人或单位，且仅限于行为的施动者，而不包括其他的盲目跟进者和其他一般投资者。个人主体一般包括：证券从业人员即证券经营机构（证券公司）、证券交易服务机构中从事业务的工作人员；证券公司、证券发行公司、证券交易服务机构中的管理人员，如董事、监事和经理；证券发行公司在设立阶段的发起人；证券投资者个人；证券管理机构的工作人员，如证监会的工作人员。单位主体一般包括：证券发行机构、证券经营机构、证券交易服务机构、证券自律性管理机构和证券投资机构等。

2. 主观方面的内容和形式不同

一般民事欺诈行为人主观上应有故意，至于行为人是否有非法

---

① ［英］密尔松著，李显东等译：《普通法的历史基础》，中国大百科全书出版社 1999 年版，第 414 页。

② 具体内容请参阅［英］密尔松著，李显东等译：《普通法的历史基础》，中国大百科全书出版社 1999 年版，第 409—414 页。

占有他人财物的目的，不影响一般民事欺诈的成立。因为一般民事欺诈的着眼点在于是否妨碍他人真实意思表示，同时过失行为不构成欺诈。证券欺诈一般要求必须有主观过错，包括故意与过失。多为故意心态，即明知自己的行为违反证券法律法规，会破坏证券市场秩序和侵犯投资者合法权益的危害后果，但希望或放任这种危害后果发生的心理状态。证券欺诈是一种图利性的行为，具有牟取非法利益或避免经济损失的目的。在具体的证券欺诈行为中，某些行为主体的过失也构成欺诈，如虚假陈述中的“重大遗漏行为”。

3. 客观的行为方式和构成既遂的要件不同

一般民事欺诈中行为人必须实施了欺诈行为，包括故意捏造事实、变更事实和故意隐瞒真实情况。前者是作为的欺诈，后者是不作为的以沉默方式实施的欺诈。行为的结果是使受欺诈人因欺诈而做出了错误意思表示。如果被欺诈人虽因欺诈行为陷入错误，但并未因此而为意思表示，或其意思表示不是基于错误则欺诈不成立。因此，一般民事欺诈只能是既遂的，同时，造成实际损害结果是构成一般民事欺诈的必要条件。证券欺诈在客观的行为方式上除了虚假陈述行为有积极作为的“虚构事实”和消极不作为的“遗漏事实”两种形式外，其他的证券欺诈均表现为积极的作为方式，并且是利用了自己在证券交易中的资源优势地位，通过违法或违规行为达到利己目的。只要行为人的行为违反了法律法规，破坏了证券市场秩序和侵犯了投资者合法权益就可以认定为欺诈行为既遂，不要求受欺诈者有实际财产的损害。

4. 侵害的客体和危害程度不同

一般民事欺诈行为侵害的客体是自然人、法人或其他组织的合法权益。而证券欺诈行为侵害的客体是整个证券市场的秩序和广大投资者的利益。证券欺诈的涉案数额一般都成百上千万，甚至以数亿计，不仅给投资者、社会和国家造成极大的经济损失，严重挫伤广大中小投资者的投资热情和对证券市场的信心，更重要的是其直接违反了证券市场赖以生存和发展的基本原则即公开、公平、公正原则，直接危害证券市场自身的生存发展，并有可能引发经济危机。

## 二 证券欺诈的主要类型及特点

### （一）证券欺诈的主要类型

1. 划分证券欺诈类型的意义

划分证券欺诈的类型，具有以下意义：

首先，根据证券欺诈的类型可以方便而正确地适用法律。证券市场是冒险家的乐园，百万富翁和负债累累的穷光蛋都可能在一瞬间产生，这里创造着经济的繁荣，也滋生着罪恶，各种违规、违法行为甚至犯罪行为，即使在再规范的证券市场也屡见不鲜。这些违规、违法行为形态各异，法律不可能逐一有针对性地作出规定，只能就每一类欺诈行为作出一个概括性的一般规定，根据这个概括性的描述去界定每一种具体的违法行为属于何种类型的欺诈行为，然后适用法律对该种类型欺诈行为的规定，这样一方面可提高适用法律的准确性，另一方面可以使一般人能较容易地理解法律，从而主动依据法律的规定保护自己的利益。大陆法系是采用"成文法"的国家，法未明文规定者不罚，所以大陆法系国家基本都是根据欺诈行为的行为模式对其作了分类，然后就每种类型的欺诈行为作出相应的规定。如日本和我国台湾地区及我国大陆地区证券（交易）法均规定了内幕交易、虚假陈述、操纵市场等类型的欺诈行为。英美法是采用"不成文法"的国家，法条对证券欺诈仅有概括性的规定，没有划分具体类型，具体适用法律则由法院的判例解决。所以在美国，虽然《证券交易法》第 10 条（b）及证券交易委员会的规则 10b－5 中并没有明确规定内幕交易，但内幕交易在美国确实是被作为欺诈行为加以规范的。

其次，根据证券欺诈的类型可以准确界定违法行为的性质。大陆法国家在根据证券欺诈行为的类型作出规定时，一般都要对每种类型的欺诈行为的行为模式作概括式的或列举式的规定，或者两者兼而有之。根据这些规定去框衡具体的违法行为，就可准确地界定该行为的性质，确定其所适用的法律。我国《证券法》在这方面的体现最为典型。以内幕交易为例，《证券法》第73条是反内幕交易的一般性规定，第74条规定了内幕交易的主体范围，第75条规定了内幕信息的范围，第76条则规定了内幕交易的行为模式。根据这些规定，人们可以清楚地划分此违法行为与彼违法行为之间的界限，准确确定该违法行为的性质。

再次，根据证券欺诈的类型可以确定违法行为应当承担的法律责任。大陆法国家的证券法在规定每种欺诈行为的行为模式时，一般都规定了相应的民事、行政及刑事责任。如果确定了某违法行为是属于哪种类型的证券欺诈，则可以较为容易地确定所应当承担的法律责任。如我国《证券法》第193条第1款规定："发行人、上市公司或者其他信息披露义务人未按照规定披露信息，或者所披露的信息有虚假记载、误导性陈述或者重大遗漏的，责令改正，给予警告，并处以三十万元以上六十万元以下的罚款。对直接负责的主管人员和其他直接责任人员给予警告，并处以三万元以上三十万元以下的罚款。"

2. 证券欺诈的主要类型

证券欺诈行为的主要类型有内幕交易、操纵市场、虚假陈述、欺诈客户。

内幕交易是指证券交易内幕信息的内幕人或者非法获取证券交易内幕信息的人员，在涉及证券发行、交易或者其他对证券的价格有重大影响的信息尚未公开前，买入或者卖出该证券，或者泄漏该信息，或者建议他人买卖证券的行为。

操纵市场是指行为人以获取利益或者减少损失为目的，利用其资金、信息等优势或者滥用职权操纵市场，影响证券市场价格，制造证券市场假象，诱导或者致使投资者在不了解事实真相的情况下作出证券投资决定，扰乱证券市场秩序的行为。

虚假陈述是指信息披露义务人违反信息披露义务，在提交或公布的信息披露文件中对证券发行、交易及相关活动的事实、性质、前景、法律等事项作出不实、严重误导或者重大遗漏的陈述，诱导或者致使投资者在不了解事实真相的情况下作出证券投资决定的行为。

欺诈客户是指在证券交易中，证券公司及其从业人员违背客户的委托为其买卖证券，不在规定时间内向客户提供交易的书面确认文件，挪用客户所委托买卖的证券或者客户账户上的资金，私自买卖客户账户上的证券，或者假借客户的名义买卖证券，为牟取佣金收入，诱使客户进行不必要的证券交易，以及其他违背客户真实意思表示，损害客户利益的行为。一般来说，欺诈客户主要是合同责任，应当由合同法调整。① 所以，本文对欺诈客户这种行为不做研究。

**（二）证券欺诈的特点**

证券欺诈一般具有以下特点：

1. 证券欺诈的隐蔽性

证券欺诈行为是在合法的证券发行、交易过程中进行的，具有合法行为的表征；而且证券市场的发行、交易行为本身具有高度专门化和技术化的特点；证券欺诈则将这一特点发挥到极致，寓欺诈行为于合法行为之中，一般投资者甚至监管部门都不易发现欺诈行为的存在，极具隐蔽性。

2. 证券欺诈手法的多样性

无论是内幕交易还是操纵市场，行为人进行欺诈的手法都是多

---

① 王利明：《我国证券法中民事责任制度的完善》，《法学研究》2001 年第 4 期。但在例外情况下可能会涉及侵权责任。例如，为牟取佣金收入，诱使客户进行不必要的证券交易，尽管证券公司及其从业人员也违反了基于委托合同所应当承担的诚信义务，但是它毕竟诱使客户与他人从事证券交易而并不是与自己从事证券交易，受害的客户基于合同很难向证券公司及其从业人员基于合同提出请求，在此情况下，又使他人遭受财产损害，实际上是侵害他人的财产权，所以受害人可以基于侵权行为诉请赔偿。可见，对此种行为也可以在例外情况下规定侵权责任。

种多样的。例如，操纵市场就是一个极为复杂的一系列行为过程，一般不是以单一的手法完成；在操纵的不同阶段需要采用不同的手法，有时同一阶段也需要几种手法的配合，如相对委托、联合操纵、连续交易往往在一起操纵案件中使用；同时操纵市场行为往往与其他违法行为如内幕信息、虚假陈述相伴而生。

3. 证券欺诈的暗数较高

也正是由于证券交易高度技术化的特点，对证券欺诈行为的调查取证就非常困难。在实践中，证券欺诈大量存在，但证券欺诈被发现的数量却很少，而真正有证据证明并被处罚的证券欺诈行为则更是少之又少，这就形成证券欺诈发案率低、暗数较高的特点。

4. 证券欺诈受害者的不特定性

由于现在的证券交易一般由电脑自动撮合成交，交易双方根本不面对面地协商。证券欺诈的受害者大都是处于证券市场弱势地位的中小散户投资者。但就具体的证券欺诈行为而言，欺诈行为并不针对特定的投资者；而是针对整个市场的投资者，换言之，证券欺诈针对的是整个市场。

5. 证券欺诈行为具有严重的社会危害性和可责性

首先，证券欺诈行为破坏了证券交易公开、公正、公平的基本原则。如内幕交易中，内幕人员利用内幕信息从事内幕交易，必然比一般投资者有更多获利减损的机会，从而置其他投资者于不公平地位；操纵市场中行为人利用信息、资金优势或滥用职权，人为地影响证券市场供求关系，使证券价格脱离上市公司的基本面，诱导或致使其他投资者进行交易，从而获利，破坏了证券市场的公正秩序；虚假陈述中信息披露义务人对必须公开的信息故意作出不真实的、不准确的、不完整的陈述，侵害投资者利益，违反了证券市场的信息公开原则。

其次，人为扭曲正常证券价格，降低了市场效率，不利于资源的优化配置。证券欺诈行为人却利用资源优势和其他非法手段，人为地控制或影响证券交易价格，这就从根本上改变价格围绕价值波动的一般市场规律，破坏证券市场的正常秩序，改变了证券交易真实的供求关系，使市场处于虚假繁荣实质萧条的状态，并将这种假象传递给其他投资者，从而影响投资者作出正确的投资判断，致使证券价格与上市公司经营状况严重背离，使一些成长性好、有发展前景的公司不能有效从证券市场上融资，造成资源配置的低效率，破坏整个市场的效益和效率的发挥。

再次，损害广大投资者的利益，挫伤投资者的投资积极性。证券欺诈行为人凭借其资金、信息、技术等方面的优势肆意妄为，攫取非法暴利；而广大投资者却遭受经济损失，血本无归，甚至倾家荡产。长此以往，证券市场就会沦为“赌场”，理性的投资者必将失去投资的积极性和对整个市场的信心，对市场望而却步，这将直接危及证券市场自身的生存发展，并且甚至可能引发金融危机和经济危机。

## 三 证券欺诈民事责任的制度价值

### （一）证券欺诈民事责任的涵义

从法理的角度来分析，法律责任作为法律义务履行的保障机制和法律义务违反的校正机制，是实现法治不可或缺的元素。法律责任的合理性，康德从哲学上给予了有力论证，他说：“一种行为之所以被称为一种行为，那是由于这种行为服从责任的法则，而且，这行为的主体也被看作当他在行使他的意志时，他有选择的自由。”① 他的意思是说，由于人是理性的动物，又有选择自己行为准则的能力，所以，人必须对自己所选择的行为负责。法律责任制度体现了对行为人自由意志的尊重，“自由不仅意味着个人拥有选择的机会并承受选择的重负，而且还意味着他必须承担其行为的后

① ［德］康德著，沈叔本译：《法的形而上学原理》，商务印书馆 1991 年版，第 26 页。

果，接受对其行动的赞扬或谴责。自由与责任实不可分。”“坚信个人自由的时代，始终亦是诚信个人责任的时代。”①

所以说，法律责任制度的存在具有合理性，民事责任亦是如此。

民事责任是指自然人、法人或其他组织因违反法律、违约或者因法律规定的其他事由而由法律强制承担的不利后果。民事责任是现代社会最常见的法律责任形态，主要为补偿性的财产责任。民事责任主要通过补偿受害人所受损害，满足受害人的正当利益，剥夺不法行为人的不法利益，从而使失衡的利益关系得以恢复，维护社会的公平和正义。

证券欺诈的民事责任就是为了弥补投资者因证券欺诈所受之利益损害，依法对证券市场中的欺诈者课以的损害赔偿责任。就本文的探讨范围而言，证券欺诈的民事责任主要是一种侵权责任。依据侵权的原则，“人们对于故意侵犯他人下列利益的行为应承担责任：（a）人身利益，包括身体的完好、自由及情感的宁静；（b）财产利益，包括由欺骗及非善意的法律诉讼所造成的经济损失；（c）隐私利益；（d）声誉”。② 因证券欺诈行为所致的经济损失，致害人应该予以赔偿。

### （二）证券欺诈民事责任的制度价值

建立证券欺诈民事责任制度具有重要的价值，主要体现在如下方面：

1. 补偿投资者的损失

我们知道，行政法和刑法是公法，通过惩罚教育违法者来维护公共秩序，救济公权。投资者因证券欺诈所遭受的损失无法凭借行政责任和刑事责任得到救济。《证券法》究其本质应属商法范畴，

---

① 哈耶克著，邓正来译：《自由秩序原理》，三联书店 1997 年版，第 83—84 页。

② ［美］迈克尔·D．贝勒斯著，张文显等译：《法律的原则——一个规范的分析》，中国大百科全书出版社 1996 年版，第 266 页。

当属私法，私法理应救济私权，投资者因证券欺诈所遭受的损失，理应通过追究违法者的民事责任得以填补。现代法治社会奉行责任自负的原则，凡是实施了违法行为的人，都应当对自己的行为负责，必须独立承担责任。承担其他责任不能代替承担民事责任。在证券欺诈中，唯有对欺诈者课以民事责任，让其补偿投资者因欺诈所遭受的损失，才算真正实现了对投资者的保护，落实了“保护投资者利益”这一证券法的立法宗旨。

2. 威慑潜在的欺诈者

一般认为，刑法的威慑作用是最大的，判处刑事处罚最有效。殊不知，刑法是司法的底线，用得比较慎重，举证的证明程度要求较高。而且在这个物欲横流的社会，一些人对金钱的渴求甚于对人身自由的向往。如果被判几年徒刑能保住巨额不义之财的话，欺诈者反而觉得更划算；换言之，单纯刑事处罚并不足于震慑证券欺诈。①“个人往往把工具性的规则视为自己在计算效益时应该考虑的另一个因素。这意味着，只有在服从而不是抵抗规则更有利于他的目标这个范围内，他才服从规则。因而，制裁成为规则中的关键部分。对制裁的恐惧导致个人在实现个人目的的最有效的方式时，把社会秩序的要求内在化了。”② 许多证券违法交易行为，如操纵市场、内幕交易等，当事人之所以铤而走险以身试法，乃巨额利润之引诱使然。让违法者吐出非法获利、从自己腰包中掏钱赔偿给他人造成的惨重经济损失，其威慑力要比让其承担行政纪律处分甚至

① 《中科创业案点中法律死穴，量刑难以震慑证券犯罪》，新华网无锡频道2003年6月20日消息。一些法律和证券界人士认为，中科创业案暴露出我国相关法律存在的一些缺陷：根据新《刑法》，操纵证券价格罪，情节严重的，最多也只能被判刑5年。这显然量刑较轻，不足以震慑近年多发的证券犯罪。法庭调查显示，庄家吕梁在决定介入中科创业股票的操盘、坐庄之初，就已经进行过相当完备的法律咨询。他自己就说过，一旦东窗事发，最多被判刑5年。

② ［美］R.M.昂格尔著，吴玉章、周汉华译：《现代社会中的法律》，译林出版社2001年版，第25页。

某些刑事责任大得多。①

3. 强化投资者权利意识，形成激励机制，加强市场监管的有效性

建立证券欺诈的民事责任制度，可以教育广大投资者，强化他们的权利意识，让他们明白自身合法权利受到侵犯可以诉诸法律，有利于调动广大中小股东保护自己权益的积极性。出于对自身利益的关注，投资者就不会对证券市场的欺诈行为听之任之，无所作为了。完善的民事责任制度实际上确立了一种有效的激励机制，鼓励广大受欺诈的投资者积极主动地主张自己的权利。广大投资者加入证券市场反欺诈的斗争之中，将使欺诈者处于“人民战争的汪洋大海之中”。群众的眼睛是雪亮的。投资者对证券市场的监督，可以弥补政府监管力量不足的缺陷，增加证券欺诈被发现的概率，提高证券欺诈的风险，客观上起到了协助监管的作用，有助于加强市场监管的有效性。诚如梁定邦先生所言，“如果没有民事法律介入，我们很难建立一套完整的监管体系”。②

4. 维护证券市场的信任机制，维护投资者对证券市场的信心

市场经济运行的基本方式就是交换。从社会学的角度来看，交易得以进行的关键在于信任。“信任事实上由两部分组成，一部分是对当事人的信任，一部分是对维持信任机制的信任。缺少了其中任何一部分，信任都是不完全的。”③ 交易双方当事人之间的信任以及当事人对整个交易制度的信任。基于信任才能产生信用。一般认为，市场经济是信用经济。证券市场作为资本市场，其本质就是信用中介，信用的重要性更是不言而喻。然而我国证券市场欺诈横行，各种违法违规现象屡禁不止，存在的严重信用危机其实质是信

① 张明远：《证券投资损害诉讼救济论》，法律出版社 2002 年版，第 22—23 页。

② 梁定邦：《中国资本市场发展与监管的若干问题》，郭峰主编：《证券法律评论》，法律出版社 2001 年第 1 卷。

③ 张静：《信任问题》，《社会学研究》1997 年第 2 期。

任的危机，不仅包括当事人之间的信任危机，还包括对维持信任机制的信任危机，即对证券法律制度的不信任。何以会如此呢？原因就在于我们的证券法律制度无法有效抑制市场中的背信行为，致使广大交易参与者本应通过这种制度约束得以维护的利益失去保障。具体而言，我国证券法中证券欺诈民事责任制度的缺位导致欺诈活动逃避责任追究成为普遍现象。由于维持信任机制出了问题，“只要有利可图，就容易发生欺骗，当欺诈带来的收益大于为进行欺诈所付出的成本时，信用的缺失就成为不可避免”。①

证券市场信任机制的缺失，使投资者的投资风险增大。如果投资者都认识到这是一个没用信用的市场，缺乏信任机制，投资没有保障，那么这个市场的存在和发展就岌岌可危了。笔者认为，通过建立完善的民事责任制度，赋予投资者寻求救济的权利，建立和健全证券市场的信任机制，赢得广大投资者对证券市场法律制度的信任，即让投资者建立一种稳定的心理预期，相信自己的财产权是有保障的，从而维持其对证券市场的信心，持续地投资于证券市场，证券市场也才能得以持续发展。

5. 加大欺诈者违法违规的成本，遏制过度投机，保证市场规范运行

投机是追求私利的经济人的必然选择。根据威廉姆森的定义，“从更一般的意义上说，投机是指不充分揭示有关信息，或者歪曲信息，特别是指那些精心策划的误导、歪曲、颠倒或其他种种混淆视听的行为”。②

我国证券市场中过度投机现象严重，市场被认为是“投机市场”，虚假陈述、内幕交易、操纵市场等是市场中公开的秘密。

---

① 郑顺炎：《证券市场不当行为的法律实证》，中国政法大学出版社 2000 年版，第 56 页。

② ［美］奥利弗·E．威廉姆森著，段毅才、王伟译：《资本主义经济制度》，商务印书馆 2002 年版，第 72 页。

机构大户、庄家经常鱼肉广大中小散户，获取巨额暴利。虽然证券法规定了不少刑事责任与行政责任，但由于没有完善的民事责任制度，欺诈者违法违规的成本却很低。如果建立完善的民事责任制度，让广大受害者找欺诈者索赔的话，巨额的民事赔偿可能会让他们不敢肆无忌惮、铤而走险。只有通过建立民事责任制度，才能加大欺诈者违法违规的成本，遏制过度投机，保证市场规范运行。

6. 有利于促进证券市场功能的实现

证券市场的功能主要有筹集资金、优化资源配置、调节经济和确定资本价格等功能。证券市场对于公司而言是筹集资金的重要渠道，对于投资者而言是一种重要的投资对象，它建立起了资金需求者与资金提供者之间的一种制度化的交易平台。如果证券欺诈严重，投资风险过大，投资者的投资热情就会降低或者寻求其他的投资方式，为公司筹集资金的功能就无法实现。同时，严重的证券欺诈扭曲了证券市场的价格形成机制，破坏了市场的资本定价功能，使市场传递出错误的信息，误导资金流向，导致市场调节经济、优化资源配置的功能无法实现。从目前的情形看，完善民事责任制度，加大欺诈者违法违规的经济风险，遏制证券欺诈现象的蔓延，有利于促进证券市场功能的实现。

7. 形成外部监督，完善公司治理结构

近年来我国上市公司一直丑闻不断，琼民源案、郑百文案、ST猴王案、亿安科技案、银广夏案等等，弄得股市人心惶惶，股民叫苦不迭；包装上市、虚增利润、伪造作假、隐瞒重大事实、大量不正当关联交易、被大股东掏空等等现象层出不穷，广大股民怨声载道。在这些证券欺诈案件中，许多上市公司的大股东、董事会和高层经理人员等都实施了违法违规行为。这也充分暴露了我国公司治理结构中监督机制的不足和乏力。通过完善证券欺诈的民事责任制度，为中小股东开辟一条充分保护自己合法权益的司法救济渠道，可以形成对上市公司的大股东、董事会和高层经理人员的有力外部监督，加强对公司经营者的制约。这样有利于健全对公司经营管理层的监督机制，弥补公司治理结构的不足。改变目前对中小股东权益保护不力的现状。

## 四 各国和地区证券法关于证券欺诈民事责任的立法

### （一）美国

美国是世界上证券市场最发达的国家，也是证券法制最健全的国家。《1933 年证券法》和《1934 年证券交易法》是美国证券法律中两部最主要的法律，也是美国证券立法体系的基础。这两部法律对于各种证券欺诈行为及其民事法律责任都有详细规定，为很多国家的证券立法所借鉴。

《1933 年证券法》第 11 节规定了对错误注册上市申请表的民事责任；第 12 节规定了有关招股书和通讯引起的民事责任；第 15 节规定了有控制力的人责任；第 17 节规定了欺诈性州际交易；第 17 节 a 款是诸多反欺诈条款中的一个原则性规定。[①] 同时第 27 章详细规定了私人证券诉讼。

《1934 年证券交易法》对证券交易中的欺诈行为及其民事责任作了更加具体的规定。该法第 9 节“证券价格的操纵”是专门针对操纵市场问题的，被美国联邦证券交易委员会喻为该法的心脏。该节禁止任何人或任何证券交易所成员，利用州际商业工具或证券交易所设施，于证券交易所内从事与上市证券相关的操纵行为。第 10 节规定了操纵和误导的手段。第 10 节 b 款是一个纲领性的反欺

---

① 《1933 年证券法》第 17 节 a 款“任何人在要约或者出售任何证券时，通过在州际贸易中的任何交通或者通讯手段或工具，或者通过邮政手段或工具，直接或间接从事下述活动，都是违法的——1. 使用任何装置、计划或诡计进行欺骗，或者 2. 通过对重大事实的不真实陈述，或者漏报在制作上市申请表时能使注册上市申请表不致被误解所必要的重大事实，以获得金钱或财产，或者3. 参与那些从事或将从事对购买人进行欺诈或欺骗的交易、活动或业务程序。”

诈的原则性规定，适用的范围广泛，涉及多种欺诈行为。《1934 年证券交易法》第 10 节 b 款："凡直接或间接利用州际贸易的任何手段或工具，利用邮寄或全国证券交易所的任何设备的个人，在下述情况下，均属违法——（b）对于购买或者出售在全国证券交易所登记注册的证券和没有登记注册的证券，使用操纵的和误导的手段和方法，违反委员会为了公共利益或者保护投资者利益而必须适当地制定的规则和规章。""第 10 节 b 款本身不是操作性（Self operative）的，它有赖于联邦证券交易委员会制定的执行规则。根据第 10 节 b 款，联邦证券交易委员会禁止了一大批形形色色的违法行为……虽然许多规则是针对操纵行为的，但也同样适用于各种类型的欺诈和欺骗。"① 美国证券交易委员会根据证券法的授权发布了包括 10b－5 在内的一系列规则。规则 10b－5 是其中最重要的规则，它是证券交易法律中最为主要的反欺诈条款之一。该规则禁止证券交易中的所有操纵行为及其他欺诈行为。另外，第 18 节规定了对误导的陈述负有的责任；第 20 节规定了进行控制的个人责任；第 20 节 a 款规定了对同时期的商人负有内部人员交易的责任；第 21 节 a 款规定了民事罚款；等等。这些条款主要是为了反证券欺诈的。

此外，由美国统一州法委员会起草，并作为各州证券法示范的 1950 年《统一证券法》也对证券欺诈作出了规定，该法第一部分为"欺诈及其他应予禁止的行为"，其中第一节规定与证券交易相关的欺诈行为为非法行为；第二节规定了涉及欺诈性的和其他不当的投资顾问活动。

后来针对证券内幕交易猖獗的现状，美国国会分别制定了《1984 年内幕交易制裁法》和《1988 年内幕交易与证券欺诈实施法》。《1984 年内幕交易制裁法》规定，一旦某人根据掌握的非公开的内部信息非法买进或卖出证券，联邦证券交易委员会可以对他

① 高如星、王敏祥：《美国证券法》，法律出版社 2000 年版，第 298 页。

或者帮助、教唆他的人追究民事责任；地方法院可以对他们处以民事罚款，但罚款额不得超过非法交易所得利润或避免损失额的三倍。《1988 年内幕交易与证券欺诈实施法》对《1984 年内幕交易制裁法》和《1934 年证券交易法》作了进一步补充，其中特别是扩大了私人要求内幕交易者赔偿损失的起诉权，即允许一个同时交易者对内幕交易者提起损害赔偿诉讼。

另外，按照美国的立法体制，各州对民商事法律有立法权。各州以防止证券欺诈为目的而制定的证券法称之为“蓝天法”。“在美国境内进行的与证券买卖有关的活动，不仅受联邦证券立法的制约，同时也受到各州证券立法的制约。”① 《1934 年证券交易法》第 9 节 e 款、第 16 节 b 款和第 18 节 a 款对证券违法行为的民事责任作了明确的规定。而且美国证券法在法律未明文规定民事赔偿责任的情况下，当事人可依默示的民事诉权提起民事赔偿诉讼，其中被当事人援用最多的就是规则 10b－5。

**（二）日本**

日本的证券发行采取注册制的发行制度，强调完全的信息公开，证券法的立法宗旨是以保证注册书、公开说明书等法律文件的公开、真实为核心，反映在民事法律责任领域，就是《证券交易法》中的强制性民事责任基本上集中于违反信息公开制度的民事责任。日本《证券交易法》不仅对上市公司、证券公司、证交所及其有关工作人员等分别作出了民事责任的规定，还对不同情况下赔偿金的计算方法、诉讼时效，甚至证券的衍生工具如有价证券指数、证券期货期权交易等也作出了相应规定，在立法上比美国又进了一步。

**（三）我国台湾地区**

我国台湾地区 1989 年《证券交易法》在总则第 1 条即申明了其“保障投资”的立法宗旨。在总则中第 20 条规定，“有价证券

---

① 高如星、王敏祥：《美国证券法》，法律出版社 2000 年版，第 11 页。

之募集、发行或买卖，不得有虚伪、诈欺或其他足致他人误信之行为。发行人申报或公告之财务报告及其它有关业务文件，其内容不得有虚伪或隐匿之情事。违反前二项规定者，对于该有价证券之善意取得人或出卖人因而所受之损害，应负赔偿之责。委托证券经纪商以行纪名义买入或卖出之人，视为前项之取得人或出卖人。”本条是关于禁止证券募集、发行或交易中的虚伪、诈欺或其他足致他人误信行为的原则性规定，明确规定为所述行为给善意投资者造成损失的，应该承担损害赔偿责任。这是一个关于反证券欺诈的原则性条款。此外，该法第31条规定了未向投资者交付公开说明书，造成投资者损害的，应负赔偿责任。第32条规定了公开说明书虚假记所致的民事责任。第155条具体规定了操纵市场及其民事责任。第157-1条具体规定了内幕交易及其民事责任。从法律规定来看，我国台湾地区的《证券交易法》对投资者利益的保护及民事赔偿是比较重视的。

**（四）其他国家和地区**

英国的1939年的《防止欺诈（投资）法》在1958年和1983年作了两次修改，其主要目的就在于打击证券市场的欺诈行为。1963年的《保护储户法》、《公司法》以及1986年的《金融服务法》都有条文专门规定了禁止证券欺诈。德国关于反证券欺诈的规定主要有《股份有限公司法》、《在证券交易所上市或公募中股票之内部人交易准则》以及1978年针对内幕交易和不正当行为，银行委员会制定的《关于不正当证券交易的条例》以及《关于银行职员进行证券交易的原则》。澳大利亚的《统一公司法》、《统一证券行业法》以及加拿大的《联邦公司法》中均有反证券欺诈的条款。在欧共体内部，则以国际条约的形式来规制证券欺诈行为。1977年欧共体理事会提出《规制内幕交易的理事会指令案》。1989年6月，欧共体理事会成员国财政部长会议同意欧共体对内幕交易实行统一规制。1989年11月，欧共体委员会采纳欧共体理事会在1988年10月提出的《欧共体内幕交易指令第二草案》。此外，1989年4月20日的《关于内幕交易的第一国际公约》、1989年9月11日的《追加议定书》均规定各成员国要加强反证券欺诈的国际合作。在发展中国家和地区中，巴西1976年颁布的6404号法令、新加坡的《公司法》和《证券业法》、韩国1987年的《证券交易法》等均对证券欺诈行为作了严格的法律规定。

## 五 证券欺诈民事责任的性质

### （一）证券欺诈民事责任的性质诸说

关于证券欺诈民事责任的性质，我国法学界主要有以下四种观点：

1. 区分说

该说认为，对于证券市场民事责任的性质不能一概而论，应当区分证券发行市场（一级市场）和证券交易市场（二级市场）这两个不同的交易阶段以及不同的责任主体、行为样态，分别加以界定。如果是发行市场的欺诈行为，即证券发行人、承销商和其他中介机构违反证券发行规则，在公开披露的招募说明书和其他法定披露文件中的虚假陈述，或者基于内幕信息而认购证券的行为。由于证券招募说明书在英美法中被视为一种“最高诚信合同”，证券发行中的交易行为属于面对面的交易即发行人对证券认购者，所以这种情况下的证券欺诈行为一般被视为违反合同的行为，对此类违法行为在举证责任、受害人范围和赔偿数额的确定上均较简单，尤其是在证券尚未在二级市场挂牌交易时，更是如此。另一种是在二级市场上，违法行为人违反持续性信息披露义务、利用内幕信息进行证券交易或者操纵证券价格的行为。由于在二级市场上，交易不再是面对面地进行，违法行为人和受害人之间可能并不存在合同关系，而且在受害人范围的确定、因果关系的证明、赔偿数额的确定上都较复杂，难以解决，所以，欺诈行为人应承担侵权责任。①

2. 违约责任和侵权责任竞合说

该说认为证券市场民事责任在一定条件下是侵权责任与违约责任的竞合。其理由是一级市场上发行公司的招股说明书、上市公告书视为一种要约，投资者购买股票就是购买其标准合约，一旦上述信息披露文件中存在虚假陈述，就构成违约。但同时，证券欺诈行为侵害了投资者获取真实、准确信息的权利，妨碍了投资者对其投资行为的辨别、判断，进而侵害了投资者在证券市场获得公平交易、公平竞争、公平获得机会的权利，从这个角度讲，它是一种侵权行为，行为人必须对其欺诈行为承担侵权责任。②

3. 侵权责任说

该说认为证券市场欺诈行为的民事责任为侵权责任，这是目前理论界和实务界占主流的观点。③ 其主要理由是证券欺诈行为是违反了证券法规定的义务而非约定义务，因此而产生民事责任理应为侵权损害赔偿责任，而且侵权责任不仅可使与投资者存在合同关系的发行人承担责任，而且可使有责任的发行人的高级管理人员、中介结构及其有责任的高级管理人员等主体承担责任，有利于保护投资者的利益。

4. 法定责任说

该说认为证券欺诈的民事责任是一种法定责任。即通过立法的方式明确规定证券欺诈行为民事责任的具体制度和使用，而不再通

---

① 参见杜萍《打官司首先要弄清“虚假陈述行为”——访中国人民大学法学院教授董安生》，《市场报》2002 年 1 月 23 日；于莹：《证券法中的民事责任》，中国法制出版社 2004 年版，第 36 页。

② 宋一欣、牟敦国编著：《证券民事赔偿实务手册》，百家出版社 2002 年版，第 127—128 页。

③ 参见周友苏、罗华兰《论证券民事责任》，《中国法学》2000 年第 4 期；王利明：《我国证券法中民事责任制度的完善》，《法学研究》2001 年第 4 期；于莹：《证券欺诈民事责任研究》，《民商法论丛》第 18 卷；陈洁：《证券欺诈侵权损害赔偿研究》，北京大学出版社 2002 年版。

过合同法或侵权行为法进行一次次的演绎推导。由于在合同法或侵权行为法中，民事责任的产生必须依照合同法或侵权法的一般责任规则进行演绎和推导，在此过程中必须证明诸如信赖关系、因果关系、主观心态等要素的存在，这便使许多事实相似的案件都必须经过具体规则的适用与演绎过程，而实际上这种过程是一种重复加工过程。一方面由于严格的举证责任的存在，使仅仅依靠合同法或侵权法的一般性规则不能满足和适应信息披露对投资者保障的根本目的；另一方面，简单重复的推理过程事实上也是一种浪费，导致诉讼的积压和诉讼费用的增加，这与信息披露民事救济的宗旨不符。而法定责任却可以在相当程度上超越现有救济的一般规定，在合理范围内尽可能扩张民事救济的适用。主要体现在减轻现有规则加在原告身上的沉重的举证负担。通过减轻举证责任，从而内在地增加了原告获得救济的可能性，相对应地加重了被告的潜在责任风险。①

### （二）确定证券欺诈民事责任性质的意义

民事责任的性质也就是民事责任的种类。不同种类的民事责任在责任成立的基础、责任的主体、保护的范围、责任的构成要件和损害赔偿的目的和范围上均存在重大差异，这对救济当事人受到损害的民事权利、敦促不法行为人履行其法定或约定的义务具有不同的效果。简言之，不同的民事责任类型决定了受害人能否得到赔偿以及赔偿的范围。所以，对证券欺诈民事责任的性质进行讨论意义重大。

关于民事责任的分类，理论上争议很大，并无一致的观点。梅仲协先生根据损害赔偿发生的原因，将民事责任分为由于契约或者法律规定而产生的债的关系，以损害赔偿义务为其内容；以及依据

① 参见齐斌《证券市场信息披露法律监管》，法律出版社 2000 年版，第 265—271 页。

契约或者法律而成立的债的关系，因而发生损害赔偿义务。[①] 王伯琦先生认为，民事责任大致有两种：一是侵权责任，一是债务不履行的责任。[②] 曾世雄先生则根据不同的标准对民事责任分为契约责任、侵权责任及法定责任；以可归责性为标准，将民事责任分为过失责任和危险责任；以承担民事责任的方法为标准，将民事责任分为排除侵害和损害赔偿的责任；以损害赔偿的非法为标准，将民事责任分为回复原状的责任和金钱赔偿的责任。[③]

我国民事立法及理论界普遍将民事责任分为两种：一种是违约责任，另一种是侵权责任。而我国《合同法》第 42 条规定的缔约过失责任，实质上就是侵权责任，而非独立的民事责任类型。根据我国《民法通则》和相关民事立法的规定，违约责任和侵权责任还是存在相当大的差异：其一，责任成立的基础不同。违约责任必须发生在特定的当事人之间，它以请求权人和赔偿义务人之间存在合同关系为基础。合同关系以外的人不承担违约责任，合同当事人也不对合同关系以外的第三人负违约责任；而侵权责任却不要求当事人之间必须存在某种具体的法律关系，任何人侵犯了他人的人身权或财产权，都须承担侵权责任。其二，违反义务的性质不同。违约责任是不履行或者不适当履行合同义务而引起的法律后果，违反的是当事人之间的“约定义务”，而侵权责任则是违反了法律规定的不得侵害他人权利的义务而引起的法律后果，违反的是“法定义务”。其三，保护的范围不同。违约责任保护的范围是因合同的一方当事人不履行或不适当履行合同而给对方当事人造成的损害，以确保合同能够得到适当的履行；而侵权责任保护的范围则较广泛，不仅包括人身权、财产权，还包括人身利益和财产利益。其四，责任的构成要件不同。违约责任的归责原则虽然存在争议，但

① 梅仲协：《民法要义》，中国政法大学出版社 1998 年版，第 214—215 页。

② 王伯琦：《民法总则》，台北正中书局 1979 年版，第 30 页。

③ 曾世雄：《损害赔偿法原理》，中国政法大学出版社 2001 年版，第 5 页。

一般认为违约损害赔偿责任的构成要件是：违约行为、损害、违约行为与损害之间的因果关系。[①] 而侵权责任的构成要件包括侵权行为、过错、行为的违法性、侵权行为与损害之间的因果关系、损害等五项。其五，损害赔偿的目的和范围不同。违约责任的目的是使受害人处于合同已得到适当履行时其将处于的状态，而侵权责任的目的是使受害人重新回复到侵权行为没有发生时其应当处于的状态。目的的差异决定了违约责任和侵权责任在赔偿范围上的差异。违约责任赔偿的范围一般限于受害人的交易损失，该损失还受可预见性规则的限制，而且违约责任通常不包括非财产损害的赔偿，而侵权责任的赔偿范围则包括财产损失和非财产损失两部分，其中的财产损失又包括直接损失、间接损失。可见，侵权责任的赔偿范围要较广泛些。

**（三）证券欺诈的民事责任应为侵权责任**

我们认为，区分说、责任竞合说和法定责任说均不可取，证券欺诈民事责任的性质为侵权责任。理由如下：

1. 投资者与证券欺诈行为人之间不存在证券买卖合同关系

在表面上，因证券发行人发行证券、投资者购买证券而在两者之间形成了证券买卖合同，但实际上并非如此。证券发行人未将某项财产的所有权转移给投资者，投资者也并非以取得财产所有权为目的。投资者通过认购公司的股份，完成对公司的出资后，取得的是股东权而非所有权。正因为投资者认购股份是以设定股东权为目的，因此股份认购行为属于“加入团体行为”，其在法律形态上表现为投资者的认购股份的意思表示与作为法人的发行人允许其加入团体的意思表示相宜之而生的契约。因投资者人数众多，无法使投资者逐一与其他股东达成合意，因此需要赋予公司法人地位，并由现有股东依照公司章程确立的多数表决原则形成意思表示，这样在认购股份的投资者与发行证券的公司而非现有股东之间形成了

① 魏振瀛主编：《民法》，高等教育出版社 2000 年版，第 428 页。

“入社契约”关系。[①] 因此，证券欺诈行为人的民事责任并非违反合同的责任。

2. 证券欺诈行为人违反了法定义务

侵权行为与违约行为的根本区别就在于，前者是违反法律规定的一般义务人的行为，而非违反当事人约定的特定义务的行为。[②]证券法对证券发行和交易活动的主体规定了许多法定义务，将违反法定义务的行为纳入侵权责任的范畴较为适宜。此外，有的学者将违反证券法规定义务承担的民事责任定性为法定责任，缺乏充足的理论基础。因为法定责任并非民法上的民事责任类型，其适用也最终离不开民法上的有关规定。

3. 侵权责任能合理解释证券承销商、中介机构及发行人的董事、经理和高级管理人员等承担民事责任的依据

我国《证券法》第 69 条规定：“发行人、上市公司公告的招股说明书、公司债券募集办法、财务会计报告、上市报告文件、年度报告、中期报告、临时报告以及其他信息披露资料，有虚假记载、误导性陈述或者重大遗漏，致使投资者在证券交易中遭受损失的，发行人、上市公司应当承担赔偿责任；发行人、上市公司的董事、经理、高级管理人员和直接责任人员以及保荐人、承销的证券公司，应当与发行人、上市公司承担连带赔偿责任，但是能够证明自己没有过错的除外；发行人、上市公司的控股股东、实际控制人有过错的，应当与发行人、上市公司承担连带赔偿责任。”该条规定中的这些专业机构和人员与投资者之间并不存在合同关系，其对投资者也不负有合同义务，因此违反合同的民事责任无法对此作出合理解释。但侵权责任说可以很好地解释此问题。因为证券承销商、中介机构在协助证券发行人履行信息披露义务时，从事了违法

---

① 程啸：《证券市场虚假陈述侵权损害赔偿责任》，人民法院出版社 2004 年版，第 67—68 页。

② 王利明：《违约责任论》，中国政法大学出版社 1996 年版，第 97—98 页。

行为，其与发行人构成了共同侵权行为，理应承担连带赔偿责任。另外，现代侵权行为法中的“自己责任原则”要求行为人必须对自己的侵权行为承担民事责任，因此，发行人的董事、经理和高级管理人员是对自己的侵权行为承担民事责任而非对发行人的违约行为承担赔偿责任。

4. 侵权责任更有利于保护投资者利益

将证券欺诈的民事责任定性为侵权责任，不仅可以使证券发行人承担民事责任，而且可以使发行人的负有责任的人员、中介机构等主体承担连带责任。侵权责任的赔偿范围包括财产损失和非财产损失，在侵权赔偿诉讼中，法官还可以判令责任人承担惩罚性损害赔偿金，这有利于更好地保护投资者利益。此外，在证券集中交易市场中，由于交易标的物的特殊性导致欺诈情事较其他市场更容易发生。证券集中交易，由投资者委托证券经纪人报价，由电脑自动撮合成效，在此种交易方式下，很难辨认交易对方究竟是谁，或者辨认成本是巨大的，以至于辨认本身变得不经济。正是由于交易相对人无从确定，有关意思表示撤销与解除的权利便无法行使。这样，采侵权责任无疑更有利于保护投资者。

5. 国际上对证券欺诈民事赔偿通行的做法是采侵权诉讼

国际上证券市场发达国家和地区对证券欺诈的民事诉讼通行的做法，是采侵权诉讼方式。例如，美国证券法和证券交易法、日本证券交易法等均主要通过侵权法来支持证券欺诈民事赔偿诉讼。我国台湾地区证券交易法曾对证券欺诈民事赔偿采用违约之诉的模式，但实践中问题丛生，难以解决，于是在证券交易法修订时改采侵权法的模式进行规制。①

---

① 赖英照：《证券交易法逐条释义》（第四册），台湾三民书局 1992 年版。

# 第二章　证券欺诈的现状及其成因分析

## 一　证券欺诈的现状

### （一）国外证券欺诈的现状

证券市场的产生和发展，伴随着大量违法行为的滋生。证券市场的发展史，就是欺诈与反欺诈的历史．这已为世界各国证券市场发展的实践所证明。国外证券市场上欺诈行为的表现是多种多样的，以下对证券市场上比较集中的几种类型作一分析。

1. 虚假陈述行为

近年来，国外证券市场上发生的典型虚假陈述行为有：美国安然公司虚假陈述案、世界通信公司虚假陈述案、科威斯公司虚假陈述案、山登公司虚假陈述案等。①

在这些案件中，虚假陈述行为的形态主要有以下三种：（1）虚假记载，如世界通信公司在2001年全年和2002年第一季度将38亿美元的经营开支记到了资本开支账户上，从而使该公司这一时期的经营业绩从巨额亏损变成了盈利15亿美元。科威斯公司虚报了14亿美元的营业额。（2）重大遗漏，如安然公司2001年通过两个关联企业马林信托基金和奥斯帕信托基金复杂的交易举债34亿美元，但这些债务从未在安然公司的季报和年报中披露。（3）误导性陈述，如安然公司在信息披露文件中，通常都是将能源合同及其衍生工具所获得的预期利益计入“其他收入”项中，

① 李国光、贾纬编著：《证券市场虚假陈述民事赔偿制度》，法律出版社2003年版，第248—256页。

列作合并损益表的最后一项收入。这些收益取决于对未来具有很多不确定市场因素的预期，安然公司并未对其中所孕育的风险予以详细披露，这种含混不清的表述误导和蒙蔽了广大投资者。

2. 内幕交易行为

美国证券交易委员会（SEC）近年来每年查处的案件数量在400—500件左右，其中内幕交易行为的调查和诉讼，可能是过去十几年中SEC执法中最为重要的方面。在1982—1986年间，SEC检举的内幕交易案达到77件，超过了该机构成立以来指控这类案件的总和。[①] 1988年前后更是查处了博斯基、米尔肯等一系列重大的内幕交易案件。即使进入20世纪90年代，内幕交易案件也是处于美国SEC查处案件的第一位的任务。例如，1990年SEC提起了38件内幕交易案件，1991年则提起了36件内幕交易案件。[②] 1999年，美国诉诸法院的内幕交易案件有51起，加上行政处罚6起，共57起，占美国SEC查处案件总数的11%。[③] SEC提交司法部起诉的内幕交易案件不仅涉及公司内幕人，还包括各种各样的外部人员，如投资银行家、仲裁员、律师、律师事务所的雇员、会计师、银行管理人员、财经记者甚至是精神病医生。

在日本，截至1999年11月，共起诉了11起内幕交易案件。[④] 其中不仅有公司的高级管理人员，也有律师、医师因内幕交易受到处罚。

---

① ［日］枝川公一著、宇燕平等译：《罪与罚——现代美国犯罪面面观》，海南出版社1997年版，第308—310页。

② William R. Mclucas, John H. Walsh, Lisa L. Fountain, *Settlement of Insider Trading Cases with the SEC*, The Business Lawyer, November, 1992.

③ 郑顺炎：《证券内幕交易规制的本土化研究》，北京大学出版社2002年版，第79页。

④ ［日］射手矢好雄：《关于日本证券内幕交易实务上的诸问题》，1999年11月中日证券法律研讨会论文。

3. 操纵市场行为

据统计，从1990年至2001年美国证券交易委员会（SEC）查处的操纵市场案142件。① 发生在主要的证券交易所如纽约证券交易所、美国证券交易所、纳斯达克证券交易所全国市场系统案件较少，12年总共24件；发生在其他场外交易市场的比较多，12年共有68件，占处罚案件总数的47.08%。

在这些案件中，操纵者有公司、经纪人、承销商、做市商和大股东。操纵者通常使用虚假交易来制造高交易量的假象，这种情况所占的比例为40.14%。这种人为的高交易量误导了其他投资者，使得其相信这些股票有利好消息，进而买进股票。此外，操纵者还通过散布谣言来误导其他投资者买卖股票，这种情况占53.63%。

随着因特网技术的发展，利用网络进行操纵市场行为在美国、澳大利亚等国业已出现。其中美国近年来出现的相关案件有：1996年美国证券交易委员会诉查尔斯·胡特案、1996年康博尔系统公司案、1999年美国证券交易委员会诉加州大学洛杉矶分校学生操纵股票价格案、2000年科特诉勒伯案、2000年美国证券交易委员会诉科特案等。②

**（二）我国证券欺诈的现状**

1. 我国证券欺诈行为的表现

我国证券市场的起步是以1990、1991年上海证券交易所和深圳证券交易所的成立为标志的。伴随着证券市场的发展，各种证券欺诈现象也不断发生，从早期震惊全国的“327”国债期货风波事件到“琼民源”、“红光”事件，以至引起广泛关注的“亿安科技”股票操纵、“银广夏”虚报利润和“蓝田股份”等事件，情节

---

① Aggarwal K. Rajesh and Guojun Wu, *Stock Market Manipulation – theory and Evidence*, University of Michigan Business Working Paper, 2002.

② 参见胡华勇《股票市场操纵行为监管研究》，法律出版社2005年版，第109—112页。

之严重、涉案金额之大、影响之恶劣令人罕见，乃至有人悲观地喊出：中国证券市场发展史，就是一部违规史。[①]

（1）虚假陈述行为。虚假陈述是我国证券市场上最常见的欺诈行为，据有的学者统计，从1993年至2001年，中国证监会以及上海证券交易所、深圳证券交易所对上市公司信息披露违规行为总共进行了218次处罚。[②] 近年来，中国证监会处罚的虚假陈述案件如下：[③]

2002年的广夏（银川）实业股份有限公司（简称银广夏）虚假陈述案、郑州宇通客车股份有限公司（简称宇通公司）虚假陈述案、三九医药股份有限公司虚假陈述案、桂林集琦药业股份有限公司虚假陈述案、珠海鑫光集团股份有限公司虚假陈述案、成都博瑞传播股份有限公司虚假陈述案，共计6件。

2003年的上海国嘉实业股份有限公司虚假陈述案、内蒙古宏峰实业股份有限公司虚假陈述案、济南轻骑摩托车股份有限公司虚假陈述案、重庆渝开发股份有限公司虚假陈述案、中炬高新技术实业（集团）股份有限公司虚假陈述案、无锡小天鹅股份有限公司虚假陈述案、重庆长江水运股份有限公司虚假陈述案、湖南金健米业股份有限公司虚假陈述案、中油龙昌（集团）股份有限公司虚假陈述案、广州南华西实业股份有限公司虚假陈述案、上海自动化仪表股份有限公司虚假陈述案、上海物资贸易中心股份有限公司虚假陈述案、南通纵横国际股份有限公司虚假陈述案、重庆东源钢业股份有限公司虚假陈述案、四砂股份有限公司虚假陈述案、天津环球磁卡股份有限公司虚假陈述案，共计16件。

2004年的大连菲菲澳家现代农业股份有限公司虚假陈述案、

---

① 吴弘主编：《中国证券市场发展的法律调控》，法律出版社2001年版，第255页。

② 李国光、贾纬编著：《证券市场虚假陈述民事赔偿制度》，法律出版社2003年版，第72页。

③ 参见中国证监会网站http：//www.csrc.gov.cn。

陕西煤航数码测绘（集团）股份有限公司虚假陈述案、合肥丰乐种业股份有限公司虚假陈述案、烟台华联发展集团股份有限公司虚假陈述案、宏智科技股份有限公司虚假陈述案、天发石油股份有限公司虚假陈述案、福建省神龙发展股份有限公司虚假陈述案、白银铜城商厦（集团）股份有限公司虚假陈述案、湖南酒鬼酒股份有限公司虚假陈述案、深圳市通富达实业发展有限公司虚假陈述案、中国四川国际合作股份有限公司虚假陈述案、南通纵横国际股份有限公司虚假陈述案、中垦农业资源开发股份有限公司虚假陈述案、河南银鸽实业投资股份有限公司虚假陈述案、深圳南山热电股份有限公司虚假陈述案、鲁银投资集团股份有限公司虚假陈述案、中国科健股份有限公司虚假陈述案、新疆啤酒花股份有限公司虚假陈述案、大连北大科技（集团）股份有限公司虚假陈述案、宁夏英力特化工股份有限公司虚假陈述案、重庆万里蓄电池股份有限公司虚假陈述案、山东省中鲁远洋渔业股份有限公司虚假陈述案、内蒙古宁城老窖生物科技股份有限公司虚假陈述案、大盈现代农业股份有限公司虚假陈述案、四川长江包装控股股份有限公司虚假陈述案、天津海运股份有限公司虚假陈述案、本钢板材股份有限公司案，共计 27 件。

2005 年的中国科健股份有限公司虚假陈述案、重庆国际实业投资股份有限公司虚假陈述案、沈阳菲菲澳家现代农业股份有限公司虚假陈述案、四川天歌科技集团股份有限公司虚假陈述案、四川托普软件投资股份有限公司虚假陈述案、沈阳合金投资股份有限公司虚假陈述案、湖南天一科技股份有限公司虚假陈述案、科大创新股份有限公司虚假陈述案、大连北大科技（集团）股份有限公司虚假陈述案、红河光明股份有限公司虚假陈述案、西安达尔曼实业股份有限公司虚假陈述案、深圳石化工业集团股份有限公司虚假陈述案、重庆东源产业发展股份有限公司虚假陈述案、中国四川国际合作股份有限公司虚假陈述案、上海丰华（集团）股份有限公司虚假陈述案，共计 15 件。

2006年的方大集团股份有限公司虚假陈述案、上海海鸟企业发展股份有限公司虚假陈述案、上海大众公用事业（集团）股份有限公司虚假陈述案、广东科龙电器股份有限公司虚假陈述案、深圳大通实业股份有限公司虚假陈述案、新疆天山水泥股份有限公司虚假陈述案、安徽古井贡酒股份有限公司虚假陈述案、中关村科技发展（控股）股份有限公司虚假陈述案、吴忠仪表股份有限公司虚假陈述案、四通集团高科技股份有限公司虚假陈述案、四川方向光电股份有限公司虚假陈述案、深圳本鲁克斯实业股份有限公司虚假陈述案、上海茉织华股份有限公司虚假陈述案，共计13件。

2007年的张家界旅游开发股份有限公司虚假陈述案、广东美雅集团股份有限公司虚假陈述案、福建三农集团股份有限公司虚假陈述案、四川天一科技股份有限公司虚假陈述案、湖南嘉瑞新材料集团股份有限公司虚假陈述案、吉林敖东药业集团股份有限公司虚假陈述案、浙江浙大海纳科技股份有限公司虚假陈述案、中油龙昌（集团）股份有限公司虚假陈述案、浙江杭萧钢构股份有限公司虚假陈述案、重庆朝华科技（集团）股份有限公司虚假陈述案、深圳本鲁克斯实业股份有限公司虚假陈述案、福建闽东电力股份有限公司虚假陈述案、上海开开实业股份有限公司虚假陈述案，共计13件。

从行为形态上看，我国的虚假陈述行为有以下三种形态：其一，虚假记载，如上述的方大集团股份有限公司虚假陈述案、科大创新股份有限公司虚假陈述案、大连北大科技（集团）股份有限公司虚假陈述案、中国四川国际合作股份有限公司虚假陈述案等案件中，被处罚人均采取在信息披露文件中虚假记载的方式进行虚假陈述。其二，重大遗漏，如新疆天山水泥股份有限公司虚假陈述案、四通集团高科技股份有限公司虚假陈述案、四川方向光电股份有限公司虚假陈述案、四川托普软件投资股份有限公司虚假陈述案、红河光明股份有限公司虚假陈述案、重庆东源产业发展股份有限公司虚假陈述案等案件中，被处罚人在信息披露文件中没有记载依法应当记载的事项。其三，不正当披露，如上海大众公用事业（集团）股份有限公司虚假陈述案、安徽古井贡酒股份有限公司虚假陈述案、深圳本鲁克斯实业股份有限公司虚假陈述案、中国科健股份有限公司虚假陈述案等案件中，被处罚人没有依法在规定的期限内进行披露。其中，有些上市公司的虚假陈述还采取两种以上的方式。如上海海鸟企业发展股份有限公司虚假陈述案、广东科龙电器股份有限公司虚假陈述案等案件中被处罚人同时采取了虚假记载和不正当披露的方式，四川天歌科技集团股份有限公司虚假陈述案、重庆国际实业投资股份有限公司虚假陈述案等案件中被处罚人一并采用了虚假记载和重大遗漏的方式。从中国证监会处罚的案件看，我国虚假陈述行为中尚不存在误导性陈述这一形态。

（2）内幕交易行为。中国证监会处罚的内幕交易案件有：1993 年的中国农业银行襄樊市信托投资公司案（简称襄樊上证案）；1993 年的深圳宝安华阳保健用品公司和深圳龙岗宝灵电子灯饰公司短线交易案（简称宝安公司案）；1996 年的张家界旅游开发公司案（简称张家界公司案）；1996—1997 年的中国轻骑集团有限公司案（简称轻骑集团案）；1997 年的戴礼辉内幕交易案；1998 年的北大方正副总裁王川内幕交易案；1998 年的俞梦文内幕交易案；1999 年的高法山内幕交易案；2004 年的向小云内幕交易案。①

与我国证券市场的整体发展水平相匹配的是，从上述内幕交易案件来看，内幕交易的手段也呈现出从低级简单走向复杂化的趋势。从中国证监会处罚公告的情况看，最早的襄樊上证案、宝安公司案都是在获取内幕信息后，直接通过自营的方式或利用自己的账户来购入内幕信息所涉的股票。而到 1996 年的张家界公司案，则开设了 15 个账户来实施内幕交易，其中一个以张家界长沙分公司名义、其他 14 个则借用个人名义，这样一方面可以减小目标分散市场的注意力，另一方面为监管机构的查处设置了障碍以逃避处

① 参见中国证监会网站 http：//www.csrc.gov.cn。

罚。中国证监会对轻骑集团案的处罚公告中没有直接提及内幕交易的手段，但从同案中轻骑集团证券部其他违法行为中利用众多的机构账户、个人账户来看，其利用内幕信息买卖本公司股票也不可能简单地以自己名义直接开设账户进行操作，而会尽可能运用各种规避手法来掩人耳目。

从内幕交易的主体分析，在1997年底以前，都是企业法人，其中包括金融中介机构（襄樊上证案）、上市公司（张家界公司案）以及上市公司的关联公司（宝安公司案、轻骑集团案）。这些企业又基本上是国有企业，这也与中国当时的国情相一致：以全民所有制为主，坚持国有企业的主导地位。国有企业在其领导人的直接策划或授意或默示下从事内幕交易来牟利，在他们看来不仅不是违法之举，反而是为职工谋福利、为国家创利润的高尚行为。1997年11月以后，内幕交易的主体开始转为个人，其中以能容易获得内幕交易的公司高级管理人员为主，如戴礼辉内幕交易案；王川内幕交易案；俞梦文内幕交易案；向小云内幕交易案。

从数额上看，中国内幕交易案件与英美等证券市场发达国家相比并不逊色。襄樊上证在1个月的时间内内幕交易违法所得就达1670万元，张家界公司在3个月时间内也通过内幕交易直接增加财富1180万元，轻骑集团证券部在短短的4个月时间内操作下属济南轻骑公司的股票，获利2542万元，相当于济南轻骑公司一年的净利润。①

（3）操纵市场行为。中国证监会处罚的操纵市场案件如下：1993年的苏三山股票价格操纵案；1994年的夏海发股票操纵案；1996年的北京金昌投资咨询公司和李石操纵郑州百文案；1997年股评人士谭春霖散布虚假信息行为影响股票交易案；1997年深圳发展银行买卖自身股票案；1997年南油物业股票操纵案；1997年上海石化股票操纵案；1997年南山基金操纵国际大厦股票案；

① 杨亮：《内幕交易论》，北京大学出版社2001年版，第45—46页。

1997 年陆家嘴股票操纵案；1998 年华天集团操纵华天酒店股票案；1998 年中远发展操纵众城实业案；1998 年深圳有色金属财务公司和民源海南公司操纵琼民源股票案；1998 年人保上证和中保物业等操纵万里电池股票案；1998 年冰熊股份股票操纵案；1998 年苏州信托操纵东大阿派股票案；1998 年河北威远股票操纵案；1999 年建设集团操纵金帝建设股票案；1999 年南方证券与北大集团等联合操纵北大车行股票案；2000 年陕国投股票操纵案；2001 年基金行为案；2001 年山东渤海公司买卖自身股票案；2001 年浙江证券操纵钱江生化股票案；2001 年广东欣盛公司和中百投资公司等操纵亿安科技案。①

从上述操纵市场案件看，操纵市场行为具有多样化特征。采取信息披露型行为操纵的案例包括 1993 年的苏三山股票价格操纵案、1997 年股评人士谭春霖散布虚假信息行为影响股票交易案。其中第一个案例比较典型，该案涉及的事实为被告通过编造并向报纸传送关于苏三山公司收购的虚假信息，其目的是为了引起股票价格上升使自己交易获利。实际交易型操纵行为包括联合操纵行为和连续买卖操纵行为，除上述信息披露型操纵案件外，绝大部分的案例涉及该类操纵行为。洗售行为在多个案件中发现，对敲行为一般发现在联合操纵案例中。在 2001 年中国证监会对 8 家基金公司的调查中，有多家从事了上市类似异常交易行为。其他操纵行为包括借用他人账户的操纵行为等。几乎每个除信息披露型操纵之外的案件都涉及该行为，多数操纵者具有通过开立多个账户，并通过多个账户之间买卖股票的行为。

从操纵行为的主体来看，最初是个人，如苏三山股票价格操纵案；之后出现的行为主体主要是公司，包括证券公司、咨询公司、上市公司等，如广发证券公司操纵南油物业股票案、海通证券有限公司操纵上海石化案、南山基金管理公司操纵国际大厦

① 参见中国证监会网站 http：//www. csrc. gov. cn。

案、苏州市信托投资公司操纵东大阿派案；再后来，涉及专业机构与上市公司联合操纵上市公司股票价格，如民源海南公司操纵琼民源案中深圳有色金属财务公司和民源海南公司的联合、金帝建设操纵案中辽宁金帝建设集团股份有限公司与广发证券公司的联合、北大车行操纵案中南方证券有限公司与北大车行股份有限公司的联合。

操纵市场案件的影响可以从使用的资金和获利情况等角度来分析，整体趋势是操纵影响越来越大。最初的案件中，操纵者使用的大部分是自由资金，且资金量较少；1997 年，比较大的案件如海通证券有限公司操纵上海石化案、申银万国证券股份有限公司操纵陆家嘴股票案中，操纵者曾分别集中资金 10 亿元、8.02 亿元；最近判决的“亿安科技”案中集中资金 30 亿元。①

（4）欺诈客户行为。中国证监会近年来处罚的欺诈客户案件包括②：2002 年的甘肃证券有限责任公司欺诈客户案；2003 年的泰阳证券有限责任公司欺诈客户案、国信证券有限责任公司欺诈客户案、中国银河证券有限责任公司欺诈客户案；2004 年的海南港澳国际信托公司沈阳证券营业部欺诈客户案、云南证券有限责任公司欺诈客户案、大连证券有限责任公司欺诈客户案；2005 年的西北证券有限责任公司欺诈客户案、兴安证券有限责任公司欺诈客户案、福建闽发证券有限责任公司欺诈客户案、天勤证券经纪有限公司欺诈客户案、汉唐证券有限责任公司欺诈客户案、广东证券股份有限公司欺诈客户案、昆仑证券有限责任公司欺诈客户案、甘肃证券有限责任公司欺诈客户案、武汉证券有限责任公司欺诈客户案、恒信证券有限责任公司欺诈客户案、德恒证券有限责任公司欺诈客户案、福建闽发证券有限责任公司欺诈客户案、民安证券有限责任

① 胡华勇：《股票市场操纵行为监管研究》，法律出版社 2005 年版，第 238—239 页。

② 参见中国证监会网站 http：//www. csrc. gov. cn。

公司欺诈客户案、五洲证券有限公司欺诈客户案、北方证券有限责任公司欺诈客户案、亚洲证券有限责任公司欺诈客户案、南方证券股份有限公司欺诈客户案、大鹏证券有限责任公司欺诈客户案；2006年的富成证券经纪有限责任公司欺诈客户案、三江源证券经纪有限公司欺诈客户案、武汉证券有限责任公司欺诈客户案、天同证券有限责任公司欺诈客户案。

从上述案件看，证券公司欺诈客户的手段基本上是挪用客户交易结算资金，只有少数案件中证券公司采取其他欺诈方式，例如，2002年的甘肃证券有限责任公司欺诈客户案中证券公司以客户名义为本机构买卖股票；2003年的泰阳证券有限责任公司欺诈客户案、国信证券有限责任公司欺诈客户案中证券公司违法使用客户账户买卖股票；中国银河证券有限责任公司欺诈客户案中证券公司对客户买卖的收益作出承诺；2004年的海南港澳国际信托公司沈阳证券营业部欺诈客户案中证券公司接受客户全权委托并承诺收益；2005年的德恒证券有限责任公司欺诈客户案中证券公司制作虚假的交易记录；2006年的富成证券经纪有限责任公司欺诈客户案、三江源证券经纪有限公司欺诈客户案中证券公司违法挪用客户债券。

从数额上分析，近年来证券公司欺诈客户的影响呈现出扩大的趋势。以证券公司挪用客户交易结算资金为例，2004年大连证券有限责任公司欺诈客户案中挪用客户交易结算资金4亿多元；2005年大鹏证券有限责任公司欺诈客户案中证券公司挪用客户交易结算资金达16亿元，而福建闽发证券有限责任公司挪用客户的保证金就达30亿元。

2. 我国证券欺诈行为的特点

（1）证券欺诈行为主体的广泛性。证券欺诈行为几乎涵盖了证券市场的所有参与者，包括发行公司及其董事、监事、经理及其他高级管理人员，证券公司及其分支机构，证券登记结算机构，投资基金管理机构及其高级管理人员，投资咨询机构及其工作人员，从事证券业务的注册会计师、资产评估人员、律师、机构投资者和个人投资者等，甚至包括地方证券监管部门[①]。正如有的学者所言，就证券欺诈主体而言，在市场参与者的各个阵营里，几乎没有一块“净土”。[②]

（2）证券欺诈行为手段的多样性。我国证券市场是一个新兴的证券市场，产生于经济体制转轨时期，无论在监管手段、市场交易的规范等方面均表现出不成熟性。因此，就我国证券市场而言，从证券发行到证券交易，从信息披露到上市公司收购、资产重组，从上市公司的运作到证券监管部门、证券交易所、证券公司、证券中介机构的行为方面，任何一个环节都可能发生欺诈行为，证券欺诈行为表现出多样性。

在这些证券欺诈行为中，依据主体的不同，所从事的欺诈行为又呈现出较为集中的一面。例如，上市公司中，围绕着信息披露问题，所发生的证券欺诈行为主要表现为虚假陈述和内幕交易；在以证券公司为主体的证券欺诈行为中，较多地表现为内幕交易、操纵市场和欺诈客户；而一些会计师事务所、律师事务所和资产评估机构等中介机构的证券欺诈案件中，比较突出地表现为中介机构未能恪尽职责，在信息披露方面为上市公司或发行公司充当了“不光彩”的帮凶角色。

（3）证券欺诈行为表现出关联性。这里的关联性包括两方面的内容，一方面是证券欺诈行为与其他违法行为之间具有关联性，即其他违法行为是证券欺诈行为发生的前提条件或结果，而在某些情况下，不先实施其他违法行为就不可能进行证券欺诈。以操纵证券市场为例，操纵市场行为中往往与“法人以个人名义

---

① 1998年，海南省证券监督管理办公室因随意更改对罗牛山公司的批准文号、定向募集资金的批复时间、股本结构，使之符合上市条件，受到证监会的通报批评。参见证监查字［1998］42号，1998年5月26日。

② 胡晓珂：《证券欺诈禁止制度初论——以反欺诈条款为中心的研究》，经济科学出版社2004年版，第228页。

开立账户”、“自营与经纪混合经营”、“挪用客户保证金”、“违规拆借”等其他违法行为相伴随。例如，通过挪用客户保证金、挪用银行贷款、违规拆借融资在短时间内获得大量的资金，并通过编造谣言或不履行信息披露义务以取得信息优势，同时开立大量的个人账户隐蔽地进行交易，逃避监管、欺骗普通投资者。另一方面，证券欺诈行为主体之间也具有关联性。证券欺诈行为的发生往往是多个主体的共同行为，有时他们之间甚至要达成共谋。以 2001 年底媒体披露的基金操纵价格为例，“南方基金管理的基金天元和开元，在南京高科、飞乐股份、江苏工艺等重仓股上，与其发起人南方证券存在共同建仓行为；博时基金管理公司管理的基金独立性也较差，与第一食品等存在共同建仓行为”，在股市上盛传基金在一只股票股价高位接盘的情形是：“在热气腾腾的桑拿浴房中，谈判的双方‘坦诚相见’，没有录音或者泄密的可能，希望基金接盘的机构开出价码，‘每接我一股，我给你个人一块钱’。”①

（4）证券欺诈行为的阶段性。证券欺诈的发生与特定的市场状况息息相关，在一个透明度高、监管政策稳定的市场氛围下，证券欺诈发生的概率往往要小得多；反之，在浮躁和弥漫投机气氛的市场内，各种形式的欺诈行为会频频发生。事实上，从我国证券市场中欺诈发生的特点来看，证券欺诈行为发生的概率往往与市场的状况紧密相连，在一个表面繁荣的市场中，欺诈行为往往难以让人发觉。以我国证券市场近年来的表现来看，在 1994 年下半年和 1995 年股市比较低迷的时期，市场不当行为比较少，而在 1996 年下半年和 1997 年股市形势大好时，市场中的不当行为也是水涨船高，数量大大增加，特别是在“5.19”行情后，在上证指数一路攀升到 2200 多点的同时，发生了诸如“亿安科技”操纵市场案件

① 张志雄、李箐：《基金黑幕——关于基金行为的研究报告解析》，《财经》2000 年 10 月号。

等一系列恶性事件。①

## 二 证券欺诈的成因分析

产生证券欺诈的原因是多方面的，既有客观方面的原因，也有证券欺诈行为人、投资者和社会公众主观方面的原因，概括而言，主要表现为以下四个方面：

### （一）历史文化原因

费孝通先生认为："每个人都是他的社会影响所推出的圈子的中心，以自己为中心，像石子一般投入水中，和别人联系的社会关系，不像团体中的分子一般立在一个平面上，而是像水的波纹一样，一圈圈推出去，愈推愈远，也愈推愈薄。在这种差序格局中，公与私是相对而言，站在任何一圈里，向内看也可以说是公的。"②中国更是一个个人主义的民族，心系于各自的家庭而较少关系社会利益，从而直接导致公共精神缺乏。传统上属于农业社会的中国，有非常发达的家族制度。由孔子所倡导、中国社会所宗奉的"君臣、父子、夫妇、兄弟、朋友"五大人伦，其中四伦与"家"有关。在父母双亡的家庭里，"长兄为父、长嫂为母"是伦理道德的要求，这样为了家庭利益来徇私舞弊则是理所当然并为社会所接受甚至是鼓励的结论，因此营私舞弊、欺诈钱财，对于公众是一种恶行，而对于家庭却是美德。

在从农业社会向工业社会过渡过程中，这种以家庭利益为重的观念，则很自然地引申到为自己所在单位这个小圈子谋利益、求福利上。表现在现实生活中，小金库、小算盘是这方面的典型表现。仅就内幕交易而言，那些诸如张家界案、轻骑集团案等担任上市公

① 参见郑顺炎《证券市场不当行为的法律实证》，中国政法大学出版社 2000 年版，第 134 页。

② 费孝通：《差序格局》，载《乡土中国》，三联书店 1985 年版。

司、中介机构领导职务的内部人员，在获悉有关股票的重要非公开信息后，如果说为自己利益从事内幕交易尚有道德约束的话，那么如果是为公司利益进行内幕交易，在他们看来，这简直是为职工谋福利、为股东创利润的天经地义之事，从而不会有任何的负罪感。①

我国长期以来的“人治”思想与证券欺诈也不无关系。我国有几千年的文明史，其中绝大部分是处在封建社会的君主专政统治之下。在长期的文化观念和思想意识中，人治思想在一些人的头脑中根深蒂固。正如我国台湾学者刘清波先生在为罗怡德博士的《证券交易法》所作的序中不无讽刺地指出，守法本为当代文明国家国民应尽的义务，然中国人有不守法的习惯传承，处处讲究人情的通融、事事觅法律的漏洞。② 新中国成立以来，以人治代法治的现象在现代中国不仅没有完全杜绝，相反在某种程度上还相当严重，无法可依、有法不依、执法不严、违法不究一直是困扰中国证券市场上的严重问题。人治的盛行、法治的淡薄，为证券欺诈行为的繁衍提供了契机。

### （二）经济社会原因

#### 1. 证券市场的虚拟经济特性

证券欺诈行为产生的经济根源在于证券市场的虚拟经济特性。虚拟经济是指与虚拟资本以金融系统为主要依托的循环运动有关的经济活动，货币资本不经过实体经济循环就可以取得盈利，简单地说，就是以钱生钱的活动。③ 以虚拟资本为核心而形成的虚拟经济系统具有复杂性、介稳性、高风险性、寄生性和周期性五大特征，而证券市场作为虚拟资本集中的场所，更是集中体现了这五个特征，尤其是在证券欺诈行为中这五个特征表现得尤为明显。证券欺

① 杨亮：《内幕交易论》，北京大学出版社 2001 年版，第 54 页。

② 罗怡德：《证券交易法》，台湾黎明文化事业股份有限公司 1991 年版，第 2 页。

③ 成思危：《虚拟经济探微》，载《虚拟经济理论与实践——第二届全国虚拟经济研讨会论文选》，南开大学出版社 2003 年版，第 5 页。

诈行为的产生与虚拟经济系统的这些特征直接关联。①

（1）虚拟经济系统的复杂性是证券欺诈产生的前提。虚拟经济的复杂性源于其系统元即投资者、筹资者和金融中介机构具有智能，能了解其所处的环境，预测其变化，并按照预定的目标采取行动。他们在金融市场中进行虚拟的经济活动，既有自主决策的自由，又会由于系统的关联性而受到他人决策的影响，这样就导致了这个虚拟经济表现出混沌和有序交织出现的复杂性。

虚拟经济系统作为一个复杂的系统，各种主客体之间关系复杂，同一主体在不同的关系连节中具有不同的主体身份，同一行为关系在系统不同状态下可以有多种行为表现。另外，由于系统透明度低、动态而且开放，使各种主体的身份和行为可以在各种形式下自由转换。因此，证券欺诈行为能安全地寄生于各种合理的行为中，令“真假难辨”成为可能。证券市场的欺诈行为恰恰是利用各种真假难辨的机会来实施，所以证券市场作为虚拟经济系统的组成部分，其复杂性成为证券欺诈发生的前提。

（2）虚拟经济系统的寄生性是证券欺诈行为产生的基础。虚拟经济与实体经济之间存在着密切联系，虚拟经济系统是由实体经济系统发展到一定阶段产生的，依附于实体经济系统，在实体经济系统中产生的风险，会传递到虚拟经济系统中，导致其失稳，而虚拟经济系统中的风险，如证券价格的波动，也会影响实体经济的运行。可以说，实体经济是虚拟经济的寄主，虚拟经济为实体经济的寄生。

这一特性表现在证券市场上，任何上市公司的重要情况变动，都会通过寄生性而影响该种证券的价格，证券欺诈中的利用信息欺诈（例如虚假陈述、内幕交易等）正是利用虚拟经济的这一特性。

---

① 参见高翔、闵志慧《对我国证券欺诈行为的成因分析》，《投资与证券》2000年第9期，第24—27页；刘东平：《证券欺诈的成因分析及其法律规制》，西南政法大学2003年硕士学位论文，第12—17页。

若证券价格与其上市公司之间无寄生性，信息扰动就不会影响价格变化，利用信息进行的欺诈行为也就会自然消亡。

（3）虚拟经济系统的介稳性是证券欺诈行为发生的杠杆。虚拟经济系统是一个介稳系统，介稳系统又称耗散系统，指远离平衡状态却能通过与外界进行物质和能量交换而维持相对稳定的系统。介稳系统具有区域稳定性，系统的稳定很容易被外界的微小扰动破坏，系统稳定性遭破坏后可能在一定范围内游走，交替进入稳定和失稳状态，但若系统突然遭受外界影响而失稳，可能产生急剧变化导致系统崩溃。

介稳性表明虚拟经济系统在与外界进行资金、信息交换的过程中，一些微小的扰动，就会导致系统平衡发生移动。证券欺诈行为正是利用这一杠杆原理，人为地制造扰动，使系统通过正反馈作用而导致平衡向其意愿方向发展。例如，操纵市场行为通常利用信息扰动（散布谣言）或资金扰动（虚买虚卖、联合操纵、连续买卖），让系统受到扰动后开始自发移动，达到新的平衡位置，移动过程即操纵者获利的过程，这样，操纵者可以运用较少的资金投入，在证券价格较大的波动中获利丰厚。因此，虚拟经济系统的介稳性产生的这一杠杆效应，是证券欺诈行为发生的原因之一。

（4）虚拟经济系统的周期性是实施证券欺诈的工具。虚拟经济的一个突出特点在于其运动是重复的、周期性的，其规律是可以发现的，即虚拟的资本按照一定的趋势运动，特定的市场运动模式会重复出现。

这种周期性是证券市场中技术分析法的基础。技术分析法即市场主体利用历史统计资料来分析和预测某段时间内整个市场及个别投资交易价格变化的方向和程度的方法，其实质是通过对证券市场中已有的各种量价关系、趋势走向的分析来决定投资决策。证券欺诈行为人正是利用证券市场上广大投资者相信以周期性为基础的技术分析，人为地制造技术陷阱，例如，在操纵市场行为中，操纵者运用资金优势，刻意制造各种“完善”的技术图形，诱使其他投资者买进和卖出，“自愿”地进入操纵者设下的圈套。投资者的“自愿”行为，其原因就在于欺诈者人为制造的“虚拟经济系统的周期性”。

（5）虚拟经济系统的高风险性是掩盖证券欺诈行为本质的最好借口。虚拟经济系统的高风险性，来自其本身的介稳性和复杂性，这主要表现在虚拟经济的内在不稳定性导致其价格不规则变化，金融市场的规模扩大后使其更加复杂，也使影响证券价格的不确定性因素增多加剧。

证券市场具有高风险性，同时也具有高回报性，这是证券市场的魅力所在，也给证券欺诈以最好的借口。证券欺诈者往往利用“股市风险莫测”，掩盖其欺诈本质，平衡其他投资者的受损心理。在投资者的受损心理被证券市场“高风险性”这一解释平衡后，证券欺诈者又可能用其他的欺诈方式制造新的风险。这种用“高风险性”辩解谎言的背后，是证券欺诈者自始至终的高回报，而受害者则一如既往地在遭受高风险的损害。

2. 投资者的素质不高

证券市场上的投资者包括两类：一类是机构投资者，如投资基金；另一类是自然人投资者，即股民。在国外成熟的证券市场上，机构投资者是证券市场上的交易主体，例如，英国的机构投资者在股市交易主体中占90%以上，而自然人投资者对股票的投资大多是通过投资基金等专业机构投资者来实现的。[①] 在我国证券市场上的投资者构成则恰恰相反。自然人投资者是证券市场中的主体，由于其信息渠道来源少，一般没有理性的投资策略，不注重长期投资，因而跟风行为与短期行为盛行，这在一定程度上助长了操纵市场等证券欺诈行为的发生。此外，目前我国证券市场上不多的机构投资者是以各种国有企业、事业单位的闲散资金为主。由于对这些

---

① 吴弘主编：《中国证券市场发展的法律调控》，法律出版社2001年版，第278—279页。

国有资金的运用缺乏有效的监督机制，导致这些机构投资者利用自身的资金和信息优势，操纵市场、从事内幕交易，成为搅乱股市的“混江龙”，形成一股难以控制的势力，严重干扰了证券市场规范运作。

3. 上市公司、证券公司和证券服务机构的内在缺陷

（1）上市公司。上市公司是证券市场的细胞，其规范运作是股市赖以存在的基础。但无论在国外还是在我国，上市公司均存在良莠不齐的现象。

其一，上市公司发行证券的宗旨存在偏差。上市公司发行证券的目的本应是筹集资金扩大业务，进行技术改造和产品开发，从而增强公司竞争力。但是，许多公司在首次发行证券或增资扩股后往往改变在招股说明书中公司的资金使用计划，不是将所筹资金用于主营业务，而是将其投资于股市、房地产等高风险领域，甚至炒作本公司的股票，公司的发行证券行为变成了一种纯粹的“圈钱”行为，造成公司经营业绩不佳。公司为了维护自己的市场形象往往只好在年度和中期财会报告等文件中弄虚作假。另一方面，上市公司的经营业绩普遍不理想，整个证券市场缺乏微观经济的基础性支持，缺乏长线投资价值。中国股市股票的换手率高出同期国外股市十几倍甚至几十倍。可见我国证券市场投机炒作之炽。造成这种情况除了证券投资者不理性等因素外，上市公司经营业绩不佳，股票缺乏长线投资价值是主要原因。股市的过度投机给一些机构投资者、证券公司操纵市场、欺诈客户、内幕交易等欺诈行为提供了便利条件。

其二，公司治理结构不健全。上市公司的治理机构由股东大会、董事会、监事会和经理组成。正常的公司治理结构应当是各机构权责明确、相互配合和制约的关系。但是，正如中国证监会首席顾问梁定邦先生借用美国投资大师沃伦·巴菲特的话来提醒人们，从表面上看是股东制约董事会，董事会制约管理层，但实际上股东常常只能听信董事会所说，而董事会则只能听信高级执

行官所说。① 美国是这样，中国的上市公司治理结构问题显得更为严重。由于上市公司中国家股一般占控股地位，但国家股的投资主体不明确，存在所谓所有者虚置现象。而中小投资者所占股份比例较小，难以在股东大会中发挥作用，且一般都是短线投资，并不真正关心上市公司的长远发展。这样使得股东大会不能真正行使所有者的权力，而由董事会越俎代庖，操纵行使。作为公司监督机关的监事会由股东代表和职工代表组成，股东代表因不熟悉公司的日常运作情况而难以监督，职工代表则由于与董事长、总经理处于被领导和领导的关系而不敢监督。这样，一方面削弱、动摇了股东大会、董事会和监事会之间的制衡机制，为董事及高级管理人员进行证券欺诈打开了方便之门，另一方面缺乏内部约束的经营决策行为往往难以做到科学化，从而增大了经营风险，导致公司经营亏损，公司为摆脱困境往往采取各种违法行为，为证券欺诈行为埋下了伏笔。

(2) 证券公司。证券市场的发展离不开证券公司，证券市场的稳定发展更与证券公司的规范运作息息相关。但是，我国证券公司的治理结构存在重大缺陷。证券公司基本上是以国有股份为主体的有限责任公司，相当一部分证券公司的股权高度分散，这种情况容易造成所有者的缺位。加之证券业在我国是一个新兴的行业，具有高度的专业性和复杂性，使得股东对公司管理层缺乏有效的监督，形成内部人控制。而且，我国证券公司缺乏稳定的长期资金来源和融资渠道。目前证券公司主要通过拆借、债券回购及私下借款等方式筹资，期限短、成本较高，给自营业务带来了较大压力，驱使证券公司为获得短期收益而不择手段。再者，前几年证券公司的数量增长过猛，证券业的竞争十分激烈。在缺乏有效监管的情况下，证券公司往往以违规操作作为在竞争中取胜的法宝。例如，为

① 梁定邦：《龟兔赛跑，赢者为谁——为〈巴菲特：从 100 元到 160 亿〉作序》，《上海证券报》2000 年 3 月 9 日。

了从事承销业务，对拟上市的公司进行虚假的包装与宣传等。这些行为都助长了证券欺诈的发生。1998 年中国证监会所查处的违法行为中，与各类证券公司有关的就占三分之一强。①

（3）证券服务机构。规范的证券服务机构是证券市场健康发展的必不可少的润滑剂。但一些会计师事务所、律师事务所、资产评估机构等证券服务机构由于缺乏规范管理、从业人员素质较低以及相互之间的恶性竞争，导致其为上市公司提供虚假的财务会计报告、资产评估报告等，证券欺诈行为因此而发生。例如，在美国的安然事件中，声名显赫的安达信会计行、高盛、美林等金融巨头的证券分析师等便起到了推波助澜的作用。

**（三）法制政策原因**

1. 证券监管体制不完善

各国证券监管体制大致可分为美国法系、英国法系和欧洲大陆法系三大体系。其中，美国法系坚持政府监管下的自律管理，英国法系重视自律管理的特殊价值，而欧洲大陆法系则重视银行系统在证券监管方面的作用和功能。这些监管体制都与其所处的经济环境相衔接，不能简单地评判其优劣，但有一点需要说明的是，每一种监管模式都有其自身的缺陷，均存在监管视野所不及的盲点。② 这样，证券欺诈行为难免会发生。

我国证券监管体制经历了一个由政出多门、多头管理向集中、统一监管的发展过程。根据 1992 年 12 月 7 日国务院发布的《关于进一步加强证券市场宏观管理的通知》，我国的证券主管机关是国务院证券委及其归口管理的中国证监会。此外，中国人民银行、国家体改委、国家计委、财政部、地方政府都对证券市场有一定的管理权限。这一管理体制在实际运行中暴露出了一系列问题，如国务

① 吴弘主编：《中国证券市场发展的法律调控》，法律出版社 2001 年版，第 278 页。

② 叶林：《证券法》（第二版），中国人民大学出版社 2006 年版，第 99—108 页。

院证券委名义上是主管机构，但不是国务院的部委机构，仅能起到协调作用，缺乏管理权威；国务院证券委与中国证监会并存，导致职权行使中易产生权限不清的状况；各部门和地方政府的多头管理，降低了监管的效率，增加了监管成本等。对于这些弊端，已引起了中央政府的高度重视，中央政府先后采取了一系列措施来理顺监管体制，加强中国证监会的监管权限。例如，将上海证券交易所和深圳证券交易所由地方政府管理划为中国证监会直接管理；将国务院证券委和中国证监会合并，并取消了其他部门和地方政府对证券市场的管理权限；逐步将地方证管办从地方政府的办事部门转为中国证监会的派出机构等。[①] 1998 年 12 月通过的《证券法》，进一步从法律上明确了国务院证券监督管理机构即中国证监会依法对全国证券市场实行集中统一监管。这个漫长的证券监管体制的理顺过程，既因政出多门为证券欺诈提供了土壤，又因职责不清而导致出现监管真空，影响了监管机构对证券欺诈行为的有力监管。

自律管理是证券市场监管的重要组成部分，而证券业的自律组织通常包括两个层次：证券交易所和证券业协会。正如境外人士所言，行业自律在中国基本上软弱无力，有时还出现行业保护主义的倾向。[②] 就证券交易所而言，我国上海证券交易所和深圳证券交易所在功能和规模上几乎是完全一致的，因而它们之间不仅不具有互补性，反而实际上存在一定程度的竞争关系，而证券交易所之间是不能有竞争关系的。恐怕世界上只有中国竟然敢于在自己的国土上构建两个功能与规模相同的证券交易所。[③] 证券交易所之间存在竞争的直接后果是监管不力。证券交易所在利益驱动下，盲目追求交

---

① 参见李东方《证券监管法律制度研究》，北京大学出版社 2002 年版，第 94—105 页；符启林主编：《中国证券交易法律制度研究》，法律出版社 2000 年版，第 421—428 页。

② 蔡文海：《中国证券欺诈屡禁不止的成因》，香港《信报财经月刊》1999 年 11 月。

③ 魏杰：《中国股市四论》，《现代金融导刊》1998 年第 5 期。

易量，放松监管、措施不力，给证券欺诈行为提供了便利。

证券业协会是另一个重要的自律机构。中国的证券业协会有全国性和地方性两种，全国性的有中国证券业协会，地方性的有上海市证券业协会等。但中国的证券业协会仍处于非常薄弱的地位，其现状只能说是一种“联谊”性质。证券经营机构不仅未能借助证券业协会实现自我管理，而且，过于刚性的政府监管行为也造成了证券业协会事实上没有发挥其应有的职能，证券业协会充其量不过是一个教育和培训的自律型组织，而其对会员之间、会员与客户之间发生纠纷的调解等功能几乎形同虚设。

2. 禁止证券欺诈的立法存在缺陷

关于禁止证券欺诈行为的立法存在着缺陷，是证券欺诈行为发生的重要原因。在我国《证券法》出台之前，尚无一部能够规范证券市场的完整法律，规范证券市场的法律散见于国务院、国家体改委、财政部、国务院证券委、中国证监会以及地方政府等颁发的各类规范性文件中，如《股票发行与交易管理暂行条例》、《禁止证券欺诈行为暂行办法》、《证券交易所管理暂行办法》等，涉及证券发行、交易、信息披露等各个方面，相互之间重复、矛盾和空白之处都不少。这种状况给在证券市场上从事违法、规避法律、损害投资者利益的行为提供了可乘之机。

1998 年我国《证券法》的出台使证券市场有了一部统一的法律，但同时也带来了新的问题。在 2005 年我国《证券法》修订之前，证券欺诈行为的民事责任制度在证券立法中的缺位是显而易见的。我国《证券法》第 11 章以 36 个条文规定了各类证券违法行为的法律责任，其中绝大多数（33 个条文）是关于证券违法行为行政责任，另有 18 处涉及追究刑事责任，而涉及民事责任的条款有 2 条，不到 1/10。[①] 民事责任制度的缺乏无疑加剧了造假者或欺

① 郑顺炎：《证券市场不当行为的法律实证》，中国政法大学出版社 2000 年版，第 212 页。

诈者的猖獗。以2001年中国股市的“神话”破灭年为例，从“亿安科技”到“银广夏”再到“蓝田股份”等等曾经辉煌一时的“绩优股”、“蓝筹股”纷纷被撕下面具，随之而来的是其股价大幅度的下跌和投资者的巨额损失。在此情况下，仅仅对欺诈行为人进行罚款、剥夺人身自由不仅不足以维护投资者的合法权益，而且难以有效地遏制违法行为人，难以对其他意图违法者起到心理震慑作用。

虽然2005年我国《证券法》完善了证券欺诈的民事责任制度[①]，但仍存在一些缺陷。其一，缺乏一般性禁止证券欺诈条款。由于证券市场上存在各种违法行为，现行法律的规定往往很难跟上日新月异的各种证券违法行为。为了规范新出现的情形，各国在制定证券法律时，往往会包括有反欺诈的规定。例如，美国1933年《证券法》第17节规定了反欺诈的一般性原则，同时，1934年《证券交易法》又规定了新的反欺诈条款：禁止经纪人或交易商进行欺诈、操纵或欺骗的第9节（a）（4）；反欺诈的原则性规定——第10节（b）等。“证券发行和交易，是极其复杂和技术化的商事活动，试图以概念化的方式逐一列举所有不法行为并规定相应的民事责任，将会非常困难。为避免市场参与者利用法律的空白竞相从事违法创新，急需借鉴发达市场上成熟的经验，在证券法上引入一般性反欺诈条款。”[②] 其二，对内幕交易、操纵市场和欺诈客户民事责任的归责原则、因果关系、赔偿额计算等未作规定，使得在实践中难以操作。这样，为证券欺诈行为的实施留下了隐患。

3. 禁止证券欺诈的执法不力

禁止证券欺诈执法不力是导致证券欺诈行为发生的原因之

---

① 参见杨峰《证券民事责任制度比较研究》，法律出版社2006年版，第348—353页。

② 汤欣：《证券市场虚假陈述民事赔偿制度评析——兼论证券法上的一般性反欺诈条款》，《证券法律评论》第3卷，法律出版社2003年版，第100页。

一。从我国禁止证券欺诈制度的外部运行环境来看，执法不力的问题较为突出，主要体现在三个方面：其一，监管的滞后性。滞后性包含两方面含义，一是相对于监管的及时性来讲，时间上的滞后，大部分案件的调查和处罚都是在证券欺诈行为实施后很长一段时间才开始，并且有些监管行为是相对被动的；二是调查和处罚大部分发生在造成了巨大市场影响和对投资者造成重大经济损害之后，没有发挥专业的日常监管作用。例如，“亿安科技”从1999年初的一只市值仅八九元的股票在一年多时间内就狂升到2000年3月初的126元股价，其中在不到3个月的时间内，股票的市值就翻了一倍，这种明显的价格操纵性，是任何一个理智的人都可以感觉到的，但这一行为在当时却并未得到及时制止，放纵了证券欺诈行为的发生，直至2001年4月25日证监会才作出处罚决定。其二，限于监管资源的局限，对证券欺诈的惩治力度不够，造成执法的严肃性存在疑问。以“中科创业”为例，2002年4月，负责该案公诉任务的北京市第二检察分院对涉案的126家营业部存在的问题逐一发出检察建议书，但未见证券监管机构对此的公开处理意见。其三，违法不究的现象依然存在。在一定范围内，利益集团的“寻租”行为将导致执法者的执法行为在一定程度上脱离正常的运行轨道，这是各国证券监管中普遍存在的现象。针对《财经》杂志所载《基金黑幕》一文中所披露出来的基金业存在的大量的“对倒”、“倒仓”等操纵价格的欺诈行为，国内十大基金管理公司对此曾作出“严正”声明，对报道的真实性予以否认，但作为监管部门的证监会对此却始终未予表态，仅仅是对报道中认为问题较为严重的“博时基金管理公司”进行了要求整改的行政处罚，其暧昧关系令人寻味。①

---

① 胡晓珂：《证券欺诈禁止制度初论——以反欺诈条款为中心的研究》，经济科学出版社2004年版，第243页。

4. 政府政策原因

其一，政府对证券市场的定位存在偏颇。从我国证券市场建立之初，中央政府就将它的功能定位为服务于国有企业改革。政府的政策倾向是希望从证券市场上筹集大量社会闲散资金，从而帮助国有企业完成从计划经济体制向市场经济体制的转变。中央政府将证券市场定位为“服务于国有企业”的动因在于：国有企业是我国国民经济的支柱，且负担着安排就业、保持社会稳定等重任。如果无法让国有企业脱困，那么作为国有企业所有者的政府就无法从国有企业中获得更大的收益。① 中央政府对证券市场功能的这种认识导致了证券法在制定之初就存在立法宗旨的争议。有人认为证券法的立法宗旨在于“服务于国有企业改革”，也有人认为证券法的宗旨在于“保护投资者的合法权益”。② 尽管证券法最终确立的立法宗旨是“为了规范证券发行和交易行为，保护投资者的合法权益，维护社会经济秩序和社会公共利益，促进社会主义市场经济的发展”，但实际上，这一立法宗旨却未能通过相关制度得以贯彻实行，大量的规定仍然是围绕着国有企业如何在遵循政府管制的条件下到证券市场筹资的问题而展开的。从事证券欺诈行为的企业本身很多就是国有企业，且一些国有企业甚至在各级政府的“帮助”下进行造假。在这种情况下，证券欺诈行为不可避免地会大量发生。

其二，政府行为不规范、调节手段失当。证券市场是市场经济发展的产物，创立规则、严格监管以保证证券市场良性运行才是政府职能的正确定位。但我国长期以来实行计划经济体制，政府习惯于以直接干预的方式管理证券市场。政府干预证券市场的显著特点

① 赵果：《建立证券民事赔偿制度为何失败》，《经济学消息报》2002 年 3 月 29 日，第 2 版。

② 参见王连洲、李诚《风风雨雨证券法》，上海三联书店 2000 年版，第 267—270 页。

是多方面、经常性地运用政策手段，中国股市的高峰、低谷多数是政策影响的结果。从对1991年至1997年中国股市波动的情况进行考察，发现在影响中国股市的各因素中起主导作用的不是宏观经济的景气状况，而是与股市有关的政策、重大消息。[①] 因此，对投资者来说，在投机盛行的市场中，他们更关心的是内部消息、小道消息等。正因为主要靠政策管理市场，以至中国股市不可避免地成为"政策市"、"消息市"，为内幕交易等证券欺诈"创造"了更多可乘之机，为监管人员的寻租行为提供了更大的空间。另外，我国自证券市场建立以来对上市公司的股票发行曾长期实行审批制，这种审批制为企业争取上市提供了寻租空间。因为国家计委每年确定的上市公司的数量，政府在此过程中有权决定哪一家公司能够获得上市资格。在这种体制下，一家公司能否上市并不取决于自身的内在素质，而在于能否打通各种关节，取得上市额度。所以许多企业为了得到上市指标往往不惜贿赂官员，并弄虚作假包装达标。轰动一时的成都红光欺诈上市案就是典型一例。

**（四）主观心理原因**

现代社会经济生活的复杂性和多样性，使得各种利益集团不断地对立、交错，由此造成社会价值观处于多元化的变动之中，因而现代社会违法的范围和界限往往不十分明确。对于杀人、放火、抢劫、盗窃等传统违法、犯罪行为，一般社会公众都是深恶痛绝的，但是对于证券欺诈这种看不见血、摸不到财产损失的典型白领违法行为，对公众来说并不熟悉。对其危害性和应谴责性，不要说素质不高的普通公众，就是受过良好教育并对是非善恶爱憎分明的知识分子、国家官员，都缺乏深刻的认识，更不用说美国有些经济学家还从不同的角度为内幕交易进行辩护。[②] 这样，证券欺诈行为的大

① 参见陈旭、刘勇《对我国股票市场有效性的实证分析及政策建议》，《投资研究》1999年第3期。

② 顾肖荣主编：《证券违法犯罪》，上海人民出版社1994年版，第2页。

量出现似乎顺理成章。

1. 证券欺诈行为人心理上缺乏罪恶感

对发生在证券市场上的证券欺诈行为，每个行为人都可以用“股市风险莫测”为借口，认为其投机欺诈是证券市场必然存在的现象，具有一定的合理性，而且证券市场是遵循交易自愿、责任自负的原则的，并无强迫交易之措施，而是遵从意思自治，其所遭受的损失是投资者自己投资决策失误所致。此外，证券欺诈行为的实施者还认为自己的欺诈并不是刻意去损害某个或某些特定的对象，也就是并无欺诈恶意。基于上述原因，可以看出，从表面上看证券欺诈的悖德性确实较小，而且行为人有多种理由为自己的不当行为开脱，其缺乏负罪感，所以在实施证券欺诈行为时往往心安理得。

而且在我国，对证券欺诈行为的监管处罚不力，财产处罚往往较轻，与欺诈行为人所获得的利益根本无法相比，加之证券欺诈行为专业性较强，发现率低，因此，拥有资源优势的欺诈行为人愿意选择这种“高收入、低风险、少处罚”的违法行为，去博取自己渴望得到的各种利益。

2. 证券欺诈行为的受害者的无意识

由于证券欺诈行为发生在证券市场中，其受害者具有广泛性和不确定性，受害结果具有分散性，而且证券欺诈的隐蔽性和大多数欺诈行为人是资源优势拥有者，受害者对于可能实施证券欺诈的行为人常怀有一种仰慕感甚至信任感，缺乏防范意识。证券欺诈行为虽然给受害者带来了损失，但受害者往往没有意识到自己受害，反而认为欺诈者的行为合理合法，将自己的损失要么归结为股市风险所致，要么归结为自己运气不佳。例如，在操纵证券市场行为上，一些投资者反而希望操纵者光顾自己所持有的证券，在他们看来，没有投资大户操纵市场，证券市场就没有大起大落的变化，就不可能利用这种变化做短线投资获取差价利润，所以各种证券评论上常常将操纵市场行为中的拉抬股份称为“主力庄家带动人气”。①

3. 社会公众对证券欺诈行为具有认同感

在社会公众传统的罪恶观和道德观中，被描述为罪恶、缺德的行为常特指传统的暴力犯罪等行为，而并不认为权力或财富的滥用而形成的证券欺诈同样是违法行为，反而认为这是一种“有本事”的表现。人们对证券机构从业人员、上市公司管理人员、投资大户、政府官员这些拥有权力或财富者，很少有防范意识，自然也就无所谓公众监督的制约。同时，社会公众对证券市场并不十分了解，只是限于表面认识甚至错误认识，认为证券市场就是一个投机场所，而投机是一种类似赌博的行为，输赢都在情理之中，并且认为欺诈也是一种投机的手段，无可厚非。因此，公众舆论很少对证券欺诈行为进行谴责，甚至有一部分社会公众认为事不关己、高高挂起，怀有幸灾乐祸的心理，而大部分社会公众对证券欺诈则怀有不同程度的认同感。

① 高翔、闵志慧：《对我国证券欺诈行为的成因分析》，《投资与证券》2000 年第 9 期，第 27 页。

# 第三章　几种典型证券欺诈的民事责任

## 一　虚假陈述的民事责任

证券虚假陈述的民事责任立法一直是我国证券立法的薄弱环节，修订前的《证券法》、《股票发行与交易管理暂行条例》和《禁止证券欺诈行为暂行办法》等法律法规和部门规章对此均未作出详尽规定。2003 年 1 月 9 日，最高人民法院颁布《关于审理证券市场因虚假陈述引发的民事赔偿案件的若干规定》的司法解释，对证券虚假陈述的民事责任第一次做出了具体的规定。2005 年 10 月 27 日，全国人大常委会修订了《证券法》，该法第 69、173 条较详细地规定了证券虚假陈述的民事责任，使证券虚假陈述的民事责任制度在法律上真正得到了明确和落实，这对保护投资者的权益、促进证券市场的健康发展无疑具有十分重要的意义。但新修订的《证券法》对证券虚假陈述民事责任的规定以及上述司法解释在内容上尚存在一些不足，有待进一步完善。

### （一）证券虚假陈述行为的界定

1. 证券虚假陈述行为的概念

“虚假陈述”一词来源于英国普通法的合同法和侵权行为法。在英国普通法中，将人们出于故意、过失或者无意识做出的与事实不符的表示，统称为“Misrepresentation”，即“虚假陈述”。《布莱克法律辞典》对虚假陈述的解释是：“某人以言词或其他行为向另一人做出的任何依情形显示为与事实不相符的表示，对事实不真实的陈述，不正确的或虚假的陈述。这一陈述如果被接受的话，会导致内心对某种状况做出与实际不相符合的理解。在口语中，它被理解为某种用于欺诈或误导的陈述。"① 《美国合同法重述（第二次）》第159条将虚假陈述界定为"一项不符合事实的表示"。美国法学会（American Law Institute）对该条的评论指出："虚假陈述就是与事实不符合的表示，通常形式为说错话或者写错字。一项陈述是否与事实不相符合（虚伪、错误）必须依任何情况下该用语的意义及该用语的公平推论（即所含意义）而加以判定。此外，行为也可以推断为一项表示。隐匿或者不公开依据重述第160条与第161条也可能构成虚假陈述。"可见，虚假陈述就是民事主体做出的与事实不相符合的表示行为，它可以是通过言词做出的，也可以是通过其他方式做出的；既可以是作为，也可以是不作为。②

在证券法中，虚假陈述行为具有其自己的独特性。美国1933年《证券法》最早对证券虚假陈述行为作了规定。该法第11（a）条规定："生效的证券发行注册登记文件，其任何部分一旦包含有对重大事实的不真实陈述，或者遗漏了按规定应当报告或者为使该申报文件不致引起误解的重大事实，任何获得这种证券的人都可以向具有管辖权的法院提起诉讼，除非其在获得证券时就知道该不实陈述或重大遗漏存在。"该条中的不实陈述和重大遗漏即为虚假陈述行为。英国1986年《金融服务法》也详细规定了证券市场虚假陈述行为。德国、日本和我国台湾地区等大陆法系国家和地区民法中没有虚假陈述的概念，但在其证券立法中，都借鉴了英美法的规定，都规定了不同形式的虚假陈述行为。不过，两大法系证券立法都没有明确规定证券虚假陈述行为的定义。

在我国，对证券虚假陈述行为的规定最早见于1993年国务院批准的《禁止证券欺诈暂行办法》（以下简称《暂行办法》）第11条，该条规定："禁止任何单位或者个人对证券发行、交易及其相

① See, Black's Law Dictionary (Abridged 6th. ed), West Publishing Co., 1991, p. 692.

② 于莹：《证券法中的民事责任》，中国法制出版社2004年版，第85页。

关活动的事实、性质、前景、法律等事项作出不实、严重误导或者含有重大遗漏的、任何形式的虚假陈述或者诱导、致使投资者在不了解真相的情况下作出证券投资决定。”第12条还进一步列举了具体的虚假陈述行为类型。此外，《股票发行与交易管理暂行条例》（以下简称《暂行条例》）第17条、第21条、第73条、第74条第1款第2项也都使用了“虚假陈述”一词。新修订的《证券法》对证券虚假陈述行为没有做出统一规定，而是分别在第69条、第173条对证券发行人、上市公司、保荐人、承销商、控股股东和实际控制人等主体的虚假陈述民事责任和证券服务机构的虚假陈述民事责任进行了规定。其中，第69条规定：“发行人、上市公司公告的招股说明书、公司债券募集办法、财务会计报告、上市报告文件、年度报告、中期报告、临时报告以及其他信息披露资料，有虚假记载、误导性陈述或者重大遗漏，致使投资者在证券交易中遭受损失的，发行人、上市公司应当承担赔偿责任；发行人、上市公司的董事、监事、高级管理人员和其他直接责任人员以及保荐人、承销的证券公司，应当与发行人、上市公司承担连带赔偿责任，但是能够证明自己没有过错的除外；发行人、上市公司的控股股东、实际控制人有过错的，应当与发行人、上市公司承担连带赔偿责任。”第173条规定：“证券服务机构为证券的发行、上市、交易等证券业务活动制作、出具审计报告、资产评估报告、财务顾问报告、资信评级报告或者法律意见书等文件，应当勤勉尽责，对所制作、出具的文件内容的真实性、准确性、完整性进行核查和验证。其制作、出具的文件有虚假记载、误导性陈述或者重大遗漏，给他人造成损失的，应当与发行人、上市公司承担连带赔偿责任，但是能够证明自己没有过错的除外。”但这些证券立法均未给证券虚假陈述行为下一个明确的定义。

最高人民法院2003年1月9日发布的《关于审理证券市场因虚假陈述引发的民事赔偿案件的若干规定》（以下简称《1.9规定》）第17条对证券虚假陈述行为概念做出了明确的规定：“证券

虚假陈述，是指信息披露义务人违反证券法律规定，在证券发行或者交易过程中，对重大事件作出违背事实真相的虚假记载、误导性陈述，或者在披露信息时发生重大遗漏、不正当披露信息的行为。”

我国学术界关于证券虚假陈述行为的界定主要有以下五种观点：第一种观点认为，虚假陈述是指行为人（单位或个人）对证券发行、交易及其相关活动的事实、性质、前景、法律等事项作出不实、严重误导或含有重大遗漏的任何形式的表述、记载或者诱导，致使投资者在不了解事实真相的情况下作出投资决定的行为。[①] 第二种观点认为，虚假陈述是指证券发行、交易过程中，对投资者和国家证券监督管理部门负有如实、全面信息公开或报告义务的自然人或法人，故意违反信息公开制度，在招股说明书、认股书、公司债券募集办法、上市公告书、定期报告书、临时报告书等文件中，就公司状况或公司内部人士的竞业情况等重大实质性内容，进行谎报、遗漏、误测、误导市场的欺诈行为。[②] 第三种观点认为，虚假陈述是指证券市场主体及其所属人员，对证券活动的事实、性质、前景等事项作出不实、误导或遗漏的陈述，致使投资者不明真相而产生投资损失的违法行为。[③] 第四种观点认为，虚假陈述是指信息披露义务人违反信息披露义务，在提交或公布的信息披露文件中作出违背事实真相的陈述或记载。[④] 第五种观点认为，证券虚假陈述虚伪的内涵为强制性信息披露义务人、实际履行信息披露义务的主体、协助监督履行信息披露义务的主体，在履行信息披露义务的过程中作出的与事实不符的表示，它可以是通过言词作出

① 周友苏：《证券法通论》，四川人民出版社 1999 年版，第 741 页；胡基：《证券法之虚假陈述制度研究》，载梁慧星主编：《民商法论丛》第 12 卷，法律出版社 1999 年版，第 612 页。

② 白建军：《证券欺诈及对策》，中国法制出版社 1996 年版，第 169 页。

③ 吴弘主编：《证券法论》，世界图书出版公司 1998 年版，第 265 页。

④ 叶林：《证券法》，中国审计出版社 1999 年版，第 277 页。

的，也可以是通过其他方式作出的；既可以是作为，也可以是不作为。①

笔者认为，《1.9规定》和我国学术界对证券虚假陈述行为概念的上述界定均有不妥，理由如下：

第一，在证券法中，信息披露义务具有特定的含义，指证券发行人、上市公司在证券的发行、交易等活动中依法向投资者公布或向证券监督管理机构提交有关信息的义务。证券发行人、上市公司之外的其他主体，如发行人、上市公司的董事、监事和高级管理人员、承销商、保荐人、证券服务机构等，并不属于信息披露义务人。它们是信息披露义务的实际履行人，如发行人、上市公司的董事、监事和高级管理人员，或信息披露义务保证人，如承销商、保荐人、证券服务机构。因为发行人、上市公司发行证券，必须借助董事、监事和高级管理人员之手具体实施，他们是发行人、上市公司履行信息披露义务的实际履行人；新修订的《证券法》第20条第2款明确规定："为证券发行出具有关文件的证券服务机构和人员，必须严格履行法定职责，保证其所出具文件的真实性、准确性和完整性。"第31条规定："证券公司承销证券，应当对公开发行募集文件的真实性、准确性、完整性进行核查；发现有虚假记载、误导性陈述或者重大遗漏的，不得进行销售活动；已经销售的，必须立即停止销售活动，并采取纠正措施。"可见，承销商、保荐人、证券服务机构等只是发行人、上市公司履行信息披露义务的保证人。因此，《1.9规定》和第二、第四种观点对证券虚假陈述行为的主体界定为信息披露义务人不妥。

第二，证券虚假陈述民事责任制度是为保障信息披露义务的履行而确立的法律制度，并非任何单位和个人在证券发行、交易中作出的虚假陈述都属于证券虚假陈述。因而第一、第三种观点对证券

① 程啸：《证券市场虚假陈述侵权损害赔偿责任》，人民法院出版社2004年版，第133页。

虚假陈述的界定不合理。

第三，法律概念的界定应由科学的内涵和确定的外延组成。第五种观点尽管指出了证券虚假陈述的内涵，但对证券虚假陈述行为的外延则没有加以界定，而且在对证券虚假陈述内涵的表述上可适当简洁些。

笔者认为，证券虚假陈述是指信息披露义务人、信息披露义务的实际履行人和保证人违反证券法律规定，在履行信息披露义务的过程中作出与事实不符的虚假记载、误导性陈述，或者在披露信息时发生重大遗漏、不正当披露信息，致使投资者在不了解事实真相的情况下作出投资决定的行为。

2. 证券虚假陈述行为的类型

（1）虚假记载、误导性陈述、重大遗漏、不正当披露与错误预测

这是根据虚假陈述行为的方式进行的分类。

第一，虚假记载。虚假记载是指在信息披露的文件上作出与事实真相不相符的记载，即客观上没有发生或无合理基础的事项被信息披露文件加以杜撰或未予剔除。虚假记载是一种积极的虚假陈述行为，其特点有：行为人就有关事实作出了公开陈述；公开陈述的信息中含有不真实的内容；行为人主观上既可出于故意，也可出于过失；该虚假记载确实可能影响投资决定。

虚假记载是各国证券市场中经常出现的一种虚假陈述行为，尤以在财务报表中出现得较为普遍。财务报表虚构事实主要有下述几类：虚增资产负债比例，虚构公司偿债能力；虚构投资者权益，夸大公司实力；虚报盈利，虚构投资价值；虚构成本费用率，夸大公司效益。除上述方法外，还可能有多报营业收入、虚构营业资本周转率、高估无形资产、夸大公司信用等手段进行财务报表方面的虚假陈述。[①] 例如我国台湾地区中信股份有限公司的前任董事长、总

① 李国光、贾纬编著：《证券市场虚假陈述民事赔偿制度》，法律出版社 2003 年版，第 71 页。

经理和财务经理因公司多年亏损经营，为提高公司账面盈余，以虚列资产项目及减列负债科目的方法，为虚假记载[①]；又如我国证监会1998年查处的成都红光实业股份有限公司虚假陈述案中，红光实业股份有限公司为骗取上市资格，通过虚构产品销售、虚增产品库存和违规账务处理等手段，将1996年度实际亏损10300万元记载为盈利5400万元。[②]

第二，误导性陈述。误导型虚假陈述是指虚假陈述行为人在信息披露文件中或者通过媒体，做出使投资者对其投资行为发生错误判断并产生重大影响的陈述。误导型虚假陈述的特征是：行为人公开了应披露的事实；表述披露事实的语句在理解上模糊歧义或与事实不符；已公开的陈述导致投资者误认为所披露的信息就是该事实的全部；行为人主观上既可出于故意，也可出于过失；该误导性信息确实可能影响投资者的投资决定。

误导型虚假陈述的类型有：语义模糊歧义型，这种陈述使公众有不同理解；语义难以理解型，这种陈述的语句艰涩难懂，虽从文义上看是正确的，但对于一般投资公众而言则不知所云，不可理解；半真陈述型，即部分遗漏型，这种陈述没有表述事实全部情况，遗漏了相关条件，误导投资者。例如，英国1932年有一个经典案例。案中Kylsant先生的船舶公司于1928年发布其发行说明书，说明减去折旧和债券利息后的过去20年的公司平均年收益，足以支付5倍以上发行说明书所定的债券利息并可派发从1911年到1927年间遭受了贸易损失，1921年到1927年公司靠动用一战期间的累计准备金和为将来纳税使用的准备金来支付红利。该案中发行说明书所陈述的事实是真实的，但是没有说明该事实的全部。

---

① 赖英照：《证券交易法逐条释义》（第一册），作者自版1992年8月第6次印刷，第329页。

② 中国证券监督管理委员会：《关于成都红光实业股份有限公司违反证券法规行为的处罚决定》，1998年10月26日，证监查字［1998］75号。

该发行说明书的陈述给人的印象是公司股票红利是从公司本期营业利润中支付的，公司在过去已为将来挣得了这笔利润。“在过去20年中可用于支付其股票红利的平均收益”的陈述使债券认购人误认为这是认购人现在能够期望的。发行说明书避开直接说明事实，遗漏了1921年到1927年间的情况，用含混的语句力图给阅读者提供上述误解的意思。①

第三，重大遗漏。重大遗漏是指信息披露文件中没有记载依法应当记载的事项。重大遗漏是一种消极虚假陈述，其特点是：信息披露义务人有义务公开该遗漏的信息；信息披露义务人故意或过失未予公开；该遗漏信息确实可能影响投资者的投资决定。

重大遗漏客观上又可分为两种情形：一是部分遗漏，法定应公开的信息未予完全公开，仅公开了其中一部分，此种情形在美国证券法上又称半真陈述（half truths）；二是完全遗漏，法定应予公开的信息完全未予公开，使公众不知有其事。判定完全遗漏型虚假陈述较为容易，只要看该遗漏信息是否为法定披露内容。如果法定应当公开披露该信息而没有披露，则构成遗漏型虚假陈述，否则便不构成。例如我国证监会查处的广夏（银川）实业股份有限公司案件中，广夏（银川）实业股份有限公司在年报中隐瞒了下列重大事项：银广夏在2000年的年报中披露，以价值4351万元的超临界萃取设备作为投资，对芜湖广夏华东玻璃制品股份有限公司进行增资扩股，并在此基础上设立了芜湖广夏生物技术股份有限公司，公司注册资本7535万元，其中：银广夏出资3337.59万元，持股44.29%；天津广夏出资2637.25万元，持股35%。经查，芜湖广夏华东玻璃制品股份公司是在2001年3月6日才更名为芜湖广夏生物技术股份有限公司，注册资本仍为3184万元，股东构成及其持股比例也未发生变化，银广夏持股比例为30%，天津广夏并无

① ［英］Robert r. Pennington，*Company Law*，Butterworths 1990，At 264—266. 转引自白硕：《证券虚假陈述民事责任研究》，http：//www. civillaw. com2003年7月14日。

出资。[①] 又如美国判例格林菲德诉胡伯林公司案中，法院认为，首先被告有义务在其签订兼并协议之前公开谈判的实质内容细节；其次，被告7月14日的声明注明了专声明日期，即使该声明在14日后继续有效，也不会导致投资者对后来发生事件的重大误解，所以被告行为不构成重大遗漏型虚假陈述。[②] 部分遗漏型虚假陈述较难判断，应根据遗漏的内容及披露信息的上下环境而定。对应披露信息仅作部分披露时，要确定该部分披露内容是否完整，是否在客观上会给投资者以误导。部分遗漏可以作为重大遗漏型虚假陈述的一种，也可以作为误导型虚假陈述的一种。

第四，不正当披露。不正当披露是指信息披露义务人未在适当期限内或者未以法定方式公开披露应当披露的信息。

不正当披露具体可以分为两类：其一，不适时披露，即信息披露义务人没有依照法律规定的期限进行披露，包括提前披露与迟延披露，例如依据我国证监会颁布的《公开发行证券的公司信息披露内容与格式准则第2号——年度报告的内容与格式》（2002年修订稿）的规定，凡根据《公司法》、《证券法》在中华人民共和国境内公开发行股票并在证券交易所上市的股份有限公司，应当在每个会计年度结束之日起4个月内将年度报告刊登在中国证监会指定的网站上，将年度报告摘要刊登在至少一种中国证监会指定的报纸上。公司应在年度报告公开后，会计年度结束之日起4个月内，将年度报告各两份分别报送公司所在地的证券监管派出机构和证券交易所。并应在会计年度结束之日起6个月内，将年度报告印刷文本两份报送中国证监会。如果上市公司没有在每个会计年度结束之日起4个月内将年度报告刊登在中国证监会指定的网站上，则属于迟

---

① 中国证券监督管理委员会：《关于广夏（银川）实业股份有限公司违反证券法规行为的处罚决定》，2002年4月23日，证监查字［2002］10号。

② See Greenfield v. Heublein. Inc. , USA Court of Apples, third circuit, 1984, 742 f. 2d 751. 转引自白硕：《证券虚假陈述民事责任研究》，http：//www. civillaw. com2003年7月14日。

延披露。其二，方式不当的披露，即没有依照法律规定的方式进行披露。例如，依据《公开发行证券的公司信息披露内容与格式准则第 2 号——年度报告的内容与格式》（2002 年修订稿）的规定，在指定报纸上刊登的年度报告摘要最小字号为标准 6 号字，最小行距为 0.02。属于不正当披露的，即便披露的信息不含虚假成分，但由于披露时间错误，不在限期内公开披露法定应当披露的信息，导致信息不对称，均构成虚假陈述行为。①

我国最高人民法院的《1.9 规定》明确规定了上述四种虚假陈述类型，而新修订的《证券法》和其他证券立法仅规定了虚假记载、误导性陈述和重大遗漏三种虚假陈述类型，而遗漏了不正当披露的类型。笔者认为，信息披露义务人对应当披露的信息不仅应当在内容上真实、准确，而且在披露的时间上应及时，在披露的形式上合法，我国证券立法应将不正当披露规定为虚假陈述行为的类型。

第五，错误预测。错误预测是指在没有合理的根据情况下，对未来事实所作的与真实情况不同的陈述。

证券市场的信息可以分为两类：硬信息和软信息。前者指数量上重要的信息，能直接反映公司资产、负债和利润等财务现状，与投资者回报直接相关的信息；后者指直接反映公司管理部门的管理质量和业务素质等方面的信息，主要是质量上重要的、与股东收益无直接关系的信息。从现有财务数据、行业政策、宏观经济形势等衍生出来的对公司盈利前景、市盈率的预测等均为软信息。② 早期美国证券立法认为，投资者的目的仅在于盈利，有关发行人的硬信息与投资回报有直接关系，而且较为具体客观便于审查其真实性，

---

① 李国光、贾纬编著：《证券市场虚假陈述民事赔偿制度》，法律出版社 2003 年版，第 73 页。

② 胡基：《证券法之虚假陈述制度研究》，载梁慧星主编：《民商法论丛》第 12 卷，法律出版社 1999 年版，第 648 页。

强制公开硬信息有利于投资阅读，以供作出投资决定，对软信息则不要求公开。[①] 20 世纪 70 年代以来，由于信息公开的“有效市场”理论为人接受，美国的证券交易委员会认识到普通投资者轻信预测的观念是难以成立的，因为普通投资者得到的信息多是二手信息，是经过了承销商的公司研究部门和投资顾问处理的信息。1975 年 4 月证券交易委员会发布了一系列详细的建议书以实施 1973 年 2 月发布的预测公告书。1979 年证券交易委员会接受“所蒙公司信息公开顾问委员会”的建议，发布公告鼓励公司自愿公开其预测信息。

与预测信息有关的令人困扰的问题是，如果该预测被证明是错的，诚实信用的信息公开者应受何种保护。1979 年证券交易委员会在此问题上采纳了 1933 年法和 1934 年法的“安全港”规则，规定预测性陈述不必然是虚假陈述，除非原告能证明被告的预测缺乏合理基础和有失诚实信用。据此，并不是所有预测失实都构成虚假陈述。预测失实是否构成虚假陈述，取决于该预测在预测时是否有合理基础和陈述者的主观状态。如果预测者明知其预测不可能实现，或不希望实践其预测，或根本不相信其有能力付诸实践，那么该预测为错误预测，构成虚假陈述。例如，美国的计算机科学公司（Computer Science Corp）于 1970 年 1 月 23 日公开了一份盈利预测报告，预测在该财务年度结束时（1970 年 3 月 27 日）公司 1.28 万股股票每股收益 1 美元。事实上该年度每股收益仅 41 美分。预测与事实出现差距的原因是，该公司 3 年来投资开发一种新计算机系统，总投资将近 1000 万美元，此投资费用从该财务年度收入中扣除，但是该项投资开发最终失败。法院认为，判断该预测是否虚假陈述取决于计算机科学公司在作出预测时是否有合理的理由。鉴于在预测发布前，已有各种迹象表明该计算机系统开发将失败，法

---

① 高西庆：《证券市场强制信息披露制度的理论根据》，载《证券市场导报》1996 年 10 月号。

院因此认为此预测没有合理的理由和基础，所以是不真实的，构成虚假陈述。①

在我国，盈利预测如今已成为我国证券市场信息中最重要的部分，在大多数投资者眼里，它要比其他信息重要。《暂行条例》要求招股说明书应载明所筹资金运用计划及收益、风险预测、公司近期发展规划和注册会计师审核并出具审核意见的公司下一年的盈利预测文件。证监会颁布的规章如1993年《公开发行股票公司信息披露实施细则（试行)》、《公开发行股票公司信息披露的内容格式准则》第一号（2001年)、第二号（2001年）等，也都规定了有关预测性信息的内容。事实上错误预测已经成为我国证券市场虚假的重要形态。公司对被投资者非常重视的预测信息报喜不报忧，对风险环境变化谈及甚少，故意提高盈利预测情况严重。因此，笔者认为，无论对硬信息还是软信息，也无论是公开的预测信息是法定公开还是自愿公开，如果预测未基于合理基础和诚实信用，与事实有重大差距，并且确实影响投资者的投资判断，就足以构成错误预测型虚假陈述。

（2）诱多虚假陈述与诱空虚假陈述

这是根据虚假陈述行为对证券市场和投资者判断的影响所作的分类。

诱多虚假陈述是指虚假陈述者故意违背事实真相发布虚假的利多信息，或者隐瞒实质性的利空信息不予公布或及时公布，使得投资者在股价处于相对高位时，进行“投资”追涨的行为。诱空虚假陈述是指行为人散布虚假的利空消息，诱使投资者低价卖出证券从而遭受损失的行为，该种行为一般都是发生在证券交易市场，具体来说，包括两类：其一，原告在虚假陈述实施日之前已经持有系争证券，因被告故意散布将导致公司股价下跌的虚假信息，致使原

① 白硕：《证券虚假陈述民事责任研究》，http：//www. civillaw. com2003年7月14日。

告在虚假陈述揭露日或更正日之前将证券卖出，而导致原告遭受损失；其二，原告在虚假陈述实施日之前并不持有系争证券，因被告故意隐瞒将导致公司股价上涨的好消息而致使原告未能买入该证券，从而丧失了预期的利益。[①] 例如，美国著名的贝斯克公司诉李威逊案中，贝斯克钢铁公司的代表即与康布斯里机械公司秘密协商将来合并事宜，在1977年与1978年间，贝斯克钢铁公司曾三次公开否认任何与康布斯里机械公司协商将来合并的消息；然而，在1978年12月19日，贝斯克钢铁公司的董事会却公开宣布接受康布斯里机械公司的公开收购股权要约。因此，许多在1977年与1978年12月18日这一段时间内卖出贝斯克钢铁公司股票的原有股东，便以贝斯克钢铁公司及其董事违反美国《证券交易法》第10（b）条与10b－5规则为由提起集团诉讼。[②]

我国最高人民法院的《1.9规定》只保护因诱多虚假陈述而遭受损失的投资者，并未保护因诱空虚假陈述而遭受损失的投资者，而证券立法对此未做规定，这对保护投资者不利，应将因诱多虚假陈述和诱空虚假陈述遭受损失的投资者一并加以保护。

### （二）目前有关证券虚假陈述民事责任之规则体系

到目前为止，我国关于证券虚假陈述法律责任的规定主要体现在1993年国务院发布的《暂行条例》、国务院证券委发布的《暂行办法》；1998年第九届全国人大常委会第六次会议通过并于2005年10月27日第十届全国人民代表大会常务委员会第十八次会议修订的《中华人民共和国证券法》；2001年9月21日最高人民法院发布的《关于涉及证券民事赔偿案件暂不受理的通知》（以下简称《9.21通知》）、2002年1月15日最高人民法院下发的《关于受理

---

① 贾玮：《审理证券市场虚假陈述民事赔偿案件的几个疑难问题》，载《人民司法》2002年第5期。

② 程啸：《证券市场虚假陈述侵权损害赔偿责任》，人民法院出版社2004年版，第141页。

证券市场因虚假陈述引发的民事侵权纠纷案件有关问题的通知》（以下简称《1.15 通知》）以及 2003 年 1 月 9 日最高人民法院公布的《1.9 规定》等。《股票条例》和《暂行办法》对证券虚假陈述行为的规制主要在于行政管理，法规条文也以禁止规范为主，缺乏对证券虚假陈述行为民事责任的规定；《证券法》虽然首次明确规定了证券虚假陈述行为的民事责任（1998 年《证券法》第 63 条），但其仅有一个条文，规定过于笼统，2005 年对《证券法》进行修订，该条文调整为第 69 条，对承担民事责任者的范围进行了更为清晰的界定，但是条文仍然不具有可操作性。随着我国证券市场的不断发展，由于证券立法相对滞后等原因，在现实经济生活中，各类证券欺诈行为层出不穷。以虚假陈述为例，据初步统计，仅 2001 年 3 月 31 日到 11 月 19 日，因虚假信息披露而受到中国证监会处罚的上市公司共有大庆联谊、中集集团、ST 同达、华立控股、西安饮食、嘉宝企业、西藏圣地、山东海龙、ST 天颐、PT 东海 A、ST 张家界、圣方科技、PT 郑百文、ST 九州、渤海集团和金路集团等 16 家，其引发无数民事赔偿案件。证券欺诈民事赔偿案件的大量涌现的情况，显然是我国司法机关始料不及的，基于此最高人民法院出台《9.21 通知》，明确规定暂不受理证券市场中涉及虚假陈述、内幕交易、操纵市场等三方面民事赔偿案件，此举立即引起了理论界和实务界的强烈批评。2002 年以后，最高人民法院加快了证券民事赔偿司法解释的起草工作，先后下发《1.15 通知》和《1.9 规定》，对虚假陈述民事赔偿案件的受理与管辖、诉讼方式、虚假陈述的认定、归则与免责事由、共同侵权责任、损失认定等方面的内容作出了详细与全面的规定。可以认为，《1.15 通知》和《1.9 规定》，尤其是《1.9 规定》是我国各级法院审理证券虚假陈述民事赔偿案件的最主要依据。

**（三）证券虚假陈述民事责任的主体**

1. 各国和地区证券虚假陈述民事责任的主体

第一，美国立法例。在美国法上，承担证券发行中欺诈行为民事责任的主体很宽泛，美国1933年《证券法》第11条（a）项规定对注册报告书承担民事责任的主体为：（1）所有在注册书上签名的人，包括发行人、发起人的首要或重要职员、主要财务人员、相关董事或驻美代表；（2）在该部分注册书登记时发行人的董事、合伙人或履行类似职务的人；（3）所有经其本人同意在注册书中指名成为或将成为发行人董事、合伙人或履行类似职务的人；（4）会计师、工程师、评估师或其他任何其职位使其所作陈述有证明力者，并经其同意列名为注册书该部分的编制者或签章者；（5）所有该证券承销商；（6）对上述人员拥有控制权的人。

第二，英国立法例。英国1995年《证券公开发行规章》第14条规定，招募说明书或补充招募说明书中存在不真实或具有误导性的陈述，或遗漏了有关要求载明的任何事项而给获得有关证券的人造成损失的，负责该招募说明书或补充招募说明书的人应负赔偿责任。同时该法第13条规定，负责招募说明书的人员有：（1）该招募说明书或补充招募说明书被公布之日所有担任该法人董事的人；（2）发行人是法人的，已经同意其本人被提名，并且在该招募说明书中已被提名为该法人的董事的任何人员或已经同意立即或在将来某一时间成为该法人的董事的任何人员；（3）同意承担并在招募说明书中声明其承担该说明书的全部或部分责任的人员；（4）并非该证券发行人的证券承销人；（5）销售人为法人的，但如果其既非该证券发行人也非与发行人联合发出证券要约的人，则指在招募说明书或补充招募说明书被公布之日担任该法人董事的所有人；（6）不属于本款上述规定范围内已经授权制定招募说明书的全部或部分内容的人。

第三，日本立法例。日本《证券交易法》第21条第1款规定，下列人对募集或推销的有价证券负有因虚假陈述或记载欠缺而产生损害的赔偿责任：（1）提交该有价证券呈报书的公司在其提交时的负责人（提交是在公司成立前进行的，为该公司的发起人）；（2）与该有价证券推销有关的有价证券所有人（在其依据以推销该有价证券为内容的合同而从该有价证券所有人处取得该有价证券时，则为该合同的对方）；（3）在与该有价证券呈报书有关的第192条之二第（1）项规定的监察证明中，对与该监察证明有关的文件记载虚假或欠缺一事出具了记载无虚假或无欠缺证明的注册会计师或监察法人；（4）同与该募集有关的有价证券发行人或第二号所列者指已签订了总认购合同的证券公司。

第四，我国台湾地区立法例。我国台湾地区“证券交易法”第32条规定的说明书虚伪或隐匿的民事责任主体有：（1）发行人及其负责人；（2）发行人的职员，曾在公开说明书上签章，以证实其所载内容的全部或一部者；（3）该有价证券的证券承销商；（4）会计师、律师、工程师或其他专门职业或技术人员，曾在公开说明书上签章，以证实其所载内容的全部或一部，或陈述意见者。

由上述各国、地区的立法例可见，各国和地区证券虚假陈述民事责任的主体均有发起人、证券发行人及其董事、监事、高级管理人员、证券承销商、为证券发行提供服务的中介机构及其负有责任的人员，但美国法的规定更为宽泛，还包括实际控制人，这对保护投资者的利益无疑具有积极的意义。

2. 我国证券虚假陈述民事责任的主体

我国证券立法对虚假陈述民事责任主体的规定不尽一致。新修订的《证券法》第69、173条规定虚假陈述民事责任的主体包括：（1）发行人、上市公司；（2）发行人、上市公司的董事、监事、高级管理人员和其他直接责任人员；（3）保荐人；（4）承销的证券公司；（5）控股股东、实际控制人；（6）为证券的发行、上市或者交易活动出具审计报告、资产评估报告、财务顾问报告、资信评级报告或者法律意见书等文件的证券服务机构。《暂行条例》第16－18条规定虚假陈述民事责任的主体为发起人、发行人及其董事、承销商、专业服务机构及其直接责任人。《暂行办法》第11、12条对虚假陈述民事责任的主体没有限定，指任何单位和个人。

而《1.9规定》第7条对民事责任主体的规定除了《证券法》和《暂行条例》所规定的上述民事责任主体之外，还将发起人、上市推荐人（保荐人）[①] 负有责任的董事、监事和经理等高级管理人员以及其他作出虚假陈述的机构或者自然人作为民事责任的主体加以规定。其中所谓“其他作出虚假陈述的机构或者自然人”，依《1.9规定》第25条，包括国家工作人员、新闻传播媒介从业人员、证券交易所及其从业人员、证券公司及其从业人员、证券登记结算机构及其从业人员、证券交易服务机构及其从业人员、社会中介机构及其从业人员、证券业协会及其工作人员、证券监督管理机构及其从业人员等九类主体。

笔者认为，我国证券立法和《1.9规定》对虚假陈述民事责任主体的规定均不妥当。

首先，新修订的《证券法》和《暂行条例》遗漏了部分虚假陈述民事责任主体。新修订的《证券法》遗漏了发起人、保荐人和承销商的负有责任的董事、监事和高级管理人员、证券服务机构的直接责任人等民事责任主体；《暂行条例》虽然将发起人作为民事责任主体加以规定，但遗漏了控股股东、实际控制人、保荐人及其负有责任的董事、监事和高级管理人员等民事责任主体。之所以应将上述机构和人员列为虚假陈述民事责任主体，是因为：第一，发起人是设立中公司的代表机关，是证券初次发行申请文件和招股说明书等文书的制作者、申报者。如果发起人从源头进行虚假陈述，那么发行人、承销商、专业机构及其直接责任人员等一系列机构和人员将难以正本清源并避免不为虚假陈述。基于发起人的这种特殊法律地位，《证券法》应将其规定为虚假陈述民事责任主体。第二，我国上市公司的虚假陈述大多是在控股股东、实际控制人的操纵之下进行的，而由此获得的利益则采取关联交易等形式转入控

① 自2004年2月1日起，中国证监会颁布的《证券发行上市保荐制度暂行办法》实施，上市推荐人改为保荐人，我国新修订的《证券法》也称其为保荐人。

股股东、实际控制人手中。此时，控股股东、实际控制人是虚假陈述的实际行为人，其应对自己行为给投资者造成的损失承担民事责任。而且国外证券立法对控股股东、实际控制人作为虚假陈述民事责任主体也有明确规定，如美国1933年《证券法》第15条规定："任何通过股权、代理关系和其他形式，或者根据协议和谅解书所规定的股权、代理关系和其他形式来控制他人的，也应当承担第11条和第12条项下的法律责任。"（该法第11条的规定如前所述）。第三，保荐人负责协助发行人申请证券上市，而其负有责任的董事、监事、高级管理人员是上述行为的实际履行者。为确保他们能以符合保障投资者权益目的的方式协助发行人履行信息披露义务，证券立法应要求其对所推荐证券的上市文件进行核实，保证这些文件内容的真实、准确和完整，况且两大证券交易所的证券上市规则对此也均有明确规定①。因此，如果这些文件中存在虚假陈述致投资者受损，保荐人及其负有责任的高级管理人员理应承担民事责任。第四，承销商承销证券，负有对公开发行募集文件进行核查的义务，而其董事、监事、高级管理人员是核查行为的实际履行者。如果承销商未履行义务，致使募集文件中存在的虚假陈述致投资者受损，承销商负有责任的董事、监事、高级管理人员理应就其过错与承销商承担连带赔偿责任。第五，证券服务机构的直接责任人参与了审计报告、资产评估报告或法律意见书等文件的制作，如果证券服务机构出具的这些文件存在虚假陈述，给投资者造成损失，其直接责任人应就其过错与证券服务机构承担连带赔偿责任。

其次，《暂行办法》和《1.9规定》对虚假陈述民事责任主体的规定过于宽泛。原因在于：其一，证券法中的虚假陈述民事责任具有特定涵义，是为了保障信息披露义务的履行而确立的法律制度，并非向证券市场进行虚假陈述的任何机构和个人都构成证券法

---

① 参见《深圳证券交易所股票上市规则》第2、3、6条、《上海证券交易所股票上市规则》第2、3、6条、《上海证券交易所企业债券上市规则》第2、6条等的规定。

中虚假陈述民事责任的主体。《1.9规定》的起草者认为，依虚假信息披露违反《证券法》条款的性质不同，可将虚假陈述分为违反义务性条款的虚假陈述和违反禁止性条款的虚假陈述。前者指发行人、承销商及其高级管理人员、专业服务机构等违反《证券法》信息披露义务规定而作出的虚假陈述；后者则指前述九类主体违反《证券法》的禁止性规定而进行的虚假陈述。[①] 但笔者认为，《证券法》仅规定了这些具有特殊身份的机构和人员不得进行虚假陈述，而未对其施加履行或协助履行信息披露的义务，其对不特定投资者也不负有约定的注意义务，因此不能将其作为虚假陈述民事责任主体。其二，《1.9规定》中的上述九类主体向证券市场作出虚假陈述通常都以操纵市场为目的，虚假陈述仅是操纵市场的手段之一，此时行为人应承担操纵市场民事责任而非虚假陈述民事责任。即使这些机构和人员并无操纵市场的目的，也仅在其向某些特定投资者（如证券投资咨询服务的委托人）进行虚假陈述，致使这些人买卖证券而遭受损失时，才可能要求其承担一般的违约责任或侵权责任，亦非虚假陈述民事责任；若其单纯向不特定投资者进行虚假陈述，则因不能证明虚假陈述与投资者损失之间存在因果关系而无法要求其承担民事责任。[②] 其三，从其他国家和地区证券立法来看，虚假陈述民事责任主体均有确定的范围，且不包括《1.9规定》中的上述九类主体。例如，美国1933年《证券法》第11条（a）项和我国台湾地区“证券交易法”第32条的规定。

综上所述，笔者认为，我国证券虚假陈述民事责任的主体应为：（1）发起人、控股股东、实际控制人；（2）发行人或上市公司及其董事、监事、高级管理人员；（3）证券承销商及其董事、

---

① 李国光、贾纬编著：《证券市场虚假陈述民事赔偿制度》，法律出版社2003年版，第75页。

② 程啸、杨文：《对〈关于审理证券市场因虚假陈述引发的民事赔偿案件的若干规定〉的若干评析》，载《判解研究》2003年第1期，第48页。

监事、高级管理人员；（4）证券保荐人及其董事、监事、高级管理人员；（5）会计师事务所、律师事务所、资产评估机构等证券服务机构及其直接责任人。

**（四）证券虚假陈述民事责任的归责原则**

1. 各国和地区证券虚假陈述民事责任的归责原则

第一，美国立法例。根据美国1933年《证券法》第11条的规定，注册报告书的任何部分在生效时含有虚假陈述的，任何获得该证券的人都可根据法律和衡平法起诉，除非被告证明原告在取得该证券时已知该陈述为虚假陈述。除发行人外的其他人如果能证明其已尽注意、勤勉义务，不存在过失，则可不承担民事责任。

可见，发行人就证券发行过程中的虚假陈述承担无过错责任，只有在受害人取得证券时已知登记文件中存在虚假陈述，方可免责。发行人以外的其他主体承担的是过错推定责任，即只有其证明已尽注意、勤勉义务，不存在过失，才能免责。

第二，英国立法例。根据英国1986年《金融服务法》第151条和1995年《证券公开发行规则》第15条的规定，对发行人、发行人的高级管理人员、承销商、律师、会计师等虚假陈述民事赔偿诉讼的被告实行过错推定责任。发行人等主体的抗辩事由有：（1）合理的相信；（2）专家的陈述；（3）采取了合理的措施进行更正；（4）官方的陈述和文件；（5）原告已经知道；（6）合理的相信和补充性招股说明书或上市说明书。①

第三，日本立法例。日本《证券交易法》对发行人采用的是无过错责任，该法第18条规定：“（1）在有价证券申报书中，对重要事项有虚假陈述，或应记载的重要事项或为免生误解所必需的重要事项记载有欠缺时，该有价证券申报书的呈报人，对于因该募集或发售而取得该有价证券者，负损害赔偿责任。但该有价证券取得者在申请取得之际，已经知晓有虚假记载或表示欠缺时，不在此

① 于莹：《证券法中的民事责任》，中国法制出版社2004年版，第120—121页。

限。(2) 对于在依第13条第(1)项规定作成的说明书中，重要事项有虚假记载或者或应记载的重要事项或为免生误解所必需的重要事项记载有欠缺时，准用前项之规定。在此种场合，前项中的'有价证券申报书的呈报人'应以'作成说明书的发行人'替代，'因该募集或发售'应以'因该募集或发售，接受该说明书的交付'替代。"

对于发行人之外的其他人，日本法采用的是过错推定原则。如依据日本《证券交易法》第21条第1项第1号、第22条第2项、第23条之12第6项以及第24条之4的规定，如果发行人的高级职员（包括董事、监察人或担任类似职务的人）能够证明其不知晓或者经过相当注意也不能知晓有价证券申报书、说明书或有价证券报告书中存在虚假陈述，则可以不承担责任。此外，依据日本《商法典》第266条之3以及第280条第2项的规定，董事对有价证券申报书、说明书以及有价证券报告书中应记载的重要事项作出虚伪记载，或者进行虚伪登记或公告时，应当向第三人承担连带赔偿责任，除非能够证明自己对记载、登记或公告没有疏忽大意。①

第四，我国台湾地区立法例。我国台湾地区"证券交易法"对发行人虚假陈述采用无过错责任原则，对于发行人之外的其他人则采用过错推定责任原则。"证券交易法"第32条第1款规定："前条之公开说明书，其应记载之主要内容有虚伪或隐匿之情事者，左列各款之人，对于善意之相对人，因而所受之损害，应就其所应负责部分与公司负连带赔偿责任：一、发行人及其负责人；二、发行人之职员，曾在公开说明书上签章，以证实其所载内容之全部或一部者；三、该有价证券之证券承销商；四、会计师、律师、工程师或其他专门职业或技术人员，曾在公开说明书上签章，以证实其所载内容之全部或一部，或陈述意见者。"该条第2款规

---

① 李国光、贾纬编著：《证券市场虚假陈述民事赔偿制度》，法律出版社2003年版，第123页。

定:“前款第一项至第三项之人，除发行人外，对于未经前款第四项之人签证部分，如能证明已尽相当之注意，并有正当理由确信其主要内容无虚伪、隐匿情事或对于签证之意见有正当理由确信其为真实者，免负赔偿责任；前款第四项之人，如能证明已经合理调查，并有正当理由确信其签证或意见为真实者，亦同。”

2. 我国证券虚假陈述民事责任的归责原则

我国新修订的《证券法》第69条规定：“发行人、上市公司公告的招股说明书、公司债券募集办法、财务会计报告、上市报告文件、年度报告、中期报告、临时报告以及其他信息披露资料，有虚假记载、误导性陈述或者重大遗漏，致使投资者在证券交易中遭受损失的，发行人、上市公司应当承担赔偿责任；发行人、上市公司的董事、监事、高级管理人员和其他直接责任人员以及保荐人、承销的证券公司，应当与发行人、上市公司承担连带赔偿责任，但是能够证明自己没有过错的除外；发行人、上市公司的控股股东、实际控制人有过错的，应当与发行人、上市公司承担连带赔偿责任。”第173条规定：“证券服务机构为证券的发行、上市、交易等证券业务活动制作、出具审计报告、资产评估报告、财务顾问报告、资信评级报告或者法律意见书等文件，应当勤勉尽责，对所制作、出具的文件内容的真实性、准确性、完整性进行核查和验证。其制作、出具的文件有虚假记载、误导性陈述或者重大遗漏，给他人造成损失的，应当与发行人、上市公司承担连带赔偿责任，但是能够证明自己没有过错的除外。”由此可见，新修订的《证券法》对发行人、上市公司虚假陈述采用的是无过错责任原则，对发行人、上市公司的董事、监事、高级管理人员和其他直接责任人员、保荐人、承销的证券公司、证券服务机构采取了过错推定责任原则，而发行人、上市公司的控股股东、实际控制人对虚假陈述则承担过错责任。

最高人民法院的《1.9规定》第21条第1款规定：“发起人、发行人或者上市公司对其虚假陈述给投资人造成的损失承担民事赔偿责任。”该条确立了发起人、发行人或者上市公司虚假陈述的无过错责任。《规定》第 23 条第 1 款规定：“证券承销商、证券上市推荐人对虚假陈述给投资人造成的损失承担赔偿责任。但有证据证明无过错的，应予免责。”可见，承销商、上市推荐人就其虚假陈述行为给投资者造成的损失承担的是过错推定责任。依据《1.9 规定》第 21 条第 2 款、第 23 条第 2 款的规定，发行人、上市公司、承销商、上市推荐人负有责任的董事、监事和高级管理人员对投资者造成的损失承担的是过错推定责任。《1.9 规定》第 22 条明确规定了控股股东、实际控制人的民事责任。该条规定：“实际控制人操纵发行人或者上市公司违反证券法律规定，以发行人或者上市公司名义虚假陈述并给投资人造成损失的，可以由发行人或者上市公司承担赔偿责任。发行人或者上市公司承担赔偿责任后，可以向实际控制人追偿。实际控制人违反证券法第四条、第五条以及第一百八十八条规定虚假陈述，给投资人造成损失的，由实际控制人承担赔偿责任。”这实际上将实际控制人的民事责任分为以下两种：一是操纵发行人或者上市公司，以发行人或者上市公司的名义进行虚假陈述而致人损害的赔偿责任。此时，是由发行人或者上市公司先承担赔偿责任，然后再向实际控制人追偿。在这种情况下，实际控制人承担的是过错责任；二是实际控制人自己违反证券法的规定，虚假陈述致人损失的，由实际控制人承担赔偿责任。此时，实际控制人应承担无过错责任。①

笔者认为，我国新修订的《证券法》和《1.9 规定》确立发行人、上市公司对虚假陈述承担无过错责任，发行人、上市公司的董事、监事和高级管理人员、承销商、保荐人对虚假陈述承担过错推定责任是合理的，因为：第一，发行人、上市公司是证券信息的直接提供者，对其经营状况了如指掌，其应对披露信息的

---

① 杨峰：《证券民事责任制度研究》，中国社会科学院 2003 年博士学位论文，第 100 页。

真实性、完整性和及时性负完全责任，而且由其承担无过错责任也有利于保护投资者的利益。第二，发行人、上市公司的董事、监事和高级管理人员、承销商、保荐人、证券服务机构属于证券信息披露义务的实际履行人和保证人，并非信息披露义务人，在承担责任上应与发行人、上市公司的直接责任有所不同。承销商、保荐人、证券服务机构在作出保证承诺之前，如果发现信息披露文件中存在虚假陈述，则完全可以在纠正信息披露活动、维持或放任不法行为之间做出选择。法律以过错与否作为承担责任的构成要件，以此促进其做出合法的选择。[①] 此外，对上述责任主体适用过错推定原则，由其举证证明自己没有过错也有利于保护投资者的利益。

然而，新修订的《证券法》对控股股东、实际控制人适用过错责任原则，《规定》对其采取过错责任与无过错责任则均不妥当。因为：其一，如果规定为过错责任，受害投资者必须证明控股股东、实际控制人具有主观上的过错之后，才可能使其承担民事赔偿责任，而这一点对于投资者来说难以做到，不利于保护投资者的利益。其二，如果规定为无过错责任，则由于发行人、上市公司才是信息披露义务人，由控股股东、实际控制人对虚假陈述承担无过错责任显得过苛。从国外立法例看，各国和地区证券法也未规定控股股东、实际控制人对虚假陈述须承担无过错责任。笔者主张对控股股东、实际控制人适用过错推定责任原则较为妥当。

**（五）证券虚假陈述民事责任的因果关系**

1. 美国证券虚假陈述民事责任的因果关系

在侵权行为法中，侵权行为人承担赔偿责任必须以行为与损害结果之间具有因果关系为前提。英美法学者通常将因果关系区分为

---

① 赖武：《证券虚假陈述民事责任的认定》，载《法制与社会发展》2003 年第 2 期，第 132 页。

事实上的因果关系与法律上的因果关系。事实上的因果关系，强调侵权行为人对受害人所遭受的损害是否具有事实上的原因，主要用于寻找侵权行为人承担责任的依据；法律上的因果关系，旨在解决受害人所遭受的损害是否存在侵权行为以外的原因或过于远隔的原因，从而为减免侵权行为人的赔偿责任提供理由。基于以上区分，美国学术界、司法界将证券侵权责任中的因果关系区别为交易的因果关系和损失的因果关系。前者指被告的欺诈行为导致原告从事了证券交易，后者指原告向被告所索赔的经济损失，只能限于被告欺诈行为所导致的部分。①

（1）交易的因果关系。如上所述，交易的因果关系所要确定的是，虚假陈述与投资者的投资决策之间是否存在因果关系，即投资者是否因为信赖虚假陈述而决定买卖证券。如果投资者明知虚假陈述行为仍做出了投资决策，或者投资者的投资决策不是依赖虚假陈述而做出的，则该交易中不存在信赖，因而不存在交易的因果关系。

第一，美国证券立法中的交易因果关系。根据美国 1933 年《证券法》第 11 条的规定，投资者提起证券虚假陈述赔偿诉讼时，无须证明其信赖了该虚假陈述。即依据该条起诉的原告既不用证明自己认真阅读过登记文件，也不用证明其在购买证券时已经知道登记文件中存在不实陈述或遗漏，法律假设证券购买者在证券登记文件生效后的 12 个月内对文件是信赖的。依据该条（a）款的规定，原告只需证明两点：其一，登记文件中存在不实陈述或遗漏；其二，不实陈述或遗漏的是重大事实。而关于“重大性”标准，经由法院的各种判例而不断变化，美国的证券交易委员会采纳了联邦最高法院的判定标准，在一些规范信息披露的规则，如规则 156、规则 230、规则 405 中，将重大信息限定为“那些存在使以为理性的投资者在决定是买进还是卖出注册证券时认为是重要的重大可能

① 郭锋：《证券市场虚假陈述及其民事赔偿责任——兼评最高法院关于虚假陈述民事赔偿的司法解释》，载《法学家》2003 年第 2 期，第 43 页。

性的事实”。[①]

依据美国《证券法》第12条（a）款（2）项，当招股说明书中或在证券发售过程中的口头联络交谈中存在误述与误导时，因此遭受损害的投资者可以提起损害赔偿诉讼。原告无须证明对虚假陈述产生了信赖，只需要证明招股说明书或证券发售过程中的口头联络交谈中存在重大事实的不实陈述或遗漏，且自己预先并不知道该不实陈述或遗漏的存在，就可以确立交易的因果关系。

美国《证券交易法》第18条（a）款规定，任何人在根据证券交易法向美国证管会呈报登记文件时，如果就重大事实做出不实陈述或误导性陈述时，都必须承担责任。对于依据该条款规定要求赔偿的原告，法院认为必须证明：其一，其知道了登记文件中的内容；其二，信赖了这些文件的真实性，而且不知道文件中存在对重大事实的不实陈述或误导性陈述。除非被告能够证明其依善意行事且不知道文件中有对重大事实的不实陈述或误导性陈述，否则无法免责。[②]

第二，美国证管会10b－5规则中的交易因果关系。美国证券交易委员会为配合《证券交易法》第10条（b）款的实施而制定了10b－5规则，即反欺诈的“长臂条款”。依据10b－5规则起诉的原告必须证明其信赖了被告的虚假陈述，这一原则是由美国第二巡回法院在1965年的李斯特诉菲星帕克公司案中确立的。其原因在于：10b－5规则的目的是为了在于内幕人员于局外人之间限制“买者当心”原则的适用，而不是建立投资者保险计划。尽管放弃信赖的要求更有利于局外人证明内幕人员的欺诈且有助于实现10b－5规则的意旨，但是这并不能构成超越作为侵权法基本要件的事实因果关系原则的充足理由。[③] 1988年联邦最高法院在贝斯克

① 程啸：《证券市场虚假陈述侵权损害赔偿责任》，人民法院出版社2004年版，第183页。

② 高如星、王敏祥：《美国证券法》，法律出版社2000年版，第316页。

③ 程啸：《证券市场虚假陈述侵权损害赔偿责任》，人民法院出版社2004年版，第188页。

公司诉李威逊案中，进一步重申了该原则。

但是，证券发行和交易市场不是传统的面对面的谈判，而是需要大量的中介与传媒的参与才得以完成，将面对面交易中要求原告必须证明的信赖适用于证券市场难以行得通。大多数中小投资者缺乏阅读招股说明书与财务报告等披露信息的激励与能力，而是愿意搭机构投资者等实力雄厚的投资者的便车，所以，要求投资者证明其对虚假陈述的信赖实际上使多数遭到损害的投资者求诉无门，同时，也使美国法所鼓励的集团诉讼实际上不可能，因为每个人都要对信赖作出证明。为此，20 世纪 70 年代，美国部分巡回法院引入一种新的理论，同意缺乏信赖要件的原告可以在 10b－5 规则下获得赔偿，这就是著名的“欺诈市场理论”。

欺诈市场理论认为，在一个有效资本市场中，证券的实际价格应当与在所有投资者都掌握同等信息的情况下股票所具有的价格一致。因此，向市场供应虚假信息的行为，是对市场和所有投资者的一种欺诈，并妨碍了市场价格作为证券真实价格指标功能的发挥。尽管投资者进行证券交易时，并没有直接依据该信息行事，但在这种情况下，被告的欺诈行为与原告购买或卖出股票之间的因果联系，实际上一点也不比投资者直接依赖该信息进行交易时的程度小。基于此，美国第九巡回法院在 1975 年确立了如下规则：对外发布虚假信息，是对证券市场和投资者的欺诈，原告不必承担对该信息实际产生过依赖的积极举证之责，他只要证明当时的市场价格为受到虚假信息影响的不真实价格，而他按照这种价格从事了证券交易即可。法院认为：“要求每一位买主都直接证明其在购买证券之时依赖了某项特定的陈述，将会使那些间接依赖的买主无法得到补偿。”① 这样，在涉及虚假和误导性陈述的案件中，即使没有原告依被告之不实陈述而行事的证据，仍可以采取与隐瞒重要情况不

① 郭锋：《证券市场虚假陈述及其民事赔偿责任——兼评最高法院关于虚假陈述民事赔偿的司法解释》，载《法学家》2003 年第 2 期，第 43 页。

对外披露之情形相类似的信赖推定方法。只不过在被告不履行披露义务时，原告首先应当证明被隐瞒事实的重要性，而在被告为虚假或误导性陈述时，原告首先则应证明证券市场价格受到了不当影响。①

在依据欺诈市场理论来认定交易的因果关系时，需要原告证明下述5个因素②：（1）被告有虚假陈述行为；（2）该虚假陈述是重大的；（3）该证券在有效证券市场中交易；（4）该虚假陈述使合理的投资者错误判断证券价格；（5）原告在虚假陈述作出后真相披露前进行证券交易。被告除非能反驳这5个条件，或者能证明原告根本不信赖该虚假陈述，或已知有虚假陈述还进行交易，才能推翻信赖的存在，但是在证明上这几乎不可能。这对于保护投资者利益具有重要的意义。

（2）损失的因果关系。损失的因果关系所要证明的是虚假陈述是否为导致投资者损失的原因。

第一，美国证券立法中的损失因果关系。依美国《证券法》第11条（e）款的规定，原告不负证明损失因果关系的责任，相反由被告希望通过否定损失因果关系来减免责任，就必须证明原告的部分（或全部）损失并非由于登记文件中存在不实陈述或者遗漏的原因而引起的证券贬值所造成的。这使损失因果关系的证明责任发生了倒置，有利于保护投资者的利益。

美国《证券法》第12条（b）款规定，如果提出要约或者出售证券之人能够证明，原告依据第12条（a）款（2）项可获赔偿之损失的全部或者部分并非由于招股说明书或者口头联络交谈中对重大事实的不实陈述，或者对为避免误解所必需之重大事实的遗漏

① 张明远：《美国的证券民事诉讼制度》，郭锋主编：《证券法律评论》第2期，法律出版社2002年版，第431页。

② 于莹：《美国证券欺诈民事责任研究》，载《吉林大学社会科学学报》2000年第6期，第81页。

而引起的证券贬值所造成的，那么这部分或者全部损失就不能获得赔偿。

此外，美国《证券交易法》第18条中的损失因果关系通常与《证券法》第11条、第12条或者美国证管会10b－5规则一并适用，因此应依据其适用的上述条文中的要求进行确定。

第二，美国证管会10b－5规则中的损失因果关系。美国大多数法院均将损失的因果关系作为原告依据10－5规则起诉的要件之一。1995年美国《证券私人诉讼改革法》第21D（b）－4条规定："原告应举证证明被告的行为给原告造成了所索赔的损失。"这实际上是要求将被告的赔偿责任限定在合理的、可预见的损失范围内，将导致股价变化的市场因素予以剥离。

在美国司法实践中，判定损失因果关系的方法主要有以下几种①：

其一，直接后果说。侵权行为法中判定损失因果关系的直接后果说是由美国法学教授杰塞夫·贝勒于1920年在《哈佛法律评论》中的一篇论文中首先加以倡导的。美国联邦第十一巡回法院在罗宾诉科吉财产公司案中采用了该理论。法院认为，原告并未很好地举证证明其损害与被告财务报告的虚假陈述存有合理的直接与最近因果关系。虽然原告试图证明由于被告在其财务报告中的虚假陈述导致了他以不公平的价格进行交易，但是法院认定原告实际的投资损失是由于被告公司公布缩减其股利发放数额的消息引发公司股价下跌所致，因此被告公司股价下跌的原因并非财务报告中的虚假陈述，损失因果关系无法确立。第十一巡回法院认为，要建立损失的因果关系，原告就必须举证证明其所购证券嗣后价格的变动与被告的虚假陈述行为之间存在直接的因果关系，即原告的损害是被

① 程啸：《证券市场虚假陈述侵权损害赔偿责任》，人民法院出版社2004年版，第196—198页；王昀：《侵权行为法上因果关系理论研究》，梁慧星主编：《民商法论丛》第11卷，法律出版社1999年版，第486—501页。

告虚假陈述行为的直接后果。

其二，某些因果联系说。该理论是由联邦第八巡回法院在阿伯诉控制数据公司案中提出来的，法院认为："在10b－5规则之下，原告无须符合直接因果关系这一严格的测试标准。他们只需要标明在不当行为与原告损失之间存在'某些因果关联'即可。"本案原告主张被告的财务报告中存在虚假陈述从而造成其投资之损失。被告认为，股价并未因其更正后有任何变动，股价的变动是由于其揭露了没有披露义务的租赁契约条款所导致的。因此，被告主张原告并未尽其举证证明损失因果关系存在的责任。然而，法院却认为，被告财务报告中的虚假陈述造成原告以不公平的价格购买被告的股票，这就已经确立了损失因果，因此原告无须再举证证明该股票嗣后价格的下跌与被告的虚假陈述之间存在因果关系。显然第八巡回法院此种观点对原告是最为有利的，因为原告只需要证明被告的虚假陈述行为对于其损害具有某种程度的影响就可以确立损失的因果关系。不过，此种观点后来被美国联邦最高法院所否定。

其三，风险实现说。风险实现说要求原告举证证明，由于被告的欺诈行为使得原告在交易时的风险未能得到揭露，而正是这些未揭露的风险造成了原告的损失。

在巴斯天诉皮特任能源公司案中，原告主张由于被告故意隐瞒公司的经营问题，致使其投资被告有限合伙事业遭受损失。但美国第七巡回上诉法院却认定原告的损失是由于1981年原油价格大跌造成的，原告在投资之前就已经知道了原油价格大跌属于投资石油产业的风险。除非原告能够证明其损失是由于其他风险实现所致，否则损失的因果关系无从建立。著名的波斯恩法官在本案中指出："损失因果关系是一个奇怪的名称就侵权法的标准而言，原告必须主张且证明，要不是由于被告的不法行为，原告本来是不会遭受其诉称的损害的。20世纪80年代早期的油价狂跌影响了整个经济界，例如股价的下跌。由于美国是一个单纯的石油进口国，因此油价狂跌对于绝大多数人是件好事。但也有一些输家。鼓励任何因不可预测的市场条件的改变而投资失败之人，吹毛求疵地在信息披露文件中搜寻某项虚假陈述无益社会目标。欺诈者固然属于坏分子，应受惩罚，但10b－5规则并非令他们成为经济灾难的承保人。如果原告投资石油与天然气事业的失败并非由于被告隐瞒这一个性化缺陷所致，那么考虑到原告具有投资这一事业的明显意图，其并未因被告的欺诈而遭受损失，不能请求损害赔偿金。”

2. 我国证券虚假陈述民事责任的因果关系

关于虚假陈述与投资者所受损失之间因果关系的认定，我国新修订的《证券法》及其他证券立法均未作明文规定。

最高人民法院的《1.9规定》借鉴了美国的欺诈市场理论和信赖推定原则，对证券虚假陈述民事责任中的因果关系作了明确规定。但《1.9规定》没有区分交易的因果关系和损失的因果关系，直接将虚假陈述行为与投资者的损失相联系，使得对因果关系的认定更具有客观主义色彩，有利于法院认定因果关系。此外，《规定》将因果关系的举证责任交由被告行使，有利于保护投资者的利益。

《1.9规定》第18、19条对因果关系作了具体规定，即投资人具有以下情形的，应认定虚假陈述与损害结果之间存在因果关系：(1) 投资人所投资的是与虚假陈述直接关联的证券；(2) 投资人在虚假陈述实施日及以后，至揭露日或者更正日之前买入该证券；(3) 投资人在虚假陈述揭露日或者更正日及以后，因卖出该证券发生亏损，或者因持续持有该证券而发生亏损。如被告举证证明投资人具有以下情形的，则认定虚假陈述与损害结果之间不存在因果关系：(1) 在虚假陈述揭露日或者更正日之前已经卖出证券；(2) 在虚假陈述揭露日或者更正日及以后进行的投资；(3) 明知虚假陈述存在而进行的投资；(4) 损失或者部分损失是由证券市场系统风险等其他因素所导致；(5) 属于恶意投资、操纵证券价格的。

笔者认为，《1.9规定》的上述规定对减轻投资者的举证责任，维护其合法权益无疑具有积极的意义，但存在以下缺陷：

其一，将投资者在诱空虚假陈述实施日之前买入与虚假陈述有直接关联的证券并在虚假陈述揭露日或更正日之前卖出该证券而遭受损失的情形排除在因果关系的认定范围之外。诱空虚假陈述是与诱多虚假陈述相对而言的，诱多虚假陈述指虚假陈述者故意违背事实真相发布虚假的利多消息，或者隐瞒实质性的利空消息不予公布或不及时公布，使得投资者在证券价格处于相对高位时，进行“投资”追涨的行为；而诱空虚假陈述则指虚假陈述者发布虚假的消极利空消息，或者隐瞒实质性的利好消息不予公布或不及时公布，使得投资者在证券价格向下运行或相对低位时卖出证券而遭受损失的行为。从《1.9 规定》的上述规定可知，投资者仅在虚假陈述实施日以后揭露日或更正日之前买入与该虚假陈述直接关联的证券，并且有损失发生，才可能认定虚假陈述与损失之间存在因果关系。这实际上只考虑到了诱多虚假陈述诱使投资者买入与该虚假陈述直接关联的证券而受损失的情形，而未考虑到诱空虚假陈述诱使投资者卖出与该虚假陈述直接关联的证券而受损失的情形。尽管目前我国查处的虚假陈述案件均为诱多虚假陈述，但并不能排除诱空虚假陈述从未发生过以及将来不发生，且事实上在公司重组收购中此种违法行为很容易产生，更何况立法和司法解释应具有一定的超前性而不能仅进行事后调整。如果投资者在诱空虚假陈述实施日之前买入与该虚假陈述有直接关联的证券，且在虚假陈述实施日或以后至虚假陈述被揭露或更正之日之前卖出该证券，在这种情形下，投资者受诱空虚假陈述的影响而低价卖出所持证券，其损失与虚假陈述之间毫无疑问存在因果关系。《1.9 规定》将此种情形排除在因果关系认定范围之外实属一大缺漏。

其二，投资者在虚假陈述实施日之前买入与虚假陈述有直接关联的证券并在虚假陈述揭露日或更正日及其以后基准日之前卖出该证券而遭受损失时无法获得赔偿。所谓基准日，依《1.9 规定》第 33 条前段的规定，是指虚假陈述被揭露或更正后，为将投资者应获赔偿限定在虚假陈述所造成的损失范围内，确定损失计算的合理期间而规定的截止日期。在这种情形下，尽管投资者买入证券的价格未受虚假陈述的影响，但在虚假陈述揭露日或更正日及其以后基准日之前，证券价格客观上受到了虚假陈述的影响，这表现为诱多虚假陈述被揭露或更正后导致证券价格的过度下跌或者诱空虚假陈述被揭露或更正后造成证券价格的缓慢回升。此时如果投资者卖出证券的价格低于买入的价格，则会遭受损失，这种损失与虚假陈述之间理应存在因果关系。

其三，未规定投资者在虚假陈述实施日至揭露日或更正日之间买入并卖出与该虚假陈述有直接关联的证券所受损失与虚假陈述之间存在因果关系。在这种情形下，投资者买卖证券的行为均发生在虚假陈述对证券价格产生影响的阶段，如果投资者所持证券的卖价低于买价，则发生损失，此种损失与虚假陈述之间应存在因果关系。有学者认为，在诱多虚假陈述未被揭露或更正之前，投资者买入并卖出与该虚假陈述有直接关联证券的价格都是虚涨的，如果投资者遭受损失，则该损失一定是其他因素造成的，与虚假陈述没有因果关系。① 但笔者认为，如果不是由于虚假陈述，投资者本来可能不会买入并卖出证券，更谈不上因此承担证券市场风险等因素所引起的差额损失，因而，这种情形下虚假陈述仍是投资者发生损失的原因。反之，如果认定这种情形下虚假陈述与投资者所受损失之间不存在因果关系，则会产生诸多严重后果，例如给投资者一个错误信号，即使证券价格下跌也不能卖出证券而积极止损，须等待揭露日或更正日到来，才能获得赔偿；纵容造假公司尽量拖延虚假陈述被揭露或更正日期，诱使投资者在揭露日或更正日之前卖出证券，从而减少赔偿数额等。

---

① 张勇健：《对于〈关于审理证券市场因虚假陈述引发的民事赔偿案件的若干规定〉中几个时间点的理解与适用》，载《判解研究》2003 年第 1 期，第 39 页。

### （六）证券虚假陈述民事责任的范围

1. 美国证券虚假陈述民事责任的范围①

美国1933年《证券法》第11条第（e）款对因虚假陈述而形成的损害赔偿范围的规定最为详细。该损害赔偿额为，赔偿请求权人为了取得该有价证券所支付的价金（但不能超过公开承销的价格）与下列三种价格的差额：起诉前已在市场上出售该证券的，为该处分价格；起诉后诉讼中未处分该证券的，为起诉时该证券的价格；起诉后裁决前出售该证券的价格，如果该价格差额小于投资者支付的价金与起诉时价格的差额。但是，如果虚假陈述者能证明赔偿请求权人所受损失不是由于该虚假陈述导致的，则虚假陈述者对此部分损失不负赔偿责任。

依据美国《证券法》第12条（a）（2），当招股说明书中或在证券发售过程中的口头联络交谈中存在误述或误导时，因此购买证券而遭受损失的投资者可以提起损害赔偿诉讼，不过被告必须是最后的直接将证券售给原告的人。该法第12条规定的计算方法为：原告有权撤销交易，要求报告返还其购买证券时支付的价金以及利息，再减去从中获得的收益。当原告已不再拥有证券时，则有权要求撤销性损害赔偿金，因为此时原告已经不存在撤销交易的可能性。撤销性损害赔偿金数额的计算方式是：原告购买证券时所支付的价格减去原告重新出售该证券的价格加上利息，再减去原告从获得的任何分红或者公司分配的其他利益（包括利息）。

美国绝大多数法院在依据10b－5规则提起的针对证券市场虚假陈述行为的诉讼中，都依据实际损失计算法。该方法的具体规则为：因被告的虚假陈述而买入证券的原告的损害赔偿数额是，证券

---

① 参见李国光、贾纬编著《证券市场虚假陈述民事赔偿制度》，法律出版社2003年版，第165—166页；程啸：《证券市场虚假陈述侵权损害赔偿责任》，人民法院出版社2004年版，第317—333页。

的真实价值（通常就是虚假陈述行为被揭露后证券的市场价格，亦即没有虚假陈述行为时原告买进该证券的价格）与原告支付之间的差额；因被告的虚假陈述而卖出证券的原告的损害赔偿数额是，证券的真实价值（即没有虚假陈述行为时原告卖出该证券的价格）与原告获得的价格（或者被告用以交换的物品价值，例如换股时被告交付给原告的股票的价值）之间的差额。

在实践中实际损失法又发展出价格反应法和真实价值恒定法两种方法。价格反映法的基本假设是：股票的价格由于市场因素的影响而偏离其价值，但是两者之间的差额是恒定的，当股票的价格因虚假陈述而波动时，其价值也因该虚假陈述而同等的波动。投资者在虚假陈述行为实施日购买了股票并一直持有至揭露日，在这一段时间内的股票的真实价值与价格之间的差额仍是恒定的，那么在纠正性信息披露之时股票的市场价格与真实价值之间就是以同等数额下跌。运用价格反应法计算时，股票的价格与价值之间的恒定差额乘以投资者所持有的该股票的数额就是投资者的损失。通常运用价格反应法计算损害赔偿时还需要考虑市场指数或者工业指数。真实价值恒定法假设股票的真实价值是恒定不变的，由于被告实施了虚假陈述，股票的价格偏离了其价值，只有当虚假陈述被揭露后股票的价格才回到其真实的价值。因此，虚假陈述揭露日该股票价格与真实价值之间的差额乘以投资者持有的股票数额就是投资者的损失。

美国 1995 年《证券私人诉讼改革法》第 21D（e）条规定：“除本条第二款规定之外，在任何依据本法提起的私人诉讼中，原告依据证券市场价格确定损害赔偿时，判给原告的损害赔偿额不得超过原告维系争证券所支付的适当的买价或者所收到适当的卖价，与该证券再更正被起诉的错误陈述或者遗漏的信息向市场公布之日起 90 天内该证券的平均交易价格之间的差额。在任何依据本法提起的私人诉讼中，原告依据证券市场价格确定损害赔偿时，如果原告在前款 90 天内卖出或者重购系争证券的，原告的损害赔偿数额不得超过其维系争证券所支付的适当的买价或者收到的适当的卖价，与更正被起诉的错误陈述或者遗漏的信息向市场公布之日至原告卖出或者重购之日止该证券的平均交易价格之间的差额。所谓证券的平均交易价格是指本条第一款规定的90天内该证券每日收盘价为基础计算出来的该证券日交易价格的平均值。”

2. 我国证券虚假陈述民事责任的范围

我国新修订的《证券法》及其他证券立法对虚假陈述民事赔偿的范围与投资差额损失[①]的计算均没有明确的规定。[②] 而最高人民法院的《1.9规定》第29、30条区分证券发行市场和交易市场对虚假陈述民事赔偿的范围分别作了规定。其第29条规定：“虚假陈述行为人在证券发行市场虚假陈述，导致投资者损失的，投资人有权要求虚假陈述行为人按本规定第三十条赔偿损失；导致证券被停止发行的，投资人有权要求返还和赔偿所缴股款及银行同期活期存款利率的利息。”第30条规定：“虚假陈述行为人在证券交易市场承担民事赔偿责任的范围，以投资人因虚假陈述而实际发生的损失为限。投资人实际损失包括：（一）投资差额损失；（二）投资差额损失部分的佣金和印花税。前款所涉资金利息，自买入至卖出证券日或者基准日，按银行同期活期存款利率计算。”对投资差额损失的计算，《1.9规定》第31条规定：“投资人在基准日及以前卖出证券的，其投资差额损失，以买入证券平均价格与实际卖出证券平均价格之差，乘以投资人所持证券数量计算。”第32条规定：“投资人在基准日之后卖出或者仍持有证券的，其投资差额损

---

① 依《规定》的起草者解释，所谓投资差额损失，是指投资者因虚假陈述而遭受投资利益方面的损失。参见李国光、贾纬编著《证券市场虚假陈述民事赔偿制度》，法律出版社2003年版，第151页。

② 尽管新修订的《证券法》第26条、《条例》第70条和《办法》第21条规定了发行人在发行证券中进行虚假陈述的，应退还所募资金和加算银行同期存款利息，但此处所提及的退款，非指由投资者直接向发行人请求返还，而是由行政机关责令发行人向投资者退还，因此不能认为这些条款对虚假陈述的民事赔偿作出了规定。

失，以买入证券平均价格与虚假陈述揭露日或者更正日起至基准日期间，每个交易日收盘价的平均价格之差，乘以投资人所持证券数量计算。”

笔者认为，《1.9规定》对虚假陈述民事赔偿的范围与投资差额损失计算的规定均有不合理之处，应加以完善。

首先，就虚假陈述民事赔偿的范围而言，《1.9规定》仅规定了诱多虚假陈述情形下的民事赔偿范围而未对诱空虚假陈述情形下的民事赔偿范围作出规定。在诱空虚假陈述情形下，责任主体的赔偿范围一般可比照诱多虚假陈述情形下责任主体的赔偿范围来确定。但当投资者在虚假陈述实施日之前买入证券，其后受虚假陈述的诱使而在虚假陈述揭露日或更正日以前卖出所持证券时，开户费不应列入责任主体的赔偿范围，因为此费用并非受虚假陈述的诱使而发生。

其次，就投资差额损失的计算而言，《1.9规定》所规定的算术平均计算法将投资者买入证券的价格和卖出证券的价格分别进行平均，无法真实准确地反映投资者所遭受的投资差额损失，不能有效地保护真正受害投资者的合法权益。为此，笔者建议采用累计计算法来计算投资差额损失，即投资者进行多次交易或连续交易时，将投资者每次买入证券的价格与数量的乘积以及每次卖出证券的价格与数量的乘积分别加以累计，计算出投资者买入证券的总价款和卖出证券的总价款（若起诉时仍持有证券的，还包括视为卖出的总价款），前后者之差即投资差额损失。这样，通过细分投资者各次证券交易的具体环节，使计算结果与投资者的实际投资差额损失相一致。

## 二　内幕交易的民事责任

内幕交易（insider trading 或 insider dealing），指内幕人员以获取利益或减少损失为目的，利用内幕信息或泄露内幕信息使他人利用该信息进行证券发行、交易的活动。[①] 内幕交易在美国、英国称为内部人交易，在我国台湾地区称为内线交易。内幕交易不仅损害上市公司和一般投资人的财产利益，同时也对证券市场及整个社会经济秩序具有破坏作用，社会危害性很大。因此，健全和完善证券内幕交易法律责任是维护证券市场健康发展的必然要求。内幕交易行为人承担的法律责任包括民事责任、行政责任和刑事责任。1997年3月我国修订的新《刑法》第180条规定了证券内幕交易罪，明确了内幕交易的刑事责任。1998年12月颁布的《证券法》也规定了一系列内幕交易所应承担的行政责任和刑事责任，然而对于内幕交易行为人所应承担的民事责任却没有明确规定。2005年10月全国人大常委会对《证券法》进行修订，在第76条中规定“内幕交易给投资者造成损失的，行为人应当依法承担赔偿责任”，正式确立了内幕交易的民事责任，可以说是一大进步。但是现行立法的规定，仍然失之抽象，无法作为具体案件的裁判规范，这不能不说是我国禁止证券内幕交易立法中的缺憾。我们还应该在借鉴其他国家或地区的有关立法和司法实践经验的基础上，进一步完善我国证券内幕交易民事责任的立法，以期能有效保障证券市场和整个国民经济健康、有序的发展。

**（一）证券内幕交易民事责任立法的由来及其法理基础**

1. 证券内幕交易民事责任的法律沿革

规制内幕交易行为的法律最早出现于20世纪30年代的美国。美国1934年的《证券交易法》首次以法律方式禁止包括内幕交易行为在内的各种证券欺诈行为。日本1948年也制定了《证券交易法》以禁止不正当交易的概括性规定规范内幕交易行为，并于1988年增订规制条例。虽然各国证券市场长期被内幕交易等证券欺诈行为所困扰，并为此不断加强有关立法措施，但在追究内幕交易人法律责任上却多注重公法手段的运用，强调追究违法者的刑事

① 吴志攀主编：《国际金融法》，法律出版社1999年版，第143页。

和行政责任，对其民事责任的追究问题往往因为举证责任、损失数额计算等方面的困难，而没有给予足够的重视。以美国 1934 年《证券交易法》为例，其起草者主要是从对证券市场实施监管的公法意图来拟定有关条款，当时并无赋予投资受害者民事诉讼救济的意图。[①] 尽管追究内幕交易人刑事责任和行政责任重在遏制和打击内幕交易行为，恢复正常的证券市场秩序，却不能对内幕交易受害人提供足够的法律救济，使内幕交易人与受害人之间已经失衡的利益关系得以恢复平衡。因此，有学者认为，令内幕交易人承担相应的民事责任，将内幕交易人的非法所得用于补偿受害人的损失，才能真正和彻底实现法律的公平和正义。[②] 正是基于此种理念，自 20 世纪 80 年代以来越来越多的国家在禁止内幕交易立法中引入了内幕交易民事责任制度。1984 年美国国会通过《内幕交易制裁法》规定，如果行为人违反证券交易委员会 10b－5、14e－3 条例和其他禁止内幕交易的规定，证券交易委员会可对内幕人提起民事诉讼。[③] 美国 1988 年《内幕交易和证券欺诈实施法》也赋予交易相对方可以以内幕交易人和披露内幕交易消息人违反 10b－5 规则为由向联邦法院对其提起民事诉讼的权利。在英国，1986 年的《金融服务法》第 62 节规定，任何人因违反 SIB 的从业规则（business conduct rules）或违反自律组织（SRO）的从业规则，包括利用内幕信息进行证券交易而给某一投资者（private investor）造成损失者，受损失的投资者可向该规则违反者提起损害赔偿诉讼。[④] 此外，1987 年韩国的《证券交易法》第 106 条、我国台湾地区的

---

① 见冯果：《内幕交易与私权救济》，载《法学研究》2000 年第 2 期。

② 陈晓：《论对证券内幕交易的法律规制》，载梁慧星主编：《民商法论丛》（第 5 卷），法律出版社 1996 年版，第 89 页。

③ 贺绍奇：《“内幕交易”的法律透视》，人民法院出版社 2000 年版，第 279—280、305—308 页。

④ 万猛、刘毅：《英美证券法律制度比较研究》，武汉工业大学出版社 1998 年版，第 192—194 页。

《证券交易法》第157条亦对从事内幕交易者的民事责任作了专门规定。

2. 对于证券内幕交易民事责任立法的争论

为什么要禁止内幕交易？在我国很少会有人提出这个问题。但在首开禁止内幕交易先河的美国，时至今日对是否应该通过立法禁止内幕交易，理论界和实务界都存在分歧，特别是众多的经济学家和法学家从不同的角度对禁止内幕交易提出了异议。赞成内幕交易主要有三种观点：内幕交易是对企业家的合理报酬；减少股价波动；自愿禁止内幕交易的私合同说。对这三种观点进行分析，可以对禁止内幕交易的内在价值有一个更为深入的视角，不仅可以为完善立法提供有益的借鉴，而且对于证券交易实务、司法实践也不无裨益。

（1）内幕交易是对企业家的合理报酬。这种观点认为，公司的薪金不足以酬劳那些对提高劳动生产力、实现技术创新作出杰出贡献的企业家，只有内幕交易才能鼓励他们充分发挥其聪明才智。这种学说以美国芝加哥大学的梅诺教授为代表。他同时还指出，内幕交易所获得的利益是对公司的企业家而言的，而不是泛指公司的管理人员。

这种观点是不能自圆其说的。其一，尽管企业家对公司的贡献特别巨大，但是无论企业家的贡献多大，公司的工资奖金制度完全可以给予相应的报酬。现代的公司制度，已经设计出众多的诸如股票选择权、股票增值权、按企业利润的比例提取奖金等浮动报酬制度，可以使企业家根据公司的利润或公司的股票价格来获取报酬。浮动报酬制度和内幕交易所获得的报酬相比，最大的差别在于内幕交易具有不确定性，而浮动报酬则建立在企业家对公司实际贡献的基础上，具有相对的确定性和公正性。其二，如果该公司所给予的报酬和企业家的贡献不相称，他可以换一家给予更高报酬的公司，而没有必要采取内幕交易的方式。其三，企业家的贡献是通过公司将来的产品或服务来体现的，很可能企业家所付出的劳动没有一点价值，甚至给公司造成很大的损失，这在企业管理的实践中是经常出现的。如果允许内幕交易，则无论公司内幕人员是否为公司作出贡献，都享有通过内幕交易而获利的权利，并不能起到鼓励的作用。而且，还可能发生没有作出贡献的企业家滥竽充数，跟着有贡献的企业家一道通过内幕空易而不当获利。其四，若只允许作出贡献的企业家从事内幕交易，则公司必须付出相当的成本和代价来防止其他内部人，如秘书、会计、不具有企业家功能的其他高级行政人员以及外部董事从事内幕交易以获不当得利。而且控制的效果也很难保证。

（2）减少股价波动。该观点认为内幕交易可以减少股价的波动幅度，在公司内幕人员获得有关公司的不利信息后，若立即披露，则股价将大幅跳水；若内幕人员先利用内幕信息卖出股票，则股价在信息披露前就会逐渐下跌，这时的股票购买者，和在完全禁止内幕交易情况下，在信息披露前的高价位购买者相比，所受的损失要小得多。因此内幕交易不仅可以减少股价波动，还能使投资者少受损失。这种观点也很难解释内幕交易的合法性。这种学说的假设前提是内幕交易对股价的影响不大，但实践中内幕交易往往对股价产生巨大影响，从而使股价发生大幅波动。退一步说，即使内幕交易能缓和股价的波动，股票供求的暂时不平衡会短暂地影响其价格，但在缺乏有关股票价值的新信息的情况下，内幕交易对股票价格的任何影响也都是短命的。持这种观点的学者还认为，市场会对内部人的大量买卖行为作出反应，实际上传达了有关该公司的最新信息，从而起到了信息披露的效果。这种说法是很牵强附会的。即使市场会对内幕交易作出反应，也需要相当长的时间，这样不仅剥夺了与内幕交易人作对应交易的其他投资者获利或减损的机会，而且延缓了信息披露的时机，降低了资源的配置效率。

（3）自愿禁止内幕交易的私合同说。这种观点认为，如果公司和股东反对内幕交易，他们可以通过合同来禁止；而不应由法律来普遍禁止。该学说承认公司对其秘密信息享有财产权，但声称根据科斯的理论，就内幕交易而言，没有交易成本的合同方可以达到帕雷托最优状态，从而实现财产权的最优配置。该观点的谬误之处在于：其一，在现实生活中，和经济学家所假设的理论世界不同的是，一个公司、一个公司地就禁止内幕交易进行磋商并签订协议，需要相当大的交易成本。即使股东都想就禁止内幕交易达成协议，考虑到公司股东联合行动的困难，真正能达成协议的可能性实际上很小。其二，股东很少有通过谈判、签订合同来禁止内幕交易的动机。因为股东是按照其股份来分配利润的，那些通过契约限制管理人员不当行为的股东必须付出自己的代价，而那些未通过契约约束管理人员的股东，则可以“搭便车”（free ride），不付出任何成本就可以享受其他股东禁止内幕交易所带来的好处，这样势必会打消那些股东打算采取行动的念头。尤其在股东所持股票只占其投资组合很少比重的情况下，更不可能通过个别的合同来禁止内幕交易。其三，即使能达成禁止内幕交易的协议，这些协议也仅仅是劝告性的，而且这些协议和国家法律相比，其规制内幕交易的有效性要差得多。从本质上说，制定法律是没有成本的，同时由政府机构根据法律来禁止内幕交易，具有股东和公司间协议所没有的专业性、权威性和广泛性的优势，因此其规制成本要低得多。①

3. 内幕交易民事责任的法理基础

现代发达国家普遍视反欺诈、反垄断、反内幕交易为证券立法（甚至扩展到整个经济立法）的三面旗帜。在强化禁止证券内幕交易立法的同时，内幕交易者必须对其行为承担民事责任已经成为多数国家禁止内幕交易立法中的共识，成为了现代世界各国证券立法新的发展趋势。笔者认为，健全和完善证券内幕交易民事责任立法的法理基础在于：

（1）公开、公平和公正。公开、公平、公正是证券交易必须遵循的基本原则，美国1933年《证券法》首次确立“三公”原则

① 杨亮：《内幕交易及其法律规制》，载《证券市场导报》1999年第1期。

的法理思想，其主要是指一个公平的证券市场应该使每一个投资者都能够立足于平等的基础，基于本身的研究，自行做出投资决定。我国《证券法》第三条和其他国家的证券立法对此也都作出明确规定。禁止内幕交易的首要价值在于维护证券交易的公开、公平、公正，即保证投资者作为平等的民事主体，享有平等获取上市公司和证券市场的有关信息、公平参与证券交易的权利。公平、公正、公开的法律价值是建立在“公众信任”或“市场统一”的理论上，因为投资者都是希望规避风险和公平交易的，一个没有内幕交易的证券市场，其投资者肯定要比充斥内幕交易的证券市场的投资者多得多。在美国，市场统一理论还体现了州和联邦反证券欺诈法侧重点的主要差异。州法比较关注具体买方和卖方的直接关系，而联邦法则更强调个别证券欺诈行为对所有投资者信心的普遍影响。因为投资者无法分辨哪些公司的内部人从事内幕交易，这种分辨的难度不仅在于内幕交易难以发觉，而且在于内幕交易的发生取决于重大事件发生的不确定性及其所引起的市场传播的随机性。这样，理性的公司外部投资者将认为所有的证券投资活动中都存在内幕交易的风险，从而破坏投资者对证券市场的信任、降低对证券的需求，增加新证券的发行成本。正是从市场统一和公众信心的角度而言，禁止内幕交易的重要性不仅在于对投资者所受损失的补偿，而更在于防止内幕交易对整体经济的破坏。因此，禁止内幕交易是公平的证券买卖、公开的投资环境、公正的市场法制的必然要求，而确立证券内幕交易民事责任则是维护公平的证券买卖、公开的投资环境、公正的市场法制的有力保障和有效的事后补救措施。

（2）意思自治。意思自治是民法的基本理念之一，即当事人按照自己的理性判断参与各项民事活动，其基本内涵是：其一，自主参与；其二，契约自由；其三，自己责任。[①]《证券法》属于民

① 王启富、陶髦主编：《法律辞海》，吉林人民出版社 1998 年版，第 1723—1724 页。

商法范畴，意思自治原则理所当然亦适用于《证券法》。然而，由于内幕交易是在内幕交易人隐瞒其掌握的重要内部信息，并掩藏其真实交易目的的情况下进行的，对于交易相对人而言，内幕交易人所作的虚构意思表示，使其获得的获讯不实，在其受到欺诈的情况下对交易性质产生误解，从而造成交易相对人受损。依照民商法意思自治的基本原理，欺诈人（内幕交易人）显然应对其意思表示不真实而导致被欺诈人受损承担民事赔偿责任，以维护双方当事人的利益平衡。

（3）诚实信用。诚实信用原则是民法的基本原则，一切法域尤其是民商法域皆应受其规范。这一原则在证券法上具体表现为信赖责任理论，即内部人基于职务或主要股东地位，对公司或其他股东的告知义务。内幕交易行为是典型的违反信赖责任理论的行为，当然其也必定违背了民法中诚实信用原则的基本要求。这也是内幕交易人应当承担民事责任的依据之一。

（4）效益和效率。现代以市场经济为主导的国家中，立法者似乎对效益和效率有着特殊的偏好，有时甚至用来衡量或决定某种法律制度的取舍；禁止内幕交易显然也是这种意志的要求与表现。① 证券市场是实现资源合理配置的重要方式，禁止内幕交易可以消除内部人推迟披露重要信息的动机，而重要信息的及时披露、传播有助于市场配置资源的效率。盈利前景好、收益率高的信息会使公司股票的价格上升，相反，盈利前景差、收益率低的消息会使公司股票的价格下降。与此相应，社会资源会从投资回报率低的公司向投资回报率高的公司转移，从而使实现资源配置达到帕雷托最优状态。②

而由于内幕交易，一方面，使公司股票价格不能在市场上得到正确反映，对公司营运造成困难；另一方面，也导致投资者利益受

---

① 常铁威：《证券内幕交易立法比较研究》，载《中外法学》1995 年第 5 期。

② 杨亮：《内幕交易及其法律规制》，载《证券市场导报》1999 年第 1 期。

损，有些投资者不得不退出投资市场，或者通过公司证券价值打折的方法来抵消内幕交易的风险，这样不仅降低了资本收益率或效益价值，而且也破坏了整个资金市场效率的发挥。因此，通过加强禁止内幕交易的立法，对内幕交易人处以行政、刑事处罚的同时，令内幕交易人对公司及交易相对人的损失承担民事赔偿责任，加重内幕交易人的法律责任才能有效防范内幕交易行为的发生，维护证券市场的效益与效率。

### （二）内幕交易民事责任的性质和归责原则

1. 内幕交易民事责任的性质

一般认为，民事责任分为违约责任与侵权责任两大类，二者在内在构造上有较大区别。而确定内幕交易民事责任的性质是指导立法及适用法律的理论前提，当前主要有三种观点：独立责任说、责任竞合说和侵权责任说。

独立责任说认为，证券民事责任属于特别法定责任，即根据法律的特别规定而使特定人承担责任的一种独立责任。内幕交易民事责任属于证券民事责任的一种，也属于独立责任。[①] 独立责任说的观点便于证券法特殊规定的适用，且避免了诉讼当事人在责任承担性质方面的纠缠。

责任竞合说则认为，内幕交易民事责任主要属于侵权责任，在以下特殊情况下，内幕交易既可导致违约责任，也可导致侵权责任，是违约责任和侵权责任的竞合：一是上市推荐人所为的内幕交易；二是证券承销商在承销期内所为的内幕交易；三是为股票发行出具审计报告、资产评估报告或者法律意见书等文件的专业机构和人员在该股票承销期内和期满后六个月内所为的内幕交易；四是为上市公司出具审计报告、资产评估报告或者法律意见书等文件的专业机构和人员在接受上市公司委托之日起至上述文件公开后五日内所为的内幕交易；五是上市公司收购过程中所为的内幕交易。上述

---

① 参见傅长禄主编《证券民事赔偿诉讼》，法律出版社2003年版，第37页。

情况中，因上市推荐人与证券发行人之间存在上市推荐协议，证券承销商与证券发行人之间存在承销协议，专业机构与证券发行人或上市公司之间存在委托协议，上市公司收购双方存在收购协议，使得禁止内幕交易，既是法定义务，也是合同义务。如果上市推荐人、证券承销商、专业机构及上市公司收购双方从事了内幕交易，则既违反法定义务，构成侵权责任，也违反约定义务，构成违约责任。受害人可在两种责任请求权中作出选择。①

侵权责任说认为，内幕交易人违反的是证券法上的强制性规范，即违反的是法定义务，所以其责任应属侵权责任。

笔者赞成第三种观点，认为内幕交易民事责任属于侵权责任。独立责任说虽然能够避免责任性质的争论，但是在实践中确定内幕交易民事责任的构成要件、损害赔偿等问题时，必须认定这种责任是违约责任还是侵权责任，才能准确适用法律，解决纠纷。

责任竞合说的认识实际是一种误区，在该说所主张的五种责任竞合情况，实际上是两个问题。一个是内幕交易的侵权民事责任，这些内幕信息的知情人利用内幕信息进行内幕交易侵害了反向投资者的利益，由受到侵害的投资者向他们主张侵权责任，请求权主体是因从事内幕交易的行为而受到损害的反向交易人员；另一个是合同的相对方对这些从事了内幕交易行为的知情人主张的违约责任，在前四种情况中，合同相对方是证券发行人或上市公司，不是内幕交易中受到损失的投资者，在第五种情况中合同相对方是上市公司的收购者或者是上市公司的大股东，不是内幕交易中受到损失意义上的投资者，而且双方对内幕交易的禁止性规定目的在保证收购的成功，基于该约定所主张的违约责任不是内幕交易民事责任，而是收购失败民事责任。这五种情况中的请求权主体都不是因从事内幕交易的行为而受到损害的反向交易人员。从以上分析，可以清晰地看到内幕交易民事责任不存在所谓的责任竞合问题。

---

① 杨德敏：《内幕交易民事责任探析》，载《江西财经大学学报》2005年第2期。

而侵权责任说则准确地把握了内幕交易民事责任的性质。内幕交易行为损害了反向投资者的利益，破坏了整个证券市场的交易安全，是证券法禁止的交易行为，并且规定对所产生的损害进行赔偿。根据侵权行为法的侵权行为理论，内幕交易行为是侵权行为。[①] 所以，内幕交易民事责任是违反了证券法关于禁止内幕交易行为的法定义务而产生的侵权损害赔偿责任。而且将内幕交易民事责任界定为侵权责任，可以赔偿受害人所遭受的全部实际损失，更有利于保护投资者的利益。

2. 归责原则

内幕交易民事责任的归责原则是确定内幕交易民事责任由行为人承担的理由、标准，对于内幕交易民事责任的构成要件、举证责任的承担、免责条件、损害赔偿起着决定性的作用。对于内幕交易行为的归责原则我国现行法律没有明确，这对于在司法实践中处理内幕交易诉讼是一个很大的难题，这也是至今没有在司法实践中还没有内幕交易民事诉讼案件的一个重要原因。

在确定内幕交易民事责任是一种侵权责任之后，可以从解释论中根据侵权行为的归责原则，来确定内幕交易的归责原则。根据我国《民法通则》的规定，我国通说认为我国侵权行为的归责体系由过错责任原则、无过错责任原则和公平责任原则构成。[②] 内幕交

---

① 侵权行为，指因不法侵害他人的权益，依法律规定，应对所生损害负赔偿责任的行为。参见王泽鉴《侵权行为法（第一册）》，中国政法大学出版社 2001 年版，第59 页。

② 在我国对于侵权行为归责原则体系有两种代表意见：一种是四元说，认为我国侵权行为归责原则体系由过错责任原则、过错推定责任原则、无过失责任原则和公平责任原则四种组成；一种是三元说，认为我国侵权行为归责原则体系由过错责任原则、无过失责任原则和公平责任原则三种组成。通说是三元说，认为所谓过错推定责任仍是依过错作为决定行为人是否承担民事责任的决定性条件，只不过是对其实行举证责任倒置的规则，即其仍属过错责任的范畴，并非一种独立的归责原则。参见王泽鉴《侵权行为法（第一册）》，中国政法大学出版社 2001 年版，第 21 页；王利明：《侵权行为法研究》内幕交易行为和损害事实之间有因果关系（上），中国人民大学出版社 2004 年版，第 208—210 页；马俊驹、余延满：《民法原论》，法律出版社 2005 年版，第 1002 页。

易民事责任适用何种归责原则，应当根据这三种归责原则的特点来决定。

首先，内幕交易民事责任的归责原则不可能是无过错责任原则。无过错责任原则，是指损害发生后，不以行为人的主观过错为责任要件的归责标准，即不问行为人主观上有无过错，只要行为人的行为和所管理的人或者物与造成的损害后果之间有因果关系，他就应承担民事责任。无过错责任原则的立法思想不是对于具有“反社会性”行为的制裁，而是对于不幸损害的合理分配，但是在内幕交易行为具有明显的反社会性，这种行为破坏了整个证券市场的交易公平，内幕交易行为人有着明显的恶意，所以内幕交易行为不能以无过错责任原则为归责原则。

其次，内幕交易民事责任的归责原则也不能是公平责任原则。公平责任原则是指当事人双方对损害的发生均无过错，法律又无特别规定适用无过错责任原则时，由人民法院根据公平的观念，在考虑当事人双方的财产状况及其他情况的基础上，责令加害人对受害人的财产损害给予适当补偿，由当事人公平合理地分担损失的一种归责原则。而内幕交易行为人具有主观的过错，受害人没有过错，因此不能适用公平责任原则。

笔者认为，内幕交易民事责任归责原则应当适用过错责任原则，而且应当适用过错责任原则中的过错推定责任原则。过错推定责任原则，是指行为人致人损害时，如果不能证明自己没有过错，就要推定其有过错并承担侵权责任。在内幕交易行为中，行为人具有利用内幕信息进行内幕交易或者向他人提供内幕信息的故意，但是受害人证明行为人具有主观上的过错则比较困难，所以受害人只须向法院证明行为人知悉内幕信息并从事了内幕交易行为，而不必证明行为人主观上的故意，如果行为人无法证明自己没有故意就应当承担损害赔偿责任。

过错推定责任原则是一个原则性的规定，而内幕交易行为的各种各样，如何在司法实践中准确地对每一种具体的内幕交易行为适用过错推定责任原则，则可以借鉴美国司法判例中归纳出的五种理论。内幕交易的归责理论发轫于美国，并在司法判例中形成了五种理论：一是占有理论（Possession theory）。该理论以交易者是否占有内幕信息作为承担内幕交易责任的原则。认为知情者有向交易对方公开信息的义务，在信息未公开前，知内情者不得买卖本公司股票，也不得以牟利为目的散布虚假信息；二是信赖责任理论（Fiduciary Duty to Shareholder）。认为公司内部人和大股东与公司存有信赖关系，这种关系足以使他们了解公司内幕信息。当他们购买本公司股票时，有向本公司或其他股东告知信息的义务。该理论适用于公司内部人和信息来自此公司内部人的其他交易者；三是窃取理论（Misappropriation Theory）。即对以非法手段获得内幕信息并加以利用者，应当追究其法律责任；四是信息泄露理论（Tipper-Tippee Theory）。即掌握内幕信息者不仅自己从事交易应负法律责任，而且将内幕信息泄露他人，致使他人从事交易，即使泄露者不从事交易，泄露者与交易者均应负连带法律责任。但泄露者的责任限于私情，若基于公益或公务行为则不负法律责任；五是临时内部人理论（Temporaryinsider theory）。该理论是信赖责任理论的延伸，临时内部人是指因与公司有业务上或合同上的关系而知悉公司内部信息的会计师、律师、资产评估师及证券承销商等，上述人员虽非公司内部人，但因其特殊身份和地位而与股东之间存在一定的信赖关系并能知悉公司内部信息，因此应限制他们在一定期限内不得从事对本公司的证券交易。上述理论由于是美国法官在办案中总结出来的，分别适用于不同类型的内幕交易案件。这五种理论的科学内涵，可为我国最高法院在未来制定有关内幕交易的司法解释所吸收，作为法官审判不同类型内幕交易案件的依据。①

### （三）内幕交易民事责任的构成要件

虽然我国 2005 年《证券法》正式确定了内幕交易的民事责

---

① 参见梁科兴《内幕交易若干问题探析》，载《法律适用》2003 年第 10 期。

任，但是在现行法律、行政法规和相关司法解释中对于内幕交易民事责任的构成要件却没有作出具体的规定，这会给司法实践带来很大困难，直接导致内幕交易民事责任的诉讼陷入僵局或者无法及时给受到损失的投资者进行司法救济，使法律成为一纸具文。为了使立法适应迅速发展的证券市场，有必要及时从立法上对内幕交易民事责任的构成要件作出明确规定，如果不便在《证券法》中作出规定，也应像虚伪陈述的民事责任一样，以司法解释的方式作出具体的规定。笔者认为，由于内幕交易行为采用的归责原则是无过错责任原则，内幕交易民事责任的构成要件应由证券交易内幕信息的知情人从事了内幕交易行为、损害事实的客观存在、内幕交易行为与损害事实的因果关系和内幕人员的过错四个要件构成。①

1. 证券交易内幕信息的知情人从事了内幕交易行为

这个构成要件具有三个要素：证券交易内幕信息知情人、内幕信息和内幕交易行为。

（1）证券交易内幕信息知情人。证券交易内幕信息知情人，就是知道内幕信息的有关人员，它构成了内幕交易的侵权行为主体。我国《证券法》在反内幕交易的规定中采用了“知情人员”的提法，而在国外相应立法和我国在此前的有关行政法规、规章

① 对于一般侵权行为的构成要件，现代各国或地区立法由于对过错与不法关系认识上的差别，存在不同的立法体例和学说。一种是三元说，认为一般侵权行为的构成要件由损害事实、因果关系和过错构成；另一种是四元说，认为一般侵权行为的构成要件由违法行为、损害事实、因果关系和过错构成。以法国法为代表的国家和地区采取三元说，主要原因在于对过错采取客观说，认为过错是对注意义务的违反，把“不法”包含在过错中。以德国法为代表的国家或者地区则采取四元说，对过错采取主观说，认为过错是行为人的某种心理状态，把“过错”与“不法”区别开来，从而为其一般侵权行为。现在我国有些学者认为应将“不法”包含于“过错”中，采取三元说［参见王利明《侵权行为法研究》（上），中国人民大学出版社，2004 年版，第 347—348 页；江平主编：《民法学》，中国政法大学出版社，2000 年版，第 755 页］但是，也有学者认为，虽然有过错的行为往往是违法行为，但违法行为并不一定是有过错的行为，即过错并不能包含不法，应当采取四元说。（参见马俊驹、余延满《民法原论》，法律出版社 2005 年版，第 1009 页）。本书采取四元说的观点。

中，均使用“内幕人员”这一概念。我国《证券法》并没有对知情人员作出定义，但在《股票发行与交易管理暂行条例》和《禁止证券欺诈行为暂行办法》中均对内幕人员作出过明确的定义，因此有必要对这两个概念加以分析辨别。

首先简要考察一下其他国家和地区的立法和理论对内幕人员的界定。美国立法中的内幕人员，依据其与特定公司的联系程度，大致可以分为三种类型：第一，传统内幕人，或者称为公司内幕人。包括公司董事、监察人、经理人以及公司内具有控制权的股东。这些人员对于公司和公司的全体股东（包括一般投资者）负有“信赖义务”，而且这种义务甚至可以在义务人卸任后的一段时间内继续有效。例如，要求公司董事或者高级管理人员在卸任后6个月内仍然要履行内幕人的义务。第二，临时内幕人。它与传统内幕人的区别在于不是公司内部人员，而是与公司有一定联系的外部人员，如公司的会计师、律师等。第三，消息领受人。即从纯粹内幕人、准内幕人、第一手直接获得内幕信息人。欧盟将内幕人分为第一内幕人和第二内幕人。我国台湾地区将内幕人分为四类：第一，公司董事、监察人及经理人；第二，持有公司股份超过10%之股东；第三，基于职业或控制关系获悉消息的人；第四，从前三款所列之人获悉消息者。①

有国内学者对知情人员作出如下分类：一是传统内部人，包括董事、监事和高层管理人员；雇员；配偶、家庭中的直系亲属、家庭的信托人；购买自己股票的发行人。二是推定内部人，如有关的会计师、律师、记者、编印人员等。三是泄漏信息者和接受信息者。四是盗用信息者。② 还有学者界定为：第一，公司内幕人士；第二，市场内幕人士；第三，政府机构内幕人士；第四，非法获取

① 参见傅长禄主编《证券民事赔偿诉讼》，法律出版社2003年版，第82页。

② 参见杨亮《内幕交易论》，北京大学出版社2001年版，第200—201页。

内幕信息的人员。①

我国2005年《证券法》在过去立法和证券市场实践的基础上，充分借鉴了国外的立法经验，在第74条中规定，证券交易内幕信息的知情人包括：（一）发行人的董事、监事、高级管理人员；（二）持有公司百分之五以上股份的股东及其董事、监事、高级管理人员，公司的实际控制人及其董事、监事、高级管理人员；（三）发行人控股的公司及其董事、监事、高级管理人员；（四）由于所任公司职务可以获取公司有关内幕信息的人员；（五）证券监督管理机构工作人员以及由于法定职责对证券的发行、交易进行管理的其他人员；（六）保荐人、承销的证券公司、证券交易所、证券登记结算机构、证券服务机构的有关人员；（七）国务院证券监督管理机构规定的其他人。在第76条中还规定了非法获得内幕信息的人也不得利用内幕信息从事内幕交易。证券法的这一规定比较好的界定了内幕交易信息知情人员的范围。

（2）内幕信息。内幕信息是指在证券交易活动中，涉及公司的经营、财务或者对该公司证券的市场价格有重大影响的尚未公开的信息。内幕信息是构成内幕交易的关键要素。因为内幕交易的实质，就是将本应由投资者共享的信息转变为少数人独占的信息，进而将本应归投资者共享的利益转变为少数人独占的利益。内幕信息有如下认定标准：

第一，内幕信息是公司自身的特定信息。内幕信息应当仅指公司信息或者企业信息，非公司信息不是内幕交易所依赖的信息。不可否认，国家政策的变化会对证券市场发生或多或少的影响，但政策不是由公司自身所能调整掌控的。而且，政策信息的牵扯面显然不是一家公司，它会对整个市场或者说市场的一部分产生影响。因此，政策类信息对公司本身不具有特定性，因而也就丧失了与内幕交易的特殊关联性。

① 参见叶林主编《证券法教程》，法律出版社2005年版，第326页。

第二，内幕信息是尚未公开的信息。未公开，是指不为市场所知悉。如何分清信息公开与未公开的界线，一般而言，公开具有这样一些标准：一是在广泛传播的媒体上披露该信息，二是以新闻发布会方式公布该信息，三是市场消化了该信息。①

第三，内幕信息是影响证券价格的重大信息。内幕信息应当是对证券价格有影响的信息，且这种影响应达到一定程度。如果信息与证券价格无关或者影响不大，则不属于法律禁止交易的范畴。

第四，内幕信息应当是真实确切的信息。如果所谓的内幕信息是谣传，或者与事实出入比较大，则不构成内幕信息。把握内幕信息的确切性标准，有利于区分内幕交易与操纵市场的界线。如何认定信息的真实确切，主要的判断标准是：第一，考察信息的来源，一般直接来自于信息源的信息比较可靠。第二，核对比较正式公布的信息，如果内容相符就应当认为是确切的。需要强调的是，“真实确切”具有相对性，它不是指信息与客观事实的一致，而是指该信息的内容与所公布信息的内容基本一致，且不论该信息的内容是否最终得到实现，或者该信息本身是否属于虚假陈述。②

根据2005年《证券法》第75条的规定，内幕信息包括：

“（一）本法第六十七条第二款所列重大事件，即：公司的经营方针和经营范围的重大变化；公司的重大投资行为和重大的购置财产的决定；公司订立重要合同，可能对公司的资产、负债、权益和经营成果产生重要影响；公司发生重大债务和未能清偿到期重大债务的违约情况；公司发生重大亏损或者重大损失；公司生产经营的外部条件发生的重大变化；公司的董事、三分之一以上监事或者经理发生变动；持有公司百分之五以上股份的股东或者实际控制人，其持有股份或者控制公司的情况发生较大变化；公司减资、合

① 参见陈晓《论对证券内幕交易的法律规制》，载《民商法论丛》第5卷，法律出版社1996年版。

② 参见傅长禄主编《证券民事赔偿诉讼》，法律出版社2003年版，第81—82页。

并、分立、解散及申请破产的决定；涉及公司的重大诉讼，股东大会、董事会决议被依法撤销或者宣告无效；公司涉嫌犯罪被司法机关立案调查，公司董事、监事、高级管理人员涉嫌犯罪被司法机关采取强制措施；国务院证券监督管理机构规定的其他事项。

（二）公司分配红利或者增资的计划；

（三）公司股权结构的重大变化；

（四）公司债务担保的重大变更；

（五）公司营业用主要资产的抵押、出售或者报废一次超过该资产的百分之三十；

（六）公司的董事、监事、高级管理人员的行为可能依法承担重大损害赔偿责任；

（七）上市公司收购的有关方案；

（八）国务院证券监督管理机构认定的对证券交易价格有显著影响的其他重要信息。”

（3）内幕交易行为。内幕交易（insider trading 或 insider dealing），又称知情交易或内部人交易，指内幕人员以获取利益或减少损失为目的，利用内幕信息或泄露内幕信息使他人利用该信息进行证券发行、交易的活动。根据 2005 年《证券法》第 76 条的规定，证券交易内幕信息的知情人和非法获取内幕信息的人，在内幕信息公开前，不得买卖该公司的证券，或者泄露该信息，或者建议他人买卖该证券。根据这一规定，内幕交易行为有三种形态：

第一，利用内幕信息买卖相关证券。证券交易内幕信息的知情人和非法获取内幕信息的人，利用内幕信息直接或者间接地买卖相关证券的，都是受到法律禁止的。这是内幕人员在掌握内幕信息后，直接利用内幕信息从事交易，是最传统和最典型的内幕交易方式。所谓直接买卖，也就是内幕人员以自己的名义、户头、资金，“亲自”参与交易；间接买卖，则是指借他人之名义买卖或者借他人之证券户头买卖，如以家属、朋友或者其他人的名义进行买卖。

第二，泄露内幕信息。这也是一种利用内幕信息的方式，是指将内幕信息泄露给他人的行为。泄漏者既可以是为了与他人共通牟取非法利益，也可以为了帮助他人买卖证券，还可以是为了其他的目的，如提高自己的信誉或影响等。但是，这里的泄漏是由故意构成还是由过失构成，法律并不明确。但从泄漏内幕信息是对法定义务的违反来看，无论是故意还是过失，内幕人员都应当承担相应的法律责任。此外，泄露内幕信息是否应当引起"消息受领者"从事证券交易为要件，法律也未进一步明确。有学者认为，由于法律侧重于泄露行为本身的违法性，因而是否引起他人交易行为的发生，并不影响其构成。① 但是笔者认为，如果没有"消息受领者"从事证券交易，就不会造成反向投资者的损失，所以只有"消息受领者"从事证券交易才能构成内幕交易行为。当然如果从行政责任和刑事责任来看，则不论"消息受领者"是否从事证券交易。

第三，利用内幕信息建议他人买卖证券。这也是利用内幕信息的又一种形式。一般而言，构成这种行为需要以下要件：一是行为人是证券交易内幕信息的知情人和非法获取内幕信息的人；二是在他人交易前为他人提供交易建议或者意见，如提出交易时机、交易证券种类、交易证券的价位、交易量的大小等建议；三是这些建议不论是是否包括内幕信息内容本身，它都是以内幕信息为基础而作出的，这是和泄露内幕信息的区别所在，因为这种建议并不体现为内幕信息的外观形式；四是他人根据建议实施了证券交易。

2. 损害事实的客观存在

由于内幕交易民事责任的主要目的，在于对受害人进行补偿，以使被侵害的利益恢复到原来的状态，而不是针对内幕交易人进行

---

① 参见叶林主编《证券法教程》，法律出版社2005年版，第329页。

处罚。[①] 同时由于内幕交易行为人和内幕交易受害人之间通常在事先并不存在某种法律关系，只是因为损害的存在，才产生了内幕交易民事责任。所以，内幕交易民事责任没有什么既遂和未遂的区别，无损害就无责任。损害事实的客观存在，是构成内幕交易民事责任的必要条件。

谈到内幕交易的损害事实，必然涉及两个问题：一是确定哪些投资者是内幕交易的直接受害者（或称民事赔偿的权利主体），二是损失金额（往往也是赔偿金额）。民事赔偿的权利主体和损失金额是损害事实的两个构成要素。由于交易规则的特殊性，每一笔交易均是透过证券经纪人撮合完成，买卖双方并无直接接触，卖出证券的投资人不知道买进的投资人是谁，买进的投资人也不知道卖出证券的投资人是谁。因而，内幕交易民事赔偿的权利主体的确定及损失金额的计算是内幕交易民事责任中的难点，在我国现行立法中没有作出明确规定，急需从学理上进行探索，进而为立法完善作出理论准备。

（1）内幕交易民事赔偿权利主体的确定。关于民事赔偿权利主体的确定问题，由于现代证券交易大多是靠众多投资者的集中竞价和电子计算机的自动撮合完成的，投资者多，转手率高，使得因内幕交易而有权提起民事诉讼的损害赔偿权利人的认定十分困难。

针对这一难题，美国1981年上诉法院的判例法认为，依据证券交易的性质，内幕人员为内部交易时之卖出或买入行为，即是对其交易同时为相反竞价买卖行为的善意投资者的有效要约或承诺行为，因而，在当时为相反买卖的善意投资者均可被认为是其内幕交易的当事人，也为其恶意获利的牺牲者。由此提出，在证券市场中与内幕人进行交易的善意投资者，是内幕交易之受害者，具有对内

① 这一点与证券内幕交易的行政责任和刑事责任有根本的区别，证券内幕交易的行政责任和刑事责任的目的在于对内幕交易人及其内幕交易行为进行处罚。

幕交易人提起损害赔偿之诉的资格。[①] 美国 1988 年《内幕交易与证券欺诈实施法》进一步规定，知情人员在该信息公开前做出证券买卖的，任何在该时间内从事相反买卖的投资者，都可以提出损害赔偿诉讼。我国台湾地区《证券交易法》也明确规定，内幕交易者对善意从事相反买卖的投资者，负有损害赔偿责任。可见，美国和我国台湾地区的禁止证券内幕交易的判例和立法所确定的损害赔偿权利人的范围都是在内幕信息公开之前、内幕交易人利用内幕信息做出证券买卖之后善意从事相反买卖的人。

我国证券立法完全可以借鉴美国和我国台湾地区确定内幕交易损害赔偿权利人范围的先进经验，弥补我国证券内幕交易民事责任制度之不足。借鉴美国、我国台湾地区的经验，从我国国情出发，同时出于规则可操作性的考虑，我国内幕交易民事赔偿权利主体可以作如下规定。首先，民事赔偿权利主体应是在经国家批准设立的证券交易场所实际从事过证券交易并遭受了损失的投资者。那些未实际从事证券交易的投资者不能成为内幕交易民事赔偿权利主体。其次，民事赔偿权利主体应是在内幕交易期间就同一证券从事了与内幕交易人相反交易的投资者。与内幕交易方向相同的投资者只是可能的受害者甚至是获利者，因而不应成为民事赔偿权利主体。至于“同期交易”中的“期间”，应自内幕交易人从事第一笔内幕交易时开始起算，至内幕信息公开并被市场完全吸收时止。再次，民事赔偿权利主体还应是善意投资者。如果投资者明知某种证券存在内幕交易而仍买卖该证券，其行为则明显具有投机性而非投资性，该投资者即非善意投资者。如果明知某种证券存在内幕交易仍买卖该证券，表明其愿意承担该交易的风险，法律自应将这些冒险的投机者排除在民事赔偿权利主体之外。综上，内幕交易民事赔偿权利主体仅限于那些同期就同一证券与内幕交易人从事相反交易的善意

① 王赫：《试论我国证券内幕交易立法的完善》，载《兰州大学学报》1998 年第 2 期。

投资者。[①]

（2）损失金额的确定。损失金额的确定，一般也称为损害赔偿金额的确定，[②] 这也是完善证券内幕交易民事责任立法的难点之一，同时也是司法实践中难以解决的一个难题。这是因为证券价格瞬息万变，影响价格的因素错综复杂，投资者的损失可能是由内幕交易行为造成的，也可能是因股市正常价格波动引起的。一般来说，内幕交易损害赔偿金额无法以民法中确定实际收益或损失的办法计算。

第一，美国的做法

就内幕交易民事赔偿案件中的损害赔偿范围计算，美国通常根据是采“被告内幕交易的非法所得”原则还是采“原告的实际损失”原则而有所不同。若采计算被告非法所得的原则，其计算方法为内幕人员的交易价格和信息披露后该证券的市场价格之间的差价。但事实上，由于受多种因素的影响，信息披露后该证券的市场价格实际上是难以确认的。因此，在具体审判中，如何确定证券的市场价格一般是由法官自由裁量。若采原告的实际损失原则，其计算方法在理论上主要有三种：第一，实际价值计算法。即赔偿金额应当是原告进行证券交易时的价格与当时实际价格的差额。该方法的难点在于如何确定证券的实际价格。第二，合理时间计算法。即赔偿金额应当是原告进行证券交易时的价格与内幕交易行为暴露一段时间内的证券价格之差额。该方法的难点在于如何确定合理的时间。第三，实际诱因计算法。即内幕交易者只对其行为所引发的证券价格波动导致投资者的损失部分负赔偿责任，而对其他因素造成的价格波动及投资者损失不承担责任。该方法的难点在于如何确定各种因素对证券价格及其投资者损失的影响程度。

---

① 杨德敏：《内幕交易民事责任探析》，载《江西财经大学学报》2005 年第 2 期。

② 根据侵权赔偿全面赔偿原则，对于内幕交易损害赔偿均应根据造成损害的大小确定民事赔偿的范围。

第二，我国台湾地区的做法

我国台湾地区“证券交易法”第157条之一的规定，内幕交易人所应承担的责任限额为，被告在内幕信息“公开前买入或者卖出该股票之价格，与消息公开后10个营业日收盘平均价之差价。情节重大者，法院得依善意从事相反买卖之人得请求，将责任限额提高到3倍”。在司法实践中，计算内幕交易赔偿金额的限额的方法为：首先，要确定消息发生的时间。第二，计算“就消息公开前其买入或卖出该股票之价格”。如果该内部消息公开后将使股价上涨的，则计算违反内幕交易禁止规定者在内部消息发生之日起到消息首次公开之日期间“买进”该股票之总金额，至于其另有买进的在所不计，第三，确定“消息公开后10个营业日收盘平均价格”，最后，再将前述计算之总金额与消息公开后10个营业日收盘平均价格乘以前述买进或者卖出之数量计算出的总金额相减，其差额即为违法者赔偿金额的限额。即该法第157条之一的限额应指单个股票之差额，在确定应赔偿总额时，须乘以内部人买进或者卖出的股票数量。此外，还应注意在确定总量时，应包括其配偶、子女以及利用他人名义持有的股票。最后由各善意从事相反买卖的人按比例从中受偿。①

第三，我国学者的观点

大多数学者都认为，在确定内幕交易损害赔偿金额时应该坚持公平、合理的原则，为防止不合理地扩大内幕交易人的民事责任，赔偿金额的上限应为交易者的全部违法所得，包括获得利益或减少的损失。这一方面使得内幕交易者的所得与受害者的所失一致，以便于及时、准确地确定损害赔偿金额，避免不必要的纠纷；另一方面，也使对内幕交易民事赔偿的数额与《证券法》第202条对内幕交易者进行行政、刑事处罚的“没收违法所得，并处以违法所得一倍以上五倍以下或非法买卖的证券等值以下的罚款”的规定相衔接，

① 参见傅长禄主编《证券民事赔偿诉讼》，法律出版社2003年版，第125—126页。

有助于立法的统一。针对具体的案件，在司法实践中，要计算出绝对公平、精确的内幕交易者的全部非法所得数额以弥补受害者的损失是不可能的。法官只有在充分了解社会客观现实、交易前后背景以及受害者、内幕交易者实际情况的基础上，依据法律确定的计算损害赔偿金额的原则做出恰当的认定和判决，才能实现相对水平上的公平与正义，才能消除当事人之间紧张、怨恨等心理上的不平气氛，还社会一个稳定和谐的环境，最终促进证券市场的稳健发展。

在具体确定损失范围时还有以下三个问题值得研究：

第一，损失的范围是否只限于财产损害。① 在确定损失范围时，往往涉及这样一个问题：内幕交易的受害人的损失除了财产损害，是否还应包括非财产损害。现在，在广大中小投资者中有这样一种观点，认为由于内幕交易行为导致投资者受到经济上的损失，有些投资者的损失甚至70%以上，为此这些投资者食不甘味、夜不能寐，在精神上受到了巨大的摧残，严重影响了身体健康，这些已经构成了精神损害。所以要求内幕交易人不仅要赔偿他们的财产损失，还要进行精神损害赔偿。

第二，损失的范围是否只能是实际损害。② 还有一些受到损失的投资者认为，由于内幕交易行为使得自己资金受到损失，所以自己无法再利用这笔资金来进行投资操作，从而继续获得盈利，这种盈利是可得利益损害，所以要求内幕交易人还要赔偿自己的可得利益损害。

---

① 根据损害的后果可以将损害分为财产损害和非财产损害。财产损害，也称物质损害、有形损害，是指因侵害他人的财产、人身权益而给受害人造成的经济上的损失，这种损失一般可以用货币来估量。非财产损害，又称无形损害，是指财产以外的权利所受的损害，它通常不能用货币来估量。非财产损害包括精神损害和肉体上的痛苦。参见马俊驹、余延满《民法原论》，法律出版社2005年版，第1012—1013页。

② 根据所损害的财产状态，财产损害可分为实际损害和可得利益损害。实际损害，又称积极损害，是指现有财产的减少或丧失。可得利益损害，又称消极损害，是指应当取得并且可以取得但由于损害事实的发生而没有取得的利益。参见马俊驹、余延满《民法原论》，法律出版社2005年版，第1014页。

第三，损失的范围是否只能是直接损害。[①] 在内幕交易的损失范围的讨论中，还有一些投资者认为不仅包括直接损害，还应包括间接损害。内幕交易行为给投资者造成的直接损害，往往会影响到投资者家庭的幸福。比如，有的投资者由于受到经济上的损害，影响到自己子女的教育。所以，内幕交易的损失范围还应当包括间接损害。

对于以上三个问题，笔者认为应当放在因果关系这个构成要件中进行讨论。根据传统民法关于侵权行为理论，因果关系分为责任成立的因果关系和责任范围的因果关系。[②] 以上三个问题都属于根据责任范围的因果关系来界定的问题，本文将在内幕交易行为和损害事实之间的因果关系中进行详细解释。

3. 内幕交易行为和损害事实之间有因果关系

因果关系是民法侵权行为及损害赔偿法的核心问题，非常复杂而具争议。而确定内幕交易行为和损害事实之间的因果关系更是内幕交易民事责任立法完善中的难点。因为证券市场中价格涨跌受到很多因素的影响，既受到系统性风险的影响，也受到非系统性风险的影响[③]，如何在如此纷繁复杂的因素中确定投资者受到的损失就是

---

① 根据侵权行为与损害后果之间的因果关系，可以将损害分为直接损害与间接损害。直接损害是指损害由侵权行为直接造成的损害，在损害和侵权行为之间是直接因果关系。间接损害是指损害不是由侵权行为直接造成，损害的产生还因为其他原因的介入，在损害和侵权行为之间是间接因果关系。

② 责任成立的因果关系是指可归责的行为与权利损害（或保护他人法律的违反）之间具有因果关系；责任范围的因果关系，指权利受损害与损害之间的因果关系。（参见王泽鉴《侵权行为法（第一册）》，中国政法大学出版社 2001 年版，第 59 页。

③ 证券市场上的风险分为系统性风险和非系统性风险。系统性风险，又称为不可分散风险，是指由于某些因素给市场上所有的证券都带来经济损失的可能性，如宏观经济状况的变化、国家税收政策的变化、国家财政政策和货币政策的变化、世界能源状况的改变等等。非系统性风险，又称为可分散风险，是指某些因素对个别证券造成经济损失的可能性。（参见王庆成主编《财务管理》，经济科学出版社 1995 年版，第 88—90 页）系统性风险和非系统性风险的区分在内幕交易民事责任中的意义在于，内幕信息所涉及的信息一般只会给特定证券带来影响，属于非系统性风险；如果相反交易的善意投资者所受到的损害是由于系统性风险造成的，则一般不构成侵权责任。

内幕交易行为所造成的，一直以来是困扰理论界和实务界的难题。

（1）确定内幕交易行为和损害事实之间因果关系的标准

对如何确定因果关系，学理上有这样几种学说：①

第一，条件说。条件说，又称原因即条件说。认为凡属发生结果的条件都是原因，凡是原因对结果的发生都有同等的原因力。条件说不能适用于确定内幕交易行为和损害事实之间因果关系，因为条件说虽然注意到了因果关系的客观性，但是它却忽视了在证券市场中各种现象之间复杂的普遍联系，不了解原因的多样性和相对性。

第二，原因说。原因说，又称原因与条件区别说。认为在引起结果发生的诸因素中应区别原因与条件，其中之一是原因，其余是条件；原因与结果之间有因果关系，条件与结果之间没有因果关系。也就是说，在内幕交易中，内幕交易行为是造成损害结果的原因，其他因素是条件，如果是证券市场上的其他因素造成损害结果的发生或者其他因素也是造成损害结果发生的原因之一，都会对确定责任成立和责任范围上产生影响。原因说为确定内幕交易行为和损害结果上的因果关系提供了一个具有操作性的标准，关键在于导致损害结果的诸因素中区分出条件和原因，如果内幕交易行为是原因，就构成因果关系，如果不是原因，就不构成因果关系。

原因说在如何区分条件和原因上也有不同观点，其中较有代表性的是相当因果关系说、近因因果关系说和必然因果关系说。

相当因果关系说，又称适当条件说。主要是大陆法系学者所主张。相当因果关系说是由“条件关系”及“相对性”所构成的，故在适用时应当区别两个阶段：第一个阶段是审究其条件上的因果

---

① 对于确定损害事实与加害行为之间因果关系的标准，传统民法一般认为从作为与损害结果的因果关系和不作为与损害结果的因果关系两个方面来寻找标准。内幕交易行为是明显的作为，本文从作为与损害结果的因果关系的角度来探询确定内幕交易行为与损害结果之间因果关系的标准。（相关理论观点参见马俊驹、余延满《民法原论》，法律出版社 2005 年版，第 1017—1018 页）

关系；如为肯定，再于第二个阶段认定其条件的相当性。条件关系是采“若无，则不”（But-for）的认定检验方式，即我国台湾地区学说判例所谓“无此行为，必不生此种损害”。在此前提下，相对性的判断基准为：有此行为，通常即足生此种损害者，是为有因果关系，这是从积极方面对相对性加以界定；有此行为，通常亦不生此种损害者，即无因果关系，这是从消极方面加以界定，其目的则在排除“非通常”的条件因果关系。①

近因因果关系说，又称近因说，主要为英美法系所采用的一种学说。它认为在确定因果关系时要区分事实原因和法律原因。如果一种行为是损害结果发生的必要条件，则二者间只为有事实上的因果关系，只有该行为对该损害结果是最密切联系的、最直接影响的原因时，二者才有法律上的因果关系，即若该行为只属于较早发生的远因，则行为与损害结果间无法律上的因果关系。

必然因果关系说，主要为苏联和我国学者所主张。认为当行为人的行为与损害结果之间有内在的、本质的、必然的联系时，行为与结果之间才有因果关系，否则无因果关系。但在确定何为内在的、本质和必然的联系的标准问题上，学者们认识不一。

在原因说这三种观点中，笔者认为，相当因果关系说能够较好地确定内幕交易行为和损害事实之间的因果关系。首先，确定没有内幕交易行为是否会有损害，如果没有内幕交易行为，就没有损害事实，则二者之间具有条件关系；然后，再看内幕交易行为的发生，通常是否足以产生此种损害，如果内幕交易行为的发生，通常就足以产生这种损害，那么就可以认定内幕交易行为和损害事实之间具有因果关系；如果内幕交易行为的发生，通常并不发生这种损害事实，则确定内幕交易行为和损害事实之间没有因果关系。

当然这只是判断内幕交易行为和损害事实因果关系的一般标

---

① 参见王泽鉴《侵权行为法（第一册）》，中国政法大学出版社 2001 年版，第 191—204 页。

准，具体来说还要从责任成立的因果关系和责任范围的因果关系两个方面来判断。

（2）内幕交易民事责任成立的相关因果关系。内幕交易民事责任成立的相关因果关系，是指内幕交易行为与相反交易的善意投资者的损失之间具有因果关系。首先判断，没有内幕交易行为，相反交易的善意投资者的损失是否会发生，如果没有内幕交易行为，损失仍然会发生，则二者之间没有条件关系，因果关系必然不成立。如在证券市场上出现系统性风险，如遭遇亚洲金融危机的影响，给整个证券市场带来了巨大损失。如果没有内幕交易行为，损失就不会发生，就可以认定内幕交易行为和损害事实之间有条件关系。其次，对相关性进行判断。即判断是否存在内幕交易行为，就一定会产生损害事实。从一般的情况来看，内幕交易行为的产生一般会给相反交易的善意投资者带来损失。通过相关因果关系理论，能够较好地认定内幕交易行为和相反交易的善意投资者的权利损害具有相当因果关系，即能够较好地认定内幕交易民事责任成立的相关因果关系。

（3）内幕交易民事责任范围的相关因果关系。在以上损害事实中，就已经涉及责任范围的因果关系问题。在这里，进行详细的论述。内幕交易民事责任范围，对于相反交易的善意投资者的投资损失，虽然对计算方式上有争议，但是对于这个投资损失的范围认定上没有争议。主要的争议集中在：

第一，损失的范围是否只限于财产损害。在确定损失范围时，要明确对于相反交易的善意投资者受到的非财产损害是否属于损失范围。即这些投资者由于受到经济上的损失食不甘味、夜不能寐，在精神上受到了巨大的摧残，严重影响了身体健康，构成了非财产损害，是否属于内幕交易行为产生的损害事实。从相当因果关系的理论来分析，从条件关系上来看，内幕交易行为和这些非财产损害之间具有条件关系，没有经济上的损失，这些投资者就不会有这些非财产损害。从相关性上分析，有这些经济上的损失和非财产损害有相关性，虽然从事证券投资就意味着高风险，就要面对高风险所带来的压力和挑战，但是内幕交易行为是法律所严禁的行为，其带给投资者的压力是这些投资者所不应面对的，内幕交易行为就会给这些投资者带来额外的压力，破坏他们的生理和心理健康。所以内幕交易人不仅要赔偿他们的财产损失，还要进行精神损害赔偿。

第二，损失的范围能否包括可得利益损失。有一些受到损失的投资者认为，由于内幕交易行为使得自己资金受到损失，所以自己无法再利用这笔资金来进行投资操作，从而继续获得盈利，这种盈利是可得利益损害，所以要求内幕交易人还要赔偿自己的可得利益损害。对于可得利益损害是否属于损失的范围也可以用相关因果关系进行判断。从条件关系来看，由于内幕交易行为导致这些投资者的资金受到损失，没有内幕交易行为，资金就可以用于投资，就不会出现可得利益损失，所以内幕交易行为和可得利益损失之间具有条件关系；从相关性来分析，有内幕交易行为，却不一定就会有可得利益损失，因为即使投资者拥有这些资金也不一定会投资成功，也许会投资失败，无法取得可得利益，所以内幕交易行为和可得利益损失之间没有相关性。因此，损失的范围不能包括可得利益损失，当然赔偿时应当对实际损失计算利息。

第三，损失的范围是否只能是直接损害。在内幕交易的损失范围的讨论中，还有一些投资者认为不仅包括直接损害，还应包括间接损害。内幕交易行为给投资者造成的直接损害，往往会影响到投资者家庭的幸福。从条件关系上分析，内幕交易行为和间接损害具有条件关系，但是从相关性来分析，有内幕交易行为，也不一定就一定会产生间接损害，这需要在具体案件中进行具体分析。

4. 过错

虽然过错分为故意和过失，但对于内幕交易人的过错，以过错的有无为定，不因内幕交易人的故意或过失而有所不同。但对于如何确定过错的判断标准，则在实践中有两种观点：

第一，主观标准说。主观标准说认为，应当通过内幕交易人主观心理状态来确定其有无过错，即应依照行为人能否预见其行为会造成损害后果来决定其是否过错。如果内幕交易人能够预见其内幕交易行为给相反交易的善意投资者带来损失，那么当他实施这种行为时便有过错；如果他无法预见其行为会给相反交易的善意投资者带来损失，那么他就没有过错。

第二，客观标准说。客观标准说认为，作为内幕交易人的主体都是《证券法》规定的特别主体，是内幕信息的知情人，这些特定主体都对自己的特定职务有着清楚认识，法律要求他们对于内幕交易行为的危害性有着清醒认识，所以只要内幕信息的知情人从事了内幕交易行为，就推定其具有过错。

笔者认为，主观标准说不利于内幕信息的知情人增强法制观念和纪律性，也不利于维护证券法的严肃性。而客观标准说则体现了《证券法》对内幕信息知情人的特别要求，更有利于保证证券市场的交易安全。

## 三 操纵市场行为的民事责任

操纵市场行为案件民事赔偿一再搁浅的原因，不仅仅是诉讼机制的缺失，更为重要的是实体上关于操纵市场行为民事责任制度的缺失。加强对操纵市场行为民事责任制度的研究有着现实的迫切性。

### （一）操纵市场行为的法律界定

操纵市场行为是为各国或地区证券法所明文禁止的行为。美国、英国、法国、德国、日本等均制定法律规制操纵市场行为。但何谓证券法上的操纵，各国证券立法均未作出直接和明确的定义。“操纵”一词在汉语中本意是指“控制或开动机械、仪器等”；引申为“用不正当手段支配、控制”。在证券法中，“操纵”一词一般有如下用法，“操纵市场行为”、“操纵证券市场”、“操纵证券交易价格”等。操纵（Manipulation）一词在《布莱克法律辞典》中的解释是，“意图造成不真实或足以令人误解其买卖处于活跃状态；或者抬高或压低证券的价格，以诱使他人购买或出售该证券而进行涉及买卖某一证券的系列行为”。

**（二）有关国家或地区对操纵市场行为的规制**

1. 美国

美国《1934 年证券交易法》“有很大部分系针对操纵行为而订。操纵为国会通过该法前，在市场所发现之最大罪恶”①。“禁止操作市场的理论基础是，证券市场必须是完全排除人为操作的自由市场。证券法律打击和限制操作的手段很多，既有直接禁止各种特定操作行为的法律规定，又有授权联邦证券交易委员会的条款。联邦证券交易委员会可藉此随时制定有关政策。总之，所有这些法规政策的最终目的都是在于禁止操纵交易和禁止操纵市场。”② 美国证券法关于禁止操纵市场的规定，主要见于的《1934 年证券交易法》。反操纵规定主要有该法第 9 节、第 10 节 b 款以及第 15 节 c 款。该法第 9 节被美国联邦证券交易委员会喻为该法的心脏。该节禁止任何人或任何证券交易所成员，利用州际商业工具或证券交易所设施，于证券交易所内从事与上市证券相关的操纵行为。换言之，该节禁止操纵市场的规定，不仅适用于所有的证券经纪商和自营商，而且适用于一切运用邮件或全国性证券交易所之设施的个人。

第 9 节各款中还分别明确禁止洗售、禁止相对委托、禁止连续交易、禁止散布谣言及作出虚伪或使人误导的陈述。此外，还规定了几种行为须受管制，如安定操作、卖出选择权、差价、双边下注、卖空以及停止损失委托。并在同条授权证券交易委员会制定规则以规制证券市场中的其他任何形式的操纵行为。《1933 年证券法》第 17 节 a 款作为一个反欺诈的原则性规定，也适用

---

① 美国《1934 年证券交易法》注释。

② 高如星、王敏祥：《美国证券法》，法律出版社 2000 年版，第 284 页。

于操纵市场。此外，美国证券交易委员会依据《1934 年证券交易法》第 15 节 c 款禁止证券交易中的操纵行为。美国证券交易委员会根据证券法的授权发布了一系列禁止操纵行为的规则，其中最重要的是规则 10b - 5，它是证券交易法律中最为主要的反欺诈条款之一。该规则禁止证券交易中的所有操纵行为及其他欺诈行为。

2. 英国

英国与操纵市场问题有关的法律规范主要是 2000 年的《金融服务与市场法》以及 1998 年英国金融服务管理局（FSA）颁布的《市场滥用：市场行为守则》。

在英国，操纵市场行为被归入市场滥用行为之列，所谓市场滥用（market abuse），根据 2000 年《金融服务与市场法》第 118 条的规定，是指由一人单独或多人串通或合谋进行的扰乱市场秩序的行为，具体应符合以下条件：（1）发生于特定市场中的适格投资交易行为；（2）行为是基于不为市场所公知的信息而作出，该信息的知悉与否足以影响正常投资者的投资决策；（3）该行为可能使正常投资者产生关于投资品种供给状况、价格或价值的错误或误导；（4）正常投资者认为或可能认为该行为是扰乱市场秩序的行为；（5）该行为可能对市场上正常投资者的投资决策造成不利影响。其中第（2）、（3）、（4）项条件只要符合一项就可以。

英国关于操纵市场认定及其类型的规定，较为集中地体现在 1998 年守则中。守则第二部分对操纵市场行为作了较为详尽的规定，将操纵市场行为分为三类：拟制交易、价格操纵和不恰当传播信息。

当违反法定义务的市场操纵行为发生时，FSA 有权对责任人施予如下民事制裁：（1）责令其返还违法所得利益或所试图避免的损失；（2）恢复原状或赔偿可识别受害者因不当行为遭受的损失；（3）施予罚款以震慑此类违法行为；（4）补偿 FSA 用以调查案件所花费的费用。

英国针对市场操纵的违法行为有三类强制令：一是责令停止违法行为。《金融服务与市场法》第381条规定，经监管机构或国务大臣的申请，法院可以对相关人员的下列行为发布强制令：(1)当事人涉嫌从事市场滥用行为；(2)当事人正在从事或已完成市场滥用行为，并可能继续或重复其违法行为。二是责令采取补救行为。三是限制处分资产的命令。[①]

3. 欧盟

2001年5月30日，欧盟委员会向欧洲议会和欧洲理事会提出了《关于内幕交易和操纵市场（市场不当行为）的指令建议》（以下简称《指令建议》）。欧洲议会和欧盟理事会分别于2002年10月24日和2002年12月3日通过了该建议。2003年1月28日，欧盟正式发布了欧洲议会和欧盟理事会《关于内幕交易和操纵市场（市场不当行为）的指令》（Directive2003/6/EC）（以下简称《指令》）。此后，欧盟委员会又于2003年12月22日通过了该指令的第一批实施措施，其中有关操纵市场行为的有《关于内幕信息的定义及披露、操纵市场行为定义的欧盟委员会指令》（Commission Directive2003/124/EC）以及《关于豁免股份回购计划和安定操作行为的欧盟委员会规则》（Commission Regulation (EC) 2273/2003）。[②]

《指令》第1条第2款在吸收《指令建议》意见的基础上，采用了列举法来定义操纵市场行为。操纵市场行为应当指：(a)产生或者可能产生有关证券的供需或价格的错误或者误导信号的交易或者交易指令；单独或合谋，保证一种或者几种证券的价格保持在不正常或者虚假水平的交易或者交易指令；除非行为

① 蔡奕：《英国关于市场操纵的立法与实践》，载《证券市场导报》2004年第12期。

② http://europa.eu.int/comm/internal_ market/securities/abuse/index_ en.htm.

人确信这些交易或者交易指令合法及符合市场监管规则；或者（b）采用虚假的以及任何形式的欺骗手段或者诡计的交易或者交易指令；或者（c）通过包括互联网在内的媒体或者任何其他工具，散布产生或者可能产生有关证券供需或价格的错误或者误导信号的信息，包括散布谣言或者虚假、误导的消息，而该行为人知道或者应当知道该信息是虚假或误导的。为了进一步说明上述（a）、（b）、（c）项对操纵市场行为的核心定义，《指令》列出了三个例子：单独或合谋，保持对某证券供求的控制性地位，以直接或间接地产生固定其买卖价格或制造其他不公平的交易地位；在收市时买卖某种证券，误导投资者以该收市价格决策；临时或经常性地利用传统或电子媒介，在事先持有某证券的情况下，发表或间接通过发行人发表对该证券的意见以影响其价格并随后从中获利，但并不同时通过正常、有效的途径向公众披露利益冲突。《指令》还指出，操纵市场行为的定义应当适时地进行修正以涵盖新的行为类型。

《指令》第 8 条规定，操纵市场行为的规范并不适用于欧盟委员会按照有关程序制定的实施措施所涉及的股份回购计划和安定操作行为。《关于豁免股份回购计划和安定操作行为的欧盟委员会规则》对股份回购计划和证券价格稳定行为进行了合理规范，使符合要求的行为豁免有关操纵市场行为禁止规范的监管。

关于对操纵市场行为的执行和处罚，《指令》要求，成员国应当禁止任何人从事市场操纵行为；主管机关应当采用有关条款禁止和监控市场操纵，应当要求任何从事可能被合理地怀疑为操纵市场行为的交易者不迟延地通知主管机关等。①

4. 日本

日本《证券交易法》中的禁止操纵市场条款，基本模仿美国

① 张保华、李晓斌：《欧盟对操纵市场行为的监管与立法实践》，载《中国证券市场导报》2005 年第 1 期。

《1934年证券交易法》的规定；此规定原来在《证券交易法》的第125条。①

“但日本于一九九二年修正证券交易法，新设第六章‘关于有价证券交易等之规范’，将不公正交易有关规定予以体系化，原第一二五条之规定改列于第一五九条，但其实质规范内容并无更异。”② 日本证券法学界一般将操纵行情的行为类型化为四种，即：伪装交易，通过实际买卖操纵行情，散布流言、作出不实陈述以及违反政令的安定操作。③

5. 我国台湾地区

我国台湾地区证券交易法禁止操纵市场的规定与美国和日本的规定相似。我国台湾地区《证券交易法》第155条规定：“对于在证券交易所上市之有价证券，不得有左列各款之行为：一在集中交易市场报价，业经有人承诺接受而不实际成交或不履行交割，足以影响市场秩序者。二（已经删除）。三意图抬高或压低集中交易市

① 该法第125条、第126条规定了禁止操纵市场行为及其民事责任。第125条规定：“1. 任何人都不得与他人通谋制造上市有价证券买卖繁荣的假象，以使他人对有价证券的买卖产生误解为目的，而进行下列行为：（1）对该有价证券并不转移所有权而伪装进行买卖交易者；（2）在自己出售有价证券时，与他人通谋以约定价格使其作购买该有价证券之行为；（3）在自己购买有价证券时，与他人通谋以约定价格使其作出售该有价证券之行为；（4）进行以上各款行为的委托或受托。2. 任何人都不得在有价证券市场上以引诱买卖有价证券为目的而进行下列行为：（1）单独或与他人共谋，使之对该有价证券产生买卖繁荣的误解，或行情将有变动而进行买卖交易，或者进行委托或受托的行为；（2）自己或与他人共谋，散布有价证券行情将有变动的流言；（3）进行有价证券的买卖时，对主要事项故意制造虚假的或能够产生误解的表示。3. 任何人都不得单独或与他人共谋，违反政令规定，以固定或稳定有价证券行情为目的，在有价证券市场不断地进行交易，或者委托或受托行为。”第126条规定：“1. 违反前条规定者，对因依照该违反行为形成的价格在有价证券市场上买卖该有价证券或办理委托者所遭受的损害，负赔偿责任。2. 根据前项规定的赔偿请求权，自请求权人发觉前条的违反行为时起一年内，或自该行为发生时起三年内不进行请求赔偿时，因时效到期而消灭之。”

② 林国全：《证券交易法研究》，中国政法大学出版社2002年版，第159页。

③ ［日］龙田节著，鲍荣振译：《操纵行情的禁止》，载《外国法译评》1994年第4期。

场某种有价证券之交易价格，与他人通谋，以约定价格于自己出售，或购买有价证券时，使约定人同时为购买或出售之相对行为者。四意图抬高或压低集中交易市场某种有价证券之交易价格，自行或以他人名义，对该有价证券，连续以高价买入或以低价卖出者。五意图影响集中交易市场有价证券交易价格，而散布流言或不实资料者。六直接或间接从事其它影响集中交易市场某种有价证券交易价格之操纵行为者。前项之规定，于证券商营业处所买卖有价证券准用之。违反前二项规定者，对于善意买入或卖出有价证券之人所受之损害，应负赔偿之责。二十条第四项之规定，于前项准用之。”

6. 我国香港地区

我国香港地区的证券法制主要承袭英国，以自律规则为主导。在香港，目前与禁止操纵市场行为相关的重要法规主要有 1974 年颁布的《证券条例》和《投资者保护条例》。《证券条例》最为重要。根据《证券条例》第135—137 条，操纵市场行为的表现形式有：（1）制造虚假交易；（2）制造虚假市场；（3）不涉及实益拥有权转变的证券交易；（4）流传或散播资料；（5）使用欺诈或欺骗手段；（6）证券价格的限制即违法的安定操作。[①] 在香港，任何违反《证券条例》第 135—137 条从事操纵市场行为的人，依据《证券条例》第 141 条有责任对其造成的损害承担赔偿责任。受损害的投资者有权根据《证券条例》第 141（1）条对违反《证券条例》第135—137 条从事操纵市场行为的人提起诉讼。而且《证券条例》第 141（2）条规定，即使没有人被检控机关依据《证券条例》第 139 条提出控告，受损失的投资者仍然可以第 141 条对从事操纵市场行为的人提起诉讼。除此之外，受损害的投资者依然可以提出侵权法下的诉讼，因为《证券条例》第 141（3）条规定，第

---

① 郭琳广、区沛达著，刘巍，李伟斌等编译：《香港公司证券法》，法律出版社 1999 年版，第 227—234 页。

141 条并不限制或减轻任何人可能根据普通法而需要承担的法律责任。

**（三）我国法律法规关于操纵市场的规定**

我国最早禁止操纵市场行为的法规是上海市人民政府于 1990 年颁布的《上海市证券交易管理办法》，该办法第 39 条明确禁止任何单位和个人在证券交易中进行以下操纵市场的行为：（1）同一单位或个人和两个以上单位或个人私下串通，同时买卖同一种证券，制造证券的虚假供求和价格；（2）以操纵市场为目的，连续抬价买入或压价卖出同一种证券；（3）为诱使他人参与交易，制造或散布虚假的、容易使人误解的信息；（4）未经许可，在证券交易市场上直接或间接买卖自己发行的证券；（5）以其他直接或间接方法，操纵市场或扰乱市场秩序的。

随后，深圳市人民政府颁布《深圳经济特区证券管理暂行办法》，其中第 74 条规定，"证券交易活动中禁止任何人从事下列行为：（1）空抛；（2）以造成证券假供求和价格为目的，同一证券商同时买卖同种证券或两个以上（包括两个）单位或个人私下串通，同时买卖一种证券的相对行为；（3）以影响市场行情为目的，不转移证券所有权而假作买卖行为；或者不通过证券市场的实际交易，以市场行情进行赌博的行为；（4）利用各种内线情报从事证券买卖以从中渔利的行为；（5）散布虚假的或易被误解的消息，以诱使他人买卖证券以影响证券价格的行为；（6）为影响市场行情，连续以高价买入或以低价卖出某一特定证券的行为；（7）未经许可在交易所市场和交易柜台直接或间接买卖自身发行的证券的行为；（8）直接或间接从事其他任何以影响市场行情为目的的行为"。该条规定中，除第 4 项规定的是内幕交易之外，其他的都属于操纵市场行为的表现。

1993 年 4 月国务院证券委颁布《暂行条例》，在全国范围内对操纵市场行为予以禁止。《暂行条例》第 74 条规定，任何单位和个人违反本条例规定，从事"通过合谋或者集中资金操纵股票市场价格，或者以散布谣言等手段影响股票发行、交易的”（第3项）；“为制造股票的虚假价格与他人串通，不转移股票的所有权或者实际控制，虚买虚卖的”（第4项）；“出售或者要约出售其并不持有的股票，扰乱股票市场秩序的”（第5项）以及“利用职权或者其他不正当手段，索取或者强行买卖股票，或者协助他人买卖股票的”（第6项）。

同年9月国务院证券委颁布《暂行办法》就操纵市场行为做了更明确的规定，《暂行办法》第7条对操纵市场行为进行了概括，“禁止单位或者个人以获取利益或者减少损失为目的，利用其资金、信息等优势或者滥用职权操纵市场，影响证券市场价格，制造证券市场假象，诱导或者致使投资者在不了解事实真相的情况下作出证券投资决定，扰乱证券市场秩序”。接下来《暂行办法》第8条对操纵市场行为的表现做了较为全面的列举，包括：“（1）通过合谋或者集中资金操纵证券市场价格；（2）以散布谣言等手段影响证券发行、交易；（3）为制造证券的虚假价格，与他人串通，进行不转移证券所有权的虚买虚卖；（4）出售或者要约出售其并不持有的证券，扰乱证券市场秩序；（5）以抬高或者压低证券交易价格为目的，连续交易某种证券；（6）利用职务便得，人为地压低或者抬高证券价格；（7）其他操纵市场的行为。”

1998年12月九届全国人大常委会通过《证券法》。该法第5条对操纵证券交易市场的行为作了原则性的禁止规定。该条规定“证券发行、交易活动，必须遵守法律、行政法规；禁止欺诈、内幕交易和操纵证券交易市场的行为”。该法第71条将操纵证券市场行为类型归纳为：“禁止任何人以下列手段获取不正当利益或者转嫁风险：（1）通过单独或者合谋，集中资金优势、持股优势或者利用信息优势联合或者连续买卖，操纵证券交易价格；（2）与他人串通，以事先约定的时间、价格和方式相互进行证券交易或者相互买卖并不持有的证券，影响证券交易价格或者证券交易量；（3）以自己为交易对象，进行不转移所有权的自买自卖，影响证券交易价格或者证券交易量；（4）以其他方法操纵证券交易价格。”

2005年10月27日修订的《证券法》第77条规定，禁止任何人以下列手段操纵证券市场：（一）单独或者通过合谋，集中资金优势、持股优势或者利用信息优势联合或者连续买卖，操纵证券交易价格或者证券交易量；（二）与他人串通，以事先约定的时间、价格和方式相互进行证券交易，影响证券交易价格或者证券交易量；（三）在自己实际控制的账户之间进行证券交易，影响证券交易价格或者证券交易量；（四）以其他手段操纵证券市场。并明确规定，操纵证券市场行为给投资者造成损失的，行为人应当依法承担赔偿责任。

以上就是我国证券法律、法规及规章对操纵证券市场行为的禁止性规定。《证券法》并未对“操纵市场行为”给出一个一般性的定义。一些学者一般以《禁止证券欺诈行为暂行办法》第7条作为“操纵市场行为”的一般定义。有的学者认为，操纵市场行为本身就是若干行为类型的集合名词，并无确定内涵，美国、日本、我国台湾等国家和地区的证券法均未赋予其特定含义；若限定操纵市场行为的含义，反而会使操纵市场者有机可乘。①

**（四）操纵市场行为的样态**

要给操纵市场行为下一个简明准确的定义是相当困难的，原因就在于操纵市场行为的样态是如此多样且复杂多变。下面结合国外及我国的有关法律规定和相关案例作具体分析：

1. 洗售

洗售又称冲洗买卖，我国证券业界称之为“对倒”。即以影响证券市场行情为目的，人为地创造证券交易虚假繁荣，从事所有权非真实转移的交易行为。② 洗售就是某一行为人以自己为交易对

---

① 叶林：《证券法》，中国人民大学出版社2000年版，第298页。

② 杨志华：《证券法律制度研究》，中国政法大学出版社1995年版，第281页。

象，进行不移转证券所有权的自买自卖，影响证券交易价格或者证券交易量。在这个过程中，行为人自己同时充当了证券买卖的双方当事人，所以证券的实质所有权并没有发生移转。当然在形式上，行为人可能使用了多个账户，名义上证券的所有权发生了移转，但其他为行为人所利用的账户事实上处于行为人的实际控制和支配下，所以，这种情况仍属于不转移所有权的证券买卖。证券市场的证券价格因操纵者之操纵行为成交量放大，不明真相的投资者盲目跟进，在证券价格被人为拉高之后，操纵者趁机逢高出货以获取不正当利益。

洗售的构成要件是：（1）主观上，行为人有制造市场虚假行情，诱导其他投资者作出错误投资判断的意图。关于这一主观意图的规定，国外证券法多有规定。美国《1934 年证券交易法》第 9 条中规定，意图在全国性证券交易所登记之有价证券产生不真实或足以令人误解其买卖达于活络状态，或对于该有价证券市场产生同样误解的情形。日本《证券交易法》第 125 条中规定为“使他人对有价证券的买卖产生误解为目的”。韩国《证券和交易法》第 105 条中规定为“为了制造出交易活跃的假象或使他人作出错误判断”。我国台湾地区《证券交易法》第 155 条中规定为“意图影响市场行情”。由于主观因素举证困难，故只要证明被告有影响市场行情的动机，有洗售行为，即可推定洗售的目的存在。除非被告自行举证推翻。[①] 我国《证券法》第 77 条并未强调洗售的主观目的。这样规定是可取的。（2）客观上，行为人进行了不移转证券所有权的买卖，并且实质影响了证券交易价格和证券交易量。如果虽进行不移转证券所有权的自买自卖，但并未实质影响证券交易价格和证券交易量的，则不成立洗售。

国内典型案例如广发证券公司违规操纵市场案。1996 年广发

---

① 余雪明：《证券交易法》，台湾证券暨期货市场发展基金会 2001 年版，第 199 页。

证券公司在自营账户买卖南油物业股票时，共动用资金5.4亿元，并使用不同的账户对南油物业股票作价格、数量相近、方向相反的交易，拉高股价。据统计自10月11日至11月29日，广发证券公司通过自营账户之间自买自卖该股票3365241股，使该股票价格由8.55元上升至20.49元，涨幅达1.4倍。

2. 相对委托

相对委托又称通谋买卖，是指行为人意图影响市场行情，与他人串通，以事先约定的证券种类、时间、价格和方式相互进行证券交易或者相互买卖并不持有的证券，影响证券交易价格和证券交易量的行为。相对委托的构成要件：（1）主观上当事人间事先有共同的意思联络，有制造证券市场假象，诱导投资者买卖证券的意图。（2）客观上当事人间就相对委托进行了意思联络即通谋，同时实施了买卖行为。日本学界及事务上认为，所谓“通谋”，凡就买卖交易内容全部或部分之通谋均属之，且不问其为明示或默示；“事先”，并不以双方报价前完成通谋为必要，例如一方已于市场报价或对证券商为买卖之委托后，始与他方通谋而不撤回其报价或委托，以待他方之相对报价或买卖委托者，亦构成此之通谋。“同时期”较“同时”为广，以双方报价有成交可能之时间带为已足。“同价格”，以双方之相对报价有成交之可能为已足。至于相对委托双方之买卖数量是否一致，日本法并未以之为要件。[①] 我国《证券法》第77条中规定，与他人串通，以事先约定的时间、价格和方式相互进行证券交易，影响证券交易价格或者证券交易量。从条文分析，委托只须在时间、价格、数量上具有相似性，有成交的可能性，而不必强调完全一致。

国内典型案例如被称为“中国股市第一案”的中科创业股票操纵案。庄主吕梁与朱焕良共同商定操纵康达尔股票，他们在全国

① 林国全：《证券交易法研究》，中国政法大学出版社2002年版，第165—166页。

20多个省份的120余家证券营业部，开设账户1500余个，由吕梁从朱焕良手中“倒仓”接过50%的股票，共同操纵康达尔股票价格，他们最高峰时共持有0048股票5600多万股，占流通股的55.36%，股价则由10多元炒至80多元，至2000年5月16日除权后，股价一路下跌，甚至出现连跌9个停板的罕见现象，引起中科系列股票如中西药业、岁宝热电、莱钢股份等纷纷上演跳水大赛，中科创业股票操纵案的败露，主要是因为吕梁与朱焕良之间发生内讧以及吕梁在资金链上出现了问题，本案涉及的违规资金达54亿元之巨，堪称中国证券史上操纵股价第一案。

又如轰动一时的上海万国证券公司“327”空抛案。1995年2月23日，这是中国证券业难忘的一天。该天，上海国债期货交易总成交8539.93亿元，6800多亿元集中在“327”品种（它是1992年发行的三年期100元国库券），下午4点22分，上海万国证券公司及其空方盟友陡然抛出700万口（合1760亿元人民币）的空单，致使“327”价位迅速从152元跌落到147.5元，万国证券公司不仅收复此前做空的亏损而且硕果累累。然而事情并未到此结束，因“327”品种发行总量是380亿元，入市现货不到200亿元，万国证券公司及空方盟友下单量高于市场流量的20倍，他们是拿并不持有的证券空单游戏投资大众。上海万国证券公司总裁管金生，在他亲手制造的金额为10亿元人民币之巨的证券操纵风波中，结束了其辉煌的证券王子生涯，成为我国第一个因证券犯罪承担刑事责任的人。

3. 连续交易

连续交易，也称连续买卖，指行为人以抬高或压低证券交易价格为目的，自行或者以他人的名义，对该证券连续高价买入或者低价卖出的行为。美国《1934年证券交易法》规定，禁止为促使他人购买或出售该项证券，而自行与一个或更多的他人对在交易所上市的任何证券作一个连续的买卖，造成该证券真实或表面之繁荣交易，或抬高、或压低该项证券之价格的行为。我国台湾地区《证券交易法》第155条中规定，意图影响市场行情，对某种有价证券，连续以高价买入或低价卖出者。我国《证券法》第77条中规定，单独或者通过合谋，集中资金优势、持股优势或者利用信息优势连续买卖，操纵证券交易价格或者证券交易量的，即构成连续交易。

国内典型案例如南山基金管理公司违规操纵市场案。1996年11月，南山基金管理公司集中巨额资金（9525万元）以16个账户持续买入石家庄国际大厦有限公司股票达1450万股，占国际大厦流通股的30%，将国际大厦股价拉高至21元，涨幅达1倍左右，期间，南山基金多次利用不同账户对该只股票作价格相近、方向相反的交易，以制造成交活跃现象，各账户自买自卖量占42.4%。

4. 联合操纵

联合操纵是指两个或两个以上的人，组成临时性组织，联合运用操纵手段操纵证券市场。① 联合操纵有两种形式，即联合交易操纵和期权联合操纵。由于我国证券法规定，证券交易以现货进行交易；所以我国目前不存在期权联合操纵。我国《证券法》第77条中规定，单独或者通过合谋，集中资金优势、持股优势或者利用信息优势联合操纵证券交易价格或者证券交易量的，即构成联合操纵。

国内典型案例如琼民源案。民源海南公司和深圳有色均为琼民源的大股东，两者大量买卖琼民源的股票，在时间上配合，在交易中均有自买自卖对敲行为。民源海南公司法人代表兼琼民源董事长、总经理马玉和，有条件提前接触、获得琼民源中期报告和年度报告内容及分红方案等内部信息，民源海南公司与深圳有色于琼民源公布1996年中期报告"利好消息"之前大量买进琼民源股票，致使该只股票价格由7月初6元左右升至12月11日的22.78元，

① 杨志华：《证券法律制度研究》，中国政法大学出版社1995年版，第286页。

相当于分红除息前的29.61元，比7月初上涨4倍。截至1996年8月24日，民源海南公司和深圳有色所控制的7个账户已持有琼民源股票流通股1970万股，占流通股的10.51%，在一定程度上控制了琼民源股票价格。

又如亿安科技案。自1998年10月5日起，广东欣盛投资顾问有限公司、广东中百投资顾问有限公司、广东百源投资顾问有限公司以及广东金易投资顾问有限公司等四家庄家公司利用627个个人账户和三个法人股票账户，集中资金，联手操纵亿安科技股票价格。1999年10月25日至2000年2月17日，亿安科技的股价从26元升到126.31元，与1998年8月的5.6元左右相比，涨幅达21.5倍。

5. 散布虚假信息

散布虚假信息是指意图影响证券价格、制造市场假象，恶意散布足以影响市场行情的流言或不实资料，诱导其他投资人作出错误的证券投资判断，企图获取利益或避免损失的行为。证券市场上，投资者的投资判断一般来自于其所得的信息，散布谣言的目的是通过恶意散布虚假信息或不实资料影响投资者的投资判断，从而对公众造成误导。① 各国证券法大都有关于禁止散布虚假信息的规定。日本《证券交易法》第125条中规定，任何人都不得在有价证券市场上以引诱买卖有价证券为目的，个人或与他人共谋，散布有价证券行情要有变动的流言。韩国《证券和交易法》第105条中规定，任何人不得为了在证券市场上引诱他人购买或者销售证券，而散布谣言，使得证券的价格在其本人或他人的操纵下发生波动，或者蓄意散布关于证券交易的假材料或使人发生误解的材料；任何人都不得为了获取不正当的利益，故意散布假行情、不真实的情况或其他谣言。我国台湾地区《证券交易法》第155条中规定，不得

---

① 符启林主编：《中国证券交易法律制度研究》，法律出版社2000年版，第366页。

恶意散布足以影响市场行情之流言或不实资料。我国《证券法》也严厉禁止散布虚假信息的行为。散布虚假信息的构成要件：(1) 主观上，行为人须具有引诱他人买卖证券、获取不正当的利益的意图；(2) 客观上，行为人须有散布足以影响市场行情的流言、不实资料或其他虚假信息的行为。

在实践中，行为人通常采取买通某些证券分析师做股评、撰文荐股等方式向广大投资者介绍、建议购买某种股票；或者在媒体上发表文章散布有关上市公司的利好或利空的假消息；或者开新闻发布会等方法来散布谣言，制造某一股票交投活跃或者清淡的假象，哄抬或打压证券价格。

国内的典型案例就是北海正大假收购苏三山案。1993 年 10 月，湖南省某地物资局一干部用公款 100 万元买入汇苏昆山县三山股份有限公司股票（简称苏三山，代码 0518）15 万股，然后，他以北海投资公司的名义向深交所发出匿名信，提出要收购“苏三山”股票的虚假意向，同时，又以北海正大的名义，向媒体通报所谓的收购消息，11 月 6 日，《深圳证券报》发布了题为《北海正大置业致函本报向社会公众收购苏三山股票》的消息，使该股股价当日上涨了 37.35%（当时尚未实行 10% 的涨跌幅限制的制度），该干部乘机卖出苏三山股票。后来，由于有关部门出面辟谣，于是，苏三山股票价格出现连续跳水，一大批跟风炒作的中小散户投资者损失惨重。

6. 安定操作

所谓安定操作，是指行为人违反有关证券法律法规或行政命令，以固定或者稳定有价证券的市场行情为目的而实施证券交易的行为。这种行为通常在募集或者销售、发行、抵押某种有价证券时实施。如证券公司在承销新发行的某证券后，为了防止大量的新证券进入二级市场可能导致的该种证券价格下跌，致使交易价格低于承销价格、承销商蒙受损失，承销商往往以特定价格买进所有低于该价卖出的该种证券，以维持证券价格。

对安定操作的评价，证券理论研究者认识不一。持否定说者从保护广大投资者利益的角度出发认为，安定操作也是一种操纵行为，干扰证券市场的正常运作，必须禁止；持肯定说者则从维护市场稳定，保护发行人、承销商利益出发，认为安定操作可以平衡大量的新证券流入市场所导致的供过于求的现象，减缓市场波动，同时保证发行人迅速取得资金，应不予立法禁止。

美、日证券立法原则上禁止安定操作，但也肯定安定操作的正面作用，允许有限的安定操作，并制定特别的规则防止其滥用。日本《证券交易法》第125条第3款规定："如何人都不得单独或与他人共谋，违反政令规定，以固定或稳定有价证券行情为目的，在有价证券市场不断地进行买卖交易，或者委托或受托行为。"日本原则上禁止安定操作。但在调和（1）使企业藉有价证券之发行筹措资金得以顺利进行；以及（2）违反自由市场概念，于投资人之保护有所欠缺之考虑下，在符合政令（证券交易法施行令）规定之范围内，例外容许安定操作行为之进行。①

美国称安定操作为"维持价格水平的交易行为"，联邦交易委员会将之定义为"在准备或公开销售期间，为了组织或延缓市价下跌而力图将市价稳定或控制在一定水平之上的过程"。美国《1934年证券交易法》第9条（a）（6）禁止进行旨在稳定、控制或维持市价的行为，除非这些交易符合联邦证券交易委员会制定的有关程序和规则，认可某些维持市场的行为，对于应付新的证券冲击市场，以及维持某些证券发行还是很有必要的。联邦证券交易委员会维持市价的规则有规则10b－6，10b－7以及10b－8，这些规则极其繁琐且特别针对某些具体交易行为，而且这些规则只将所允许的维持市价交易限制在很小的范围内，避免因此而人为地为非法操纵市场价格大开方便之门。②

① 林国全：《证券交易法研究》，中国政法大学出版社2002年版，第191页。

② 高如星、王敏祥：《美国证券法》，法律出版社2000年版，第289页。

我国证券立法，对安定操作未加任何规范。但是，安定操作对于市场的操纵，增加了一连串的买卖交易，这种人为增加的交易量，影响了市场行情，可能造成广大投资者对市场行情的错误判断，从而影响他们的理性投资，增大投资者投资风险。笔者认为，为了减少市场风险，保护广大投资者的合法权益，促进证券市场长期稳定发展，安定操作原则上应予以禁止，例外予以允许；对允许安定操作的情形，设置规则予以规范。如在程序上，实施安定操作之前，行为人需向中国证监会和证券交易所提出书面报告；安定操作的当事人，买入正在安定操作的证券价格，不得高于实施安定操作前日的收盘价；有义务在交易前向全体投资者公开披露该种证券正在实施安定操作的事实，以提醒投资者作理性投资等。

7. 其他操纵市场的行为

操纵市场的行为样态非常之多，除了以上几种典型方式，其他的还有诸如扎空、挤榨、做尾盘、违约交割等等。

庄家操纵股价的过程如下：在低价位大量建仓；拉抬股价并震仓，使部分获利盘出局，以抬高普通投资者的持仓成本；控盘后，快速拉升股价；伴随股价的高位震荡或继续上升，不断减仓；大量抛出股票，获利出局。在庄家的持仓量达到最大值之前，个股的收益率超过市场投资组合的收益率；在庄家的持仓量达到最大值后，个股的收益率和市场投资组合的收益率无差异，这样，庄家就有充裕的时间将账面收益转化为实际收益。因此，庄家可以通过操纵股价获取超常收益。

**（五）证券市场操纵与相关概念的比较**

1. 操纵与投机

操纵市场与投机是有关联的。

人们一般都认为“投机”是一个贬义词，诸如“投机倒把”、“投机取巧”、“投机分子”等。“投机”的汉语解释是：利用时机牟取私利。根据这个解释，“投机”应作为一个中性词。在证券市场上，利用时机谋取私利是普遍存在的，而且绝大多数情况下是正当合法的。正如马克思所说："一切便利营业的事业，都会便利投机，营业和投机在很多情况下紧密结合在一起，很难说营业在哪一点终止，投机从哪一点开始。"在证券市场上，投机是客观存在的。投机行为是与市场经济相伴而生的现象，没有投机就没有证券市场。

有学者论述了投机行为在证券市场的运行中具有以下几种投资者无法替代的功能[①]：（1）增强市场流动性。因为投机者敢于承担较大风险，所以，在市场大跌或大涨从而导致市场供求失衡时，他们敢于逆市场趋势而行，大胆买进或卖出，于是维持了市场的正常运转。（2）价格发现功能。投机行为不同于赌博，投机者通常具有较为丰富的金融证券知识和实践经验，他们依靠过去的经验和已有的知识，理智地分析客观的有利和不利因素，从而能够较为精确地预测市场近期走势。他们的理性行为常常引导市场走向，这样就可以加快市场参与者对价格反映的灵敏度。另一方面，投机者利用市场信息进行价格发现，又使未来市场价格能够迅速反映市场信息，使价格更能有效反映市场供求变化，这样就能使资源配置效能由此而增强。（3）回避风险和获取较高利润。市场价格的飘忽不定给投资者带来一定风险，而投机者可以利用买空卖空、套利交易和掉期交易等行为来趋避风险和获取收益。在证券市场中，投机者作为众多市场交易者的一部分，并不能对市场价格进行控制。投机实际上起了服务投资、配合投资这样一种不可替代的作用。

有学者将投机划分为三类：一般性投机，过度投机和恶性投机。恶性投机的实质即为操纵市场。换言之，并非证券市场所有的投机都是违法的；操纵市场是一种恶性投机，与一般性投机在本质

① 张文魁：《关于证券市场有争议的几个问题》，载《上海金融》2001 年第 9 期。

上是有区别的。

那么，如何将操纵与合法的投机区分开呢?

我们认为：区分操纵与合法的投机主要在于行为人的主观意图以及其采用的手段。

操纵行为人在主观上具有过错，是恶意的。他们具有明确的使证券的价格朝某一方向变化，以诱使他人买卖证券，以便自己获取收益或转嫁风险的意图；同时他们利用自己的优势或其他非法手段客观上影响了证券交易的价格。

而合法的投机行为人虽然在主观上也希望证券价格朝对自己有利的方向变化，但其没有能力使价格朝某一方向变化，不可能影响证券的价格。他们只是凭借自己的经验、知识和获取的信息，利用时机，从市场价格波动中获得市场价差的利益。

所以在法律上应明确界定操纵市场的涵义，划清操纵与合法投机之间的法律界限，以便严厉打击操纵市场行为，保护一般投资者合法的投机。

2. 操纵与做市

做市（Market making），是指在证券柜台交易中，对证券进行报价和询价以至为该证券建立一个市场的过程。做市商制度是不同于竞价交易方式的一种证券交易制度，一般为柜台交易市场所采用。做市商是指在证券市场上，由具备一定实力和信誉的证券经营法人作为特许交易商，不断地向公众投资者报出某些特定证券的买卖价格，双向报价并在该价位上接受公众投资者的买卖要求，以其自有资金和证券与投资者进行证券交易。做市商通过买卖报价的适当差额来补偿所提供服务的成本费用，并实现一定的利润。

尽管许多人将做市商制度称为庄家制度，但是由于交易机制的根本差异，做市商与庄家对市场的控制程度是不同的。做市商制度能够保证市场不被做市商人为操纵。做市商通过这种不断买卖来维持市场的流动性，满足公众投资者的投资需求，有利于保证证券价格的稳定性，减少价格波动，促使证券市场价格向证券的真实价格靠拢，减少泡沫成分；同时有利于保证市场信息的公开性和透明度。

由此我们看到，操纵与做市有显著的区别。操纵是为了获利或减少损失，操纵者可以采取多种手段，且操纵行为必然扰乱市场秩序；做市是为了填补公众对证券供求的空缺而进行的交易（由于做市商的责任是维持市场的稳定，其是否获利处于次要位置），做市商的行为方式只能是买入和卖出证券，且做市是为了维持证券市场的公平和有序。做市商所担负的职能和追求的目标与操纵者是完全不同的。

3. 操纵市场行为与虚假陈述、内幕交易行为的关系①

操纵市场行为与其他侵权行为，——主要是与虚假陈述、内幕交易行为之间既有密切联系，又有很大区别。

（1）操纵市场行为与虚假陈述的联系与区别。在实践中，任何一个操纵市场行为都或多或少地存在虚假陈述的情况，此时的虚假陈述是为操纵市场服务的，操纵市场行为为获取暴利，转嫁风险才是真正的目的，而在操纵市场行为之外的虚假陈述与服务于操纵市场的虚假陈述和操纵市场行为本身，又有较大的区别。一是二者目的不同。操纵市场行为之外的虚假陈述，其目的往往是上市公司为了融资，发行股票或再融资的需要，而操纵市场行为的目的则是为了获取非法利益或转嫁风险。二是二者主体资格不同。操纵市场行为人可以是任何一个拥有资金优势、持股优势或信息优势的投资者，而虚假陈述的主体则只能是上市公司的董事会、监事会以及董事经理等高级管理人员、受聘的注册会计师事务所、律师事务所、证券监督管理机构等部门及其工作人员。

（2）操纵市场行为与内幕交易行为的联系与区别。两者的目

---

① 李俊敏：《操纵证券交易市场民事赔偿若干问题初探》，http：//www. dffy. com 2003 年 11 月 16 日。

的基本一致，即非法获取暴利或转嫁风险，操纵市场整个行为过程中必须利用一些内幕信息，但此时的内幕信息也仅仅是服务于操纵市场行为。它与内幕交易有着本质的区别。一是行为方式不同。操纵市场行为主要是利用资金优势、持股优势、信息优势，通过独自或与他人串谋，采取故意抬高、压低、稳定股价，以及自买自卖、对倒、对敲、倒仓等方法控制证券价格，从而获利；而内幕交易则是知情人在获悉内幕信息后，在该信息正式披露前，买入或卖出证券，从而获利或转嫁风险的行为。二是二者主体资格不同。操纵行为人可以是任何投资者，而内幕交易行为人只能是内幕信息的知情人和非法获取内幕信息的其他人员，主要是证券法第 74 条规定的人员。

**（六）操纵市场行为的性质**

操纵市场行为是指行为人以获取利益或者减少损失为目的，利用其资金、信息、持股等优势，或者滥用职权，制造证券市场假象，诱导或者致使投资者在不了解事实真相的情况下作出证券投资决定，扰乱证券市场秩序的行为。但这种行为的法律性质却很少有人从民商法基本法理的角度进行定性。笔者认为，为了正确认识这一行为，有必要从民商法基本法理的角度对此作研究。

首先，操纵市场行为是一种违法行为，具体地讲是违反证券法的行为。操纵市场行为是证券法所予以禁止的行为，实施这种行为就违反了法律的强制性要求，无疑应认定为违法行为。

其次，操纵市场行为这种违法行为如何归类，究竟是违约行为、侵权行为抑或独立类型的违法行为？笔者认为，将操纵市场行为认定为侵权行为比较妥当。

理由阐述如下：（1）基于合同的相对性。一般情况下，合同的效力只存在于缔约的双方当事人之间。由于在证券市场的经纪交易制度下，投资人并非买卖合同的当事人，即使第三人给投资人造成损害，投资人也只能以经纪合同向证券经纪商索赔，而不能直接向加害人求偿。这样不仅会导致投资人的损失难以得到补偿①，阻碍证券市场的发展，而且还会增加经纪商向加害人求偿诉讼，使诉讼复杂化。而且由于证券交易的特殊性，行为人实施操纵行为时并不知道交易的对方是谁。操纵行为实际是针对整个市场中不特定的投资者进行的，或者说是针对整个市场的。所以，将操纵市场行为解释为违约行为，在理论上缺乏说服力，在实践中也不利于保护受害投资者的利益。（2）至于有学者将操纵市场行为认定为一种独立类型的违法行为，虽然避免了对其定性的麻烦，但对于我们认识这一行为的本质并无实质性的帮助。

笔者认为，证券法是民商法中的一个具体的部门法，在本质上属于私法的范畴。作为证券法上一种禁止的交易行为，对其本质的认识应该从民商法的基本理论上寻找根据。操纵市场行为应该认定为一种侵权行为。关于何谓侵权行为，不论在英美法系还是在大陆法系，至今没有一个令所有人满意、信服的定义。一般认为，侵权行为是基于故意或过失不法侵害他人人身或财产的行为。但是，我们发现操纵市场行为却有其特殊性。一般侵权行为侵犯的客体通常都是物权、债权、知识产权、人身权等绝对权利；但我们却很难说出操纵市场行为到底侵犯了哪种权利。当然，按照大陆法系对侵权行为在民法典中作概括式规定的方法也是可以解释的。例如《德国民法典》第823条规定，因故意或过失不法侵害他人生命、身体、健康、自由、所有权或者其他权利者，对他人因此而产生的损害负赔偿义务。违反以保护他人为目的的法律者，负有相同的义务。证券法当然以保护投资者利益为目的，操纵市场行为违背了证券法保护投资者利益的目的，所以可以认定为侵权行为。又如《法国民法典》第1382条规定，任何行为致他人受到损害时，因其过错致行为发生之人，应对他人负赔偿之责任。该条文具有高度

① 金泽刚：《操纵证券交易价格行为及法律责任》，载《中南财经政法大学学报》2002年第4期。

的概括性，可以说涵盖了所有的过错侵权行为。依据此条文，可以将操纵市场行为认定为侵权；因操纵市场行为给他人造成损害的，应该承担侵权损害赔偿责任。实际上这样的规定虽然可以解决问题，但并不能从理论上对操纵市场行为给出一个有力的解答，需要再作深入的分析。

我们发现操纵市场行为实质上损害的并非投资者的现实财产利益，而是使投资者失去了投资获利的机会。有价证券的收益表现为利息收入、红利收入和买卖证券的差价即资本利得。在市场被操纵的情况下，投资者主要是因为参与证券交易而遭受差价损失。这种投资获利的机会也可以说是一种可期待的利益，是一种有别于直接财产利益的纯粹财产上的利益。（当然我也认为债权是一种可期待的利益。但比较而言，这种投资获利的机会具有更大的不确定性，与债权不可相提并论。）对它的侵害在英美法中造成所谓的“纯粹经济上的损失”，在德国法中造成所谓的“纯粹财产上的损害”。所谓纯粹财产上的利益，我国台湾学者认为，系指非因人身或物被侵害所发生的财产上的不利益。

第三，操纵市场行为是一种特殊侵权行为。操纵市场行为是一般侵权行为还是特殊侵权行为，这在学界存在不同看法。笔者认为，宜将操纵市场行为界定为一种特殊侵权行为。所谓一般侵权行为与特殊侵权行为是“根据侵权行为的构成要件、归责原则等综合因素对侵权行为所作的基本的分类”。“特殊侵权行为与一般侵权行为的区别主要是：前者的成立无需具备侵权行为成立的一般要件，仅依法律的规定而成立，后者则必须完全具备侵权行为成立的全部要件；前者多数表现为特殊的行为或者自己行为以外的事实造成他人损害，后者是行为人自己的行为并由自己承担责任。”①

---

① 魏振瀛主编：《民法》，北京大学出版社、高等教育出版社 2000 年版，第 678 页。

对于一般侵权行为，主观归责原则上实行过错责任原则，要求侵权行为人具有主观上的故意或者过失；在因果关系上，要求侵权行为与损害结果之间有必然的因果联系；在举证责任上实行“谁主张，谁举证”的原则。操纵市场行为是一种极为复杂、隐蔽、技术性强的证券欺诈行为。如果将操纵市场行为作为一般侵权行为，受害投资者将承担过重的举证责任。为了保护处于弱者地位的投资者，宜将操纵市场行为认定为特殊侵权行为，对因果关系和主观过错的存在实行推定。

**（七）操纵市场行为民事责任的构成要件**

我国2005年修订的《证券法》第77条中明确规定，操纵证券市场行为给投资者造成损失的，行为人应当依法承担赔偿责任。但从条文来看，操纵证券市场行为民事责任的构成要件还不明晰。依据民法的一般原理，操纵市场行为民事责任的构成必须具备过错、损害行为、损害后果、损害行为与损害后果之间的因果关系四个要件。下面展开分析：

1. 过错

操纵人的过错是指操纵人明知自己的行为会影响证券市场的价格，诱使他人买卖证券，而恶意从事操纵行为，以达到其获取利益或者转嫁损失的目的的主观心理状态。但是要证明操纵人的主观心理状态是非常困难的。如连续交易行为，从外观上看，与正常交易行为并无区别，投资者很难根据其行为的外部特征证明其有过错。而且操纵市场行为的样态多种多样，行为外观不易与正常交易行为相区别，操纵手法越来越隐蔽，技术性越来越强，使得过错判断和认定日趋复杂化和专业化，过错的证明难度加大，已经非一般投资者能力所能及。

故笔者主张对于过错的认定采用过错推定的方法。过错推定，是指若原告能证明其所受损害是由被告所致，而被告不能证明自己没有过错，法律上就应推定被告有过错并应负民事责任。香港特区2002年3月颁布的《证券及期货条例》第12章即适用“过错推定”来规制证券操纵行为：无论行为人在实施交易时是否具有影响股市价格的主观故意，只要其在事实上存在妨碍或者可能妨碍市场价格的合理形成，就构成了操纵市场行为。如果被告不能证明自己实施交易的行为不是为了操纵市场价格，就必须承担法律责任。[①] 采用过错推定，实现了归责的客观化，减轻了受害人的举证责任，大大增加了索赔成功的机会，有利于保护投资者利益，遏制操纵市场行为。

2. 损害行为

损害行为即操纵市场行为，根据民法原理，应该由受害人举证证明。但事实上，基于证券交易的特殊性，受害人举证操纵市场行为的存在绝非易事。目前我国证券市场的股票交易是众多投资者集中竞价交易、电子计算机系统自动撮合成交，投资者众多，换手率高，而操纵人基本上都采用大量虚假开户、分仓操作的方式，其交易方式与正常交易没有什么区别。而一般的投资者根本不可能知道操纵人的操作记录，很难收集操纵人操纵市场的证据。我国目前采用的由证监会及其派出机构调查认定操纵市场行为的做法是具有可操作性的，但实践中还有很多地方需要完善。如证监会应该充实专门工作人员，建立投资者举报和申请调查制度等。证监会及其派出机构作出的调查报告及结论，受害人可以作为证据使用。

3. 损害结果

损害结果指投资者因证券市场被操纵而遭受的投资损失。这可以通过投资者的交易记录反映出来。问题在于如何认定所受损失与操纵行为在时间上的一致性。

4. 因果关系

因果关系是侵权行为法中一个悬而未决的问题，剪不断，理还乱，众说纷纭，见仁见智。美国证券欺诈民事诉讼中将因果关系分

---

① 姚新华：《对证券欺诈的私权救济》，载《中国证券法破产法改革》，中国政法大学出版社 1999 年版，第 183 页。

为交易的因果关系和损失的因果关系。投资者要证明操纵行为与损害后果之间存在因果关系，必须承担两项证明责任，一是交易的因果关系，即证明其投资决定是基于对公平、公正的证券市场信赖而作出的，他对操纵行为所制造的市场假象是不知情的；二是损失的因果关系，即证明其损失是因为操纵行为造成的。但事实上，投资者很难证明交易的因果关系的存在，即难以证明是操纵行为诱使其进行投资的。在证券市场中投资者的交易动机和目的各不相同，操纵行为的诱导是否足以促使其产生信赖，如何证明，不无疑问。要求投资者举证证明其交易时“信赖”的主观心理状态，对投资者甚是不利。同时，要证明损失的因果关系也存在困难。因为证券市场上证券价格的变动受多方面因素的影响。股票的市场价格纵是处于不断变化的状态中，在自由竞价的股票市场中，股价的变动具有极高的灵敏性。引起股价变动的直接原因是供求关系的变化，但在供求关系的背后还有一系列更深层次的原因。除股份公司自身的经营状况外，宏观经济因素、政治因素、投资者心理因素以及其他人为因素都可能导致供求关系变化，引起股价的涨落。操纵人很容易找到为自己开脱的理由。要求投资者证明自己的损失是由操纵人造成的，于投资者也相当的不利。这一切使得投资者承担了过重的举证责任，事实上中小投资者根本无力承担起这样的举证责任，“让小股民举证说清楚这门杂技（操纵市场）的原理、魔术的窍门以及每个细节，简直是难于上青天”。①

笔者认为，在操纵市场因果关系的认定上应实行因果关系推定原则。由于操纵市场行为是证券法所明文禁止的违法行为，任何人均负有不作为的义务，实施这种行为即是对这种不作为义务的违反。如果已认定操纵市场行为的存在，就推定因果关系存在，不需要由受害人举证因果关系的存在；而将举证责任转由操纵人承担，由操纵人举证证明其行为与投资者的损失之间不存在因果关系。

① 郎咸平：《保护投资者，振兴股市新思维》，载《新财富》2002年2月。

### (八) 我国禁止操纵市场立法的不足及完善建议

第一，在我国《证券法》中没有针对各种操纵行为的原则性概括性的规定，没有抽象出各种操纵行为的共同本质即欺诈，主要缺陷是缺乏灵活性。虽然我国《证券法》第77条第4款有“以其他手段操纵证券市场”的兜底条款，但缺乏原则性规定，除非有相应的立法或司法解释予以明确，我国法院一般是不敢自主认定某种其他方法为操纵市场行为的。建议证券法中写进反欺诈的一般性条款。

第二，1998年《证券法》第71条第3款规定：“以自己为交易对象，进行不转移所有权的自买自卖，影响证券交易价格或者证券交易量”，其中“不转移所有权”的用语是不准确的。我国证券交易由证券交易所的电脑主机接受申报后撮合成交，在清算交割之后，证券的所有权就已经发生了转移。操纵者在控制多个证券账户的情况下，相互间进行买进卖出，所有权发生了转移。只是从实质的主体考虑，多个账户在同一人的控制之下，他所拥有的证券数量并没有发生增减变化而已。2005年修订的《证券法》第77条第3款规定：“规定在自己实际控制的账户之间进行证券交易，影响证券交易价格或者证券交易量。”这样规定更明确、更易于认定、更具操作性。

第三，1998年《证券法》第71条第2款规定：“与他人串通，以事先约定的时间、价格和方式相互进行证券交易或者相互买卖并不持有的证券，影响证券交易价格或者证券交易量。”2005年的《证券法》第77条第2款将其修订为：“与他人串通，以事先约定的时间、价格和方式相互进行证券交易，影响证券交易价格或者证券交易量。”从1998年《证券法》的规定来看，第35条规定，证券交易以现货进行交易。第36条规定，证券公司不得从事向客户融资或者融券的证券交易活动。立法是严格禁止证券信用交易的；但是现在有呼声要求对信用交易解禁。鉴于信用交易的好处，在时机、条件成熟的情况下，不排除对信用交易解禁的可能。2005年修订的《证券法》第42条规定："证券交易以现货和国务院规定的其他方式进行交易。"实际上为以后证券信用交易预留了政策空间。所以，笔者认为该款似无修订的必要。

第四，散布流言或者不实资料，诱使他人买卖证券在美国、日本、韩国、我国台湾地区等国家和地区的证券法中都具体规定为操纵市场行为的一种。我国《禁止证券欺诈行为暂行办法》第8条第2款规定以散布谣言等手段影响证券发行、交易属于操纵市场行为的一种；但是《证券法》第77条却没有对这种行为作出规定。如果说，认为《证券法》认可这种行为最为操纵市场行为的一种，只能通过解释第77条第4款有"以其他手段操纵证券市场"来实现。但如前所述，我国法院一般是不会作这样的解释的。笔者建议，应该将这种行为方式作为一种操纵市场的具体行为方式明确加以规定，可以作为第77条第4款，表述为："以散布流言或者不实资料，诱使他人买卖特定证券，影响证券交易价格或者证券交易量。"原第77条第4款顺延为第5款。并在该款增加"以其他手段操纵证券市场的，由中国证券监督管理委员会认定"。授权证监会对其他操纵市场的行为制定规章予以认定。

# 第四章　注册会计师在证券虚假陈述中的民事责任

近年来，在我国证券市场相继出现了银广夏、三九医药、蓝田股份及科龙电器等上市公司提供虚假财务信息、欺瞒上市、欺骗投资者的诸多典型案例，而众多的注册会计师、律师及其事务所与这些上市公司脱不了干系。诸多涉及中介机构案件的东窗事发，使本以“独立、客观、公正”为职业形象的中介机构的信用状况饱受质疑，甚至被广大中小股民称为不良上市公司榨取中小股民钱财的“帮凶”。从 1996 年最高人民法院关于山西太原南郊化工厂诉德阳市会计师事务所一案的复函［法函（1996）第 56 号］，确立中介机构对于第三者民事法律责任的基本原则后，引发了中国注册会计师界的第一场诉讼风暴，并使众多的会计师事务所成为“深口袋”理论的牺牲品。我国证券市场中的欺诈行为到了使中小投资者难以忍受的地步，其中最主要的欺诈行为是上市公司通过各种方式发布虚假的财务信息。而上市公司发布虚假的财务信息又需得到注册会计师、律师等专业人士的配合。由此可见，注册会计师、律师等专业人士在证券欺诈中扮演着十分重要的角色。本章拟就注册会计师在证券虚假陈述中的民事责任作些分析。

## 一　问题的提出

注册会计师不实财务报告的民事责任问题是会计师职业发展到一定阶段的产物，而会计师职业是市场经济发展到一定阶段的产物，其产生的制度基础是财产所有权与经营权的分离。随着资本主义生产力的迅速发展，特别是进入工业革命开始后的 18 世纪下半叶，生产社会化程度大大提高，股份公司的兴起加快了所有权与经营权的分离，绝大多数股东已基本退出经营管理领域，但他们非常关心公司的财务状况和经营成果，以便做出是否继续持有公司股票的决定。同时，债权人为了自身的利益，也十分关注公司的生产经营。而公司的财务状况和经营成果，只能通过公司的会计报表来反映，如果会计信息反映不实或虚假，必然使股东和债权人错误决策，给他们造成经济损失，因此客观上需要一个独立的第三身份的会计师对会计报表的真实性、合法性发表审计意见。这种商品经济发展的客观需要促进了会计师行业从自发、自觉到不断成熟和完善，成为一个专门的中介机构组织，它以超然独立的形象，完整地填补了两权分离后产生的真空地段。长久以来，会计师与律师、建筑师、医师等均被视为专门职业，深受社会公众的尊重。会计师被称为“企业医生”，专门协助企业诊疗财务和经营问题。会计师之所以赢得社会公众的尊重与信任，主要建筑于本身的专业素养、地位的独立性以及出具财务会计报告的公正性。如果会计师的活动丧失了独立性，出具虚假的财务会计报告而导致第三人遭受损失，会计师须承担相应的民事责任。长期以来，注册会计师不实财务报告的民事责任问题一直是西方国家立法和理论研究的重点与难点。

80 年代以来，欧美会计师行业由于连带责任的影响，事务所一人涉及民事责任，全所其他会计师均遭波及，尤其是 1983 年美国新泽西州法院引用产品责任观念，认为注册会计师应保证财务报告产品的有效性后，大大地增加了法律诉讼案件，使注册会计师面临空前的诉讼危机，诉讼成本节节高升，以美国六大会计师事务所为例，其诉讼成本占年收入比例，1990 年、1991 年和 1992 年分别为 7.7%、9% 及 10.9%，而 1993 年更高达 12%。1990 年美国排名第七名的 Laventhol & Horwath 事务所因无力负担巨额的诉讼成本而宣布破产。面临这一局面，美国六大事务所于 1992 年发表联合声明指出：注册会计师正面临着空前的“责任危机”，并由专家学者研讨因应措施，陆续提出比例赔偿责任，订立赔偿上限，改合伙组织为有限组织等，以因应此一空前的危机。[①] 为了减轻注册会计师的民事责任，促进会计师职业的健康发展，美国于1995年和1998年先后颁布了《私人证券诉讼改革法案》和《证券诉讼统一标准法》，适当地限制了注册会计师民事责任的范围，将注册会计师的无限连带责任改为比例责任。然而，近几年美国一系列财务造假案引起了投资者的强烈不满，要求加重注册会计师民事责任的呼声高涨，这就直接导致了2002年7月《萨班斯—奥克斯利法案》的出台，该法案虽加重了会计师的刑事责任，但并没有加重注册会计师的民事责任。2002年12月20日的“哈曼裁决”[②] 完全突破了美国现行证券法对注册会计师民事责任的规定，加重了注册会计师的民事责任，哈曼法官在长达300多页的判决书中，系统地阐述了加重会计师事务所等中介机构民事责任的理由。该裁决再次引发了有关注册会计师不实财务报告的民事责任的大讨论。

我国会计行业自1981年恢复重建迄今不过20多年的时间，但行业发展极快，并对中国市场经济建设做出了相当大的贡献。但是，会计行业也存在较多的问题，其中最为突出的问题是会计信息失真。1999年底，财政部抽查100家国有企业会计报表，有81家虚列资产37.61亿元，89家虚列利润27.47亿元。2000年度的会计信息质量检查结果更令人吃惊：被抽查的159家企业中，资产不实的147户，虚增资本18.48亿元，虚减资产24.75亿元；利润不实157户，虚增利润14.72亿元，虚减利润19.43

---

① 周志诚：《海峡两岸会计师法律责任之研究》，上海财经大学博士论文2000年，第1页。

② “哈曼裁决”是2002年12月20日美国休斯敦联邦地区法院的哈曼法官，对一起针对为安然公司提供服务的会计师事务所等中介机构的集团诉讼做出的裁决。该裁决突破了1995年《私人证券诉讼改革法案》的规定，加重了会计师事务所等中介机构的责任，对会计师职业产生了深远影响。参见Fed. sec. L. Rep. pp. 92、239。

亿元。2001 年 12 月 25 日，国家审计署公布了它对 16 家具有上市公司年度会计报表审计资格的会计师事务所实施质量检查的结果，在被抽查的 32 份审计报告中，有 14 家会计师事务所出具了 23 份严重失实的审计报告，涉及 41 名注册会计师，造假金额高达 70 多亿元人民币。在这样的背景下，朱镕基总理把“不做假账”作为新成立的国家会计学院“校训”，实在有点恨铁不成钢的意思。[①] 有学者考察了 1994 年 1 月—2000 年 12 月中国证监会披露的对证券违法违规的 226 个处罚公告，统计出 346 项违反证券法规的行为，在 346 个观察值中，披露虚假财务报告的比重高达 19.1%。[②] 特别是以银广夏为代表的重大财务舞弊案，使投资者的信心受到严重打击，甚至到了使中小投资者无法忍受的地步。但由于会计师民事责任制度的欠缺，使投资者无法通过诉讼程序维护自己的权利。1996 年 4 月 4 日最高人民法院法函［1996］56 号的发布，拉开了会计师不实财务报告的民事责任纵深发展的序幕。许多涉及债务纠纷案时，原告多引用法函 56 号，将验资报告不实的注册会计师推上被告席上，一时间，针对注册会计师的诉讼风潮，风起云涌。仅 1997 年一年，全国涉及民事纠纷的会计师事务所高达 500 起左右，几乎占当时国内会计师事务所的 10%。[③] 遗憾的是，该司法解释只是针对验资个案所作的批复，并不具有普遍意义，且内容简单。迄今为止，除了验资诉讼，我国通过司法程序追究注册会计师民事责任的案例尚不多见。针对上市公司虚假信息披露，公众第一次提起诉讼的是红光案。在红光案中，原告将注册会计师列为被告，但截至 2001 年 12 月为止被裁定“不予受理”。直到 2001 年底最高人民法院宣

---

① 杨雄胜：《会计诚信问题的理论思考》，载《会计研究》2002 年第 3 期。

② 李爽、吴溪：《审计失败与证券市场监管》，载《会计研究》2002 年第 3 期。

③ 李若山：《中国注册会计师法律责任的发展及现状之分析》，《中国财务与会计问题》第一届国际研讨会会议论文，第 6 页。

布从2002年1月15日开始受理此类案件，2002年初红光案才被正式受理。[①] 之所以通过诉讼程序追究注册会计师的民事责任较为困难，其原因在于法律责任性质不明确，民事责任主体不明确，归责原则及举证责任不明确，赔偿计算无据可依，一系列法律规定的缺位使投资大众望而却步，人们普遍认为会计信息虚假案中注册会计师应承担民事责任，但到底承担什么责任及如何承担，无法定论。2003年1月9日，最高人民法院出台了《1.9规定》，该规定对注册会计师不实财务报告的民事责任问题作了规定，2005年修订的《证券法》第173条也对会计师事务所等中介机构虚假陈述的民事责任问题作了规定，2007年6月4日由最高人民法院审判委员会第1428次会议通过并公布，自2007年6月15日起施行的《最高人民法院关于审理涉及会计师事务所在审计业务活动中民事侵权赔偿案件的若干规定》（以下简称法释〔2007〕12号）对此侵权责任又作了进一步的司法解释。但不完善，有诸多问题值得从理论上加以研究。

## 二 注册会计师不实财务报告民事责任的理论基础

### （一）注册会计师及其性质定位

注册会计师（CPA）[②]，美国称为执业会计师，英国称为特许

---

① 红光案从立案到受理，直至最后宣布开庭，前后持续长达4年多的时间，并被称为“小股东状告上市公司第一案”。该案经历了多次起诉，多次受理，又多次被驳回的漫长诉讼过程。直到2002年1月15日最高法院决定受理证券市场因虚假陈述引发的民事赔偿案件，才使“红光案”再次立案。

② 注册会计师（a CPA）、会计师（an account）和审计师（an auditor）是三个不同的概念。In USA，a CPA is an individual who is certified by a state board of accountancy. Each state board grants the CPA certificate to those who demonstrate their competence（1）by passing the national exmination administered by the American Institute of Certified Public Accountants, and（2）by the satisfying educational and practical experience requirements. See Anthony Phillips Et al.，*Basic Accounting for lawyers* 64（4th ed. 1988）；Robert D. Berger,JR，（接下页）

会计师，日本称为公认会计师，在我国称为注册会计师。根据《注册会计师法》第 2 条的规定，所谓注册会计师是指依法取得注册会计师资格证书并接受委托从事审计和会计咨询、会计服务的执业人员。会计师在市场经济中发挥着极其重要的作用，美国前总统里根曾说过："离开了注册会计师，我们的经济将会萎缩，我们的金融市场将会土崩瓦解。"但会计师在市场中的角色应如何定位？在会计师职业发展的 100 多年的历史中，发生过多次变化。在会计师的发源地英国，19 世纪以来的两个案例就引发了会计师的角色以及责任的性质的讨论，产生了著名的"看家狗与猎犬"理论："会计师是看家狗而不是猎犬"。虽然在"看家狗"一词前没有加限定词，但是对案例的分析表明，会计师是股东的看家狗。随着公司所有权与经营权的分离，独立管理层的形成，会计师从股东的看家狗变成了管理层的看家狗，这逐渐引起了公众的不满。到了 20 世纪 80 年代，诉讼爆炸推动司法实践最终将会计师明确定位为"公众看家狗"的角色。美国最高法院在阿瑟·扬会计行一案中指出："会计师与律师最大的不同就在于，独立审计的会计师对公众承担了一份责任，它超越了会计师与客户之间的雇佣关系。"从事审计这项特殊职责的会计师最终应忠实于公司的债权人、股东以及投资大众。这一"公众看家狗"的角色要求会计师自始至终保持与客户之间的独立性，不辜负公众对他们的信赖。①

---

（接上页） *Practical Accounting for Lawyers* 5—7 （1981）. 在我国，情况也类似。见《注册会计师法》第 2 章。An accounts is a "person who works in the field of accounting and is skilled in keeping books or accounts." See *Black's Law Dictionary* 19 （6th ed. 1900）. An Auditor is "one who checks the accurary, fairness, and general acceptability of accounting records and statements and then attests to them." See *Black's Law Dictionary* 131 （6th ed. 1990）. 为方便起见，在本文下面的行文中，会计师、注册会计师和审计师三个概念互换使用，如果没有特别说明，注册会计师均简称会计师。

① 参见刘燕《会计法》，北京大学出版社 2001 年版，第 48 页。

从性质上而言，会计师应定位为专家，即会计师为会计（审计）领域的专家，专家在英语中称之为“Professional”，德语谓之”der freie Berut”（自由职业者）。“专家”一语是日本的习惯称呼。德国学者将专家或自由职业者及其执业活动的特征归纳为五个方面：（1）基于自己的责任和经济上的独立性向相对人提供专家的精神创造成果；（2）要求有作为完成职务的前提的资格、创造能力及获得该资格和能力的学历；（3）基于相对人之间的特别信赖关系以完成职务；（4）职务活动利他性（排除盈利性）；（5）国家承认职务从事者团体的自律性，由团体规定职务行为的标准并对违反规定者予以制裁。[①] 英国学者将专家及其执业活动的特点归纳为四点：（1）其工作性质属于高度的专家性，其中心不是体力工作而是脑力的；（2）重视高度的执业道德和与顾客的信赖关系；（3）大多要求一定资格；（4）具有较高的社会地位。[②]

会计师作为一种专家，既具有专家的一般共性，又具有其特殊性。一般而言，会计师具有以下特征：

1. 独立性是会计师生存的灵魂

在资本市场中，会计师是一个独立的角色，他必须是一个独立的参加者。公众对于会计师在资本市场中的独立性有着强烈的期盼，正是这种独特的角色，构成了资本市场效率和效益的基石。可以说会计师行业的产生、存在以及发展的最大理由是以独立的信息鉴定专家的身份提高财务信息的可靠性，以维护资本市场的顺畅运行。在现代市场经济条件下，会计师不仅要对委托方负责，还要向与其没有合同关系的第三人（与审计结论具有利益关系的审计报告间接使用人）负责。会计师出具的审计报告，是企业选择交易伙伴，债权人贷款投放，潜在的投资者选择股票，税务部门进行税

① 参见［日］浦川道太郎《德国的专家责任》，梁慧星译，载梁慧星主编：《民商法论丛》第5卷，法律出版社1996年版，第534—535页。

② 参见张新宝《专家责任》，中国民商法网 www. civillaw. com. cn2003/9/23。

收征管，法院进行判决以及政府客观决策的重要依据。因此，会计师的职责是以向委托方负责为主线，进而扩大到社会公众。这就要求会计师必须切实与委托方和第三人保持一种超然独立的关系。天平偏向哪一方，都可能会使其他方利益受损。例如如果会计师因某种利益牵连而默认了上市公司虚增利润的行为，可能会使二级市场上的一部分投资者及税务部门暂时获益，但从长远来看，则会削减公司的持续经营能力（过度的现金股利发放及税费缴纳会导致公司现金严重短缺），最终导致广大股东利益受损，并可能会引起其他合作方的过度信赖而使其受损。如果成为一种普遍现象，会使政府对经济形势过于乐观而造成宏观经济决策失误。因此说独立性是会计师的灵魂，会计师一旦失去独立性，会扰乱经济秩序，甚至引发社会动荡。正因为此，市场对会计师违反独立性形成了严厉的惩罚机制。曾享有盛誉，作为世界上五大会计事务所之一的“百年老店”安达信会计师事务所，仅因为安然破产一个案件就遭灭顶之灾，这在其他行业是难以想象的。独立性既要求会计师实质上的独立，即除按工作量收取审计费用外，与委托方和被审计单位不存在任何经济利害关系，也要求形式上的独立，即会计师要时刻在社会中展示和树立自己独立的形象。美国 SEC（证券交易委员会）和 AICPA（注册会计师协会）的规则都规定：会计师事务所、他们的合伙人、股东和本人以及专业的雇员必须与他们的客户以及他们客户的母公司、子公司以及分支机构保持独立。[①] 我国的《注册会计师法》也有类似的规定。[②]

2. 意见权威性

会计师作为一名专家发表的职业判断意见，是法律所认可的，也为社会公众所信赖，并成为公众作出投资决策的依据。会计师通过审计来判断财务报表的完整性和准确性，而审计的过程通常涉及

① 参见张天民《独立性与注册师的民事责任》，载《经济导刊》2002 年第 11 期。
② 参见《中华人民共和国注册会计师法》第 6 条，第 18 条。

探查欺诈行为。未被审计的报表中可能包含一些不符合独立评价的不公正表达，会计师的工作就是发掘出该事实并协助认证报表的准确性和财务状况公正表述。会计师的评价给予了财务报表的公信力，基于会计师的特殊地位，投资者信赖其审计报告。如果会计师提供了虚假的财务报告而给投资者造成了损失，会计师应承担赔偿责任。因此，会计师民事责任的基础在于因信赖该报告所造成的经济损失。

3. 会计师的主要职能是经济鉴证

在审计关系中，会计师通过接受委托人的委托，依法对被审计人的财务报表和会计账目进行查证，鉴定其财务状况和经营业绩是否真实、合法，是否符合有关法规和公认会计准则，并通过出具审计报告，如实地将信息反馈给委托人。同政府审计和内部审计不同，会计师作为审计人，并不卷入契约各方的利益关系，也没有代替委托方行使监督、奖惩的权力，只是据实而言，提出公证。例如会计师对在审计中发现的需要调整的审计差异，应提请被审计人加以调整，如果被审计人拒不接受建议，会计师无权强制其调整，而是根据应调整事项的类型和重要程度，确定是否以及如何在审计报告中反映。因此，会计师的主要职能是经济鉴证。

**（二）注册会计师职业活动的特点与主要社会意义**

1. 会计职业活动的特点

会计师职业作为一种较为特殊的职业，有其鲜明的个性特征。这些特征表现在以下几个方面：

（1）公共性与企业性。在现代市场经济条件下，会计师职业具有公共性与企业性双重属性。其公共性表现为会计师提供的产品——审计报告具有公共物品的性质。审计报告的这一性质在证券市场上表现得尤为充分。审计报告一经公开以后，其使用者为企业的股东、债权人、潜在的投资者、竞争对手等不确定的群体，这些群体可以无限扩大，而大多数使用者不必为此支付费用。会计师职业的公共性还表现在其鉴证性。在会计报表审计业务中，会计师需要对被审计单位会计报表所反映的企业财务状况、经营成果的真实性和公允性，所采用的会计处理方法的一贯性做出判断，发表审计意见。会计师发表的审计意见，往往成为投资者选择投资对象、银行发放贷款、税务部门征收税款，法院进行判决的依据。如果会计师出具虚假的审计报告，将损害投资者、债权人、政府及其他利害关系人的利益，甚至危害社会经济秩序。因此，社会公众对会计师抱有很高的期望，希望会计师能够超然独立，保护社会公众的利益。因而，会计师职业具有浓厚的公益色彩。同时，会计师职业又是一个十分特殊的经济组织，具有企业性的一面。企业性是指会计师所依托执业的会计师事务所，作为自主经营、自负盈亏、独立核算的经济组织，天然具有追求利益的倾向。虽然会计师担负一定的社会职能，但其经费却不是来自财政拨款，而是来自于被审计客户，而能否获得客户及收费的高低，又取决于市场竞争的结果。因此，会计师事务所与其他企业一样，需要考虑成本和效益，需要盈利以实现生存和发展。虽然会计职业组织也要考虑成本与效益问题，但保护公众利益应为会计职业组织的最终目标。因为会计职业主要是一种公众职业，社会公众是会计师最终的委托人。一般情况下，职业利益与公众利益具有一致性。只有切实保护好公众利益，职业才能实现长久的共同利益。当公众利益与职业利益发生冲突时，职业利益应该让位于公众利益，否则行业就会遭到社会公众的抛弃，行业利益最终就会得不到保护。从市场经济发达国家看，会计职业发展到今天，可以说是越来越重视公众利益的保护，多将公众利益置于比职业利益更为重要的位置。例如美国注册会计师协会将其宗旨表述为“为会员提供资源、信息和服务，使其以高度的专业方式提供高质量的服务，保护公众利益的同时，维护雇员和客户利益”。

（2）会计师职业生存和发展的前提条件和制度基础是市场经济条件下的两权分离，其本质是对委托代理关系中所发生的交易费用的节约。由于财产的所有者与经营者目标趋向不一致，如果仅靠所有者对经营者进行监督，那么在企业规模扩大、资产专用性增强，科技飞速发展的现实条件下，需要支付越来越高昂的信息搜寻费、谈判费用及监督合约履行的费用，而真实的会计信息则是对所有者产权运用程度的全面反映。为了节约交易费用，所有者通过聘请处于独立立场，具有专业胜任的会计师对企业的会计信息的真实性、合法性、公允性进行鉴证，便可以全面掌握经营者能力、业绩及努力程度，尽管所有者为此要支付一笔费用，但是它一般低于上述其他交易费用，从而节约了产权运用的总交易费用。[①] 因此，会计师职业的产生和发展是市场经济条件下制度演变的理性选择与必然结果。

(3) 职业的独立性。会计师职业独立于政府及任何企业或组织。这种客观的独立地位，一方面保证了会计师完美的公证职能，使其社会公证具有可信性；另一方面也使其得以跨国界发展。目前会计师职业已成为一种世界性的职业，在经济发达国家被普遍视为“经济警察”而备受重视，由他们承担外部审计已发展成为现代审计的主流。要维持会计师职业的独立性，则需经济依赖关系明晰化、收入分散化、服务内容公开化、职业竞争有序化、职业内部关系和谐化。所谓经济依赖关系明晰化是指注册会计师行业的经济收入金额、构成等内容应公开。会计师执业是为了委托者提供服务并收取资费以求生存的第三产业，他的全部收入来自于其业务委托者。因此，若为达到行业独立性而要求其在经济上不依赖其委托者是不可能的，而只能让其披露经济依赖关系，披露的同时并确保收入来源渠道分散，此即收入分散化。这样可以防止会计师在执业时因担心失去重要收入来源而丧失客观性和公正性。所谓服务内容公开化，是指会计师为客户提供的服务项目应予披露。职业竞争有序化，是指会计师事务所在承揽业务时的竞争应在公平、公开、公正的基础上进行，防止审计收费竞相压价，作虚假浮夸内容广告，作

---

① 汪宁：《我国注册会计师行业的改革与发展》，http：//www.unirule.org.cn。

审计结果承诺等行为。所谓职业内部关系和谐化，是指事务所之间，会计师之间应精诚团结，防止内耗，这样可以加强整个职业相对于外部的独立性，消除外部欲利用会计师进行舞弊作假的可乘之机。

（4）行业自律性。各国注册会计师一般都存在其行业自律组织，指导会计师的执业行为，并对违规者进行制裁。例如美国的会计师职业的自律组织为美国注册会计师协会（AICPA），作为会计职业界的代言人，AICPA 拥有规则制定权，业务监督权和部分违规处罚权。英国对会计师的管理主要是通过会计界的自律组织特许会计师协会来进行的，该组织的权限涉及全部行业事务，在行使资格认定权、规则制定权、业务管理权及处罚权等方面具有法定的权威性。我国的会计行业自律组织为中国注册会计师协会，它依法拟订会计师执业准则、规则，报国务院财政部门批准后施行；它有权对会计师的任职资格和执业情况进行年度检查，并对违规者提出处理意见。

2. 会计职业活动的主要社会意义

现代经济社会中的会计师业务以鉴证服务为核心，以会计咨询、会计服务为辅。前者包括企业会计报表审计、验资、盈利预测审核、中期会计报表审阅、特殊目的业务审计等，后者包括税务代理、管理咨询、咨询评估、代理记账、编制会计报表、处理工资等。我国法律要求上市公司和国有企业的年度会计报表须经审计，并必须由注册会计师审计。会计师职业是社会公众的普遍信任所派生出来的公共代理性质的职业，它使公众可以利用会计师的技能和知识来参与经济活动，从而使他们从事经济决策活动的能力得到了极大的加强。毫无疑问，会计师职业是基于经济活动的复杂性和社会分工的必要而产生，它可以弥补社会公众精力、知识的不足，拓展活动空间，提高其办事效率，并且极大地降低交易成本。会计师职业的作用在资本市场中尤为突出，具体表现在以下几方面：

(1) 会计师的鉴证审计对资本市场主体进行了过滤，提高市场主体质量。验资审计和证券市场主体入市前审计对市场主体的“准入资格”进行了审查，防止了会导致市场秩序混乱的不合格主体进入市场，有利于市场经济和资本市场的稳定发展。①

(2) 鉴证审计对市场主体发布的信息进行了过滤，提高了信息的可靠程度。审计后的信息为社会投资者进行投资选择提供了决策依据，有利于维护投资者的利益。同时，投资者的决策选择会影响资本的流向，从而对资本市场中的资本进行了再分配，进一步导致了社会资源的再分配，优化了社会经济资源，维护了市场经济秩序。

(3) 会计师的鉴证尤其是财务报告签证有利于监管部门进行市场监管。会计师的签证意见为政府监管机构提供了监管线索。以我国目前的年报审计为例，政府监管部门对相当部分上市公司的违规行为的处罚，就是监管机构参考了会计师出具的有保留意见的审计报告，这显然有利于规范市场主体行为和整顿资本秩序。

### (三) 注册会计师民事责任的科学范畴——专家责任

如前所述，会计师作为一种专业职务人员，在性质上应定性为专家。因此，会计师民事责任应属于专家责任的范畴。

专家责任在法律制度上并不是一个十分确定的概念，有的人仅在违反合同的责任基础上使用这一概念，也有人在侵权责任的基础上使用专家责任的概念，还有人在合同责任和侵权责任的基础上使用专家责任的概念。一般而言，所谓专家责任是指提供专门技能或服务的专家，由于过失而提供的服务存在缺陷致人损害而应当承担的民事责任。相对于一般的民事责任而言，专家责任具有以下特征：

① 参见财政部注册会计师考试委员会办公室编《审计》，东北财经大学出版社2000年版，第24—26页。

1. 专家责任的性质应属于民事责任

民事责任是指民事主体违反民法上的义务而应当承担的法律后果。专家责任所要解决的核心问题是专家的过失行为致人损害后的赔偿问题，它所关注的法律关系的基础是专家与受害人之间的关系。而专家与受害人之间发生的关系是一种典型的民事法律关系。专家因为其执业的特殊性，相关法律规定有诸多确保专家的职业水平和职业稳定的制度，专家对此若有违反，将受到政府乃至专家的自律性组织的相应惩处，情节严重的还要承担刑事责任。例如医生重大过失致病人死亡的刑事责任，不具法定资格的人以“专家”名义开展业务的行政责任。但一般而言，学者们所研讨的专家责任仅指私法上的责任，而不涉及公法性质的刑事责任与行政责任。尽管专家的行为也可能导致法律责任的竞合，但其民事责任应占有主导地位。

2. 专家责任以专家因过失而导致委托人或第三人的利益损害为前提

即专家责任为专家承担的过失责任。专家以其特殊的知识技能对外公开开展业务。在执业过程中，专家对委托人或第三人负有职业注意义务，由于专家在职务过程中没有尽到合理的注意义务而给委托人或第三人造成损害，应承担赔偿责任。专家责任的核心内涵是专家违反其所承担的合理注意义务（职业注意义务），即在执业时存在疏忽或者懈怠，专家故意致人损害而应承担的民事责任，与专家的职业注意义务并无关联，仅有“专家”之名而无“专家”之实，将其定位为专家责任的范畴并无多少实益。因此，专家因为故意致人损害而应当承担的民事责任，无需依照专家责任的判断基准对专家和受害人的利益进行衡量，依照一般的违约责任或者侵权责任的法理即可追究“专家”应当承担的责任。故专家因为故意致人损害而应承担的民事责任，不属于专家责任。①

① 邹海林：《专家责任的构成机理与适用》，中国法学网 http：//www. iolaw. org. cn。

3. 专家责任的形式主要为赔偿损失

专家责任仅以专家因过失提供的服务有缺陷致人损害而应当承担的民事责任为限。这种责任的承担方式主要是赔偿损失。在现实中，专家承担责任有两种情况：一种是对委托人的责任。专家违反委托合同所应当承担的民事责任。可能有“补正”责任，支付违约金责任，支付赔偿金责任等，甚至当事人还可以解除合同；另一种是专家对第三人的责任。专家因过失而致第三人损害所应承担的责任，可能有停止侵害、消除影响、赔偿损失、赔礼道歉等。但所有的这些民事责任最终都得以用金钱予以评价，即专家违反职业注意义务造成他人损害而应予以填补。但凡专家承担责任的一般情形，都是对受害人损害的赔偿。因此，专家责任是以损害的恢复为目的的民事责任，在性质上属于填补损害的赔偿责任。

4. 专家责任不是与侵权责任和违约责任相并列的一种新的民事责任类型

关于专家责任的性质，各国的学说和判例上有着较大的分歧，主要表现为侵权责任说、契约责任说和责任竞合说。① 笔者认为，专家责任并不是单纯的侵权责任或契约责任，在不同的情况下，其责任性质是不相同的。例如，专家因为过失而致第三人损害的民事责任，应属于一种侵权责任，因为专家与第三人之间无合同关系，专家承担侵权责任的基础在于其职业注意义务的违反。专家违反委托合同而应承担的责任主要为违约责任，但在某些特定的情况下，专家违反委托合同而给对方相对造成损失的，可能既构成违约责任又构成侵权责任，发生请求权的竞合现象。例如律师未积极作为致使委托人应胜诉的官司输了，律师的责任既可依侵权责任确定，也

① 关于专家责任性质的讨论，参见张新宝《中国侵权行为法》，中国社会科学出版社 1995 年版，第 256 页；郭明瑞等：《民法责任》，中国社会科学出版社 1991 年版，第 271 页；王利明：《民法 · 侵权行为法》，中国人民大学出版社 1993 年版，第 522—537 页；梁慧星主编：《民商法论丛》第 5 卷，法律出版社 1996 年版，第 516—517 页。

可依违约责任确定。

### (四) 专业职务人员(专家)的注意义务

专家承担违约责任的前提是因为其违反了与委托人的约定，即专家承担违约责任的前提是对约定义务的违反。而专家与第三人之间不存在合同关系，那么，专家对与其没有合同关系的第三人承担责任的基础何在？根据英美法的一般法理，专业职务人员对第三人承担责任的基础是因为其违反了职业注意义务。

1. 注意义务的含义与构成要件

注意义务(Duty of care)[①] 的理论来源于英国，是通过判例逐渐得以确定的，它在英美过失侵权法中处于核心的地位。而这一理论的正式形成是在1932年实现的，这就是英国法院在著名的Donoghue V. Stevense一案中所确定的规则。在该案中，爱特肯法官认为，"过失是一种被告违反其对原告所应给予的注意义务"，"你必须采取合理的注意来避免你所能合理预见到的可能会给你的邻居造成伤害的行为或者疏忽"。此案确立了有关注意义务的一般性原则即著名的"邻人规则"。[②] 随后，威得佛法官在Anns V. Merton London Borough Council一案中，将注意义务和公共政策的考量结合在一起，提出了著名的两步检验法的理论，进一步发展了注意义务理论，威得佛法官认为："目前我们已经取得了这样的立场即为了证明在某种特定的情形产生了注意义务，人们无须将该种特定的情形归于某种被告注意义务产生的情形之内。相反，此种问题应当分两步来解决：第一步，人们应当决定被声称犯有过错的侵害人与那些因此而遭受损害的受害人之间是否存在着足够的近邻性，此种近邻性使侵害人应当合理预见到他的过错行为可能会对后者即受害人产

---

① Duty of care在法律上译为"注意义务"或"谨慎义务"，审计学上存在着一个相近的术语Due professional care，译为"应有的职业关注"。

② 刘茂勇、高建学：《英美法过失侵权中的"注意义务"》，载《河北法学》2003年第3期。

生损害，在这种情况下，侵害人即应在表面上对受害人承担注意义务；第二步，如果第一个问题得到了肯定的回答，则有必要决定是否存在任何考虑因素，此种考虑因素使其能够否定，减少或限制此种注意义务的范围，或此种义务对其承担的人的类型或此种义务违反时所产生的损害。"[①] 威得佛的两步检验法提出后，得到了许多判例的援引，并被作为确定注意义务产生的根据。在大陆法系国家，一般认为过错并不是对民事义务的违反，而是一种主观的意思状态。因此，注意义务在大陆法系国家并没有受到足够的重视。但是近年来，有很多大陆法系学者开始对传统的过错侵权理论提出批判，主张借鉴英美法的过错侵权理论，将过错界定为具体案件中某种客观义务的违反。瑞士学者韦路认为，所谓过错，也就是一种客观的或合理的注意的欠缺，实际上就是一种无法定免责事由的非法行为。[②] 韦路主张对瑞士过错侵权法的责任构成要件重新做出解释，认为民法第 441 条第 1 款[③]所谓的"过失"就是某种注意义务的客观违反，而其中所谓的"以某种非法方式"实际上就是"无法定的免责事由"。[④] 由此可见，大陆法系国家学者已开始意识到传统过错侵权理论的缺陷，注意义务理论在大陆法系国家逐渐得到认可。

对于如何界定"注意义务"，学者们存有较大的分歧，根据《牛津法律字典》的解释："注意义务是一种为了避免造成损害而加以合理注意的法定责任，在侵权法中，行为人无需因疏忽而承担责任，除非其造成损害的行为或疏忽违反了应对原告承担的注意义

---

① 张民安：《过错侵权责任制度研究》，中国政法大学出版社 2003 年版，第 297 页。

② 同上书，第 299 页。

③ 瑞士民法第 441 条第 1 款的全文为：任何人，如果以一种非法的方式引起他人损害，无论此种非法方式是故意还是过失，都应当对他人的损害负赔偿责任。

④ 张民安：《过错侵权责任制度研究》，中国政法大学出版社 2003 年版，第 299 页。

务，如果一个人能够合理地预见到其行为可能对其它人造成人身上的伤害或财产上的损害，那么，在多数情况下他应对可能受其影响的人负有注意义务。"①

根据以上的分析，所谓的"注意义务"，是指法律施加于行为人身上的一种责任，当遇到某种风险时，行为人应以一种特定的方式来行为，如果他不那么行为，而因此使他人蒙受了伤害或损失，他就应对受害人承担责任。

2. "注意义务"的判断标准

在英美过失侵权法中，"注意义务"的判断通常是一个法律问题，在某一特定的环境下，被告是否有注意义务以及注意义务应达到什么样的程度是由法官来决定的。一般而言，虽然注意义务是一种法定的义务，但并不是任何不谨慎的行为都构成侵权，也不是任何损害都可以获得法律上的补偿，只有那种没有尽到合理的谨慎，并造成了不合理危险的人，才可能负有过失侵权的责任。因为过错侵权责任法实际上是两种利益的平衡器，一方面法律应鼓励人们积极从事活动，以实现自身利益的目标追求并因此而带动社会的发展，另一方面，行为人在行为时又必须考虑他人利益，不损害他人人身和财产利益。注意义务理论应反映这两种利益的平衡。因此在确定注意义务的判断标准时，也应两者兼顾。英美法对注意义务的判断标准存有较大分歧，但很多法院都从以下三方面来具体判断行为人是否存在注意义务：

第一，信赖。根据信赖标准，如果原告是因为相信被告所做出的陈述而遭受损害，则被告即应对原告承担过错侵权责任。只要原告对被告存在合理的信赖，被告即应对原告承担注意义务。原告对被告所存在的信赖之所以能够使被告对原告承担注意义务，是因为被告享有为原告的利益而行为的特定权利，由于此种特定权利的行使会影响到原告的利益，因此人们期待着被告在行使此权利时应承

① See *A Dictionary of Law*, By Oxford University Press (1994), p. 137.

担注意义务以维护原告的利益。此种标准的提出，是为了对可预见性标准加以适当限制，以防止过分加重被告的责任。

第二，可预见性。这种标准认为被告应当对其预见到的将会受其行为影响的人承担注意义务。可预见性的判断标准并不意味着被告仅对他可预见的特定的或个别的原告承担过错侵权责任。被告只要预见到他的行为会对包括原告在内的某一类人造成损害，被告即应承担过错责任。

第三，近邻性。近邻性标准认为原告与被告之间的近邻性是决定被告对原告承担注意义务的根据。20 世纪 90 年代以后，近邻性标准遭到了英美某些判例的批判，认为此种概念过于模糊，容易引起误解。一方面，当事人之间在地理位置方面所存在的近邻性本身并不足以使当事人之间产生过错侵权责任，虽然此种地理位置上的近邻性可能会成为强加此种责任的重要参考因素；另一方面，即便欠缺时间和空间上的近邻性，法律仍然有可能强加当事人以过错侵权责任。近邻性理论作为一种具有广泛影响的理论，虽然遭到人们的批判，但它至今仍然是英美侵权法中的一个重要概念，可以用来作为决定义务是否存在的有效根据。①

3. 专业职务人员的注意义务

专业职务人员由于是拥有专业知识和技能的职业人员。他们不是一般的人，因而他们的职业行为将适用高于一般的职业标准。同时，由于专业人员的职业特点是向公众提供智力性的专业服务，专家提供服务不同于一般人提供服务，专家提供服务的注意程度应当更高。专家应当基于各自的职业特性承担高度的专门的注意义务。日本学者称这种注意义务为高度注意义务。② 这种注意义务与普通

① 张民安：《过错侵权责任制度研究》，中国政法大学出版社 2003 年版，第 308—318 页。

② ［日］能见善久：《论专家的民事责任》，转引自梁慧星主编《民商法论丛》第五卷，法律出版社 1996 年版，第 507—508 页。

市民相比在职务上被要求高度的注意义务，即作为一个专家，他不仅要求以一个谨慎的专业人员的行为为标准，而且还要以一个合格的专业人员通常的和习惯的行为为标准，专家具有一定的资格、较高的社会地位，因为顾客的信赖而被委任处理事务，应承担与其地位和业务相称的，以信赖责任为基础的高度注意义务。① 因专家提供的服务的专业性，使得他能够取得委托人乃至公众的信赖。当事人对专家的信赖，源自于当事人对专家服务所具有的专业水准的信任以及对专家的品格、能力的信任，即基于当事人对专家服务的特别信任；而公众对专家的信赖，则是源自于公众对专家活动结果的普遍合理认同。当事人或公众对于专家的如此信赖，使得专家必须承担不同于一般人的注意义务，即专家在执业活动中，应当尽到职业注意义务。当专家违反职业注意义务而应当承担赔偿责任时，其所承担的赔偿责任为较为严格的责任。承担责任的基础在于职业注意义务的违反，即专家所提供的服务不符合专家团体所承认的合格的人所具有的合理技能或注意。②

职业注意义务在英美法国家又称职业谨慎，一般是指专家所在行业普遍认同的注意义务，它所包含的内容与专家执业的水平有直接的关系。但是究竟什么样的注意义务属于职业注意义务，则仅能以专家团体中的一个谨慎的人或者处于平均水平的专家所应有的注意为基点。但是什么样的人构成具有平均水平的专家，则很难确定，因为事实上根本就不存在这样的假设。一般情况下，专家执业造成他人损害被诉诸法院，法官通常所考虑的问题是，若专家没有这样做的话，那损害就不会发生；若损害的发生经过判断是不合理的，则专家执业就存有过失。实际上，专家过失判断操纵在法官手

---

① ［日］下森定：《论专家民事责任的法律构成与证明》，转引自梁慧星主编：《民商法论丛》第5卷，法律出版社1996年版，第523页。

② 邹海林：《专家责任的构造机理与适用》，中国法学网 http：//www. iolaw. org. cn。

中。专家在执业时负有职业注意义务，但职业注意义务因专家职业的不同，其内容有所不同。专家的职业注意义务，或因法律的规定、行业执业准则、专家执业道德而发生，或因为与当事人之间的意思表示而发生。

我国现行法律并没有采纳英美法的注意义务理论，《民法通则》没有对注意义务作出规定。但我国仍有一些单行民事法律涉及了注意义务问题。如我国《合同法》第290条对运输合同中承运人所承担的注意义务作了规定，我国《产品质量法》关于注意义务的规定，我国《消费者权益保护法》关于注意义务的说明等都涉及了注意义务。同时，我国的一些行业执业准则对专业职务人员的注意义务作了明确的规定。如我国《独立审计准则》第6条规定："注册会计师应当遵守职业道德规范，恪守独立、客观、公正的原则，并以应有的职业谨慎态度执行审计业务，发表审计意见。"笔者认为，合理的信赖是专业职务人员注意义务产生的前提，而职业注意义务的违反是专业职务人员对第三人承担过失侵权责任的理论基础。因为一方面，我国现行法律对专业职务人员的资格的取得规定了严格的条件和程序，只有通过这些程序，人们才能以专业职务人员的身份从事活动，法律之所以规定这些条件和程序，是因为专业职务人员是这个社会必须加以信赖的人，因此可以说专业职务人员的民事责任基础在于：因信赖专业职务人员的服务而造成的经济损失。另一方面，专业职务人员在就其专业领域内的问题向其委托人提供意见时，完全应当知道其委托人之所以要求自己提供意见，是为了将此种意见作为第三人作出某种决议的根据，一旦自己所提供的意见错误，则该第三人将会作出原本不应作出的决定，最终导致发生损害。专业职务人员在知道或应当知道其意见将被第三人所信赖而没有尽到职业注意义务，则应当就自己的过错行为所造成的损害承担赔偿责任。

## 三　注册会计师不实财务报告民事责任的界定

会计师出具的验资、审计报告，在社会经济生活中，对报告使用人做出正确的判断和决策具有重大影响，一旦会计师因过失出具了虚假或失实的报告而导致报告使用人损失，会计师和会计师事务所应承担民事责任。所谓注册会计师不实财务报告的民事责任，是指会计师因其过失签发不当意见的查核报告，致使委托人以外的其他财务报表使用人因使用虚假的财务报表信息遭受损失时，会计师和会计师事务所应承担的民事赔偿责任。

会计师执业活动中所涉及的法律关系主要有两种：一种是委托人与会计师事务所之间的契约关系；二是会计师及其事务所与报表使用人之间的特殊信赖关系。由此决定了会计师民事责任有两类：一类是会计师对委托人的民事责任。因为会计师事务所与委托人之间的关系为契约关系，会计师违反契约的约定造成委托人损害的，应当承担违约损害赔偿责任。① 根据《注册会计师法》第16条第1款的规定："注册会计师承办业务，由其所在的会计师事务所统一受理并与委托人签订委托合同。"因此，会计师事务所与当事人之间的契约关系为委托合同关系。该条第2款规定：会计师事务所对本所注册会计师依照本所与委托人签订的委托合同承办的业务，承担民事责任。但该条并没有规定会计师事务所向委托人承担民事责任的条件。而根据我国《合同法》406条的规定，会计师对委托人承担的违约损害赔偿责任，限于因"过错"而承担的违约责任。会计师承担的另一类责任为对第三人的责任。即会计师在提供审计

① 会计师对委托人的责任并不限于违约责任，若抛开会计师事务所和委托人的合同关系，并主要考虑会计师违反职业注意义务或者违反法律的规定致当事人损害的因素，应可以成立侵权损害赔偿责任，故会计师对委托人的责任，可能发生违约责任和侵权责任的竞合。

服务时违反职业注意义务，导致委托人以外的第三人损害的，所应当承担的损害赔偿责任。本文所探讨的是会计师对第三人的责任，如无说明，本文中所称的会计师民事责任，均为会计师对第三人的民事责任。

会计职业有别于其他职业服务，在其他职业服务中，几乎都是服务的对象聘雇专业人员并订立合同，服务的内容是严格限于合同的当事人，而在会计职业中，使用者很可能是非客户的第三人。由于审计财务报表的潜在使用者的范围是不确定的、未知的，因此，会计师的民事责任具有其他专家责任所不具有的特殊性。这种特殊性具体表现在：

1. 会计师民事责任的认定具有复杂性

会计师民事责任认定的复杂性表现在对会计师执业的过失认定上。会计师民事责任作为一种专家责任，是以过失为前提的。因此，认定会计师民事责任的核心问题表现在对会计师过失的认定上。而对会计师过失的认定具有复杂性。这是因为一方面，会计报表审计目标具有相对性。审计目标是对反映企业财务状况和经营成果的会计报表的合法性、公允性及会计处理方法的一贯性发表意见，无保留意见的审计报告也只能做出相对的、合理的保证，即保证会计报表无重大误述或遗漏事项。在实际审计中，由于会计师和报告使用人对“重大性”的理解不同，确定会计师是否有过失就较为复杂。另一方面，虚假财务报告具有多因性。经济业务的发生不仅涉及企业内部的经营管理各环节，而且涉及企业外部各环节，会计师审计业务，实际上是企业向外公开提供会计报表的最后一个环节。虚假报告可能是审计环节会计师的欺诈或过失造成的，也可能是财务会计环节、企业内部经营管理环节或外部环节出现欺诈或过失造成的。而这又可能有两种情况，一是会计师有过失，二是超出了合格会计师的专业胜任能力。同时，合格会计师应具备的专业胜任能力具有模糊性。会计师应在其应具备的专业胜任能力范围内负责，对超出正常业务胜任能力范围的事件是不应负责的，而会计师的业务涉及各行各业，就是同一行业的企业也是千差万别的，彻底了解企业经营结果产生过程所需要的知识、经验、技术可能远远超越了会计师专业胜任能力的范围。因此，如何认定会计师的执业过失，是一个相当复杂的问题。

2. 会计师民事责任构成条件中的因果关系的认定具有特殊性

如何认定会计师的执业过失与报表使用人之间损失的因果关系，是一个极为困难的问题。会计师的执业活动主要是在资本市场中进行的，有诸多因素影响着报表使用人在资本市场中的决策行为，如财务信息，市场的波动，个人的风险偏好等等。会计师的虚假陈述对第三人损失的发生有多大影响？法律上应当如何认定会计师执业过失与损失之间的因果关系？与此相联系，会计师的执业活动，特别是审计，存在着对公司财务会计行为的多方面依赖。在这种关系下，会计师如何承担损害赔偿责任才是公平合理的？这些都是其他专家责任认定中所不会出现的难点问题。

3. 会计师民事责任中的请求权主体具有不确定性

在一般的民事责任中，无论是违约责任还是侵权责任，其请求权主体应是确定或者相对确定的。而在会计师民事责任中，其请求权主体具有不确定性。因为会计师执业活动的结果是出具审计报告、验资报告等书面文件。而这些文件作为财务信息的载体具有无限复制性与传播的可能性。当会计师因执业过失而出具了有瑕疵的财务会计信息，是否需要对所有的信息使用人承担责任？还是仅仅对为审计服务支付了费用的客户负责？在司法实践中，这个问题是会计师民事责任的难点，也是会计师民事责任规则逻辑框架的起点。近40年来，国外会计师民事责任规则的演变主要体现在这个领域，法学研究文献也主要集中在这个问题上。①

4. 会计师民事责任的承担主体既包括会计师事务所，也包括

① 刘燕：《注册会计师民事责任研究：回顾与展望》，载《会计研究》2003年第11期。

具有执业过失的会计师

关于会计师民事责任的承担主体，学界有不同的看法。根据我国《注册会计师法》第16条第1、2款的相关规定，会计师只能以会计师事务所的名义执行业务，当会计师在执行委托人的事务时，如果因为过失而导致委托人或其他利害关系人遭受损失时，会计师本身并不对受害人承担责任，而由会计师事务所承担此种损害赔偿责任，之后，会计师事务所再去追究会计师的法律责任，这就是所谓的内部责任理论。笔者认为我国法律对会计师等专家的责任采取内部责任理论与专家本身的性质不符，也违反了民事法律责任的基本理论。会计师民事责任的承担主体应为会计师事务所和具有执业过失的会计师，两者承担的是一种连带责任。

5. 会计师民事责任限于会计师执业范围

会计师民事责任是因会计师执业行为所引起的责任，会计师执业以外的行为，以及非会计师的行为均不导致会计师民事责任。在这里，执业行为应是会计师的法定执业行为，超出这一范围的违法行为，不属于会计师民事责任的范畴。

6. 会计师民事责任的责任形式为损害赔偿责任

会计师在执行业务的过程中，给第三人造成损害的，除应免除责任的情况以外，都应承担民事责任，承担民事责任的形式为损害赔偿责任。

## 四 注册会计师不实财务报告民事责任的定性[①]

### （一）英美法系国家关于会计师民事责任性质的立法与判例

相对于大陆法系国家而言，会计师的民事责任问题在英美法系国家中暴露得最充分，法律规则也最发达。会计职业起源于英

① 参见彭真明《注册会计师不实财务报告民事责任的定性》，《甘肃政法学院学报》2005年第1期。

国，会计职业的基石——审计服务作为公司化以及资本市场运作框架之一环。在以证券市场直接融资方式为主的英国、美国、澳大利亚、加拿大等英美法国家中有最强烈的需求。因此，会计职业组织在英美法国家也最为发达，同时也因置于资本市场利益分配的风口浪尖而频频卷入法律纠纷。有关会计师责任的法律诉讼在过去30年中急剧增加，成为引人注目的“诉讼爆炸”现象。尤其是最近针对安然事件的哈曼裁决，使会计师事务所等中介机构的民事责任问题再次成为人们关注的焦点。诉争的核心问题就是会计师不实财务报告的责任问题。在英美法国家，无论是判例、学说还是成文立法都主张会计师提供不实信息致第三人损害应承担侵权责任。

1. 制定法对会计师民事责任性质的认定

1933年《证券法》和1934年《证券交易法》是追究注册会计师法律责任主要的成文法依据。1933年的《证券法》主要是针对公开发行证券申报登记中的重要事实的披露进行了规定，第11条规定了当登记表中包含虚假和误导性信息时，发行人或其他方，包括注册会计师，应对第三方的损失承担赔偿责任。根据司法实践，在适用《证券法》时，原告不必证明注册会计师有过失或欺诈、如何依赖注册会计师的意见、因果关系或合同关系等，原告只需证明在购买股票时遭受了损失，注册会计师审计的财务报表有重大漏报和误报。相对于习惯法，原告更愿意接受《证券法》第11条的规定，因为举证责任在于会计师，他们必须证明自己没有过错，否则就应承担赔偿责任。但是会计师可以就“已尽了勤勉职责”进行辩护，即会计师已就支持登记表中相关信息的事实进行了合理调查，在这种情况下，会计师可以免责。1989年，根据《证券法》第11条和其他部分进行判决的一个重要判例是Berstein诉Crazy Eddie公司案。Crazy Eddie公司发行了大量的股票，公司的发起人和总经理辞职后，继任的管理层发现公司上市时公布的财务报告是虚假的。法院判会计师败诉，认为原告不必证明会计师有欺诈或重大过失行为，他只需要证明被虚报的信息是重大的。①

1933 年《证券法》将会计师的责任限定在对登记表中的财务报表和那些原始购买公司证券的投资者。但是 1934 年《证券交易法》规定，会计师要对上市公司每年的年度财务报表和买卖公司证券的人负责。不过，从另一个角度来说，《证券交易法》对注册会计师的责任有所减轻。因为根据该法规定，如果会计师确能证明他本身的行为出于善意，且不知财务报表是虚假不实或误导，他就可以不承担责任，即该法将会计师的责任限定在重大过失或欺诈行为，而 1933 年《证券法》涉及会计师的普通过失。同时，《证券交易法》将部分举证责任也转给了原告。原告应当向法院证明他依赖了误导的财务报表，也就是说原告需要证明依赖已审财务报表是他受损失的直接原因。即《证券法》要求会计师证明其无过失，而《证券交易法》只要求“会计师证明其行为出于善意”，即无重大过失或欺诈。除了两部证券法对会计师的民事责任做出规定以外，美国的《侵权法重述Ⅱ》也涉及了会计师的民事责任。《侵权法重述Ⅱ》第 522 条规定：“（1）由于营业、职业或者雇佣关系，或者在其具有经济利益的任何交易中提供了虚假信息以引导交易对方或第三人的人，如果在获取或者传递上述信息的过程中未能保持合理程度的注意或技能，应对他人因正当地依赖该信息而遭受的经济损失承担责任；（2）第（1）款中提到的责任应以满足下列条件为限：a. 遭受损失的人属于信息提供者打算为其利益或引导其行动而提供信息，或者知道信息接受方将信息传递给他们的某个人或者一个范围有限的团体中的人；b. 损失是在信息提供者打算影响的交易或者他知道信息接受方拟影响的交易，或其他实质上类似的交易中，基于对该信息的依赖而带来的。”同时第 522 条还界定了

① 叶欣、林启元：《美国注册会计师的民事责任》，《注册会计师通讯》1999 年第 6 期。

"注意义务"的范围。[①] 根据以上的分析，美国成文法确立的会计师对第三人的民事责任的性质应为侵权责任。1995 年 12 月 12 日美国国会通过了《私人证券诉讼改革法案》，该法对 1933 年《证券法》和 1934 年《证券交易法》中的会计师民事责任制度进行了重大改革，突出表现在三方面：一是将会计师的无限连带责任改为有条件"公允份额"比例责任；二是改变了确定损失赔偿上限的方法；三是对会计师发现和披露舞弊提出了新的要求。但法案并没有改变会计师法律责任的性质。

2. 习惯法对会计师民事责任性质的认定

除了成文法，英美法国家有大量的判例涉及会计师的民事责任问题。在英美法早期，对会计师因执业过失而承担责任所采取的法律原则是合同相对人原则，即会计师只对客户承担责任，而不对与自己没有合同关系的第三人承担责任。这一现象与 19 世纪合同主导历史背景密切联系。1883 年英国在 HeavenV. Pender 一案中，最先将会计师对第三者负关注责任的观念引进民事侵权法中。不过该案判决涉及的损害仅指由过失行为引起的对第三人有形物质的损害，不存在对第三人负有语言过失致使财产损失的法律责任。1922 年在美国 GlanzerV. Shepard 一案中，大法官卡多佐判决一个在过磅凭证上作错误记录的过磅员，对其过失负法律责任。因为提起这次诉讼的第三者是一个特定的已知的买者，他对这些凭证的依赖不仅仅是可预见的，而且是事先已知的。但遗憾的是卡多佐法官在 1931 年的 UltramaresV. Touche 一案中否定了审计人员因过失而对债权人负有法律责任。理由是债权人虽可预见，但特定的债权人对于审计人员来说事先是不知道的。[②] 在判例法中，对建立会计师对

① 梁慧星主编：《民商法论丛》第 26 卷，金桥文化出版（香港）有限公司 2003 年版，第 203 页。

② 郑顺炎：《证券市场不当行为的法律实证》，中国政法大学出版社 2000 年版，第 188 页。

第三人责任具有重要意义的是1951年的Candler V. Grane & Christmas案和1963年的Hedley ByrneV. Heller案。在前一个案中，由于该案的起诉人员是与审计人员没有合同关系的投资者，法庭根据Ultramares一案的原则认定被告审计人员无责任，但高等法院大法官丹宁大胆地否定了这一判决。他认为："如果会计师和审计人员除了对客户以外，对其他人都不负责任，则法律就不能为公众的最大利益服务。如果这就是法律，我想这将是很遗憾的，因为它意味着注册会计师的证明将成为那些依赖其工作的人的陷阱。"① 但丹宁并不认为这种责任可以进一步扩大到包括那些根本不了解情况的陌生人和那些未经审计人员得知委托人就报送的第三者。在1963年的Hedley Byrne V. Heller一案中，法官不仅否认了Ultramares一案中对那些事先不确知的第三者不承担责任的观点，也否定了早期的对第三者的法律责任只限于行为而不包括语言的观点。主张"任何人必须就其不当表述向第三者负责，即使在当时该第三者还不明确，但他们对提供的表述的依赖性可被合理地预见到"②。

从上述习惯法判决审计人员对第三人承担民事责任的发展历史来看，会计师对第三人承担的仍然是一种一般侵权责任。由此可见，美国的成文法及习惯法均主张会计师对第三人承担的是一种侵权责任。

3. 关于会计师对第三人承担产品责任的争议

在英美法系会计师民事责任的发展历史中，曾经有过将"产品责任"引入会计师民事责任之中的争议，最有代表性的是加州上诉法院威伦法官发表于《圣迭哥法学评论》的《注册会计师过

---

① 查理·沙利文等：《蒙氏审计学》，中国商业出版社1984年版，第97—98页。

② Rodeny J. Anderson：*External Auditing*，p. 100. 转引自郑顺炎《证券市场不当行为的法律实证》，中国政法大学出版社2000年版，第189页。

失性不实陈述之普通法责任》。[①] 主张以产品责任为基础构建会计师的专业过失责任。1983 年美国新泽西州法院率先引用保险与产品责任观念，主张会计师应保证财务报告产品的有效性。否则，会计师应承担产品责任。[②] 主张将产品责任引入会计师民事责任中的观点认为，注册会计师提供专业服务所发表的专业意见，不论是审计报告、盈利预测报告、税务建议书，都是其执业活动向社会提供的产品。会计师的专业意见有瑕疵，不论是审计报告中未能揭示客户管理层的舞弊行为，还是未能发现其财务处理程序中的差错，都意味着其提供的产品是有缺陷的。这种有缺陷的产品投放市场后，投资人、债权人依赖其进行决策而致损，如同使用有瑕疵的产品给消费者造成的伤害。产品的制造商对一切因使用其产品而受伤害的消费者承担责任，会计师也应当对一切因依赖其专业意见而遭受经济损失的第三人承担责任，[③] 同时，有关产品责任的法经济学分析理论对这种观点提供了有力的支持。[④] 其一，从损害预防来看，相对于报表使用人，会计师能够以最小的成本降低错误发生的概率。因此，严格的侵权责任能够促使会计师采纳重要的审计标准，工作中更加谨慎，从而避免出错；其二，从损失承担来看，会计师比投资人更能有效率地承担风险。对于审计过程中难免出现的错误，会计师可以投保责任险，以化解风险。要求会计师承担产品责任的好处主要在于较好地保护了财务报表使用人的利益。然而，会计师承担产品责任的局限性也十分明显。其中最大的难点在于将“财务报告”纳入“产品”的范围。正因为如此，在美国历史上，要求

---

① Howard B. Wiener. : *Common Law Liability of the Certified Public Accountant for Negligent Misrepresentation*, Vol. 20 San Diego Law Review No. 2, note31, at 242.

② 周志诚：《海峡两岸会计师法律责任之研究》，上海财经大学博士论文，2000 年 1 月，第 1 页。

③ 梁慧星主编：《民商法论丛》第 26 卷，法律出版社 2003 年版，第 215 页。

④ 罗伯特·考特、托马斯·尤伦著，张军译：《法和经济学》，上海三联出版社、上海人民出版社 1994 年版，第 451— 657 页。

会计师承担产品责任的判例十分少见。

**（二）以德国法为代表的大陆法国家关于会计师民事责任性质的立法与实践**

在德国，注册会计师被称为自由职业者，作为信息提供者，属于专家的范畴，其所承担的责任为专家责任。自 1980 年以来，此类责任已成为损害赔偿法的中心议题。注册会计师因审计报告的瑕疵而承担责任的问题是在商法中直接规定的。德国商法典第 323 条第 1 款规定：决算审计人、其辅助人和在审查时予以协助的会计公司的法定代理人，负有认真并且中立审查和缄默的义务。其不得擅自利用在其活动时知悉的业务和盈利秘密。故意或过失而违背其义务的人，对资合公司，并在关联企业受损害时，也对关联企业负有赔偿由此而发生的损害的义务。有数人的，数人作为连带债务人负责任。[①] 由此观之，德国商法典将有权追究会计师审计失败的法律责任者限定为会计师的客户，最多扩至客户的关联企业。从某种意义上讲，排除了会计师对第三人的责任问题。同时，根据德国商法典第 323 条第 2 款的规定，德国将会计师因过失而生之赔偿责任限定在一定金额之内。[②] 学理上称为“盖帽责任”。由于商法典对会计师责任范围的限制，因不实信息受损的第三人能否通过民法关于侵权的一般原则来起诉会计师呢？根据德国民法典第 676 条和第 823 条的规定，[③] 第三人无法通过民法一般原则起诉会计师。面对这种困惑，德国判例法在夹缝间肯定了信息提供者责任，并且采取

① 参见杜景林、卢谌译《德国商法典》，中国政法大学出版社 2000 年版，第 128 页。

② 注册会计师的责任限制为对上市公司的赔偿限额为 800 万马克，对其他客户的赔偿限额为 200 万马克。

③ 德国民法典第 676 条规定：“向他人提供建议或为推荐的人，除承担因契约关系或侵权行为所生的责任外，对该他人因听从其建议或推荐所生损害不负赔偿义务。”这一条款明确规定信息提供本身不生责任的同时，委由一般的契约责任，侵权行为责任处理信息提供者的责任。法典第 823 条规定：“因故意或过失不法侵害他人的生命、身体、健康、自由、所有权或其他权利者，对被害人负赔偿损害义务。”该条没有包括纯经济损失在内。

"以契约责任为主，以侵权行为责任为辅"的解释方法将以往纯粹财产损害的契约责任扩及于第三人。具体包括：(1) 推定成立之资讯契约。会计师在履行其义务时，无可避免须与委托人以外的第三人接触，甚至给予资讯。其所给之资讯，若属错误者，即可能造成第三人之损害。在这种情况下，德国法院拟制会计师等自由职业者与第三人之间的资讯契约。[①] (2) 附保护第三人效力之契约。会计师与委托人之间签订的委托契约是一种附保护第三人效力的契约，第三人因信赖会计师所提供的信息而遭受损害的，可基于保护义务的违反向其主张损害赔偿请求权。(3) 侵权责任。德国民法典第823条不承认纯粹财产损害的赔偿。因此，第三人不能通过该条要求会计师承担侵权责任。但德国民法典第826条为第三人请求会计师承担侵权责任提供了请求权基础。根据该条规定，会计师等自由职业者，就其因故意背俗行为而致第三人受损者，应承担责任。(4) 契约缔结上的过失责任。此说认为，第三人根据其对会计师等自由职业者的专门知识的信赖而依其提供的信息从事投资等经济活动，如果遭受损失，会计师等自由职业者应对其负契约缔结上的过失责任。

综上所述，德国司法实践主要是依据契约法要求会计师对第三人承担损害赔偿责任，只是在极少的情况下适用侵权责任。同属于大陆法系的法国，学者解释会计师等专家责任时，占主导地位的学说既不是侵权行为责任法理，也不是契约责任法理，而是作为第三法理的职业责任说。该说特别强调基于职业义务的不履行而产生的责任形式，似乎对有效契约的存在与否，是否注重与契约第三人的关系等均不甚关心。[②]

---

① 姜世明：《德国自由职业者民事责任之请求权基础》，《法令月刊》第51卷第3期，第195页。

② [日] 下森定著，梁慧星译：《论专家的民事责任的法律构成与证明》，载梁慧星主编：《民商法论丛》第5卷，法律出版社1997年版，第529页。

## （三）我国关于会计师民事责任性质的论争与司法实践

1. 学界论争的重点

从1996年德阳验资案以后，学界开始关注会计师的民事责任问题，尤其会计学界，发表了一批学术论文，其中有关会计师民事责任的性质问题是争议的焦点之一，学者们提出许多不同的观点，最有代表性的包括有以下几种：

第一，侵权责任说①。这种观点认为，从中国的实际出发，在受害人为委托人的情形下，会计师提供不实信息的责任为侵权责任和违约责任的竞合。但在受害人为第三人的情形下，基于我国现实的契约理论和司法实践，采侵权责任说可能更有利于保护受害人的利益。

第二，违约责任说②。这种观点认为，在会计师事务所等中介机构参与或协助发行人进行虚假的信息披露时，其违背了与发行人签订的服务合同而提供了有瑕疵的服务，这种服务的结果导致了投资者的投资损失，为此会计师就必须对相信根据该服务合同而作出投资的投资人的损失负责。投资者的损失与会计师责任的关系是通过发行人与会计师事务所订立的合同及会计师同意发行人将其提供的报告予以披露联结起来的，二者之间构成了某种形式契约关系，所以会计师应对其信息披露不实对投资者承担违约责任。有的学者认为尽管信息提供者与投资者之间没有直接的合同关系，但是通过判例和学理对契约的扩张解释仍然可以将提供信息的专业机构和人

---

① 代表性的文章有：缪静：《论注册会计师对第三人的民事责任》，载《法学》2002年第8期；陈洁：《会计师提供不实信息致第三人损害的民事责任》，载《人民司法》1999年第12期；刘桥：《注册会计师民事责任研究》，载梁慧星主编：《民商法论丛》第16卷，金桥文化出版（香港）有限公司2000年版；郑顺炎：《证券市场不当行为的法律实证》，中国政法大学出版社2000年版，第192页；等等。

② 王科：《证券市场不实陈述的合同责任性质初探》，载《证券市场导报》2002年第9期；郑彧：《中美证券法中中介机构信息披露法律责任的比较研究》，载顾功耘主编：《公司法律评论》（2001年卷），上海人民出版社2001年，第148页。

员对投资者不实陈述的民事责任纳入合同责任体系内。

第三，产品责任说①。这种观点认为会计师所提供的财务报告是一种产品。因此，会计师对第三人承担的责任是一种产品责任。之所以将财务报告等会计信息纳入产品的范畴，主要理由在于财务报告完全具备了产品的三个属性。对于上市公司来说，其对外报告的会计信息是一种不同于一般实物商品的特殊商品，它具有一般商品所固有的全部属性，这种商品的生产者、会计师应对投资者大众承担产品责任。

第四，法定责任说②。这种观点认为，要求会计师承担侵权责任与违约责任均存在不合理之处。由于证券发行与交易中信息披露的法定义务主体是发行人，按照民事主体理论，会计师与投资者不存在直接的关联性，会计师只与发行人之间存在合同关系，其提供的文件为整个发行文件的一部分，对外是以发行人的名义做出，所以无论根据大陆法系传统的民法理论还是根据英美法的判例，会计师与投资者均不构成合同关系，而且根据侵权理论的归责原则，会计师信息披露的瑕疵只通过发行人向投资者作出，它们只是一种间接的关系，如果说给投资者造成侵权的话，它也只是一个远因而非近因，因此不构成侵权法上的责任。因此，合同法和侵权行为法是不适用会计师在证券业务中的欺诈行为的。持这种观点的学者主张在会计师的法律责任上引入经济法的“国家干预理论”，即之所以要对会计师进行规制并要求其承担法律责任，是为了满足国家的某些经济政策运行目标，国家为了满足保证证券市场健康运行这一目标，必须保护投资者的利益，所以，会计师对投资者的法律责任就变成了一种法定责任，

① 蒋尧明：《上市公司会计信息产品民事赔偿责任研究》，载《会计研究》2003年第4期；蒋尧明、王庆芳：《论会计信息的商品属性》，载《财经研究》2002年第3期；周建龙：《会计信息的公益性与商品性》，载《中央财经大学学报》2000年第4期。

② 郑彧：《中美证券法中中介机构信息披露法律责任的比较研究》，载顾功耘主编：《公司法律评论》（2001年卷），上海人民出版社2001年版，第148页。

它不适用合同法中的对应当事人之间的权利义务关系，也不适用侵权行为法上的侵权行为与损害结果的因果关系，只强调会计师行为的违法性，只要会计师违反证券法及其相关配套法规的规定而给投资者带来实质性的投资损失，就要依法承担责任，实际上就是通过立法方式明确规定不实陈述的民事责任的具体制度与适用，而不再是通过合同法或侵权法进行一次次的演绎推导，这就是会计师等中介机构承担信息披露瑕疵的法定责任主义。

第五，基于职业义务的第三种责任说①。持这种观点的学者认为，会计师对第三人的民事责任为基于职业义务而产生的第三种责任。即由于会计师性质和业务的特殊性，会计师在从事职业活动中应当对委托人和第三人承担职业上的注意义务。如果其在职业活动中违反了此种义务，即可能对遭受损失的第三人承担赔偿责任。

2. 以法院的态度为视角的考察

我国现行立法并未明确界定会计师对第三人民事责任的性质。《注册会计师法》第16条第2款规定："会计师事务所对本所注册会计师依照前款规定承办的业务承担民事责任。"该法第42条规定："会计师事务所违反本法规定，给委托人、其他利害关系人造成损失的，应当依法承担赔偿责任。"至于此种"民事责任"或"赔偿责任"是基于违约还是基于侵权行为而产生，并不十分明确。但从我国的几则司法解释来分析，最高法院的态度似乎经历了从"违约责任"到"侵权责任"的转变。各下级人民法院也多以侵权责任论之。在我国，就会计师对第三人的责任而言，具有划时代意义的是德阳会计师事务所验资案，在此之前即便国外会计职业正面临着"诉讼爆炸"，甚至破产倒闭的严重威胁，而我国会计职业界却保持着世外桃源般的宁静。即使《注册会计师法》的颁布，出台了注册会计师民事法律责任的明文规定，也没有打破这一局

① 蒋大兴：《公司法的展开与评判》，法律出版社2001年版，第214—217页。

面，直到德阳会计师事务所验资案。

1996年4月4日，最高人民法院发布法函［1996］56号《最高人民法院关于会计师事务所为企业出具虚假验资证明应如何处理的复函》（以下简称法函56号）答复四川高院后，注册会计师才开始被频频推上被告席。根据法函56号，德阳验资案[①]开创了出具"虚假验资报告"的事务所对客户经营活动产生的法律后果应当承担赔偿责任的先例，即开创了对第三人承担赔偿责任的先例。对于整个注册会计师行业来说，具有划时代的意义，也由此引起了学者们对第三人责任问题的广泛关注。法函56号发出后，全国各地法院几乎都直接依据法函56号或其精神，判决涉及注册会计师验资的有关案件。自发布之日后两年内，全国的验资不实诉讼案件猛增至300—500起，某事务所在一年内就因验资问题四次被诉。同时，已经判决的案件起着广泛的"示范作用"，只要债权无法向会计师的客户收回，就起诉注册会计师，有的会计师事务所甚至被列为第17被告。更有甚者，有的地方法院实行地方保护主义，把本属于第一被告的本地企业不列为被告，而直接追究会计师事务所的责任。有的业内人士惊呼中国注册会计师现在正面临着"诉讼爆炸"的时代，[②]而这场"诉讼爆炸"的来临似乎并不逊于西方国家。

根据法函56号，最高法院认为会计师事务所应对第三人承担责任的依据是因为事务所在验资报告上的"担保承诺"。这种"担保承诺"实际上未能脱离契约责任的轨迹。因此，在该复函的最后，最高法院试图以"此外条款"的形式扩大会计师事务所对第三人的责任依据。但遗憾的是，它仍然未明确会计师对第三人的赔

① 德阳验资案的案情参见丁平准主编《中国注册会计师法律责任—案例与研究》，辽宁人民出版社1998年版，第187—193页。

② 李茂庄：《注册会计师验资诉讼中的有关情况及问题》，《注册会计师通讯》，1998年第4期；李建东、周一虹：《注册会计师验资诉讼断案逻辑探讨》，《兰州商学院学报》1999年第1期。

偿责任是侵权责任还是违约责任。因为《注册会计师法》第42条并未明确“赔偿责任”的性质。赔偿责任作为一种承担民事责任的形式，在性质上既有可能是侵权责任，也有可能是违约责任。也就是说，最高法院在法函56号中，对会计师对第三人的责任性质还是含混不清的。

1998年最高人民法院发布法释13号即《关于会计师事务所为企业出具虚假验资证明应如何承担责任问题的批复》（以下简称“法释13号”）。[①] 从法释13号的内容来看，我们认为最高法院已明确了会计师对第三人的责任性质为侵权责任。其理由有两点：①法释13号明确指出，会计师事务所为企业出具验资证明给委托人、其他利害关系人造成损失的，依据《中华人民共和国民法通则》第106条第2款规定，应当承担相应的民事赔偿责任。而该条款是《中华人民共和国民法通则》规定侵权责任的一般条款。②法释13号明确规定，会计师事务所对第三人承担民事赔偿责任并非以存在合同关系为条件，根据最高人民法院法官叶小青对法释13号的解释说明，会计师事务所为虚假验资行为承担民事责任的构成要件有两个：第一，会计师事务所在主观上有过错；第二，建立在会计师事务所虚假验资基础上的企业注册资本，确实作为该企业的资信证明使用，并使合同一方当事人在签订合同时对该企业经济实力产生错误判断，导致因该企业从成立时起就无力或无完全能力偿债而损害合同一方当事人权益的事实发生。除了最高法院的司

---

① 法释13号的内容如下：一、会计师事务所系国家批准的依法独立承担注册会计师业务的事业单位。会计师事务所为企业出具虚假验资证明，属于依照委托合同实施的民事行为，依据《中华人民共和国民法通则》第106条第2款的规定，会计师事务所在1994年1月1日之前为企业出具虚假验资证明，给委托人、其他利害关系人造成损失的，应当承担相应的民事赔偿责任。二、会计师事务所与案件的合同当事人虽然没有直接的法律关系，但鉴于其出具虚假验资证明的行为，损害了当事人的合法权益。因此，在民事责任的承担上，应当先由债务人负责清偿，不足部分，再由会计师事务所在其证明金额的范围内承担赔偿责任。

法解释外，各地人民法院也大多以侵权责任解释会计师对第三人的责任性质。[①] 2003年1月9日，最高人民法院公布了《1.9规定》，该司法解释中涉及了会计师对第三人的民事责任问题。其中主要包括：第7条："虚假陈述证券民事赔偿案件的被告，应当是虚假陈述行为人，包括……（五）会计师事务所、律师事务所、资产评估机构等专业中介服务机构。"第24条："专业中介服务机构及其直接负责人违反证券法第161条和第202条的规定虚假陈述，给投资者造成损失的，就其负责的部分承担赔偿责任。但有证据证明无过错的，应予免责。"第27条："证券承销商、证券上市推荐人或者专业中介服务机构，知道或者应当知道发行人或者上市公司虚假陈述，而不予纠正或者不出具保留意见的，构成共同侵权，对投资人的损失承担连带责任。"2005年通过的《公司法》第208条规定："承担资产评估、验资或者验证的机构因其出具的评估结果、验资或者验证证明不实，给公司债权人造成损失的，除能够证明自己没有过错的外，在其评估或者证明不实的金额范围内承担赔偿责任。"2005年通过的《证券法》第173条规定："证券服务机构为证券的发行、上市、交易等证券业务活动制作、出具审计报告、资产评估报告、财务顾问报告、资信评级报告或者法律意见书等文件，应当勤勉尽责，对所制作、出具的文件内容的真实性、准确性、完整性进行核查和验证。其制作、出具的文件有虚假记载、误导性陈述或者重大遗漏，给他人造成损失的，应当与发行人、上市公司承担连带赔偿责任，但是能够证明自己没有过错的除外。"法释〔2007〕12号第1条规定："利害关系人以会计师事务所在从事注册会计师法第十四条规定的审计业务活动中出具不实报告并致其

---

① 有关论点可见：江苏省高院经济庭：《验资单位因虚假验资承担民事责任案件的审理》，《人民司法》2000年第8期。湖北省高级人民法院经二庭：《中介机构在国有企业改革中民事责任问题的调查与研究》，最高法院经济审计庭编：《经济审判指导与参考》（第3卷），法律出版社2000年版，第405—422页。

遭受损失为由，向人民法院提起民事侵权赔偿诉讼的，人民法院应当依法受理。”从上面的规定可以看出，会计师对第三人承担的责任应是侵权责任，且采取的归责原则为过错推定。

**（四）会计师对第三人的民事责任属于侵权责任**

笔者认为，会计师对第三人责任的性质应定性为侵权责任。其理由如下：

第一，会计师对第三人承担违约责任具有明显的局限性，这种观点实际上忽视了违约责任的构成要件。根据合同法的一般原理，违约责任的构成要件应包括以下几点：（1）从违反义务的性质上看，违约责任是因为违反了合同义务而产生的责任，而合同义务主要是约定的义务，并且这种约定的义务都是针对特定的人，而不是针对一般的人。当然由于现代合同法呈现出一种新的发展趋势即合同义务的多元化，从而使合同义务不仅仅来源于约定的义务，还包括法定的义务以及依据诚实信用原则产生的附属义务。如我国《合同法》第60条的规定。但从总体上说，合同义务主要还是约定义务。至于法定的或依据诚实信用原则产生的义务通常是在合同约定的义务内容不明确或存在漏洞的情况下产生的，主要起到补充法定和约定义务不足的作用。[①] 因为按照合同自由原则，合同内容由当事人依法自由约定，当事人约定的内容只要不违反强行法和公共道德，就应当具有优先于法律规定的效力。（2）承担违约责任的前提是双方当事人之间存在事实的或法律的合同关系。即对违约行为来说，当事人双方事先必然存在着一种合同关系。在当事人之间事先存在合同关系的情况下，才有可能将这种违反义务的行为归入到违约的范畴。同时，根据合同法上违约责任的赔偿原则，违约方的责任承担方式主要有：支付违约金、定金法则和赔偿相对方的损失（根据《中华人民共和国合同法》第113条的规定，这种损失不得超过违反合同一方订立合同时预见到或应当预见到的因违反

① 王利明：《民商法研究》（第五辑），法律出版社2001年版，第503页。

合同可能给对方造成的损失)。而会计师在职业活动中，对一般投资大众承担的是一种职业注意义务，这种注意义务不是来自于当事人的约定，而是注册会计师法、证券法等法律的直接规定，并且这种注意义务并不是针对特定的人，而是针对不特定的公众投资者。同时我们知道，当发行人在其证券发行和上市时发布了错误信息，而这种错误信息发布的目的是劝诱投资者购买发行人所推荐的证券，发行人通过信息的公开邀请投资者购买其发行的证券。如果发行人披露虚假的信息而导致购买证券的投资者作出错误的投资判断，最终导致损失，发行人与投资者之间存在合同关系，发行人应承担违约责任。而当发行人在日常交易中发布虚假信息导致投资者错误地依赖该信息而造成投资损失时，此时由于发行人并非交易的相对方，发行人与投资者之间不存在合同关系，发行人对投资者承担的不是违约责任。发行人的地位尚且如此，更不用说会计师事务所等中介机构在证券发行和交易过程中的地位了。在整个的交易过程中，证券的买卖双方并不是发行人或向发行人提供服务的中介机构，会计师是应发行人的要求向发行人出具财务报告并通过发行人对外进行相关信息的披露，它所提供的这些信息从理论上讲只是供投资者参考，真实的买卖关系并不发生在投资者与会计师之间，会计师与投资者并不构成合同关系，也就不会发生违约责任了。同时，如果根据违约责任论，违约方仅就订约时已经预见或应当预见的对方损失承担责任。那么，一旦发行人和会计师单独或合谋地进行虚假信息的披露，他们也仅承担返还认股人已经认购的股款并加算银行同期存款利息。因此，如果适用违约责任作为发行人及会计师信息披露责任法源的话，并不能最为有效地保护投资者的利益。

第二，产品责任论的优点是能较好地保护投资者的利益，但会计师提供的财务报告等会计信息与产品责任法中的产品具有本质差异，将会计信息作为一种“产品”欠妥当。根据各国的产品责任法，产品责任的归责原则大多为严格责任，一旦将产品责任引入会计师民事责任领域，这就意味着会计师对第三人承担的是一种严格责任，只要第三人因会计师提供的虚假信息而造成损失，不管会计师有无过错都应承担赔偿责任，这对保护第三人的利益极为有利。美国曾试图将“信息产品”引入专家责任领域。1985 年在“布洛克斯拜诉美利坚合众国及杰弗逊公司案”中，由于航空地图中的错误，导致按照这一地图飞行的飞机失事，机毁人亡。在这特别事件中，原告的律师首次尝试以“产品责任”为诉因对被告地图出版公司提起诉讼。法院按照严格责任判定被告向原告支付损害赔偿金。这一判例公布后，立即引起学者的质疑：出版机构实质是在销售“信息产品”，还是在提供“信息服务”？法院将出版物认定为产品是否合适？在康涅狄格州，1986 年在“科恩公司诉邓 & 布拉德斯曲里特（信用报告）公司一案中，原告律师试图以产品责任对被告提起诉讼，法院以缺乏先例为由，驳回了原告的产品责任之诉”。[①] 在康涅狄格州以及其他州的法院判决中，之所以很难找到让提供信息的中介机构承担产品责任的先例，这是因为法院普遍感到：中介机构究竟是在出卖“信息产品”，还是在提供“信息服务”，很难加以界定。法院更倾向于认为：尽管中介机构提供的财务报告在形式上似乎是一种“信息产品”，但就财务报告产生的过程而言，似乎将财务报告认定为“信息服务”更为稳妥一些。只有改变在信息责任领域的“产品”和“服务”界限模糊的状况以后，才能考虑将“严格责任”引入虚假信息责任领域。因此，即使在会计师民事责任制度最为完善的美国，也还没有将“产品责任”引入会计师对第三人的民事责任领域。笔者认为，会计师提供财务报告等会计信息与产品责任法中的产品具有本质差异，将会计信息作为一种“产品”的观点是欠妥当的。其一，根据各国的法律和判例，产品责任法中的“产品”一般具有以下特征：(1) 经过一定的加工工序或处理过的产品。未经过任何加工的农

① 转引自盛建明《论证券评级机构的法律责任》，2000 年对外经贸大学博士学位论文，第 72—76 页。

业天然产品和狩猎产品不属于产品责任法中的“产品”的范畴；（2）产品责任法上的“产品”的范畴包括一切动产，即使它已经成为其他动产或不动产的一部分，这一特点将不动产排除在“产品”的范围之外；（3）产品责任法上的“产品”，一般体现为某种“物品”，而不是“服务”。例如当病人因输入某医院自行采集的带有丙肝病毒的血液而染上丙肝，或到美容院染发的女士因美容院自行配制的染发剂配方不当而使头皮受伤时，美国的一些判例都认为上述病人和女士不能要求医院或美容院承担“产品责任”。理由是受害人从美容院或医院所获得的是“服务”，他们之间的关系不是“产品销售”关系。（4）产品责任法上的“产品”，虽然一般体现为某种“物品”，但不一定必须是有形体。比如“电”虽然是一种无形的东西，但一些国家如德国仍将它看作是一种产品责任法中的“产品”。而会计师提供的财务报告等信息根本不具备上述特征。我国《产品质量法》第 2 条第 2 款也明确规定：“本法所称的产品是指经过加工、制作，用于销售的产品。建设工程不适用本法规定。”其二，产品的生产者对产品的设计和生产有绝对的控制，而会计师发表审计意见则受控于客户的内部控制制度、会计程序以及作为其结果的财务报表。其三，因“产品缺陷”而造成的损害，主要是人身伤害和财产损害，尤其以人身伤害居多，而因虚假信息而造成的损失，则是一种纯粹经济损失。其四，财务报告作为一种商业信息，具有无限传播的可能性，其致损范围可能是无限的，而产品责任的最大特点是其具有限制的特性，由于特定的产品只被特定的人使用，其瑕疵造成的损害在范围上是有限的。通过以上的分析可以看出，将会计师对第三人的责任定性为产品责任是不合理的。

第三，“法定责任说”与“职业责任说”具有不合理性。这两种观点都主张将会计师对第三人的民事责任定性为侵权责任和违约责任之外的第三种责任。“法定责任说”强调在会计师事务所等中介机构的法律责任中引入经济法的“国家干预”理论。之所以要会计师承担责任，是为了满足国家的某些经济政策运行目标。“职业责任说”，认为会计师承担责任的基础是基于其对第三人职业上的注意义务。这两种观点认为，会计师对第三人承担侵权责任的缺陷表现在以下两方面：其一，会计师对第三人的责任界定为侵权责任会使所有受害人在因果关系上面临较大的举证困难；其二，会计行业专业性强，技术要求高，如果只靠民法的损害赔偿原则来认定有复杂技术要求的会计民事行为，是不科学的。因为系争原告、律师和审判人员大都为非专业人士，其对会计民事行为的认识往往是感性的、直接的。对于审判人员而言，很容易将信息内容和实际结果作对比，或者简单地以没有证据为由不予支持。前者对严格按规范操作的会计师不公平，后者则对第三人保护不力。[①] 笔者认为，上述观点值得商榷。关于举证责任困难问题，如果采“职业责任说”，仍不可避免。只是将举证责任由原告转移给了被告，即举证责任倒置。但这一问题完全可以在侵权责任的范围内解决。因为在侵权责任下，并非所有的举证责任都由原告承担。根据 2003 年 1 月 9 日公布的《1.9 规定》第 24 条的规定，会计师事务所等中介机构对第三人承担民事责任的归责原则为过错推定。在举证责任的分配上采取了“举证责任倒置”的原则。因此，完全没有必要在侵权责任之外另建立一种独立责任来解决这一问题。能否以“会计行为专业性强、技术要求高，判断会计师的过失较为困难”为由建立第三种责任呢？笔者认为完全没有必要。针对会计活动专业性强的特点，我国可考虑成立专门的鉴定委员会或类似机构，负责对会计师出具的报告鉴定真伪，该机构由会计或审计界的专家组成。

第四，侵权责任可以迫使会计师保持职业谨慎。法律上之所以确认会计师这个职业作为向公众投资人传递财经信息的中介，并且让这个职业垄断财经信息的传递通道，其目的是为了保证公众投资

① 参见蒋大兴《公司法的展开与评判》，法律出版社 2001 年版，第 215—218 页。

人能够得到真实的信息。一旦会计师提供了不真实的审计信息，并使公众投资者遭受了损失，这时公众投资者就可以向会计师等信息提供者请求损害赔偿。例如在美国，大量会计师对第三人侵权民事责任的判例，使会计师面临巨大的潜在的诉讼风险，从而增加了会计师事务所的机会成本，对第三者巨额赔偿责任的增加，在客观上强化了会计师的责任意识，迫使会计师保持职业谨慎。而在我国司法实践中，事实契约观念并未被接受，契约的效力不能及于第三人。[①] 如果将会计师提供虚假信息致第三人损害的责任定为契约责任，而受害人只能向与之有契约关系的发行人进行索赔，而将与其没有契约关系的会计师等中介机构排除在外，这将在相对程度上助长会计师的冒险意识，保护了会计师的造假收益。这显然不利于对投资者的全面保护。

第五，将会计师对第三人的责任定性为侵权责任，可以更好地保护受害人的合法权益。立法最根本的目的是为了保护股东及其社会公众投资人的利益。会计师作为审核有关财经信息的中介机构，与信息使用人的利益高度相关。公众投资者的投资决策依据几乎都是来源于经会计师审计、查验后披露的财务信息。因此，会计师如果提供了虚假财务信息，必然会使公众投资人的利益受损。而侵权责任可以超越契约责任中合同关系人相对性规则的限制，更好地保护受害人的合法权益。

第六，从国际趋势来看，依据侵权责任追究会计师的民事责任已是大势所趋。我国台湾地区原先将虚假信息披露的民事责任界定为契约责任，民事责任的主体只限于契约的相对人。但台湾地区1988年修改“证券交易法”时，将虚假信息披露的民事责任改为侵权责任，民事责任扩及到第三人。

---

① 尽管新合同法规定当事人可以约定由债务人向第三人履行债务，也可以约定由第三人向债权人履行债务，从而使原来只对双方当事人产生约束力的合同涉及第三人。但笔者认为，新合同法的规定与本文提及的“事实契约”是完全不同的。

## 五 注册会计师不实财务报告民事责任的归责原则[①]

### （一）注册会计师不实财务报告民事责任归则原则的理论纷争

德阳验资案[②]以后，很多法院以最高法院法函56号作为依据，采用无过错责任原则，一旦发现存在虚假的财务报告即判决注册会计师承担民事责任，引起会计学界的强烈不满。理论界对会计师职务侵权责任的归责原则展开了激烈的争论。主要有以下几种观点：

1. 无过错责任原则说

这种观点认为，会计师的验资责任并非一种合理的保证责任，只要验资报告与被验资单位实有资本不符，即只要存在虚假报告，不管会计师主观上是否有过错，会计师都应承担责任。[③] 有一种“保险论”的观点，认为在市场经济中，审计费用的发生纯粹是贯彻了风险分担的原则。公司股东为了防止因管理人员的欺诈而引起灾难性的损失，都愿意从自己的收入中支付一部分来聘请外部审计人员，以对财务报表与此相关的经营活动进行审查，由此保证投资的安全。一旦审计人员因自己的过失而未查出存在的欺诈行为并导致公司股东的损失时，公司股东就有权起诉审计人员并索取赔偿。因此，在公司股东的眼里，审计行为同时也被视为保险行为，所支付的审计费用等同于支付的保险费用，从而达到风险分担的目的。因此，保险论认为，从风险转嫁学说出发，审计也是一种保险行为，可减少投资者的风险压力。与此相对应，注册会计师职业是一种“风险—责任”运营行业，类似保险公司，而保险公司承担无

① 参见彭真明《论注册会计师职务侵权责任的归责原则》，《法商研究》2004年第6期。

② 德阳验资案的案情参见丁平准主编：《中国注册会计师法律责任—案例与研究》，辽宁人民出版社1998年版，第187—193页。

③ 参见刘正峰《会计师虚假验资证明民事赔偿责任研究》，载《现代法学》1999年第4期，第30—35页。

过错责任，这就意味着注册会计师也应承担无过错责任。①

2. 过错责任原则说

会计界几乎都主张会计师不实财务报告民事责任的归责原则为过错责任原则，法学界也不乏赞成此说者。② 这种观点认为，尽管注册会计师审计具有鉴证职能，但它毕竟是公允性审计，会计师对会计报表反映的会计信息给予"合理保证"，而不是绝对保证。"合理保证"意味着允许会计师审计后的会计报表反映的内容与实际情况有适度偏离。审计的产生，本质上是为了能维护股东或者潜在的股东及公众投资者的利益。由于审计的局限性，会计师并不能保证已审计的会计报表不存在任何的错误或漏报。合理的保证责任是基于审计的成本效益原则。根据委托代理理论，在委托代理关系中，由委托人支付，最终由社会公众承担的合理的审计费，是降低委托代理风险的最经济的控制机制。委托人需要平衡其支付的审计成本与取得的审计收益（主要是会计师发现会计报表中的错弊而为委托人挽回的损失等）之间的关系。一般来说，审计工作越细，发现错弊的概率越大，但是它同时意味着委托人所要支付的审计费用也越高。审计作为现代公司制度的产物，本来就是用来降低代理成本的，如果审计不但不能降低代理成本，反而提升代理成本，则

① 谢荣：《中国注册会计师职业发展战略》，中信出版社 2002 年版，第 10 页。

② 参见翁晓健《论注册会计师审计失败的归责原则》，载《厦门大学法律评论》2001 年第 2 期，第 213 页；余劲军：《论证券法中注册会计师对第三人的民事责任》，载《律师世界》2002 年第 3 期；崔勇：《中国注册会计师验资民事责任若干问题探讨》，载《山东社会科学》2002 年第 6 期；甘小晶：《过错责任，注册会计师民事责任的归责原则》，载《江西财经大学学报》2001 年第 6 期；徐平：《独立审计法律责任问题研究》，载《东北财经大学学报》2001 年第 3 期；张蕊：《注册会计师的民事责任及其抗辩》，载《会计研究》2003 年第 3 期；江苏省高级人民法院：《验资单位因虚假验资承担民事责任案件的审理》，载《人民司法》2000 年第 8 期；白晓红、李挺伟：《会计师事务所虚假验资如何承担民事责任》，载《中国注册会计师》2001 年第 4 期；李建东、周一虹：《注册会计师验资断案逻辑探讨》，载《兰州商学院学报》1999 年第 2 期；宋利国、曾宇熙：《中国内地与普通法系地区注册会计师法律责任的比较研究》，载《安徽大学学报（哲学社会版）》第 23 卷第 4 期。

审计变得得不偿失。这就是会计师承担合理保证的理论基础，是基于委托人利益最大化的基础上的。① 考虑到成本效益的原则，审计风险更有其存在的合理性。委托人基于利益最大化的考虑，不要求会计师查出所有的错弊，所以，允许会计师存在一定的审计失败。只要会计师在从事会计审计活动时，尽到了应有的职业关注，即使出具了虚假的财务报告，也不应承担民事责任。我国著名公司法学者江平在接受《财经》记者采访时，认为中介机构的归责原则仍为普通过错责任制。

3. 过错推定原则说

有的学者认为，注册会计师的不实财务报告民事责任如果采取一般过错原则，不利于保护第三人的合法利益。应以过错推定原则来追究会计师的民事责任。即除非会计师能证明其已尽到了职业注意义务，否则，只要出具了与实际不符的虚假财务报告，就推定其违反了作为专家的注意义务，主观上即有过错，应当承担相应的责任。这一原则在诉讼程序中，将举证责任倒置于会计师，考虑到了此类诉讼中当事人证明能力的差别，因为与第三人相比，会计师在信息提供中居于主导或优势地位，外部第三人往往处于被动地位，令其对信息提供者的行为是否违反职业注意义务承担举证责任往往勉为其难。②

---

① 毕秀玲：《论审计应有职业关注概念的基本理论》，载《审计研究资料》1999 年。

② 笔者收集的论文表明，法律界人士大多赞成《证券法》修改对中介机构导入过错推定制。参见王利明《我国证券法中民事责任制度的完善》，载《法学研究》2001 年第 4 期；缪静：《论注册会计师对第三人民事责任》，载《法学》2002 年第 8 期；杨志华：《证券法律责任研究》，载《民商法论丛》第一卷；张远忠：《论发行公司虚假陈述的民事责任》，载《法学》1998 年第 1 期；陈更生：《信息公开担保的法律性质》，载《法学研究》1998 年第 4 期；陈洁：《会计师提供不实信息致第三人损害的民事责任》，载《人民司法》1999 年第 12 期；蒋大兴：《公司法的展开与评判》，法律出版社 2001 年版，第 221 页；邱永红：《证券欺诈中会计师的民事责任》，载《律师世界》2002 年第 8 期；会计界也有一部分人赞成会计师对第三人的民事责任为过错推定制。参见文建秀《证券市场信息披露中注册会计师的法律责任》，载《中国注册会计师》2001 年第 12 期；程安林：《注册会计师对第三人民事责任若干问题研究》，载《审计研究》2002 年第 2 期。

4. 公平责任说

有的学者认为，注册会计师在职业活动中虽然严格遵守了职业规则，但由于现代抽样审计的固有风险等客观原因而出具了虚假的报告，给委托人和第三人造成了损害，在这种情况下会计师承担的责任既不是过错责任，也不是无过错责任，而是一种公平责任。在这种情况下，尽管会计师无过错，可不承担过错责任，但毕竟会计师出具了虚假的报告并造成了受害人损失，若会计师不承担责任，则显失公平，为体现公平、正义之法律价值，会计师还是应当承担适当的民事责任，以实现法律的救济功能。被审计单位作弊手段的高明以及会计师严格遵守了职业规则，不能免除会计师的公平责任，否则，会计师的价值何在?①

**（二）注册会计师不实财务报告民事责任归责原则的立法考察**

1. 美国立法

如前所述，美国规定会计师民事责任的成文法主要是1933年《证券法》和1934年《证券交易法》。1933年《证券法》主要是针对发行证券申报登记文件中重大事实的不实陈述责任进行了规定。其中规定登记文件不实陈述的民事责任的条款主要是第11条，其中第11条（a）规定，当登记文件中对重大事实有错误陈述或隐瞒的时候，证券的购买者有权起诉，除非被告能够证明购买者购买证券时已经知道存在错误或隐瞒，否则任何购买者都可以提起诉讼。第11条（b）则规定了免责事由。具体包括勤勉尽职（Duediligence）与合理调查（Reasonable investigation）。第11条（a）（4）明确规定了包括会计师在内的专业人士应承担的民事责任。1933年《证券法》规定的会计师的民事责任具有以下几个特点：其一，会计师与原告的合同关系不是必要条件，合同外的第三人也可以提起诉讼；其二，第三人的责任并不要求证实会计师有欺诈或重大过失行为成立，一般过失即构成过失的要件；其三，对会

① 王新波：《注册会计师民事责任探讨》，载《中国注册会计师》2003年第2期。

计师的责任，采举证责任倒置的原则，即会计师作为被告时，应当证明其于合理调查之后具有合理原因相信，并且确实相信，财务报告中的该部分内容确属真实且无重大疏漏。① 而原告只需证明有重大不实的事实即可。1934 年《证券交易法》第 9（e）、16（b）和 18（a）条款规定了违法行为的民事责任。其中第 18（a）条规定了会计师不实陈述的民事责任，该条规定：任何人在根据证券交易法向 SEC 呈报登记文件时如果作出严重的不实陈述或遗漏事实都必须负责。如果一位投资者阅读了登记文件后相信文件中的陈述，并因此而蒙受损失，就有按 18（a）条的规定提起诉讼的权利。该法同时又规定，一旦原告能够证明确实知道并依赖了被告向 SEC 呈报登记材料的内容，被告就必须负责赔偿，除非被告确实能证明其行为是善意的，并且不知道所作的陈述是虚假或令人误解的。根据 10b－5 条的规定，第三人还可根据该条款对会计师提起诉讼，但原告必须证明：①被告存在重大的、实际的不实陈述行为；②该证券在有效证券市场中交易；③被告不实陈述使合理的投资者做出错误判断；④原告在不实陈述后真相披露前进行交易。而被告方除非能推翻原告的上述证明，或证明原告未信赖该不实陈述，或已知存在不实陈述还进行交易，才能推翻信赖的推定。② 从 1933 年《证券法》和 1934 年《证券交易法》对会计师民事责任的规定来看，美国对会计师不实财务报告民事责任的归责采用的是过错推定原则。

2. 日本立法

日本现行法规定虚假陈述民事责任的法律主要是《证券交易法》。该法第 21 条第（1）项规定："有价证券呈报书中重要事项

---

① Larry D. Soderquist. *Securities Regulations*, 3rd edition, The Foundation Press, Inc, Westbury, New York, 1994, pp. 248—249.

② 李挺伟：《美国证券法规有关注册会计师的法律责任》，载《中国注册会计师》2003 年第 3 期。

有虚假记载，或者应记载的重要事项或为避免产生误解所必要重要事实的记载有欠缺时，下列人对因该募集或推销而取得证券者负有因虚假记载或记载欠缺而产生损害的赔偿责任。但该有价证券取得者在其申请取得之际，已经得知有虚假记载或记载欠缺时，不在此项……三、在与该有价证券呈报书有关的第193条之第（1）项规定的监察证明中，对与该监察证明有关的文件记载虚假或欠缺一事出具了记载虚假证明或无欠缺的证明的注册会计师或监察法人。”同时该条第（2）项规定：“在前项规定的场合，以下各号所列者已证明各该号所列事项时，不承担该项规定的赔偿责任；……二、前项所列第三号者，对该号的证明无故意或无过失。”[①] 依上述条款，在证券呈报书中出具有证明的注册会计师，若能证明无故意或无过失，可以免责。由此可见之，根据日本现行法的规定，会计师不实财务报告民事责任的归责原则为过错推定原则。

3. 我国台湾地区立法

会计师对第三人的民事责任问题在我国台湾地区主要规定在《证券交易法》中，我国台湾地区原先的《证券交易法》第32条规定：“前条之公开说明书，其应记载之主要内容有虚伪或欠缺之情事者，左列各款之人，对于善意之相对人，因而所受之损害，应就其所负责部分与公司负连带赔偿责任：一、发行人及其负责人；二、发行人之职员，曾在公开说明书上签章，以证实其所记载内容之全部或一部分；三、该有价证券之证券承销商；四、会计师、律师、工程师或其他专门职业或技术人员，曾在公开说明书上签章，以证实其所记载内容之全部或一部分，或陈述意见者。”根据该条的规定，会计师对第三人承担的是一种无过错责任，即只要公开说明书记载的内容不真实，会计师等专业人士，应与公司一起承担连带责任，无免责的情况。这种做法引起了会计界的强烈不满，学者们对此也有不同看法。赖英照先生认为，就保护投资人而言，原

---

① 参见徐庆译：《日本证券法律》，中国法制出版社1999年版，第21—22页。

32条固有其优点，但对发行人以外之人，如已极尽调查或相当注意之能事，纵无过失，但须负连带赔偿责任，显属过苛，殊不足以鼓励各该人员依其职责防止公开说明之不实制作。[①] 1988年我国台湾地区在修改《证券交易法》时，采纳了学者的建议，将原第32条予以修改，以原项为第一项，增补第二项："前项第一款至第三款之人，除发行人之外，对于未经前项第四款之人签证部分，如能证明已尽相当之注意义务，并有正当理由确信其主要内容无虚伪、隐匿情事或对于签证之意见有正当理由确信其为真实者，免负赔偿责任；前项第四款之人，如能证明已经合理调查并有正当理由确信其签证或意见为真实者，亦同。"根据修改后的第32条，会计师等专业人士对于其签证部分或陈述意见欲主张免责者，必须证明其在签证陈述意见前，对于有关事项已作独立深入之调查，并已尽善良管理人之注意义务，始能免责。[②] 由此可见，我国台湾地区修改后的《证券交易法》，对会计师不实财务报告民事责任的归责，采用的是过错推定原则。

### （三）我国注册会计师不实财务报告民事责任归责原则的现行法之分析

我国现行法律涉及会计师法律责任的法律主要有：《注册会计师法》、《证券法》、《公司法》、《刑法》、《关于惩治违反公司法的犯罪的决定》以及《暂行条例》等。其中大部分法律只涉及了会计师的行政责任和刑事责任，并没有规定其民事责任。涉及会计师民事责任的法律主要为《证券法》和《注册会计师法》。

2005年通过的《证券法》第173条规定："证券服务机构为证券的发行、上市、交易等证券业务活动制作、出具审计报告、资产评估报告、财务顾问报告、资信评级报告或者法律意见书等文件，应当勤勉尽责，对所制作、出具的文件内容的真实性、准确性、完

---

① 赖英照：《证券交易法逐条释义》第四册，台北三民书局1991年版，第227页。

② 同上书，第231页。

整性进行核查和验证。其制作、出具的文件有虚假记载、误导性陈述或者重大遗漏，给他人造成损失的，应当与发行人、上市公司承担连带赔偿责任，但是能够证明自己没有过错的除外。”《注册会计师法》涉及会计师民事责任的主要有两个条文，即第 21 条和第 42 条。第 21 条第 1 款规定：“注册会计师执行审计业务，必须按照执业准则、规则确定的工作程序出具报告。”第 2 款规定：“注册会计师执行审计业务出具报告时，不得有下列行为：（一）明知委托人对重要项目的财务处理与国家有关规定相抵触，而不予指明；（二）明知委托人的财务会计处理会直接损害报告使用人或者其他利害关系人的利益，而予以隐瞒或者作不实的报告；（三）明知委托人的财务会计处理会导致报告使用人或其他利害关系人产生重大误解，而不予指明；（四）明知委托人的会计报表的重要事项有不实的内容，而不予指明。”第 3 款规定：“对委托人有前款所列行为，注册会计师按照执业准则、规则应当知道的，适用前款规定。”第 42 条为会计师对委托人与第三人之责任的总括规定。该条规定：“注册会计师事务所违反本法规定，给委托人、其他利害关系人造成损失的，应当依法承担赔偿责任。”该条的“本法规定”涉及会计师审计失败的民事责任者，主要系对第 21 条关于会计师之具体法定义务的规定。从表面上看，这两条都没有界定会计师民事责任的归责原则，但如果分析第 21 条第 2、3 款的具体内容，可以得出这样的结论，即会计师对第三人民事责任的归责原则应为过错责任原则。第 2 款中强调的是会计师“明知”不可为而为之，即为主观之故意，而第 3 款强调的是会计师“应知”不可为而为之，即为主观上之过失。即第 21 条规定会计师不得在“明知”或“应知”的主观状态下从事法律禁止的行为，但如果会计师既非故意，又非过失（即按照执业准则、规则无法知道的），则不属于禁止范畴，当然也就不属于违法行为。而根据第 42 条，如果不是违法行为，自然就无须对第三人承担责任。由此可见《注册会计师法》规定的会计师民事责任的归责原则应为过错责任原则。《注册会计师法（修订草案）》（征求意见稿）第 70

条规定:“会计师事务所违反本法规定,故意或者过失出具不实或者不当业务报告,给委托人、其他利害关系人造成损失的,应当依法承担民事责任。”该规定表明立法者想在《注册会计师法》中明确会计师民事责任归责原则为过错责任原则,会计师所有业务都实行过错责任制度。

除《注册会计师法》、《证券法》外,还有一些司法解释涉及到了注册会计师职务侵权责任的归责原则。

法函56号是最高人民法院对四川省高院关于德阳会计师事务所验资纠纷案所作请示的答复。从内容上看,法函56号判定德阳会计师事务所应承担赔偿责任的理由是因为德阳会计师事务所在验资证明中特别承诺“以上货币资金及固定资产业经逐项验证属实,如有虚假,由我单位负责承担证明金额内的赔偿责任”。法函56号没有说明会计师是否有过错,而直接要求出具了虚假验资报告的会计师事务所承担责任,似乎是将“虚假验资报告”视为会计师事务所承担责任的充分条件。有的学者认为,法函56号所确定的会计师民事责任的归责原则为无过错责任。① 笔者不同意这种看法。法函56号之所以没有考虑会计师是否有过错,是因为德阳验资案的特殊情节。在该案中,德阳会计师事务所实际上将自己置于东方公司的“担保人”的地位,而非单纯的、中立的“验资人”的角色。根据担保法的一般原理,担保人在主债务人无法偿还债务时,必须承担连带赔偿责任,这种连带责任是不适用过错原理的。因此,既然德阳会计师事务所自愿充当保证人,法院追加其为共同被告并判决承担赔偿责任,自然也不会关注会计师事务所是否有过错。由于德阳验资案的象征意义,人们往往忽视其中的“担保承诺”这一特定情节,而将其视为追究会计师法律责任的司法依据。不论发生何种类型的案件,只要其中存在虚假财务报告,出具报告

① 刘正峰:《会计师虚假验资证明民事赔偿责任研究》,载《现代法学》,1999年第4期。

的会计师就必须承担责任，于是“虚假财务报告”似乎与“会计师承担责任”之间画等号。这是一种极大的误解。法函 56 号也同时指出：“即使会计师事务所出具的验资证明无特别注明，给委托人、其他利害关系人造成损失的，根据《中华人民共和国注册会计师法》第 42 条的规定，亦应依法承担赔偿责任。”能否据此得出会计师承担无过错责任的结论呢？笔者认为不能。从理论上说，法函 56 号除了从司法上强调了《注册会计师法》第 42 条的法律拘束力以外，并没有对会计师的民事责任问题提出任何新的司法原则。而第 42 条的相关内容已如前述，因此以法函 56 号为由推论适用无过错责任原则是难以成立的。

法释 13 号①对《注册会计师法》生效前注册会计师的民事责任做出规定：“依据《民法通则》第 106 条第 2 款，会计师事务所在 1994 年 1 月 1 日之前为企业出具虚假验资证明，给委托人、其他利害关系人造成损失的，应当承担相应的民事法律责任。”《民法通则》第 106 条第 2 款是关于侵权行为法一般归责原则即过错责任原则的规定。同时，最高人民法院《经济审判指导与参考》1999 年 12 月第 1 辑刊出了“关于会计师事务所为企业出具虚假验资证明应如何承担责任问题的批复”（即法释 13 号）的解释指出：“会计师事务所为虚假验资行为承担民事责任的构成要件有二：第一个要件是会计师事务所在主观上负有过错。发生虚假验资的原因较为复杂，有的是出于委托人的授意，也有的是会计师事务所故意

① 法释 13 号的全称为“最高人民法院关于会计师事务所为企业出具虚假验资证明应如何承担责任问题的批复”，主要内容：“一、会计师事务所系国家批准的依法独立承担注册会计师业务的事业单位。会计师事务所为企业出具虚假验资证明，属于依照委托合同实施的民事行为。依据《中华人民共和国民法通则》第 106 条第 2 款的规定，会计师事务所在 1994 年 1 月 1 日之前为企业出具虚假验资证明，给委托人、其他利害关系人造成损失的，应当承担相应的民事赔偿责任。二、会计师事务所与案件的合同当事人虽然没有直接的法律关系，但鉴于其出具虚假验资证明的行为，损害了当事人的合法权益。因此，在民事责任的承担上，应当先由债务人负责清偿，不足部分，再由会计师事务所在其证明金额的范围内承担赔偿责任。”

所为。但无论哪一种，会计师事务所均存在过错。前者，会计师事务所违背了职业道德，与委托人构成共同故意。后者，会计师事务所是故意违法。如非会计师事务所主观上的过错，如因银行出具的假进账单，委托人提供的假发票，假单据等等，会计师事务所限于职权或者专业技术手段的局限无法鉴别其真伪造成的虚假验资，会计师事务所不承担民事责任。"① 该条解释强调了会计师承担法律责任首先应有主观上的过错。由此可见法释 13 号主张会计师职务侵权责任的归责原则为过错责任。

《1.9 规定》是我国证券市场第一个有关侵权民事赔偿适用法律的系统性的司法解释，它对会计师等中介机构的民事责任也作了明确的规定。其中第 7 条规定："虚假陈述证券民事赔偿案件的被告应当是虚假陈述人，包括：……（五）会计师事务所、律师事务所、资产评估机构等专业中介服务机构。"第 24 条规定："专业中介服务机构及其直接责任人违反证券法第 161 条和第 202 条的规定虚假陈述，给投资者造成损失的，就其负有责任的部分承担赔偿责任。但有证据证明无过错的，应予免责。"很明显，《1.9 规定》对会计师事务所等中介服务机构的民事责任归责原则采纳了过错推定原则。法释〔2007〕12 号第 4 条规定："会计师事务所因在审计业务活动中对外出具不实报告给利害关系人造成损失的，应当承担侵权赔偿责任，但其能够证明自己没有过错的除外。"从上面的分析可以看出，现行立法对会计师不实财务报告民事责任的归责原则采取的是过错责任原则。

### （四）我国注册会计师不实财务报告民事责任归责原则的应然选择

综上所述，笔者认为，我国注册会计师不实财务报告民事责任归责原则的最佳选择应为过错责任原则的特殊形式——过错推定。

---

① 叶小青：《关于"会计师事务所为企业出具虚假验资证明应如何承担责任问题的批复"的解释》，载《中国注册会计师》2001 年第 6 期。

其理由如下：

第一，无过错责任原则、公平责任原则与一般的过错责任原则均存在不合理之处。无过错责任原则虽然有利于保护第三人的合法利益，但无过错责任原则的主要功能在于分担、补偿受害者的损失，它已经没有了过错责任的教育、惩戒功能。而会计师职务侵权行为的建立，旨在教育、惩戒审计作假者，并给受害者损失予以补偿。同时，无过错责任意味着会计师必须绝对保证审计报告的正确性，只要审计结果有所错漏，就必须对会计师追究责任。“绝对保证”反映了社会公众对会计师的期望。他们不在乎会计师是否按照执业准则出具了报告，他们只关心结果，即审计结论是不是真实、验资额是不是实际出资额等等。但这将会极大增加会计师执业风险，并会产生两种结果：其一是会计师无法承受如此高的职业风险而退出该职业，这并非假想，在现实生活中已有所验证，不少会计师称验资业务是一个“陷阱”，许多事务所，尤其是大的事务所已停止承办验资业务，有些事务所甚至呼吁事务所联合起来抵制验资业务。事实上，验资业务相对于会计报表审计来说，审计成本和审计风险要小得多。其二是会计师为最大程度的减少审计风险，被迫进行“详细审计”，由此带来的高昂审计成本最终转移到作为委托人的股东或公众投资者身上。同时，审计时间的相应延长将难以适应瞬息万变的经济形势而使审计信息毫无价值，结果迫使股东放弃审计。[①] 两种结果都迫使会计师退出市场经济的舞台，整个社会将为此付出代价。保险论认为，在股东眼里，审计行为同时被视同为保险行为，所支付的审计费用等同于支付的保险费用，从而达到风险分担的目的。只要审计失败，会计师就要承担责任。会计师不但对会计报表进行鉴证，而且要绝对保证已审报表的正确性。这种观点虽然有责任容易界定的好处，公众也好向会计师索赔，但会计

① 李建东、周一虹：《注册会计师验资诉讼断案逻辑探讨》，载《兰州商学院学报》1999 年第 1 期。

师事务所不是保险公司，其承担风险能力是有限的，它并没有按保险公司制度进行运作。相反，它是以委托业务收费形式存在的，它本身也要向保险公司投保（责任险）。[①] 国际会计师联合会（International Federation of Accountants，IFAC）于1994年由Legal Liability Task Force以问卷的方式向其会员国家调查各国诉讼问题的情形、法律责任的内容、专业保险的规定以及专业团体或管制机构的因应之道。通过调查得出的结论是，会计师承担的责任过大会使会计师事务所很难取得专业保险及降低原告获得求偿的机会。由于保险公司需支付的赔偿金额及几率越来越大，因此不愿意再承保会计师业务。在事务所的资源用尽，又无法取得保险的情况下，原告能获取赔偿的机会就更小了。同时无限连带责任使高风险企业不易找到一个高品质的会计师。因为越来越多国家优良的中小型事务所已经纷纷将其审计工作转向风险较小的管理咨询或税务工作。有一篇对美国加州会计师事务所调查报告显示，仅有53%的会计师愿意接受审计任务，而其中有3290个会计师表示不愿意承接其认为高风险的案件。IFAC指出，法律责任的压力使得越来越多的会计师尽量避免高风险客户及产业。虽然这些降低风险的措施可以减少会计师面临诉讼的威胁，但对企业的发展造成不利的影响。因为若缺少经过审计的财务报表，企业可能就无法取得其所需的银行贷款，刚起步的公司将无法取得股东的信赖，整个经济的发展可能因此而受阻或陷入困境。更甚者，有能力创造就业机会的企业家将不愿意在这个过多责任的环境中经营。[②] 从世界现行立法例来看，对会计师职务侵权责任大都没有适用无过错责任原则。

公平责任是否为一项独立的归责原则，在学术界一直存在不同

---

① 飞草：《独立审计侵权责任归责原则——过错抑或过错推定》，载CPA. Esnai. com. 2001. 11. 28。

② 林婵娟、蔡彦卿等：《全球会计师法律责任探索》，载《台湾会计师会讯》1996年第12期。

的看法，有的学者认为，它是一项独立的归责原则；有的学者认为公平责任实际上是无过错责任原则的一种类型。① 笔者认为公平责任是一项独立的归责原则，但对它的适用范围应严格加以限制，以防止法官利用公平责任原则来规避过错责任原则与无过错责任原则的适用。台湾学者王泽鉴先生在评述《民法通则》第 132 条关于公平责任原则的规定时，曾提出两点疑问："一是仅考虑当事人的财产，使财产之有无多寡由此变成了一项民事责任的归责原则，由有资力的一方当事人承担社会安全制度的任务，不完全合理；二是在实务上，难免造成法院不审慎认定加害人是否具有过失，从事的作业是否具有高度危险性，而基于方便、人情或其他因素从宽适用此项公平责任条款，致使过失责任和无过失责任不能发挥其应有的规范功能，软化侵权行为归责原则的体系构成。"② 笔者认为，公平责任原则应主要适用两种情况：其一是无行为能力人、限制行为能力人致人损害的责任；其二是紧急避险人适当承担的责任。不能随意地扩大公平责任的适用范围，会计师职务侵权责任的归责原则不宜适用公平责任原则。

会计师职务侵权责任的归责原则也不宜采纳一般的过错责任原则。因为独立审计是一项技术性较强的工作，并且审计工作底稿所有权属于会计师事务所。能证明会计师是否尽到应有的注意义务的证据就是审计工作底稿，而会计师又对工作底稿实行保密原则，受害人要主张会计师主观上有过失，一方面审计工作底稿无法取得，另一方面即使取得审计工作底稿，受害人出于专业知识限制，也无法证明被告主观上是否有过失。如单纯适用过错责任原则，将会使受害人在提起诉讼以后遇到举证上的困难。因为

---

① 王利明：《侵权行为法归责原则研究》，中国政法大学出版社 2003 年版，第 104 页。

② 王泽鉴：《民法学说与判例研究》第 6 册，中国政法大学出版社 1999 年版，第 293 页。

会计师报告不实的事实是可以证明的，从这些事实中可以证明其主观上确有过错，但要求受害人必须证明会计师主观有过错则十分困难。因为会计师可以以各种理由证明其所作的报告已严格遵循相关执业规则，从而可以免于承担责任。这对保护第三人的利益不利，因此，我国会计师职务侵权责任的归责原则不宜采用一般过错责任原则。

第二，注册会计师的职务侵权责任应是一种“合理的保证责任”而不是一种“绝对保证责任”。会计师只要尽到应尽的职业注意义务，即使出具了虚假的会计报告，依法也不应承担责任。会计师只有在未尽职业注意义务的前提下，故意或过失地出具了虚假的会计报告，才对其他利害关系人承担不实报告的赔偿责任。可以这样说，“合理的保证”是审计文化经过长期对比、淘汰、沉淀的产物，是会计师行业存在与发展的基础。其客观原因在于在审计业务中，审计风险①无法绝对避免，这是决定会计师承担“合理的保证”的根本因素。审计风险的存在具有客观性，即使不考虑成本效益原则，审计风险的存在也是不以人的意志为转移的，人类不能消除它，只能通过各种手段降低审计风险及其可能的损失。由于审计风险无法避免，这也就决定了会计师出具的会计报告的“真实性”只能是相对的，而不是绝对的。会计报告的相对真实性是由以下因素决定的：首先、审计对象的财务会计报表真实的相对性。独立审计的目的就是要对被审计单位的财务会计报表的合法性、公平性和会计处理方法的一贯性发表审计意见。因此，财务报表自身的真实性、完整性程度直接影响着审计报告的真实性、完整性程度。但从会计学的理论属性和经济属性来看，它本质上不是一门精算科学，财务会计报表反映的信息真实性的标准是相对的、动态

① 审计风险是指会计报表存在重大错报或漏报而注册会计师发表不恰当意见的可能性。财政部注册会计师考试委员会办公室编：《审计》，东北财经大学出版社 1998 年版，第 217 页。

的。其次，现代审计理论和方法的固有局限性决定了审计报告的真实性只能是相对的。现代审计以会计抽样技术为基础，并在概率原理的支持下，对被审计单位的财务会计报告发表意见，它只能保证最大几率的正确性（统计抽样允许合理误差），只能揭示影响公允反映被审计单位财务状况，经营效果及资金变动情况的重大事项，而不能保证将会计报告中所有的错误都揭露出来，只要这种误差对财务会计报表整体上的可靠性不产生实质性的影响，且在报表使用者容忍的范围内，该误差就被认为是允许的，不会影响审计报告的真实性。① 同时，考虑到成本效益的原则，审计风险更有其存在的合理性。委托人基于利益最大化考虑，不要求会计师查出所有的错弊。②（正如前述，这是不可能的，即使可能，也不合算）。所以，允许会计师存在一定的审计失败。这个概率就是通常所说的“可接受审计风险”，问题是如何判断审计失败，委托人允许的审计风险有多大。在这一方面，审计职业界与委托人会存在一定的差距，俗称“期望差距”，委托人总是期望花最少的钱办最大的事，而审计职业界基于自身的成本利益考虑，也想花最少的钱完成委托人的任务。但社会公众从理性上讲，应该允许审计风险的存在，如前所述，这符合社会公众（委托人）的利益最大化原则。对于审计风险，我们可以运用法律上的“容许性危险与违法阻却”理论加以解释。所谓容许性危险，是指为完成某种有益于社会的行为，对在性质上含有某种侵害法律权益的抽象危险行为，若该危险与其有益目的相比被认为是正当的，该危险就属于容许性危险。容许性危险最初仅被视为责任阻却事由，而不是违法阻却事由，其效果为

---

① 蒋尧明、张凤英：《论审计报告的“虚假”与“真实”》，载《审计研究》2003年第2期。

② 一般而言，审计范围越大，审计程序越复杂，严密程度越高，则审计结果越精确，但与此同时审计成本亦逐步增加，受边际效益递减和边际成本递增的经济规律影响，在超越合理限度后，要使审计精确度进一步轻微提高，就必须以不成比例地承受更加昂贵的成本为代价。

“虽属违法，但无责任”。① 但近年来多数民法学者认为：容许性危险行为本身属于具有正当目的的行为，它本身不欠缺合法性，如果行为者履行了应尽的注意义务的情形下发生了可预见的危险，也不能将之归为违法。② 审计失败具有正当性，因它以谋求民众利益为自身目的，所以它应属于“容许性危险”的一种。即根据该理论，会计师可以以“已尽应有的注意义务”为由主张免责。

第三，采取过错推定原则有利于保护信息活动中弱势群体利益。从各国立法来看，会计师只对审计报告承担合理的保证责任，而不是绝对的保证。即会计师只要尽到了职业上的注意义务，即使出具了虚假的审计报告，也可以免责。在适用过错责任原则时，举证责任采取“谁主张，谁举证”原则。即提出赔偿主张的受害人，就加害人的过错举证，否则不能获得赔偿。但会计师与受害人在诉讼活动中，由于会计师在信息公开活动中处于主导或优势地位，投资者只是被动地了解公开信息，受害人因专业知识限制，对会计师是否有过错难以举证。因此，为了保护信息弱势群体的利益，在确定会计师主观过错的要件上，实行过错推定，即实行举证责任倒置，不要求受害人去寻求行为人在主观上存在主观过错的证明，而是从损害事实的客观要件以及它与违法行为之间的因果关系中推定会计师主观上的过错，如果会计师认为自己主观上没有过错，则需自己证明。证明成立者，推翻过错推定，不承担责任。不能证明者，则推定为有过错，对受害人承担赔偿责任，可以有效地保护受害人的利益。

第四，采过错推定原则有利于维护会计师职业的生存空间。注册会计师的职务侵权责任从本质上说是一种信息担保责任，是对一种可能出现的具有侵权行为性质的信息公开违法行为承担法律责任

① 邱聪智：《医疗过失与侵权行为》，郑玉波主编：《民法债编论文选辑》，第593—594页。

② 梁慧星主编：《民商法论丛》第9卷，法律出版社1998年版，第698页。

的担保。[①] 而信息公开的义务人是企业而非会计师，因此，会计师对担保行为合法性的确信，要受信息公开义务人事前或事后的其他行为的影响，且担保期限又是不确定的。具体而言，会计师要根据公司提供的会计凭证等制作审计报告，而且信息公开文件的内容往往是数个信息公开担保人共同判断和决定的结果。如发起人或董事，具有法定资产评估资格的评估机构，律师事务所等等，而不是由其单独决定有关信息公开事宜。这样，如果法律一方面强制会计师对第三人承担责任，另一方面在归责于会计师时，又不考虑会计师行为时的主观状况，即主观上是否有过错，这实际上是让会计师对第三人承担无过错责任。这对于会计师未免过于苛求，将会使会计师职业的生存受到严重挑战。

第五，符合我国现行法律的规定和国际通行做法。通过前面的分析，我国《注册会计师法》、《民法通则》、《证券法》及相关司法解释都主张会计师承担的民事责任应是一种过错责任原则，即强调会计师对第三人承担的是一种“合理的保证责任”。同时，从各国实践来看，独立审计制度发展至今，大多数国家对会计师的民事责任没有适用无过错责任原则。如美国《1934 年证券交易法》第 11 条，日本《证券交易法》第 21 条，我国台湾地区修订后的《证券交易法》第 32 条，采用的均是过错推定原则。

## 六　注册会计师过错的认定

### （一）注册会计师过错的认定标准

近几年来，会计界和法律界围绕验资报告的“真实”与“虚假”的判断标准问题展开了激烈的争论。这种争论到现在还在继续。会计界主张对验资报告“真实性”的判断标准只能是独立审

① 郑顺炎：《证券市场不当行为的法律实证》，中国政法大学出版社 2000 年版，第 195 页。

计准则，即财政部颁布的《独立审计实务公告第1号——验资》。独立审计准则第4条规定："注册会计师执行验资业务，应当遵守独立、客观、公正的原则，并对验资报告的真实性，合法性负责"，按照该条第2款的解释："验资报告的真实性，是指验资报告应如实反映注册会计师的验资范围、验资依据、已实施的主要验资程序和应发表的验资意见。"会计界认为，根据独立审计准则，验资报告的"真实性"，是指注册会计师的验资履行了正当的程序。即只要履行了正当的验资程序，即使验资报告与出资人的实际出资额不符也符合"真实性"的要求，会计师就没有过错，对受害人不承担赔偿责任。因为审计固有的风险，会计师对于被审验的会计报表只负"合理的保证"之责，并不担保经过审计的财务报表中没有任何错误。"合理的保证"责任是通过严格遵循专业技术标准来实现的，"审计程序"在审计准则中具有重要地位。对于遵循执业准则但仍然未能揭示被审计文件中的错弊，会计师没有责任。就验资报告而言，对于那些不遵循程序，甚至与委托人合谋作弊的会计师出具的报告，则属于"虚假验资"报告，其所在的会计师事务所应对第三人承担法律责任。但是如果出资的舞弊手段非常高明，银行、商检机构或者其他证明人与出资人沆瀣一气，会计师即使恪尽职守也无法发现问题，在这种状况下，会计界认为，其出具的验资报告符合审计准则对"真实性"的要求，因此根本不是虚假验资报告，而是真实的验资报告。①

而法律界以及公众则完全不同意上述看法。在公众意识中，"虚假"是指与实际不符。② 法律上的"虚假报告"是指报告的内

① 刘燕：《从验资诉讼看会计界与法律界思维方式之分歧》，载《经济科学》1999年第5期。

② 根据中国社科院语言研究所词典辑编室编《现代汉语词典》的解释，"虚假"与"实"相对，指与实际不符合的，商务印书馆1983年版，第1300页。

容与事实不符，这一点在我国的相关法律中都能找到依据。[①] 就验资报告而言，只要会计师验资报告的内容与结论与出资人实际情况不相符，不论是捏造事实还是夸大事实，其法律性质是相同的，都属于“虚假验资报告”，法律之所以更关注“内容的真实”、“结果的真实”，而不仅仅是程序的真实，是因为会计师作为审核有关财经信息的中介机构，其工作成果（而非工作程序）与股东以及其他信息使用人的利益高度相关。公众投资者进行投资决策的依据几乎都是来源于经过会计师审计、查验后才披露的财务信息。因此，如果会计师提供的报告不真实，公众投资者的利益通常都会受到损害。不论导致会计师报告失真的原因是什么，对于公众投资者来说都没有意义，因为他们并不关注，也没有能力来关注会计师审计、查验的过程，只能被动地接收会计师提供的结论。[②]

实际上，笔者认为，会计界与法律界不过是用不同的词汇来表达同一个道理，法律上用“过错责任”来划清当事人的责任界限，审计准则用“真实性”来保护无辜的会计师。在这里，审计中的“真实性”与法律上“过错”（特别是过失）是一组对立的概念，满足了审计中的“真实性”，就不存在法律上的“过错”，而如果法律上认定“有过错”，验资报告肯定不能满足审计中的“真实性”要求。因此，在会计师法律责任问题上，“虚假验资报告”只是会计师事务所承担法律责任的必要条件，而不是充分条件，也就

① 例如《股票发行与交易管理暂行条例》第18条规定：“为发行人出具文件的注册会计师及其所在的事务所……在履行职责时，应当按照本行业公认的业务标准和道德规范，对其出具文件内容的真实性、准确性、完整性进行核查与验证。”第73条规定：“会计师事务所……违反本条例的规定，出具的文件有虚假、严重误导性内容或者有重大疏漏的，根据不同情况，单处或者并处警告、没收非法所得……”，从上述条文中，我们可以清楚地发现法律上对几组概念的运用：“虚假”与“内容真实性”、“严重误导性”与“准确性”、“重大疏漏”与“完整性”。这实际上揭示立法者在使用“虚假报告”等概念时所希望表达的意思，即“虚假报告”是指“内容不真实的报告”。

② 刘燕：《从验资诉讼看会计界与法律界思维方式之分歧》，载《经济科学》1999年第5期。

是说，如果受害人主张会计师承担民事责任，则必须具备“会计师出具虚假报告”这个要件。但是会计师出具了虚假验资报告并不一定承担民事责任，因为会计师可能主观上没有过错。

因此，如何正确判断会计师的主观过错，是会计师民事责任的核心问题。在现阶段的很多诉讼中，会计师通常提出的抗辩是：我们是按照独立审计准则规定的验资程序出具的报告，它是“真实性”的。因此，我们已经履行了自己的义务，没有过错。

笔者认为这实际上涉及独立审计准则在注册会计师法律责任认定中的地位问题，即独立审计准则能否作为认定注册会计师过错的法定标准。独立审计准则是用来规范注册会计师执行审计业务、获取审计证据、形成审计结论、出具审计报告的专业标准。它由独立审计基本准则、独立审计具体准则与独立审计实务公告、职业规范指南三部分组成。对于独立审计准则能否作为认定注册会计师过错的法定标准，学界争议较大。一种观点认为，独立审计准则在中国具有法规的地位，是法律的渊源之一，法律赋予独立审计准则作为注册会计师注意义务判断标准的抗辩地位，即独立审计准则能作为认定注册会计师过错的法定标准。其理由是：中国独立审计准则的法规地位是由《注册会计师法》明确规定的。《注册会计师法》第35条规定，中国注册会计师协会依法拟定注册会计师职业标准、规则，报国务院财政部门批准后施行。在实践中，独立审计准则都是财政部门以法规的形式发布的。从理论上说，如果独立审计准则仅仅是注册会计师团体的内部自律性规则，不具有对抗第三人的效力，注册会计师协会自己制定就可以了。但《注册会计师法》显然比这走得更远。《注册会计师法》授权注册会计师专业团体拟订职业标准，但这个标准拟订后并不能立即生效。一个必备的行政程序是，职业准则必须经由中央政府有关部门的批准后才能生效实施。可以预期的是，财政部在依法代表中央政府对独立审计准则行使批准权的时候，会从维护社会公众利益的角度，对专业团体拟订的准则草案施加某种影响。这样，注册会计师职业准则的制定，经过的是一个严格的立法程序。如果说注册会计师协会拟订的执业准则体现了该团体自身的意志，那么经过了行政批准程序后，由财政部发布的执业准则已上升为国家意志，它规范的就不仅仅是注册会计师职业团体，而是全社会审计行为，具有调整专业团体与社会上不特定的第三人之间审计关系的效力。注册会计师在执业过程中，如果遵循了执业准则规定的工作程序，则视同其已尽法定注意义务，不存在过错；不应承担侵权责任。① 另一种观点认为，独立审计准则是行业协会制定的内部自律性规则，其制度价值在于保障审计质量并作为对其成员的审计失败是否追究纪律责任的依据，不能调整注册会计师与财务信息使用人之间的民事关系，独立审计准则不能作为认定注册会计师过错的法定标准。其理由是：独立审计准则由注册会计师协会制定发布，是世界各国的通例，国外的司法审判实践表明独立审计准则不是注册会计师过错的法定标准；独立审计准则规定的注意义务范围与注册会计师应尽的注意义务范围之间存在一定的差距；独立审计准则不构成注册会计师注意义务法定标准的实践基础，因为以审计失败为目的的审计是客观存在的。②

笔者认为，独立审计准则的性质只是行业协会制定的内部自律性规则，它不能作为认定会计师过错的法定标准。其一，注册会计师协会制定独立审计准则后，虽然要经过国务院财政部门的批准，但财政部门与注册会计师行业有着千丝万缕的联系，因此，经过国务院财政部门批准后的独立审计准则，是否具有公平性与公正性是值得怀疑的。独立审计准则在很大程度上体现着注册会计师行业的某些自利性利益，如果主要以独立审计准则为法律依据来评价注册会计师的责任，那公众的利益就处于难以保障的境地。其二，如果某一个行业可以通过制定行业规则来规避法律责任，为什么其他行

---

① 颜延：《从注册会计师的注意义务看独立审计准则的法律地位》，《会计研究》2003 年第 6 期。

② 刘正峰：《独立审计准则的地位研究》，载《中国法学》2002 年第 4 期。

业就不能这样做，如果注册会计师把独立审计准则视为保护注册会计师职业自身的手段，那么独立审计准则甚至注册会计师存在的意义也就失去了基础。因为任何仅从逃避惩罚的目的出发管理自己行为的人或集团都没有多大的价值，每个有价值的社会都为它的成员设定高于法律的标准。其三，从国外的司法实践来看，大多没有将审计准则作为注册会计师过错的认定标准。这一点可由美国的两个经典案例得到佐证。在 1962 年美国巴克雷斯建筑公司审计案中，法官特意指出审计人员所用的程序与审计准则一致，但其对审计准则规定的程序的遵循不能证明其已尽了应有的谨慎责任。[①] 1968 年的美国大陆自动售货机公司审计案的法庭判决明确指出，即使证明审计工作是依据审计标准进行的，也不能确认审计人员具有善良的信念和意图，而且，即使被告的审计行为是依据这样的标准和原则进行的，也不是必然的或自动的构成辩护的全部理由。该案的 1 名审计经理和 2 名审计人员被判有罪并课以罚款。在该案中，审计人员辩护说，他们是依据公认会计原则和审计标准进行的，没有公开附属担保品的性质和检查已聘请其他审计人员的分公司的会计账簿这样的特定义务。[②] 这两个经典案例否定了独立审计准则在注册会计师审计失败民事赔偿责任诉讼中的抗辩地位，即审计准则作为认定会计师过错的法定标准。实际上，我国《独立审计实务公告第 1 号——验资》在界定“真实性”的同时，也提出了“职业谨慎”的要求，第 12 条规定：“在验资过程中，注册会计师应对投资主体、出资方式、出资比例、出资期限、投资币种等重要事项予以关注。”判断会计师主观上是否存在过错，既不能以会计师是否严格遵循程序为标准，也不能以财务报告是否虚假为标准，应以“职业谨慎或职业注意义务”作为衡量会计师有无过错的标准。

---

① 刘正峰：《独立审计准则的地位研究》，载《中国法学》2002 年第 4 期。

② 项俊波、文硕：《审计史》，审计出版社 1990 年版，转引自刘正峰《独立审计准则的地位研究》，载《中国法学》2002 年第 4 期。

职业谨慎，又称职业关注，是一切职业所共同关心的概念。它既是一个法律概念，也是一个职业概念，对于这一概念的确切含义，目前尚无公认的权威的表述。但是在长期的司法实践中，人们逐渐形成较为一致的看法，最为典型的是英国 Cooleyon Tort 一案的法官在判案时所作的解释，他认为"每一个向他人提供服务或被雇佣的人，在其工作过程中都应承担以合理的关注和勤勉应用其所拥有的技术的责任。在所有需要特种技术的服务中，如果一个人提供这种服务，就被理解为他拥有与其他同行所拥有的一样的技能，如果发现在实际工作中他不具备这种能力，他就对所有相信他的工作或雇佣他的人犯有一种欺诈罪。但是，不管是需要技能的工作还是不需要技能的工作，没有人能保证毫不差错的成功地完成他所承担的工作。他能忠实和公正，但不能保持一直正确，他对他的雇主负过失责任和不忠诚老实的责任，但不负因纯粹的判断错误而导致的损失责任"①。世界著名的会计学家莫茨（Mautz）和夏拉夫（Sharaf）在其成名之作《审计理论结构》一书中对会计师的职业关注问题作了专门的探讨。他们认为，会计师的职业关注概念可包括两个部分：一是建立一个"谨慎执业者"的概念；二是对各种不同情况下所需履行的关注作出说明。对于第一部分，即谨慎执业者的概念，他们认为应包括下面几部分：（1）谨慎执业者应拥有任何所需的知识，以使其能预见不合理的风险或对他人的伤害；（2）能根据经验和客户的历史提出客户的雇员或部门的工作中以及业务交易和资产管理使用中所存在的特别风险，并对这些风险给予特别的注意；（3）在计划和实际审查时，能考虑到任何异常的情况和关系；（4）必须能识别自己所不熟悉的情况，并事先采取预防措施；（5）必须采取一切适当的措施来排除对发表审计意见有重要影响的疑问和问题；（6）必须不断地进行知识更新，掌握

① ［美］道格拉斯·R．卡迈克尔等著，刘明辉、胡英坤译：《审计概念与方法》，东北财经大学出版社 1999 年版，第 360 页。

最新的知识和技术方法；（7）必须认识对助手工作进行检查的必要性与重要性，并实施这种检查。对于第二个问题，由于会计师职业在提供服务时所处的环境各不相同，因此必须根据具体情况来判断是否履行了关注责任。例如，会计师职业在提供审计服务时，由于各客户的情况以及审查的内容各不相同，因此就需根据各种具体情况来实施职业关注。①

通过以上的分析，笔者认为，所谓职业谨慎，是指审计人员在为客户提供服务时，应秉着独立、客观、公正的态度去实施合理的审核检查，并作出不偏不倚的结论。这一概念应包括三个方面的含义：其一是拥有与其提供的服务相适应的技能；其二是小心谨慎地运用其技能；其三是保证忠诚和公正。

自审计受到人们的广泛关注以来，对于怎样才算履行了职业谨慎义务，一直是一个很有争议的问题。回顾审计发展的历史，我们可看到，自1895年英格兰的“London and General Bank”一案开始对审计人员追究审计责任以来，对什么是合理的职业谨慎的解释一直存在争议。1938年美国的“麦克森—罗宾斯”一案的判决认为，审计人员在实施审计程序时，应对存货进行盘点检查，对应收账之人进行征询，以确保其真实存在。如果审计人员没有实施这些程序，就是没有保持应有的职业谨慎。正是英国、美国、加拿大、澳大利亚以及其他英联邦国家数以百计的案例判决，使审计职业谨慎这一概念得到了日益明确的阐述，且不断深化。它们构成了对现金、应收账款、存货及固定资产的验证所应保持的职业谨慎的具体要求。

从国外的立法和司法实践来看，大多数国家都是以是否尽到了“职业谨慎”作为判断会计师有无过错的标准。美国1933年《证券法》第11条规定判断会计师勤勉尽职所应具备的谨慎标准是：

---

① R.K. 莫茨·H.A. 夏拉夫著，文硕等译：《审计理论结构》，中国商业出版社1990年版，第286页。

合理性的标准应当是一个谨慎的在管理自己财产时所采取的标准。法院在适用和解释第 11 条（b）款时，对合理性调查的判断要建立在诸多因素全面考虑的基础上。这些因素包括：会计师的知识水平、专业水平、对发行人情况的熟悉程度和取得情况的可能性、实际介入登记程序的准备登记材料的程度。如果会计师已经过适当合理的调查，也有理由相信登记文件中没有错误陈述及隐瞒，就不需承担责任。但美国注册会计师协会，证券管理机构和法院对“谨慎”的判断标准存在不同看法。美国注册会计师协会主张以准则（GAAP、GAAS）① 为其唯一衡量标准，若缺乏规定，则遵从专家意见，法院无权对之质疑；证券管理部门主张衡量标准不仅包括准则和职业惯例，还包括会计师是否“有效表述重要信息”，若前者缺乏规定，其将不顾专家意见，而径行建立“有意义的履行标准”；法院则主张准则有特别规定的，注册会计师义务仅限于遵照准则，除非报表为“误导性”并确实造成损害。② 美国证券法奠基人 Loss 教授认为：“应有的勤勉”义务就是专家经过合理的审查，有合理的理由相信并且确实相信，注册文件在生效时是真实的和完整的。③ 在美国的 Escott 诉 Barchris Construction Corporation 一案中，引起争议的一个问题是，会计师是否应该依据证券法第 11 条的规定承担比其专业标准更高的专业义务。第七巡回法院在 Hochfelder V. Ernst & Ernst 一案的判决中，指导性地确立了判断会计审计的标准，基本与法院在 Barchris 案中的意见一致，即会计师通常“只需符合作为一个被大家期望的精通专业的会计师所应有的注意标准即可”。但第七巡回法院又指出：符合了 GASS 并不能自动隔绝责任，

---

① GAAP 和 GAAS 是美国的两个会计行为规则，其中 GAAP 涉及的是审计师如何获取信息，而 GAAS 涉及的是提供信息的形式。

② 刘桥：《注册会计师民事责任研究》，载梁慧星主编：《民商法论丛》第 16 卷，金桥文化出版（香港）有限公司 2000 年版，第 111—112 页。

③ 转引自刑颖《专家在证券公开文件中虚假陈述的几个法律问题》，载《民商法纵论：江平教授 70 年华诞祝贺文集》，中国政法大学出版社 2000 年版，第 703 页。

还应当看这一专家行为是否构成合理的谨慎。美国学者 Fiflis 在《会计师对第三人的责任》一文中提出了“适当地注意标准”，认为符合了 GAAS 一般可以提供一道免除疏忽责任的屏障。但这一屏障仅仅是关于会计师获得必要的基础事实问题的。当会计师在适当地获得了足够信息的基础上，却做出了不合理的判断，则此时符合了 GAAS 就不能成为责任的屏障了。另外，符合 GAAS 也不能免除会计师在适当的审计过程中基于获得的虚假陈述而做出报告所应承担的法律责任。这也就是说，会计师所审查的内容仅仅是评价其责任的第一步，这一部分是会计师支持最终在财务报告中的表述的信息的证据。第二步是审查会计师以获得的信息为基础所做出的判断，最后一步是审查整个财务报告的公平性。如果财务报告被认为有虚假陈述或者误导性陈述，则以上三个阶段中的每一步的疏忽都可能导致法律责任。①

我国台湾地区“证券交易法”也规定，会计师等专业人员如能证明已经合理的调查，并有正当理由确信其签证或意见为真实者，可免除赔偿责任。

我国现行立法和规范性文件，对会计师职业谨慎的规定，集中体现在《注册会计师法》，《中国注册会计师职业道德基本准则》，《独立审计基本准则》等文件中，这些文件“强调会计师应当具备专门学识和经验，经过专业训练，并具有足够的分析、判断能力”，“注册会计师在执行审计业务，出具审计报告时，应遵守保持独立、客观、公正、廉洁和专业胜任能力，尊重同行，公平竞争等职业道德”。尤其是《独立审计准则》第 6 条更是明确规定，注册会计师应当遵守职业道德规范，并以应有的职业谨慎态度执行审计业务，发表审计意见。

---

① 转引自刑颖《专家在证券公开文件中虚假陈述的几个法律问题》，载《民商法纵论：江平教授 70 年华诞祝贺文集》，中国政法大学出版社 2000 年版，第 704—705 页。

我国《证券法》第 173 条规定："证券服务机构为证券的发行、上市、交易等证券业务活动制作、出具审计报告、资产评估报告、财务顾问报告、资信评级报告或者法律意见书等文件，应当勤勉尽责……"法释〔2007〕12 号第 7 条规定："会计师事务所能够证明存在以下情形之一的，不承担民事赔偿责任：（一）已经遵守执业准则、规则确定的工作程序并保持必要的职业谨慎，但仍未能发现被审计的会计资料错误；……"由此说明我国立法已经重视"职业谨慎"的作用，"职业谨慎"作为判断会计师有无过错的标准应无异议。

在具体判断会计师是否违反职业谨慎义务时，其标准只能是会计行业中等执业能力，过高或过低的判断都是不合理的。在司法实践中，法官应首先假设一个具有会计行业"中等执业能力"的注册会计师，在执行同样业务时，是否能够注意并披露被审计单位的错弊。如果该会计师可以注意并披露有关信息，而案中的会计师未能注意并披露，即是没有保持"应有的职业谨慎"，从而可以判定会计师有过错。此外，在委托人或第三人提供虚假信息而导致会计师出具虚假财务报告时，认定会计师是否违反职业谨慎要特别慎重。会计师民事责任的承担应充分考虑会计师行业的特点和审计行为固有的风险，会计师对会计报表只有"合理的保证责任"，即只能保证经过其验证并发表的无保留意见的财务报表，在所有重大方面公允地反映了被审计单位的财务状况，经营成果，而不能保证其报表中不存在任何错误、疏漏、隐瞒或者歪曲。这是审计活动隐含的一个基本前提。用行话来说："注册会计师是公众的看门狗，但不是猎犬。"① 英国也有一个类似的说法，即查账员之类的监管人员是"监守人并非侦探"，他并无义务像通常所说的那样应像一个侦探带有怀疑的态度或既定的结

① 参见刘燕《验资报告的"虚假"与"真实"：法律界与会计界的对立——兼评最高人民法院法函［1996］56 号》，《法学研究》1998 年第 4 期。

论认为一定有不正常的情况。[①] 特别是对作为审计结论基础性证据的由银行出具的资金到位证明、银行对账单、收款凭证、资产评估报告、价值鉴定书、第三人出具的货物所有权凭证等文件、材料的真实性、科学性，会计师是无法作出保证的，只能由出具的审计单位和个人个别负责。对此，会计师一般可以援引委托人或第三人出具的证据材料有瑕疵来进行抗辩免责。当然，这种抗辩并非是绝对的。会计师对这类材料也有审查的义务，如果其明知或应当知该材料有瑕疵而仍予以采用，则可认定其主观上有过错，应当承担民事赔偿责任。

**（二）虚假审计报告的鉴定机构**

会计师承担民事责任的前提条件是因为其出具了虚假的审计报告。因此，是否出具虚假审计报告是认定会计师有无过错的一个核心要素。那么由谁来鉴定审计报告的真假？理论界对于这个问题存有不同的看法。笔者认为，对会计师虚假审计报告的鉴定，可借鉴新的医疗事故的鉴定方法，成立专门的审计鉴定委员会或类似机构，负责对会计师出具的报告鉴定真伪。

1. 建立审计鉴定委员会的必要性

审计活动是一种专业性服务，普通公众或未受过职业训练的司法人员几乎无法对其中的是是非非作出判断，即审计纠纷中的责任认定具有复杂性，非行业内人士很难理解会计师进行审计活动时的环境、要素和每个步骤的恰当性。同时，会计师承担职业侵权责任的要件包括审计报告不实、未尽应有的职业关注、损害事实及因果关系。在会计师侵权损害赔偿案件，损害事实由原告举证，由于会计师民事责任的归责原则为过错推定制，除非会计师能证明自己无过错，否则法庭就推定会计师未尽应有的职业谨慎。在这种证明责任分配背景下，会计师本

① 参见［英］R.E.G. 佩林斯·A. 杰弗里斯《英国公司法》，《公司法》翻译小组译，上海翻译出版公司1984年版，第339页。

身很难直接在法庭上证明自己无过错，因为原告、法官都是外行，他需要一个权威的鉴定结论支持他的主张。会计师要想证明自己已尽职业谨慎，一般是要寻找独立的第三人证明。常见的是申请法院委托其他会计师事务所组成的鉴定小组对其审计工作底稿进行鉴定。但是如果鉴定人不独立、不公正，会影响到鉴定结论的真实性。由于会计师事务所往往会偏袒会计师，原告、法官怀疑鉴定小组所提交鉴定结论的公正性。因此，鉴定人的独立性、公正性是急需解决的问题，而解决这一问题的最好的方式是建立独立的审计鉴定委员会，通过审计鉴定委员会来独立地行使对审计报告真伪的鉴定权。

2. 鉴定的组织

审计报告真假的鉴定由谁来组织？学界有三种不同的观点：第一种观点认为法官有权独立界定会计师的审计报告是否为虚假报告；第二种观点认为应由注册会计师享有界定权；第三种观点认为界定权由法院享有，但操作中因涉及专业性问题，最高人民法院可要求各地法院征询会计师协会的意见后再判决[①]。笔者认为，对审计报告的鉴定，可以借鉴新的医疗事故鉴定的做法。新《医疗事故处理条例》改变了原《医疗事故处理办法》的规定，不再由卫生行政部门组织鉴定委员会，而由医学会来组织鉴定委员会，以避免卫生行政主管部门的角色冲突。因为卫生行政部门一方面使用鉴定结论作出行政处罚，一方面又直接组织鉴定，会使调查与处理两项职能集于一身，不利于互相牵制与监督。同样，由财政部门来组织鉴定会计师审计报告的真假，会使公众对鉴定结果的公平性产生怀疑。众所周知，我国的会计师事务所与财政部门有着千丝万缕的联系，很多会计师事务所原来都隶属于财政部门，在这种背景下，通过财政部门组织对审计报告的真假鉴定，其公平性是值得怀疑

① 郑朝晖：《谁来鉴定审计失败》，《中国审计》2001 年第 4 期。

的。笔者认为，我国可由审计署、财政部牵头，联合最高人民法院、最高人民检察院、司法部发文成立审计鉴定委员会，该机构的成员应由当地人民法院、人民检察院和司法、审计部门、财政部门的有关负责人和专家共同组成。鉴定委员会负责当地审计鉴定人遴选、组织、协调和监督具体案件的鉴定工作日常管理，但鉴定委员会不得干涉鉴定人独立行使鉴定权利，这样有利于鉴定人独立判断和意思表达，使鉴定结论不会因受某一个部门的影响而失真。同时，为方便工作，可在鉴定委员会下设秘书处，挂靠在各级注册会计师协会，与注册会计师协会惩戒委员会合署办公，但不受到注协领导，以免受到注协不恰当的影响。

3. 鉴定人员

由谁来为虚假审计报告的认定进行鉴定？目前在理论界争议较大，笔者认为其中一种观点比较合理，即建立独立的审计鉴定人名册制度和具体案件的鉴定人三方选任制度。所谓鉴定人名册制度是指由审计鉴定委员会会同财政部门、审计部门，将全国范围内的具备审计鉴定人资格的人员姓名、性别、专业特长、职称、服务机构、联系方式等背景资料编辑成册，存于司法机关、注册会计师协会、鉴定委员会秘书处，以备选用。在册鉴定人每年须通过审计鉴定委员会的资格年检注册，否则其鉴定人资格将被注销。建立独立的鉴定人名册制度的意义在于有利于保持鉴定人的独立性，使个人利益和注册会计师协会的管理分离，防止因个人利益影响公正；有利于社会各界对鉴定人从事审计鉴定工作的监督。所谓具体案件三方选任制度则是指在须对某一具体案件审计纠纷进行鉴定时，鉴定人的选任由纠纷双方当事人分别从鉴定人名册中选任人数相同的鉴定人，双方已选定的鉴定人再协商选任一名第三方鉴定人，若协商不成，则由鉴定委员会选任一名第三方鉴定人，由第三方选任的鉴定人共同组成该案件的鉴定机构，并由第三方鉴定人担任该机构的主持人，鉴定人均以个人的身份进行鉴定。鉴定人的选任不受鉴定人所在地区及其服务机构隶属部门的限制。[①] 三方选任鉴定人制度是基于对抗制约机制，它能有效地促使鉴定人增强独立行使权利、承担义务的责任感，使鉴定工作的透明度增加，提高纠纷双方当事人对鉴定结论的可信度。

4. 审计鉴定标准

根据何种标准来鉴定审计报告的真假，这是审计鉴定工作的一大难点。北京市注册会计师协会监管部通过大量的调查，对法定业务报告制定了7条质量评价标准：①是否编制了相应的工作底稿；②报告和工作底稿是否经过逐级复核并有复核人签名记录；③是否与客户签订了符合独立审计准则要求的业务约定书；④是否编制了相应的审计计划；⑤是否实施了重要的审计程序；⑥是否取得了充分适当的审计证据支持意见；⑦报告的内容与格式是否符合准则要求。如果所抽查报告的第①项、第⑤项、第⑥项中有任一项为“否”，报告为不合格；第②、③、④、⑦项中如有任三项为“否”，报告也为不合格。[②] 笔者认为，可以参考这一标准进一步完善审计报告鉴定标准，如重要的审计程序指哪一些，充分适当的审计证据包括那些等等，同时，鉴定标准是一个动态的概念，不是一成不变的。

总之，审计鉴定委员会的成立与运作既要考虑会计师行业的利益，更要考虑社会公众的利益。要吸收医疗事故鉴定的教训，不搞“父子鉴定”，“兄弟鉴定”，审计鉴定要做到“独立、公正、客观”。但是，建立审计鉴定制度并不意味着审计诉讼以审计鉴定为前置程序，委托人、第三人仍可以直接向法院起诉，审计鉴定应依当事人、法官的需要而进行，即审计鉴定是自愿的，不是强制的。

---

① 李若山、何红：《中国注册会计师民事责任的发展与现状分析》，载《中国会计与财务研究》2000 年第 1 期。

② 资料来源：飞草：《中国独立审计侵权责任之法理分析》，http：//www. studa. com/newpaper. 2003. 4. 1。

## 七 注册会计师不实财务报告民事责任的请求权主体

会计师因出具虚假的审计报告而致信息使用者受损，应当对多大范围内的信息使用者承担责任，是会计师的民事责任诉讼争执的焦点，也是西方国家关于会计师民事责任规则中争议最大的问题。英美法关于第三人范围的界定至今仍没有一个统一的判断标准。从“契约关系原则”到“关系原则”、“已知第三人”、“合理预见之使用人”，20世纪90年代又回到“已知第三人”，但“已知第三人”标准能延续多久尚有疑问，因为“哈曼裁决”又有回到“合理预见之使用人”标准的倾向。可以说，自从“契约关系原则”的统治地位被推翻以后，会计师对第三人责任范围规则始终处于一种变数重生的状态，每一个案件都可能出现意料之外的结果。同时，美国各个州所采用的标准也大不一样。据2000年的一个统计资料，在审理过会计师民事责任案件的38个州中，有22个采纳了《侵权法重述Ⅱ》标准，会计师需对已经预见的第三人承担责任；剩下的16个州中，2个州坚持传统的“契约关系原则”，12个州承认“契约关系原则”之“主要收益人”例外；还有2个州实行“合理预见之使用人”标准，会计师需对一切依赖有瑕疵的审计报告受损失的第三人承担责任。①

日本有关会计师的民事责任的规定主要在《证券交易法》和《商法特别法》中。根据《证券交易法》第21条1项3款、第22条1项、第24条4项的规定，因虚伪之查核证明，善意受损的第

---

① Carl Pacini，Mary Jill Martin，Lynda Hamilton，“*At the Interface of Law and Accounting: An Examination of A Trend Toward a Reduction in the Scope of Auditor Liability to Third Parties in the Common Law countries*”，37 Am. Bus. L. J. 171. 转引自梁慧星主编《民商法论丛》第26卷，法律出版社2003年版，第232页。

三人，为查核证明之外部审计人员须对此负损害赔偿责任，且审计人员有无职务懈怠之举证责任转由被告审计人员负责。即外部审计人员就查核证明有无过失负举证责任。如果审计人员能举证证明自己无过失即可免除责任。根据日本《商法特别法》第 10 条的规定，会计审计人员在查核报告中有重要的虚伪不实者，对信赖该不实报告而受损的第三人负连带损害赔偿责任。日本法则将第三人的范围界定为所有"因信赖不实财务报告而受损的善意第三人"。这一标准与英美法的"合理可预见之使用人"标准非常相似。

我国台湾地区对第三人的范围使用概括式界定。"证券交易法"第32 条第1 款第4 项规定："对于善意之相对人因而所受之损害……负赔偿责任。"所谓善意，"指不知公开说明书内容虚伪或隐匿，而损害之发生须与公司说明书之不实陈述有相当因果关系，亦即原告善意而信赖公开说明书，致遭受损害"。由此可见，我国台湾地区立法对第三人范围的界定与日本立法基本一致，强调第三人应具有"善意"且"信赖"不实财务报告。

法释〔2007〕12 号第 2 条把利害关系人界定为：因合理信赖或者使用会计师事务所出具的不实报告，与被审计单位进行交易或者从事与被审计单位的股票、债券等有关的交易活动而遭受损失的自然人、法人或者其他组织。此规定是对域外立法的有益借鉴，但有几个问题值得探讨。

其一，何为"合理信赖"？报表使用人对会计师专业意见的合理依赖，主要涉及财务信息的时效性。资产负债表或验资报告等专业意见对公司财务状况的反映是时点性的。在公司的经营活动中，其资产的构成、数量和金额随时发生变动，以公司净资产所代表所有者权益实际上也处于变动状态。因此，在一个特定日期编制的资产负债表，或者会计师对特点时日的所有者权益状况所出具的验资报告，只是反映了该特定日期的资产规模和资本构成。[①] 这也是法

① 刘燕：《会计师民事责任研究》，北京大学出版社 2004 年版，第 228 页。

释〔2007〕12号第7条第4款规定会计师已经遵照验资程序进行审核并出具报告，但被验资单位在注册登记后抽逃资金的，该会计师可以免责的缘由。

其二，法释〔2007〕12号并未要求利害关系人需符合“善意”的要件，导致法释〔2007〕12号面临“解释”的难题。利害关系人在明知会计师事务所出具的报告为不实报告的情况而仍然使用的，应当被认为是恶意相对人，其所造成的损失应当由自己承担，当然被告应当承担证明利害关系人为“恶意”的证明责任。但法释〔2007〕12号第8条却规定：利害关系人明知会计师事务所出具的报告为不实报告而仍然使用的，人民法院应当酌情减轻会计师事务所的赔偿责任。此规定只规定会计师可以减责而未规定免责，是否合理值得商榷。

其三，信赖的证明与“推定信赖”。在侵权法下的诉讼中，通常原告必须证明信赖的存在。不过，在会计师责任的案件中，法官有时并没有严格遵循这一规则，而是采取过错推定的立场，要求会计师证明因果关系的不存在。在证券法领域，为了保护中小投资者的利益，以判例或法律的形式接受了欺诈市场理论，推定投资人对市场价格的信赖，从而在法律上建立了虚假信息披露与投资损失之间的因果关系。[①]《1.9规定》第18条也采取了推定信赖的立场。法释〔2007〕12号第4条亦规定会计师事务所因在审计业务活动中对外出具不实报告给利害关系人造成损失而承担侵权赔偿责任，采纳过错推定的归责原则。我们可以认为，在侵权法和证券法领域中的会计师对第三人的民事责任，均采取“推定信赖”的立场，从而减轻原告的举证责任，降低民事诉讼的门槛。

---

① 焦津洪：《“欺诈市场理论”研究》，《中国法学》2003年第2期。

## 八　注册会计师不实财务报告民事责任承担的方式①

注册会计师过失出具不实财务报告而导致第三人受损，承担责任的主体是执业会计师，还是会计师事务所，还是由两者共同承担，在学界有较大争议。对于注册会计师可否直接单独对第三人承担民事责任，国内学界有以下两种截然相反的观点。

第一，“一元论”标准。这种观点主张应由会计师事务所承担对第三人的赔偿责任，会计师本人无须承担责任。这种观点的理论依据为职务行为理论，即无论是从内部关系而言，还是从外部关系而言，会计师从事的审计活动都是一种职务行为。从内部关系而言，会计师是受会计师事务所指派为委托人工作，并始终代表事务所完成审计任务；从外部关系而言，都是由会计师事务所统一接受客户委托并收取业务收入。因此，根据职务行为的“替代责任”原则，应将会计师所代表的会计师事务所列为对第三人的赔偿责任主体。会计师执行业务，应当加入会计师事务所，由会计师事务所统一接受委托，收取佣金，签证报告同时加盖会计师事务所的印章。② 这就是所谓会计师内部责任理论。一直以来，会计业内人士也普遍认为，会计师事务所出具财务报告所引起的民事责任，应由会计师事务所统一承担，而具体负责和参与财务报告制作的会计师不单独对第三人承担民事责任。而且各级法院近年来在审理会计师事务所涉诉案件时都没有出现追加会计师为被告，更没有追究其民事责任的案例。在我国，会计师并不是直接的赔偿责任主体，只是执业主体，也就是说会计师本人不具备向第三人承担责任的资格，真正的责任主体应当是会计师的执业机构——会计师事务所。大陆

① 彭真明：《论注册会计师不实财务报告民事责任的承担主体》，载《月旦财经法杂志》2005 年第 1 期，台湾元照出版公司 2005 年。

② 蒋大兴：《公司法的展开与评判》，法律出版社 2001 年，第 274 页。

《注册会计师法》在会计师事务所及其注册会计师对他人的民事赔偿责任问题上，采取的是“一元论”标准，即只规定了会计师事务所的赔偿责任，而没有将注册会计师个人列为对第三人民事赔偿责任的主体范围。《公司法》第208条规定：“承担资产评估、验资或者验证的机构因其出具的评估结果、验资或者验证证明不实，给公司债权人造成损失的，除能够证明自己没有过错的除外，在其评估或者证明不实的金额范围内承担赔偿责任。”由此可见，《公司法》采取的是“一元论”标准，2005年通过的新《证券法》第173条采取的也是“一元论”标准。①

第二，“二元论”的标准。这种观点认为，由于会计师在执业时，充分运用了其个人的职业判断，为约束其行为，应将会计师与会计师事务所一并列为对第三人承担民事责任的主体。②《1.9规定》在对待会计师承担民事责任主体的态度上采取的是“二元论”的标准。《1.9规定》第24条和第27条都涉及了中介机构及其直接责任人的责任承担问题，虽然这两条在虚假陈述行为性质以及责任形式方面并没有多少实质区别，但在责任承担主体方面截然不同，第24条规定的责任主体包括中介机构和直接责任人，而第27条规定的责任主体只是中介机构。由此可见，大陆不同法律对会计师可否单独承担民事责任也是莫衷一是，即使是同一法律，内部也存在着矛盾。

根据法释〔2007〕12号第5条的规定，注册会计师在审计业务活动中存在六种情形之一，出具不实报告并给利害关系人造成损

---

① 《证券法》第173条规定：证券服务机构为证券的发行、上市、交易等证券业务活动制作、出具审计报告、资产评估报告、财务顾问报告、资信评级报告或者法律意见书等文件，应当勤勉尽责，对所制作、出具的文件内容的真实性、准确性、完整性进行核查和验证。其制作、出具的文件有虚假记载、误导性陈述或者重大遗漏，给他人造成损失的，应当与发行人、上市公司承担连带赔偿责任，但是能够证明自己没有过错的除外。

② 我国台湾学者周志诚曾对赔偿责任主体进行过调查，在结论统计中发现中国大陆有68%会计界人士认为应由个人与事务所共同承担责任，有10%的人主张由会计师个人承担责任，只有18%的人主张由会计师事务所承担责任。参见周志诚《注册会计师法律责任——中国海峡两岸案例比较研究》，上海财经大学出版社2001年版，第243页。

失的，应当认定会计师事务所与被审计单位承担连带赔偿责任；根据第六条的规定：会计师事务所在审计业务活动中因过失出具不实报告，并给利害关系人造成损失的，人民法院应当根据其过失大小确定其赔偿责任。不难看出，法释〔2007〕12号坚持注册会计师过失出具不实财务报告而导致第三人受损，承担责任的主体只是会计师事务所，会计师本人无须直接承担责任。

事实上目前在大陆，作为专家责任之一的会计师民事责任与两大法系的“专家责任”内涵尚相差甚远。诚然，源于大陆会计师这一行业产生的特殊历史背景、某种常以强制性的法律规定形式来抹杀人们的个性和创造力，以及缩小个人的自由空间的政治文化因素和人们对其所属单位存在着“一荣俱荣”“一损俱损”的强烈归属感的文化传统因素，人们对会计师因执业过失给他人造成损失后，由其所在会计师事务所承担责任似乎已形成了一种潜意识规则。但注册会计师作为一种专家，其执业活动具有特殊性。就世界范围而言，各国审计准则均要求注册会计师在执业活动中应保持应有的“执业判断力”和“职业谨慎态度”，即会计师在执业活动中应充分运用其个人的执业判断力，在进行执业判断时，必须保持应有的职业关注。如果会计师未保持应有的职业关注，均为其过失的表现，对第三人造成损害的，应由其个人承担相应的民事责任。即使以有限责任的组织形式执业，会计师执业的民事责任仍未改变，如在美国，一般来说，在指控某一合伙人或股东的民事诉讼中，其他合伙人或职业公司股东要承担连带责任。但如果事务所是有限责任合伙公司组织，或是一般公司，或是有限责任职业公司，则与某一合伙人或股东有关的诉讼责任不会延伸到另一名合伙人或股东的个人财产，除非其他合伙人或股东也与引起此项责任的合伙人的诉讼案有直接牵连。[①] 在我国香港地区，公司法例的颁布使会计师能

① 〔美〕阿尔文·A．阿伦斯·詹姆斯·K．洛不贝克著，石爱中、李斌译：《审计学—整合方法研究》，中国审计出版社2001年第185页。

够以公司制的方式执业，审计师的个人财产在不是本人过失造成的不能清偿的对事务所的过失索赔时受到保护。但审计师由于本人职业上的过失责任被认定为可能时不是有限责任。在确定是个人谨慎责任的案例中有过失的个人可能会产生个人责任，这时负有执业责任的会计师是以会计师的身份而不是以股东的身份受到指控。① 我国台湾地区《证券交易法》第 32 条规定："除非会计师能举证出具查核签证时并无过失，否则应就其所签证之公平说明书的虚伪或隐匿记载所造成之损害，与公司负责人，证券承销商及其他签证律师等，负赔偿责任。"

我国《注册会计师法》没有明确规定会计师执业的民事责任。该法将注册会计师定为"执业人员"，同时对该会计师如何执行业务作了规定。根据该法的规定，从事审计业务是注册会计师在执行业务而不是会计师事务所在经营业务。独立审计准则和财政部于 2001 年 7 月 2 日颁布的《关于注册会计师在审计报告上签名盖章有关问题的通知》规定，审计报告不仅需要会计师事务所盖章，还需要注册会计师签名盖章方为有效。在审计报告上签名盖章就是注册会计师的执业行为，批准会计师事务所盖章则是批准人在履行职务行为。由此可见，大陆与国际上通行的做法一样，会计师事务所是会计师执业的方式这一格局并没有改变。因此，大陆会计师执业的民事责任仍然应是个人责任。目前，大陆会计师事务所的组织形式主要有合伙制与有限责任公司制两种，其发展趋势应主要是合伙制。在新修正的《合伙企业法》"特殊的普通合伙企业"一节中，则明确规定合伙人的个人责任。其第五十七条规定：一个合伙人或者数个合伙人在执业活动中故意或重大过失造成合伙企业债务的，应当承担无限责任或者无限连带责任，其他合伙人以其在合伙企业中的财产份额为限承担责任。很明显，《合伙企业法》的新规定采纳了"二元说"，将追究在执业活动中存在故意或重大过失的合伙律师的民事责

---

① 香港会计师公会：Incorporation of a CPA Practice. 1997〔R〕。

任，此规定具有相当的合理性，拓展了证券市场中民事责任的承担主体，有利于投资者利益的保障。在有限责任公司形式的会计师事务所，股东以出资额为限承担有限责任，但作为会计师，执业的民事责任仍然是个人责任，应当对其执业行为承担民事责任。即会计师因本人在职业上的过失行为引起赔偿而会计师事务所（有限责任公司）的财产不足以偿付而破产时，会计师作为事务所股东的责任是有限的，但作为会计师执业的责任是无限的，需以个人的财产偿付。许多人认为在有限责任公司形式的会计师事务所执业，会计师不必对其执业行为承担民事责任，这就是将执业责任与股东责任混为一谈。目前大陆会计师行业最根本的问题之一就是会计师民事责任司法实践的缺失，使许多会计师忘记了执业的民事责任是个人责任，没有对其执业行为需要承担民事责任的意识。[①]

虽然《注册会计师法》未肯定会计师对第三人的民事责任。1995 年通过的《深圳经济特区注册会计师管理条例》也肯定了会计师的个人责任。其中第 55 条规定："注册会计师、会计师事务所或其他有关人员违反本条例的规定，给他人造成损害的，应负赔偿责任。"《1.9 规定》第 7 条和第 24 条中明确将会计师事务所等专业中介服务机构中的"直接负责人"规定为虚假陈述证券民事赔偿责任的主体，这是一大进步。最高人民法院李国光和贾纬在关于《1.9 规定评释》中指出，"如果注册会计师及其所在事务所没有按照执业规则规定的工作程序出具报告，没有对其所出具报告内容的真实性、准确性和完整性进行核查和验证，而是从事了虚假陈述行为，则注册会计师及其会计师事务所就应当就其负有责任的部分向因此遭受损害的投资者承担连带赔偿责任"[②]。但《1.9 规定》

---

① 文庶：《从民事责任角度看会计师事务所组织形式》，《中国注册会计师》2003 第 1 期。

② 李国光、贾纬：《证券市场虚假陈述民事赔偿制度——最高人民法院〈关于审理证券市场因虚假陈述引发的民事赔偿案件的若干规定〉评释》，法律出版社 2003 年，第 110 页。

对“直接负责人”的概念没有明确，这给操作带来了一定的困难。由于会计师等中介机构执行一项业务，出具一份报告，涉及签字注册会计师，复核注册会计师，参与执行业务的注册会计师以及参与执行业务的非注册会计师助理人员等很多人。这里除了签字会计师以外，其他人员虽然不在报告上签名，但有可能在工作底稿上签名。那么，究竟是以签名还是以影响报告最终意见，或者以该项目经理抑或其他什么标准来确定“直接负责人”，《1.9 规定》并没有明确规定，而这个问题恰恰是会计师等中介执业人员最为关心的问题。因为只有这个判断标准明确了，执业人员才能预测到自己的行为是否要承担责任，以及承担什么样的责任，最终也才能正确把握自己的行为。笔者认为，将“直接责任人”界定为在报告中签字的会计师较为合理。因为一般而言，签字会计师是财务会计报告的主要完成人员，其他人员只是辅助人员，没有实质性参与财务会计报告的制作。

笔者认为，会计师内部责任理论不能充分体现民事责任制度的惩罚与教育功能，应当予以摒弃，会计师应当也可能单独成为过失侵害第三人民事权利的独立责任主体。即一旦会计师出具虚假的财务报告给第三人造成损失，第三人可以会计师事务所和会计师（直接负责人）作为被告，主张其对全部损失承担连带赔偿责任。这有利于对第三人实行周全保护，也符合会计师民事责任的国际惯例与发展趋势。而法释〔2007〕12 号在这一问题上仍固守会计师内部责任理论，似乎忽视了资本市场中会计师对第三人民事责任的独特性，也与《1.9 规定》不太吻合，有必要进一步完善。

## 九 注册会计师不实财务报告侵权损害赔偿的范围

关于会计师承担赔偿责任的范围，一个争议较大的问题是应否对会计师的赔偿数额给予适当的限制。一般而言，投资人信赖的是整个财务会计报告，在无法区分客户与会计师对出具虚假财务报告的过错程度的情况下，客户与会计师应对投资人承担连带赔偿责任。但由于在提供虚假财务信息方面，客户处于主导地位，会计师仅存在执业过错，并非与上市公司合谋，在这种情况下，要求会计师对投资人的损失承担过高的赔偿数额有失公平。因此，对过失提供虚假会计信息的会计师，在承担损害赔偿责任时给予适当的限制是十分必要的。同时，考虑到我国注册会计师行业起步伊始，会计师事务所资力尚不雄厚，职业保险制度还没有全面启动。从这个角度来看，也有必要对会计师的损害赔偿责任作适当的限制。从国外的立法来看，也有这种先例。目前世界上对会计师赔偿责任设有上限的有德国、奥地利和希腊等国家。[①]从我国现行司法实践来看，也强调对验资诉讼中的会计师事务所的赔偿责任给予适当地限制，但是这种限制不合理，不利于保护受害人的利益。现行《公司法》第208条将验资机构的赔偿责任限制在"在其评估或者证明不实的金额范围内"。法释〔2007〕12号也将会计师事务所因不实报告对利害关系人所承担责任的最高限额限定在"不实审计金额"。[②]

这种规定显然缺乏合理性，它只考虑到了与被验资单位有合同关系的债权人，没有考虑到与被验资单位没有合同关系的第三人的责任的特殊性。相对于后者而言，验资机构提供的信息范围

---

① 参见黄铭杰《公开发行公司法制与公司监控》，元照出版有限公司2001年版，第305—306页。

② 法释〔2007〕12号第十条规定：人民法院根据本规定第六条确定会计师事务所承担与其过失程度相应的赔偿责任时，应按照下列情形处理：（一）应先由被审计单位赔偿利害关系人的损失。被审计单位的出资人虚假出资、不实出资或者抽逃出资，事后未补足，且依法强制执行被审计单位财产后仍不足以赔偿损失的，出资人应在虚假出资、不实出资或者抽逃出资数额范围内向利害关系人承担补充赔偿责任。（二）对被审计单位、出资人的财产依法强制执行后仍不足以赔偿损失的，由会计师事务所在其不实审计金额范围内承担相应的赔偿责任。（三）会计师事务所对一个或者多个利害关系人承担的赔偿责任应以不实审计金额为限。

较广，有时并不存在可以适用的所谓“虚假证明金额”。同时这种限制过大地降低了会计师事务所的责任，对第三人利益的保护不利。笔者主张对会计师侵权损害的赔偿责任作适当的限制，但这种限制不应当限定在“虚假证明金额以内”，因为在大多数情况下，第三人遭受的损失与该证明金额之间并无必然联系。该限额的确定可以综合考虑会计师的承受能力，受害人范围及请求额，相关政策等多方面的因素，由法院裁量定之。我国台湾地区会计师公会曾建议对会计师就其业务执行的赔偿责任，设有一定额度的上限，以减轻其执业风险。主张将《会计师法》第 18 条第 2 款修改为“损害赔偿金额，以填补损害金额为原则，但不得超过会计师所收取酬金十倍为限”。欧盟过去在公司法第 5 号指令草案拟定过程中，也曾主张将会计师的赔偿责任限定在会计师所收取酬金的十倍以下。但此建议未被采纳。[①] 笔者认为这种做法值得我国立法借鉴。

## 十　注册会计师共同侵权责任的承担

一般而言，如果会计师与公司负责人共谋，故意出具了虚假的财务会计报告，则会计师与公司及其负责人构成了共同侵权行为，会计师应与公司及其负责人对受害人承担连带赔偿责任。对于这一点，无论是学界还是司法实践均无争议。如果会计师并不是与公司负责人共谋，而仅仅是查核签证过失所致。在这种情况下，会计师与公司及其负责人之间能否构成共同侵权行为？会计师与公司及其负责人的责任如何分担？则颇有争议。在学说上，会计师事务所的责任类型亦是一个极富争议的话题。归纳国内学界现有的研究成果，主要的观点分为如下三种：

---

① 参见黄铭杰《公开发行公司法制与公司监控》，元照出版有限公司 2001 年版，第 305—306 页。

其一，统一适用连带责任的主张。该观点认为，只要会计师出具了虚假的财务会计报告，不管是故意还是过失，都应认定与客户构成共同侵权，对第三人承担连带赔偿责任①。

其二，区分故意、重大过失和一般过失分别适用连带责任和按份责任（比例责任）的主张。该观点认为，考虑到我国会计职业发展的现状以及转型时期会计师执业环境的不规范、配套制度的不完善等因素，对会计师的责任分配应当采用故意与过失的两分法，即，当会计师存在故意或重大过失时，适用连带责任规则；当会计师仅有执业过失时，适用按份责任（比例责任），会计师仅就自己的过错承担责任②。

其三，区分故意和过失分别适用连带责任和补充责任。该观点认为，对中介机构的民事责任而言，应当区分是否有故意或重大过失，如果其出于故意，且与上市公司构成共同侵权，则应当承担连带赔偿责任。如果没有形成恶意通谋，应当承担补充责任。如果是轻微的过失，不应当承担责任③。其理由是，因为会计师虚假陈述与原告的损失间往往是一种间接因果关系，会计师要对自己的过错承担责任，但承担的不是直接责任，而是一种间接责任，体现在法律上，就是一种补充责任。这样有利于分清主次责任，避免一些法院不追究主要责任人的责任，而直接追究次要责任人的责任④。

---

① 彭真明：《注册会计师对第三人民事责任研究》，第197—200页，中国社会科学出版社2006年版；郑顺炎：《证券市场不当行为的法律实证》，第207页，中国政法大学出版社2000年版。

② 刘燕：《会计师民事责任研究：公众利益与职业利益的平衡》，第260页，北京大学出版社2004年版；李明辉：《注册会计师的过失责任：连带责任抑或比例责任》，载于《河北法学》，2005年第4期。

③ 王利明：《关于中国证券法中民事责任制度的完善》，http：//www.civillaw.com.cn/article/default.asp？id=8621。

④ 飞草：《中国独立审计侵权之法理分析》，http：//cpa.esnai.com/asp/news/readpage.asp？catalog_id=27&pid=59&id=2083。

《注册会计师法》没有规定会计师事务所与会计师的共同侵权责任问题。《1.9规定》第6部分用3个条文规定了共同侵权问题，其中第27条规定："证券承销商、证券上市推荐人或者专业中介服务机构，知道或应当知道发行人或者上市公司虚假陈述，而不予纠正或者不出具保留意见的，构成共同侵权，对投资人的损失承担连带责任。"该条虽然并没有明确规定专业机构及其人员与发行人及上市公司的连带责任问题，但最高人民法院法官奚晓明、贾纬在《〈1.9规定〉的理解与适用》中已明确了第27条的连带责任主体为专业机构、发行人及上市公司。该文认为："承销商、上市推荐人和专业服务机构对发行人或者上市公司，构成共同侵权的前提是对发行人或者上市公司的虚假陈述，在职责范围内知道或者应当知道存在虚假陈述，如果其不纠正或者不出具保留意见，则视为共同侵权，而无须与发行人或者上市公司有主观上的意思联络，其应与发行人或者上市公司共同承担赔偿责任。"该条规定也有值得进一步完善之处。例如此条并没有将注册会计师等专业人员纳入连带责任的范围，这一方面缩小了第三人的求偿范围，同时也与《1.9规定》第24条规定的责任主体不一致，因为第24条明确规定了专业中介服务机构的直接责任人也应对第三人承担赔偿责任，在构成共同侵权时，专业中介服务机构的直接责任人也应承担连带责任。修订后的《证券法》第173条也规定了会计师事务所的共同侵权问题。该法第173条规定："证券服务机构为证券的发行、上市、交易等证券业务活动制作、出具审计报告、资产评估报告、财务顾问报告、资信评级报告或者法律意见书等文件，应当勤勉尽责，对所依据的文件资料的真实性、准确性、完整性进行核查和验证。其制作、出具的文件有虚假记载、误导性陈述或者重大遗漏，给他人造成损失的，应当与发行人、上市公司承担连带赔偿责任，但是能够证明自己没有过错的除外。"由此可见，根据《证券法》第173条，在会计师事务所过失出具不实财务报告的情形下，应承担连带赔偿责任。

法释〔2007〕12号通过故意和过失的区分，分别课予会计师事务所不同的责任类型，具体而言，在被审计单位与会计师事务所进行审计合谋，共同故意导致报告不实的场合，会计师事务所应当与被审计单位共同承担连带责任，对于注册会计师因未保持应有的职业谨慎，过失出具不实报告的，将会计师事务所的责任确定为与其过失相适应的补充赔偿责任。

笔者认为，只要会计师出具了虚假的财务会计报告，不管是故意还是过失，都应认定与客户构成共同侵权，对第三人承担连带赔偿责任。理由包括以下几点：

一是从比较法观点来看，目前大多数国家或地区承认会计师与公司及其负责人的共同侵权责任。美国1933年《证券法》和1934年《证券交易法》明确规定会计师事务所及其会计师，应对第三人承担无限连带赔偿责任。1995年12月22日美国国会通过了《私人证券诉讼改革法案》（以下简称改革法案）。《改革法案》的一个最大突破就是用“公允份额”的比例责任替代了过去的连带责任规则。这一规定改变了过去审计诉讼中的“深口袋”逻辑。在确定“公允份额”的比例责任时，该法案首先要求法官或陪审团必须遵照下面三个相互联系的步骤进行审判：第一步，审理被告或违法嫌疑人，判断其是否违反了《证券法》，以确定哪些相关方必须承担赔偿责任；第二步，将赔偿损失在第一步所确立的责任各方进行分配；第三步，确立各方是否故意违反《证券法》。显然，第一步与一般案情的审理大致相同。第二步则需要解决两个问题，一是哪些人对原告负有潜在的赔偿责任，二是损失的赔偿如何在相关各方进行分配。对此，《改革法案》规定，在解决以上两个问题时必须考虑：（1）导致损失的行为的性质；（2）行为与损失之间联系的性质和程度；（3）是否各方都是故意违反《证券法》，如果有关方属故意违反《证券法》，则特定方须对所有损失承担无限连带责任，如果不是故意，则在各方之间按其所造成损失的比例承担比例责任。① 由此可见，虽然美国《改革法案》确定了比例责任制度，但施加了非常严格的适用条件，并且美国几个影响最大的州，如加州、纽约州等，都保留着连带责任制度。英国长期以来，对会计师实行的都是连带责任，20 世纪 90 年代以来，很多学者主张用比例责任代替连带责任，但立法并没有采纳。英国普通法委员会1996 年公布了《关于连带责任制度改革的可行性研究报告》，该报告坚决反对引入比例责任，其理由既有基于公平原则的考虑，也有从效率方面考虑的因素。日本证券立法及商法特别法明确规定了会计师的连带责任。我国台湾地区的司法实务对于共同侵权行为的成立，并不以行为人间有意思联络为必要，数人因过失不法侵害他人之权利，如果各行为人之过失行为，均为其所生损害之共同原因，即所谓行为关联共同，亦足以成立共同侵权行为。同时台湾地区学者也主张，会计师的行为与公司负责人的行为，乃为导致第三人发生损害的共同原因，其间成立共同侵权行为。②

二是从法规范体系理论一致性来看，对财务报表的监督，是公司监事的重要职责之一，如果公司监事并未积极参与财务报表的造假，而只是未能尽到职业义务而致第三人受损。根据《证券法》第 69 条和《1.9 规定》第 28 条的规定，监事应与发行人、上市公司、证券承销商及证券上市推荐人对投资人的损失承担连带责任。此时，会计师的行为与公司监事的行为两者并没有多大差异，如果监事人应承担连带赔偿责任，则基于法规范的公平性与理论逻辑的一致性，会计师应对第三人承担连带责任。

三是法律之所以要规定财务会计报告必须先经过会计师查核签证后，才能提交股东会讨论，股东会通过后向社会公开，目的就在

① 陈锦隆：《会计师查核签证财务报表之民事责任（下）》，《会计研究月刊》第173 期。

② 同上。

于确保财务报表的真实性和准确性。如果会计师尽到职业谨慎，则财务报表内容真实可靠，第三人也不会因此而遭受损失。但若会计师未尽职业谨慎义务，其行为的不当性并不低于编制报表的董事等公司负责人。因此，要求会计师承担共同侵权责任，合理合法。如果否认会计师的连带赔偿责任，将可能使受害者得不到有效的救济。

# 第五章 证券欺诈民事诉讼的模式选择

由于证券民事纠纷具有所涉及受害人人数众多而且受害人地区分布广泛，所涉及争议的总标的额巨大，单个原告的诉讼请求少的显著特点，建立有效的证券欺诈民事诉讼机制则是保障投资者合法权益、确保证券市场健康发展的前提与基础。2003 年 1 月 9 日，最高人民法院发布《关于审理证券市场因虚假陈述引发的民事赔偿案件的若干规定》（以下简称《1.9 规定》）开启了证券投资者通过诉讼手段维护自身合法权益的法律之门；2005 年修改的《公司法》与《证券法》中增加了上市公司控股股东和实际控制人的法律责任以及虚假陈述行为、内幕交易行为、操纵市场行为、欺诈客户行为相关责任人的民事赔偿责任。然而，毋庸讳言，法律的进步并不意味着证券欺诈争议的解决，当证券欺诈民事诉讼案件进入司法程序时，首先要解决的问题即在于采用何种诉讼模式才能实现高效、公正解决纠纷的目的，这也成为了在证券欺诈民事诉讼制度研究方面首先要面对的问题。

## 一 我国证券民事诉讼方式的沿革

我国证券民事诉讼的发展是伴随着我国证券市场的发展而逐步发展的。我国证券民事诉讼的发展沿革主要有四个阶段，即（1）上海证券交易所和深圳证券交易所成立至2001 年9 月21 日最高人民法院发布《关于涉证券民事赔偿案件暂不予受理的通知》（以下称《9.21 通知》）的证券欺诈民事诉讼驳回起诉阶段；（2）《9.21 通知》发布后至2002 年1 月15 日发布最高人民法院下发的《关于受理证券市场因虚假陈述引发的民事侵权纠纷案件有关问题的通知》（以下简称《1.15 通知》）的证券欺诈民事诉讼暂不受理阶段；（3）《1.15 通知》颁布后至 2003 年 1 月 9 日发布《1.9 规定》的有条件受理阶段；（4）《1.9 规定》颁布至今的证券欺诈民事诉讼的实施阶段。

**（一）1990 年 12 月—2001 年 9 月的驳回起诉阶段**

在这一阶段中，我国证券市场出现的具有重大影响的违法违规证券案件主要有：中国农业银行襄樊市信托投资公司上海证券营业部内幕交易案（1994 年 1 月）、北京金昌投资咨询服务公司及李石操纵郑百文公司股价案（1996 年 6 月）、大庆联谊虚假陈述案（1996 年 9 月）、琼民源案（1997 年 4 月）、红光实业案（1998 年 10 月）等。[①] 然而，在这一阶段，对于证券市场的违法违规行为的打击仅局限于行政处罚和刑事制裁，证券欺诈民事诉讼尚未能纳入人民法院的受理案件范围。1998 年 12 月 4 日，投资者姜某向上海市浦东新区法院起诉成都红光实业股份公司的全体董事及相关中介机构，要求赔偿其因虚假陈述导致原告遭受的损失。1999 年 4 月，浦东新区法院作出裁定认为：不能确定原告的损失是由被告虚假陈述直接造成的，被告在证券市场上的违法违规行为属于证监会的行政处理范围，不属于法院受理案件范围，依照民事诉讼法的有关规定，裁定驳回起诉。此时证券欺诈民事诉讼案件的受理陷入了投资者诉讼无门、法院受理无法可依的状态。

虽然，2000 年 11 月 8 日最高人民法院公布的《民事案件案由规定（试行）》中已经涉及证券纠纷的案由，即证券发行、返还、欺诈、内幕交易纠纷、操纵证券交易市场纠纷、虚假证券信息纠纷、证券投资基金纠纷、证券登记、托管、结算纠纷、股票交付请求权、股权转让侵权纠纷、股东会议表决权纠纷、公司知情权纠

① 参见宋一欣、牟敦国《证券民事赔偿实务手册》，百家出版社 2002 年版，第 229 页。

纷、公司盈余分配权纠纷、公司剩余财产分配纠纷、公司决议侵害股东权纠纷、股东会议召集权纠纷、股东不履行对公司义务纠纷、董事、监事、经理损害公司利益纠纷等均为人民法院可受理的民事案件，从而为人民法院受理证券欺诈民事诉讼案件提供了直接的依据。但遗憾的是，在现实中，人民法院并没有因为《民事案件案由规定（试行）》的出台而改变其对于证券欺诈民事诉讼案件受理的态度。

**（二）2001 年 9 月—2002 年 1 月的暂不受理阶段**

2001 年前后我国证券市场中欺诈投资者的案件有增无减，海通高科涉嫌欺诈事件、亿安科技操纵股价案（2001 年 4 月）、银广夏造假案（2001 年 8 月）、麦科特欺诈案件（2001 年 9 月）等案件接连发生。[①] 尤其是亿安科技案和银广夏案发生后，证券欺诈民事诉讼一时成为社会热点话题。中国证监会在对“三九医药”通报批评时，呼吁广大中小投资者“积极行动起来，通过民事诉讼程序和集体诉讼机制，向侵害自己权益的上市公司大股东及全体董事和监事索取赔偿，使民事赔偿制度成为制约违法违规行为的有力武器”。[②] 2001 年 8 月 13 日，中国证监会副主席高西庆也曾针对“银广夏”事件明确表示，鼓励合法权益受到侵害的中小股东联合起来，充分利用现有的民事诉讼法律机制，提出损害赔偿之诉。[③] 在“银广夏”案中，28 名投资者向江苏省无锡市崇安区人民法院起诉银广夏公司、中天勤会计师事务所等，该法院正式受理并实施了诉讼保全。

正当证券欺诈民事诉讼如火如荼地展开之时，2001 年 9 月

---

① 宋一欣、牟敦国：《证券民事赔偿实务手册》，百家出版社 2002 年版，第 229—241 页。

② 周增军：《赵新先的资本游戏》，http：//www. ycwb. com/gb/content/2001 - 09/06/content_ 245758. htm，2006 年 10 月 21 日下载。

③ 李山：《中国证监会：被束缚的普罗米修斯》，http：//bbs. cenet. org. cn/dispbbs. asp？boardid = 92523&id = 35017，2006 年 11 月 10 日下载。

21 日，最高人民法院发布《关于涉证券民事赔偿案件暂不予受理的通知》，即《9.21 通知》。该通知称，“我国的资本市场正处于不断规范和发展阶段，也出现了不少问题，如内幕交易、欺诈，操纵市场等行为。这些行为损害了证券市场的公正、侵害了投资者的合法权益，也影响了资本市场的安全和健康发展，应该逐步规范。当前，法院审判工作中已出现了这些值得重视和研究的新情况、新问题，但受目前立法及司法条件的局限，尚不具备受理及审理这类案件的条件。经研究，对上述行为引起的民事赔偿案件，暂不予受理”。基于《9.21 通知》，2001 年 9 月 24 日上海市第一中级人民法院对起诉“银广夏”的 100 多位投资者答复暂不予受理；而无锡市崇安区人民法院也宣布中止对银广夏案件的审理。《9.21 通知》再次关闭了人民法院对证券欺诈民事诉讼案件受理之门。

**（三）2002 年 1 月—2003 年 1 月的有条件受理阶段**

2002 年 1 月 15 日，最高人民法院发布《关于受理证券市场因虚假陈述引发的民事侵权纠纷案件有关问题的通知》，即《1.15 通知》。该通知的出台标志着人民法院开始有条件地受理因虚假陈述行为引发的民事侵权赔偿诉讼案件，结束了我国证券民事侵权赔偿案件起诉无门的历史，司法力量正式介入虚假信息披露引发的证券侵权纠纷案件。《1.15 通知》出台后，有近十家被证监会认定有虚假陈述行为的上市公司被投资者告上法庭。截止到 2002 年底，全国法院共受理 900 余件要求虚假陈述行为人承担民事赔偿责任的案件，其中审结 15 起。较为典型的案件是，山东济南市中级人民法院受理的投资者张鹤诉渤海集团虚假陈述案；上海市第二中级人民法院受理的彭某诉嘉宝实业公司等证券虚假陈述案，该案以与原告达成庭外和解、原告申请撤诉结案，成为我国首起结案的同类案件；2002 年 12 月 25 日，11 位原告诉红光实业虚假陈述损害赔偿案在成都市中级人民法院的主持下，达成调解协议，被告方向原告方支付诉讼额的 90%，即约 22.5 万元人民币的赔偿，这是第一起在法院主持调解下结案的案件。

但是，《1.15通知》谨代表着人民法院开始有条件的受理证券欺诈民事诉讼案件，并不意味着我国证券欺诈民事诉讼机制的完善。一方面，《1.15通知》要求人民法院受理的证券欺诈民事诉讼案件仅限于“证券市场上证券信息披露义务人违反《中华人民共和国证券法》规定的信息披露义务，在提交或公布的信息披露文件中作出违背事实真相的陈述或记载，侵犯了投资者合法权益而发生的民事侵权索赔案件”，即因虚假陈述引发的民事侵权赔偿纠纷案件。另一方面，即使是因虚假陈述引发的民事侵权赔偿纠纷案件，也不是受害的投资者都可以提起诉讼，而是仅受理虚假陈述行为已经经过中国证券监督管理委员会及其派出机构调查并作出生效处罚决定的虚假陈述民事赔偿案件。这样在现实生活中能够符合上述条件的证券欺诈民事诉讼案件也就少之又少了。此外，在诉讼方式上，《1.15通知》还要求“对于虚假陈述民事赔偿案件，人民法院应当采取单独或者共同诉讼的形式予以受理，不宜以集团诉讼的形式受理”，使得证券欺诈民事诉讼案只能采用最常规的普通民事诉讼案件的诉讼方式解决，限制了地方各级人民法院的自主权。

**（四）2003年1月—至今的正式实施阶段**

最高人民法院发布的《1.15通知》仅6个条款，规定的内容过于简单、缺乏可操作性。为了弥补《1.15通知》的不足，使各级人民法院能够更好地审理证券欺诈民事诉讼案件，2003年1月9日最高人民法院颁布《关于审理证券市场因虚假陈述引发的民事赔偿案件的若干规定》，即《1.9规定》。《1.9规定》共计31条，详细规定了对证券市场因虚假陈述引发的民事赔偿案件审理的前置程序、地域管辖、诉讼方式、原被告资格及举证责任、虚假陈述及共同侵权行为的司法认定、虚假陈述行为与投资损失间的因果关系、民事赔偿范围及损失计算等内容。《1.9规定》是我国证券市场侵权民事责任制度建设的里程碑式的司法文件，是证券市场民事责任制度的法律规定得以实现的具体司法依据。[①] 然而需要强调的是,《1.9规定》第12条至第16条在“诉讼方式”方面对《1.15通知》的规定有了重大的突破,《1.9规定》在单独诉讼或者共同诉讼方式之外还允许原告人数众多的共同诉讼可以推选二至五名诉讼代表人,即代表人诉讼。

## 二 各国证券民事诉讼模式之比较

随着世界经济一体化的发展,中国的经济也正在与世界全面接轨,相同的经济环境,为经济领域法律制度的借鉴提供了条件和土壤。在我国资本市场国际化的背景下,证券投资层面上的问题具有一定的国际共通性,这其中当然包括投资者权益保护视角之下的证券欺诈民事诉讼机制问题。世界各国中对于证券民事诉讼的模式,最有代表性的莫过于美国的集团诉讼模式、日本的选定当事人诉讼模式以及德国的团体诉讼模式。对此我们进行简要的比较。

### (一) 美国的集团诉讼模式

集团诉讼(Class Action)是从英美衡平法上发展而来的一种诉讼制度,经过几个世纪的演变,集团诉讼不管在形式上还是在内容上都有了很大的充实和发展,其概念也逐步从规则与判例中抽象出来,形成一个完整的体系。所谓集团诉讼,是指一个或数个代表人,为了集团成员全体的共同的利益,代表全体集团成员提起的诉讼。法院对集团所作的判决,不仅对直接参加诉讼的集团具有约束力,而且对那些没有参加诉讼的主体,甚至对那些根本料想不到的主体,也具有约束力。集团诉讼在诉讼程序的每个阶段每个组成部

---

① 李国光、贾纬编:《证券市场虚假陈述民事赔偿制度——最高人民法院〈关于审理证券市场因虚假陈述引发的民事赔偿案件的若干规定〉评释》,法律出版社2003年版,前言。

分都有自己的特殊性，而不仅仅是一种当事人制度。它适应了现代社会解决纠纷并具有对群体性纠纷予以救济的功能，成为一种现代诉讼形式。①

美国的集团诉讼制度产生于19世纪，1848年的《菲尔德法典》最早规定了该种制度，将这种诉讼制度适用于某些州。1853年，美国联邦最高法院第一次公开判定了集团诉讼案件——史密斯对斯沃思德特的案件。由此，集团诉讼制度在美国正式确立起来。1938年由美国国会授权联邦最高法院制定的《美国区法院联邦民事诉讼规则》生效，该法详细地指出了哪些案件适用集团诉讼，并打破集团诉讼只适用于衡平法救济的传统，把集团诉讼引入普通法救济的领域。1966年和1997年美国先后两次对《美国联邦民事诉讼规则》进行修改。修改后《美国联邦民事诉讼规则》进一步规定了适用集团代表人诉讼制度的先决要件、限制条件和应审查的事项，从而使集团诉讼的立法更加实用化和具体化。② 对于集团诉讼在证券领域的运用，20世纪90年代中期以来美国立法对集团诉讼的改革，使得美国证券集团诉讼规则发生了重要变化③，更加强调对受害人权益的保护和对违法者的制裁，更加注重维护未出庭当事人的合法权益，注重法院在监督、制衡和控制诉讼全过程，以及制衡各方关系和利益的职能，对代表人适格的审查、诉讼参加、诉讼受理费的减免、后付等诉讼程序以及限制滥诉问题做出特殊规定和调整，使之更加符合解决群体性问题和“小额多数”（每个人受损失数额较小但总和巨大）群体侵权索赔的特点。但是《美国联

---

① 肖建华：《群体诉讼与我国代表人诉讼的比较研究》，载《比较法研究》1999年第2期。

② 杨峰：《美国集团诉讼及其对完善我国证券侵权群体诉讼制度的借鉴意义》，载《福建政法管理干部学院学报》2002年第4期。

③ 从1995年至今，美国国会在证券集团诉讼领域连续推出三部立法，即1995年《私人证券诉讼改革法》、1998年《证券诉讼统一标准法》和2005年《集团诉讼公平法》。

邦民事诉讼规则》第23条确定的集团诉讼规则的基本原理，仍然是证券集团诉讼程序的核心。

根据《美国联邦民事诉讼规则》第23条的规定，集团诉讼的先决条件是：集团中的一个或数个成员，在下列情况下，可以作为集团全体成员的代表起诉或应诉：（1）集团成员人数众多，以至全体成员进行共同诉讼在实行上有困难；（2）集团成员存在法律上或事实上之共同问题；（3）诉讼代表的请求和抗辩能够代表集团的典型请求和抗辩；（4）诉讼代表可以公平且适当地保护集团全体的利益。

集团诉讼的维持条件：（1）案件分别起诉或者抗辩可能产生风险：①将案件分别立案处理，可能对单个集团成员做出不一致或不同的判决，这类判决会形成不适当的行为标准，使得当事人用这些标准对案件处理的合理性提出质疑；②将案件分别处理，仅就其中个别当事人提起的诉讼做出判决，会对其他成员权利产生决定性的影响，对其他成员权利形成实质性的削弱或阻碍。（2）案件处理结果将要求受判决拘束的所有当事人为某种行为或不作为，因而应该将案件作为一个整体，做出最终禁止令给予救济、确认所有相关当事人的权利，或以公开宣告权威解释的形式给予普遍的救济。（3）在集团成员涉及的法律或事实问题，既有共同点又有不同点时，法院认为共同点占主导地位，并且将案件作为集团诉讼处理，比其他可能的方式处理更加公平、有效。任何已经满足集团诉讼先决条件诉讼请求，只要再满足上述一项维持条件的就应被作为集团诉讼处理。①

美国的集团诉讼模式具有以下几方面特征：②

---

①　杜要忠：《采用集团诉讼完善我国证券民事诉讼机制》，载《证券时报》2002年8月26日。

②　薛永慧：《群体纠纷诉讼机制研究》，中国政法大学2006年博士学位论文，第41—43页。

1. 未经所有被代表人同意而提起诉讼

在美国，集团诉讼的这一特征具体体现在：（1）集团的拟制性。集团诉讼中，诉讼代表人提起集团诉讼时无须明确集团的具体成员，也无须取得集团成员的明确授权，而只需向法官证明，具有共同的法律问题或事实问题的争议的主体人数众多以至于不可能进行诉讼合并。在法官对集团诉讼进行确认后，原本互不联系的权利主体就因共同的法律问题或事实问题而构成一个新的利益集团。（2）被代表人授权的默示性。在集团诉讼被确认后，美国现代的集团诉讼规则不是通过选择加入（opt-in）而是通过选择退出（opt-out）的方式进一步确认集团的具体成员，即集团成员没有明确表示退出集团的，就受集团诉讼判决的约束。也就是说，法律允许通过对缺席成员利益的代表而对争议进行集合性处理，无须对个人的请求单独评价。

2. 人数众多

这一方面是指集团诉讼处理的是多数人纠纷，在《美国联邦民事诉讼规则》第 23（a）（1）条的规定中有明确的体现；另一方面，是指集团诉讼的集团一方是以多数当事人的形式出现的，是多数方当事人的诉讼。集团诉讼是把处于相同立场或具有相同利益的多数人视为一个集团，使这些具有相同利益的人作为诉讼的一方或双方当事人，但“集团”仅仅是为了表述上的方便而在诉讼法上拟制出来的概念，并不是法人团体或非法人团体，不具有实体法上的主体资格，所以“集团”本身并不能作为当事人，真正的当事人是集团成员，而集团成员则必须是多数。

3. 权利间接实现

集团成员人数众多的特征决定了集团诉讼中不可能让所有集团成员都参与到诉讼中来直接行使诉讼权利，承担诉讼义务。集团诉讼实际上是采取一定的法律技巧，将单个的具有相同利益的集团成员的诉讼请求集中起来，由代表人向法院提起诉讼，并由代表人代表集团成员行使诉讼权利，承担诉讼义务，最终法院作出的判决结果拘束所有的集团成员。可见，在集团诉讼中，全体集团成员的权利是由部分成员（诉讼代表人）代为实现的，即集团诉讼具有权利实现的间接性。这种间接性的处理方法具有“浓缩功能”，可无限扩大诉讼对争议主体的空间容量。

4. 判决效力直接扩张

首先，集团诉讼判决具有扩张性。集团诉讼的判决不仅对参加诉讼的诉讼代表人有拘束力，而且对那些没有参加诉讼的被代表的未参加争议审理的主体具有拘束力，还可能对那些根本没料想到这种审理的主体也具有拘束力。[①] 其次，集团诉讼判决具有直接扩张性。集团诉讼判决一经做出其效力就扩张于所有的集团成员，而无须附带其他条件。

美国的集团诉讼，尤其证券市场因侵权行为引发的集团诉讼一般是由律师启动的。一批专门从事证券法律事务的律师，可以说每天关注着证券市场的情况。一旦发现上市公司或其他市场参与人存在虚假陈述、内幕交易等侵权行为，他们就会公开征集受到侵害的投资者并代理投资者提起诉讼。美国的证券集团诉讼中律师收取或然费用（Contingent Fee 也称为胜诉酬金），即我们通常理解的风险代理。原告集团的诉讼费用由首席原告和律师垫付，如果案件败诉，首席原告和律师自己承担诉讼费用损失，律师得不到律师费。如果原告集团胜诉，或者原被告双方达成和解，原告集团一般可获得数额可观的赔偿金或和解金。首席原告和律师除了可以从中收回垫付的诉讼费用外，律师可以获得高额的律师费。因此，律师有动力去发动证券集团诉讼。案件被法院确认为集团诉讼后，便将按以下程序规则进行：在证券市场侵权行为实施期间的每一个投资者都是被侵权的投资者，只要其不明确放弃索赔权利，其均是集团诉讼的成员；诉请事由对所有成员一样，一经判决或者和解，任何成员不能以同样事由起诉被告；由法官决定能真正代表所有集团成

① 张卫平：《诉讼的架构与程式》，清华大学出版社2000年版，第339页。

员利益的为诉讼集团代表人，并由法官选定首席律师，由他们代表众多投资者进行诉讼、与被告和解谈判，但代表人没有对所有集团成员的通知和法院的同意，其不能单独与被告和解；一旦案件和解或判决，被告所赔偿的费用，划至某个法院指定的中介机构，由该机构扣除律师费及其所垫付的诉讼费后，并由其分配给每个投资者。美国证券市场集团诉讼有约85%在庭前和解；约12%被驳回诉讼请求。只有2%—3%的集团诉讼真正走完了全部诉讼程序，以判决而终。这与美国法院行政管理办公室发布的统计数据，向联邦法院起诉的全部民事案件中仅有2%—3%的案件进入审判是相吻合的。①

### （二）日本的选定当事人诉讼模式

日本的选定当事人诉讼模式（Selection of the Party）与美国的集团诉讼一样，也是为解决人数众多的群体共同进行诉讼问题而设计的一项制度。虽然日本民事诉讼法基本上是以德国法为范本制定的，但其中的选定当事人制度却是在大正15年（1926年）的法律修改之际，受英国法信托理论的影响而创设的，因而是日本一项独特的制度。② 日本《民事诉讼法》第30条规定，当因与某一事件有牵连而具有共同利益的当事人为多数时，并且这些人又不属于民事诉讼法第29条规定的非法人社团，该全体人员可以从中选定一人或数人作为当事人实施诉讼。在诉讼系属后，选定了应成为的原告或被告，则其他当事人当然退出诉讼。其中作出选定行为的人称为选定人，而被选定者称为选定当事人。那么，依据法律，所谓选定当事人诉讼，是指基于共同的利益，多数人共同起诉或应诉时，把诉讼委托给其中一人或数人并

① 参见陈志武《证券集团诉讼在美国的应用》，载郭峰主编：《证券法律评论》（第2卷），法律出版社2002年版，第73页。

② ［日］中村英郎著，陈刚等译：《新民事诉讼法讲义》，法律出版社2001年版，第84页。

由他们作为当事人，而其他人退出诉讼，以此使诉讼既简单又方便地进行的制度。[①] 简言之，就是从具有共同利益的多数人中选出的为全体共同利益人进行诉讼的原告或被告。选定人把诉讼的权能授予选定当事人，依此使选定当事人适格并以自己的名义行使选定人的权能，一旦选定当事人确定，那么选定人当然退出诉讼，不再行使诉讼权利，承担诉讼义务，仅仅是承担判决的实体后果，受法院判决的拘束。

日本选定当事人制度的适用，应具备以下要件：（1）当事人人数众多且不属于有代表人或管理人的非法人的社团或财团。（2）具有共同利益。（3）被选定人必须是具有共同利益的多数人中的一员，由共同利益人全体选定产生。如果向没有关系的第三人授予进行诉讼的权能，就有可能损害律师代理的原则。

选定当事人诉讼制度的特点在于：（1）选定当事人制度是共同诉讼制度的延伸。选定当事人是多数人诉讼的一种形式，以有共同利益的多数人存在为前提。所谓选定当事人诉讼有共同的利益，是指多数人对于诉讼争点都有利害关系，这种利害关系既包括诉讼标的对于多数人必须合一确定的必要共同诉讼情形，也包括当事人间有共同利益可以形成普通共同诉讼的情形。选定当事人所要求的“多数”是指一人以上的多数。在共同诉讼人一方人数众多时，如果由全体共同诉讼人一同起诉或应诉，对于法院和当事人都极为不便，也极易使诉讼陷于拖延，不利于诉讼经济。诉讼的长期化、送达所需的大量经费、诉讼关系复杂化等问题摆在人们面前。这些不利要素随着当事人人数的增加会不断增多，而且在这些共同权利者中，财力单薄、权利意识淡薄，加之有的人还会被对方当事人收买而被分化瓦解，因而共同诉讼道路上布满荆棘。以单个诉讼方式来解决共同所有关系，将会本末倒置，诉讼理论就会面临单一理论的

---

① ［日］兼子一、竹下守夫著，白绿铉译：《日本民事诉讼法》，法律出版社1995年版，第55页。

垄断局面。[①] 选定当事人制度，使有共同利益的多数人选定其中的一人或数人为全体起诉或应诉。当事人原来只能为自己的利益以自己的名义起诉、应诉，但立法许可选定当事人有权代表全体当事人实施诉讼。承认选定当事人担当全体共同利益人的诉讼实施权，扩大了当事人的适格的界限。选定当事人是多数人诉讼的一种形式，以有共同利益的多数人存在为前提。（2）选定当事人制度是诉讼担当的一种类型。所谓诉讼担当，是指实体法上的权利主体或法律关系以外的第三人，为了自己的利益或代表他人的利益，以正当当事人的地位提起诉讼，主张一项他人享有的权利或基于他人法律关系所发生的争议，法院判决的效力及于原来的权利主体，就是诉讼担当。[②] 如果这些法律关系以外的第三人，对于他人的权利或法律关系的管理权，是基于实体法或诉讼法上的规定而产生的，就是法定的诉讼担当。而相对应的任意的诉讼担当，是指权利主体通过自己的意思表示赋予他人以诉讼实施权。任意的诉讼担当又可以分为两种形式：法律规定的任意诉讼担当和扩大适用的任意诉讼担当。日本的选定当事人诉讼制度属于法律规定的任意诉讼担当，即依法律规定，对某些特定类型的诉讼可以由实体的利害关系人授权他人代为实施诉讼。这种必须由有共同利益的多数人集体选定其中一人或数人代表全体起诉或应诉，其余人则脱离或退出诉讼的制度，即选定当事人制度。[③] 立法承认选定当事人担当全体共同利益人的诉讼实施权，是以法律规定的任意的诉讼担当的方式扩大了当事人适格的界限。日本《民事诉讼法》并没有对选定当事人的行为给予特别限制，只要被选定的当事人由有共同利益的全体当事人选定，他就获得代表全体起诉或被诉以及进行其他诉讼行为的权力和资

---

① ［日］小岛武司著，陈刚、郭美松等译：《诉讼制度改革的法理与实证》，法律出版社 2001 年版，第 87 页。

② 王甲乙：《当事人适格之扩张与界限》，载《法学丛刊》1995 年第 1 期。

③ 同上。

格。一旦选定当事人，那么其他当事人当然退出诉讼，不再行使诉讼权利，承担诉讼义务，而仅仅受法院判决的约束，承担判决的实体后果。当然，选定当事人制度中的当事人全体在诉讼中仍然可以更换所选定的当事人中的一人或数人。在被选定的当事人死亡或由于其他事由丧失其资格时，其他当事人可以为全体进行诉讼行为。由此可见，尽管选定当事人拥有诉讼实施权，但诉讼实施权却来源于当事人全体，并且在诉讼程序中可以通过更换选定当事人等方式使当事人全体的意志和利益在诉讼程序中得到实现，而判决效力仅及于案件当事人，不具有扩张于案外第三人的效力。

**（三）德国的团体诉讼模式**

在解决众多当事人纠纷的问题上，德国采取了不同的做法。德国将具有共同利益的众多法律主体提起诉讼的权利，“信托”给公益的社团，社团接受这种信托认为符合其章程和设立目的，可以代表团体成员提起诉讼，法院判决直接针对该社团做出，有利的判决对该团体成员产生事实上的既判力，即团体诉讼（Verbandsklage）。德国的团体诉讼，是一种赋予某些团体诉讼主体资格和团体诉权（当事人适格），使其可以代表团体成员提起、参加诉讼，独立享有和承担诉讼上的权利义务，并可以独立做出实体处分的制度。团体诉讼非一种一般性的民事诉讼制度或程序，而是通过制定不同的实体法，在特定的法律领域建立的专门性制度或特殊程序。团体诉讼制度始建于反不正当竞争法，目前主要调整的领域包括：《反不正当竞争法》（Gesetz gegen den unlauteren Wettbewerb，UWG）、《降价法》（Rabattgesetz）、《反对限制竞争法》（Gesetz gegen Wettbewerbsbeschrnkungen）、《一般交易条件法》（Gesetz zur Regelung des Rechts der Allgemeinen Geschftsbedingungen）、《手工业法》（Handwerksordnung）等领域。[①]

由于团体诉讼模式是由单一的法人团体代表其成员提起诉讼，

---

① 范愉：《集团诉讼问题研究》，北京大学出版社2005年版，第231页。

而其成员一般不参与诉讼，在形式上和群体诉讼中多方当事人之特征不相符合，因而有不少学者认为团体诉讼在本质上并不属于群体诉讼的范畴，而只是解决群体性纠纷的一种方式。团体诉讼是通过采取立法措施，规定一定领域中具有法人资格的某些团体享有当事人适格，可以作为原告提起诉讼的一种模式。证券侵权民事纠纷在多数情况下都是以群体纠纷的形式出现，团体诉讼对于解决此类纠纷具有借鉴意义，且我国台湾地区的《证券投资人与期货交易人保护法》在证券欺诈领域内，以成文法的形式确立了团体诉讼之损害赔偿之诉。虽然团体诉讼不是多数人诉讼，不是群体诉讼，但它可以起到群体诉讼所发挥的某些作用。这是因为以下几个因素：(1) 团体损害赔偿诉讼着眼于保护证券欺诈受害人的实体利益；通过对当事人适格的扩张，便利受害人行使其诉讼程序权利。(2) 使多数人诉讼更加经济。在团体诉讼模式中提起证券欺诈损害赔偿之诉，将多数人分别提起的多个诉讼变为由团体统一提起的单一诉讼，能简化诉讼程序，节省法院和当事人的人力、物力和时间，克服多数人分别诉讼的弊端，解决案件积压问题，降低诉讼成本，提高诉讼效益。(3) 团体诉讼模式对于遏制证券欺诈等不良行为，倡导良性的资本市场运作模式，都是具有相当作用的，其社会性功能不容忽视。(4) 证券民事诉讼专业性较强，专业的团体组织在专业知识结构和水平上要比大多数人高得多，进行相关的专业化的诉讼也更能得心应手。

团体诉讼不像美国的集团诉讼那样利用现行的程序逐渐扩大展开，而是通过采取立法措施，规定一定领域中具有法人资格的某些团体享有当事人适格，可以作为原告提起诉讼。[①] 法院判决是针对该团体作出的，有利于该团体的判决效力虽然不能直接及于该团体的每一位成员，但该团体的成员却可以援引该判决对抗团体诉讼的

① 肖建华：《民事诉讼当事人研究》，中国政法大学出版社 2002 年版，第 371 页。

被告。具体而言，德国的团体诉讼具有以下几方面特点[①]：（1）团体诉讼原告资格的取得是依据各种法律的特别规定，德国确认团体诉讼的法律不是民事诉讼法，而是通过特别的经济立法赋予有关的行业自治组织以诉权的方式形成的。（2）提起团体诉讼的原告限于有权利能力的公益团体。也就是说，团体诉讼的特点在于形式上是由单一的法人，而不是多数当事人来充当原告。（3）团体诉讼原告的起诉是基于团体法人自己的实体权利，并非代理会员或基于担当诉讼。基于担当诉讼之法律关系而为原告之当事人，其起诉所实施之实体权利系他人之权利，原告仅在诉讼上有诉讼实施权而已。团体诉讼原告起诉时，并非受团体会员之委托而诉讼，系原告自己主张自己之实体权利而诉讼，故与担当诉讼有别。基于各种经济法的规定，某一团体具备下列条件可直接享有诉权：一则具有权利能力；二则为实现法定的保护利益，该诉讼的目的属于该团体章程所规定的目的；三则为担保团体有进行诉讼的充分经济能力，还应具有一定的资金；四则团体应当具有一定数目的成员，其所能代表的观念有普遍性。[②]（4）团体诉讼的原告仅能提起请法院判命被告中止一定行为或撤回一定行为的诉讼。按一般民事诉讼的原则，凡权利受害有权利保护的必要的，原告可以提起各类诉讼，如确认之诉、变更之诉和给付之诉等，寻求的救济类型可以是损害赔偿，也可以是发布禁令，或是宣告性判决。但依德国法律的规定，团体诉讼的原告并不享有广泛的请求权与诉权，原告得起诉的请求权，仅限于法律明文指定的一定请求权，即只能起诉请法院命被告中止一定行为或撤回一定行为，不得更进而请求命令被告进行损害赔偿。对于团体成员所遭受的损害，团体只能基于团体成员的明确授

---

① 参见薛永慧《群体纠纷诉讼机制研究》，中国政法大学 2006 年博士学位论文，第 75—78 页。

② 参见肖建华《民事诉讼当事人研究》，中国政法大学出版社 2002 年版，第 372 页。

权才能提起损害赔偿之诉。（5）团体诉讼原告胜诉判决具有片面扩张性。团体诉讼判决效力的扩张性表现在，团体各成员可以引用团体诉讼原告的胜诉判决，据以主张判决对其有拘束力。同时应当注意的是，团体提起的不作为诉讼的判决的既判力并非自动地、当然地及于团体成员，而需要其主动援用该判决作为抗辩，才会发生团体诉讼判决既判力的扩张。但是，不利判决的既判力不得扩张至未参与诉讼程序的团体成员。

通过比较各国的证券民事诉讼模式，可以发现，由于程序制度都是在历史发展中演变形成的，因此，我们不能无视每一个制度发展所赖以存在的特定历史文化的背景来讨论该制度中的具体规则，也不可能在脱离特定语境的情况下去提供一个普遍适用的程序制度和程序理论。而应该把民事诉讼看作是一个国家的社会—经济—政治构造中的一部分，人们不能在没有明确民事诉讼所寻求实现的目标的情况下去评价民事诉讼。[①] 因此，各国不同的程序制度都是与该法律制度的其他部分以及该制度所赖以运作的社会、经济、政治等环境密切相关的，是根据本国的法律传统、社会条件和历史文化背景综合考量做出的选择。

## 三　我国现行证券民事诉讼模式的缺陷与选择

如前所述，我国证券欺诈民事诉讼制度随着我国证券市场的发展而不断进步。2003 年 1 月 9 日最高人民法院颁布的《1.9 规定》明确规定对证券市场因虚假陈述引发的民事赔偿案件的审理可以采取代表人诉讼的模式。所谓代表人诉讼，它是指当事人一方或者多方人数众多，人数众多的一方当事人由其中一人或数人为代表人进行诉讼，并接受由此而产生的诉讼结果的诉讼形式。此种诉讼是我

---

① ［美］史蒂文·苏本、玛格瑞特·伍著，蔡彦敏、徐卉译：《美国民事诉讼的真谛》，法律出版社 2002 年版，第 6 页。

国民事诉讼法律中规定的应对涉及众多当事人利益的群体性纠纷的诉讼模式。

### （一）我国的代表人诉讼模式的产生与发展

1982年，我国颁行了《民事诉讼法（试行）》，但由于历史条件的限制，立法中没有涉及群体性诉讼制度问题，随着经济的商品化和市场化逐渐深入，涉及多数人利益的群体性纠纷大量出现。这些纠纷如不妥善解决，不仅影响经济的发展，也影响社会秩序的安定。司法实践对于这些群体性纠纷在无法律规定的情况下，按照民事诉讼法原则大胆探索，寻求群体性纠纷解决的思路。早在1983年，四川省安岳县人民法院就审理了四川省安岳县元坎乡、努力乡1569户稻种经营户与安岳县种子公司水稻稻种购销合同纠纷案，创我国大陆代表人诉讼的先例。以后几年间，全国各地法院陆续审理了一些群体性诉讼案。1991年颁行的民事诉讼法典，总结了司法实践经验，吸收借鉴了美国集团诉讼和日本的选定当事人制度的立法经验，确立了我国群体性诉讼的制度，即代表人诉讼制度。①

代表人诉讼，就其性质而言，实质上是共同诉讼人与诉讼代理两项制度相结合的一种诉讼形式，是在共同诉讼的基础上，吸收代理诉讼制度的某些特征而设立的，解决众多当事人纠纷的一种制度，它体现了两种诉讼制度各自功能的互补和伸展。② 根据我国《民事诉讼法》第54条的规定，代表人诉讼制度应具有以下几个构成要件：（1）起诉时，一方当事人人数众多。依据最高人民法院《关于适用〈中华人民共和国民事诉讼法〉若干问题的意见》第59条的规定，所谓人数众多一般指10人以上。我国《民事诉讼法》将代表人诉讼分为两类：一是人数确定的代表人诉讼；一是人数不确定的代表人诉讼。在证券民事诉讼中，原告一般都是人数众多且难以确定，因此属于人数不确定的代表人诉讼。（2）诉讼

---

① 江伟主编：《民事诉讼法学原理》，中国人民大学出版社1999年版，第443页。

② 常怡主编：《民事诉讼法学》，中国政法大学出版社1999年版，第102页。

标的具有共同性或属于同一种类。虽然这一要件在我国民诉法中并没有规定，但学理与实践中都是如此认定。证券法上的民事诉讼一般都为诉讼标的属于同一种类的。（3）诉讼请求或抗辩的方法相同或对各成员都能成立。多数人在推举代表人进行诉讼时，除了诉讼标的同一或同类外，还应当具有相同的诉讼请求或抗辩方法。如果当多数人内部对诉讼请求或抗辩方法达不成一致意见的，依据最高人民法院《关于适用〈中华人民共和国民事诉讼法〉若干问题的意见》第60条的规定，可以由部分当事人推选自己的代表人进行诉讼。（4）符合诉讼代表人的条件。合格的代表人必须具有以下条件：本人是该案的利害关系人，代表人与被代表人当事人是处于相同诉讼地位的当事人；由法定程序登记的权利人推选或由人民法院与参加登记的权利人商定或人民法院指定；具有相应的诉讼行为能力；能够正确履行义务，善意维护被代表的全体成员的合法权益。

我国的代表人诉讼制度借鉴了美国集团诉讼的立法经验，甚至有学者在谈及代表人诉讼与集团诉讼的关系时指出，虽然我国《民事诉讼法》第55条规定的内容不像《美国联邦民事诉讼规则》第23条那样复杂，但足以说明我国《民事诉讼法》第55条是以集团诉讼为蓝本设计的。[①] 然而，实际上，集团诉讼制度和我国现行的代表人诉讼制度存在相当大的区别。最大的不同表现在[②]：第一，集团诉讼的权利人只要不明示退出该集团就视为参加，即“明示退出，默示参加”，而我国代表人诉讼的权利人仅限于参加诉讼或进行登记的权利人，“明示参加，默示退出”。第二，集团诉讼的诉讼代表人代表包括未参加诉讼的全体权利人，其委托授权采

① 张卫平：《诉讼框架与程式——民事诉讼的法理分析》，清华大学出版社2000年版，第371页。

② 宋一欣：《证券民事侵权赔偿理论与实务》，宋一欣律师主页 http：//www. syxlawyer. com. cn。

取默示认可方式，而我国诉讼代表人仅代表参加诉讼或进行登记的权利人，其委托授权采取明示确认或多数人协商方式。第三，集团诉讼的判决具有扩张力，除了明示退出集团者外，其效力及于遭受相同侵害的全体受害人，而我国代表人诉讼的判决效力只及于已登记的权利人，在诉讼时效期间内未登记权利人的则不适用判决结果，当然未参加登记的权利人在诉讼时效期间内向人民法院起诉，请求成立的，也可以适用已经作出的判决。第四，集团诉讼除首席原告外，其他集团诉讼成员不必亲自参加诉讼，首席原告和律师对诉讼事项有较大权限，其行为一般无须经过其他成员同意，但撤诉、和解方案应通知集团成员，并取得法院的批准。在我国，代表人的一般诉讼行为无须经过被代表的多数人同意，但和解及变更、放弃诉讼请求等处分性诉讼行为则要经过其他权利人同意。第五，法院在诉讼中表现的司法能动性不同。一般认为，我国的民事诉讼采取大陆法系的职权主义诉讼模式，但在代表人诉讼中，法官的职权主义表现远不及美国法官在集团诉讼中的表现突出。美国的民事诉讼采取当事人主义诉讼模式，但在集团诉讼中，法官的职权明显得到加强，从案件的受理到赔偿金的分配，无一不体现出法院的司法积极主义倾向。①

### （二）我国证券民事诉讼中代表人诉讼模式存在的缺陷

采用诉讼代表人的诉讼形式，有利于降低诉讼成本实现诉讼经济，不论诉讼主体人数如何众多，都由其代表人进行诉讼，就可以极大地简化诉讼程序，节省大量的人力、物力和财力，降低诉讼成本；有利于提高诉讼效率，人民法院将当事人众多的案件在一个审判程序中审理，一并作出裁判，免去每个当事人分头起诉，分别立案审理的麻烦，可以大大提高诉讼的效率，使案件能及时得到解决，当事人的合法权益能及时得到保护；还有利于裁判的公正统

① 梁卫军：《美国的集团诉讼及对我国证券民事案件的借鉴意义》，载《学术论坛》2004 年第 2 期。

一，避免出现歧异的裁判。同一或同类事实一并审理，可以避免分头立案审理，出现相互歧异的裁判，保证同样受损的当事人得到同样的赔偿，从而促进司法公正的实现；最后，由于通过代表人诉讼的方式，可以一次性解决较多投资者的损害赔偿问题，其社会影响力巨大，能够充分地发挥法律的社会教育功能，对上市公司形成威慑作用，有利于促进我国证券市场秩序的良性发展。

但是，代表人诉讼相关的理论基础和具体程序太过原则化，使得代表人诉讼制度在实践中的可操作性有所降低，导致诉讼中很少被援用，有的法院甚至对群体性诉讼由于主体过多而可能带来的麻烦顾虑重重，代表人诉讼制度在我国民事诉讼中并未发挥其应有的作用。尤其是在证券民事诉讼领域，即使《1.9规定》明确规定对证券市场因虚假陈述引发的民事赔偿案件的审理可以采取代表人诉讼的模式，但在现实中此种诉讼模式并未在证券民事诉讼中采用，究其缘由，代表人诉讼制度本身的缺陷与问题可能是导致法院将其束之高阁的重要原因。下面我们结合《1.9规定》颁布后首例从立案受理到开庭审理到终审判决并最后执行的证券虚假陈述民事赔偿案件——大庆联谊案，对我国证券民事诉讼中代表人诉讼模式进行检讨。

大庆联谊石化股份有限公司（以下简称“大庆联谊”）的主发起人是大庆联谊石油化工总厂，始建于1985年。1996年大庆联谊石油化工将其下属两家企业的生产经营性净资产折价入股，并联合大庆油脂化工厂、大庆市大同区林源建材公司三家单位共同发起，以定向募集方式筹建大庆联谊石化股份有限公司，并将其包装上市。据证监会调查表明，大庆联谊在上市中及其后的交易过程中存在一系列的虚假陈述的违规行为，其具体事实如下：（一）欺诈上市。1997年3月20日，黑龙江省体改委以黑体改复［1993］495号文批复同意大庆市体改委的请示，落款时间为1993年10月8日；1997年1月，大庆市工商管理局为大庆联谊出具签有1993年12月20日的工商营业执照；1997年3月，黑龙江证券登记有限公司为大庆联谊提供虚假股权托管证明，将时间提前到 1994 年 1 月；大庆联谊编制了股份公司 1994 年、1995 年、1996 年的会计记录，其三年利润比相应企业同期多出 16176 万元；此外，大庆联谊将大庆市国税局一张 400 余万元的缓缴税款批准书涂改为 4400 余万元。（二）大庆联谊 1997 年年报虚假，募集资金未按上市公告书说明的投向使用。大庆联谊 1997 年年报虚增利润 2848.89 万元，其中内部销售业务产生的尚未实现的利润在合并会计报表时未抵消，虚增利润 939.13 万元；加工产品增量未销售部分利润计入当年损益，虚增利润 796.88 万元；为大庆联谊提供劳务的应付未付费用未计入当年损益，虚增利润 1058.60 万元；大庆联谊的费用未计入当年损益，虚增利润 54.26 万元；大庆联谊在招股说明书中承诺将募集资金投入四个项目，在 1997 年年报中亦称“公司四个募股资金项目投入情况良好”，但大庆联谊的募集资金均未投入上述四个项目，其中有 25700 万元转入母公司大庆联谊石化总厂用作流动资金，5000 万元违规拆借给申银万国，6000 万元投入证券市场，其余资金投资于其他项目。2000 年 3 月 31 日大庆联谊因欺诈上市和 1997 年年报虚假等虚假陈述行为违反了《股票发行与交易管理暂行条例》第 70 条第 1 款的规定受到中国证监会的处罚。①

2003 年 3 月，大庆联谊股东诉该公司虚假陈述民事赔偿案在哈尔滨市中级人民法院正式立案。2004 年 8 月 12 日上午，哈尔滨市中级法院对 788 名股民诉大庆联谊民事侵权赔偿案件作出了首批一审判决。宣判结果为首批 24 个股民全部胜诉。哈尔滨市中级人民法院在 2004 年 8 月下旬就大庆联谊虚假陈述民事侵权案件中 10 起案件和共同诉讼 487 起案件（诉讼标的约为 1309 万元）全部作出了一审判决，其中有 106 起案件被法院驳回；有 391 起案件判决

① 以上关于案件的详细情况和对大庆联谊及其相关责任人的具体处罚，可参见 2000 年 3 月 31 日证监会《关于大庆联谊石化股份有限公司违反证券法规行为的处罚决定》（证监罚字［2000］16 号）。

大庆联谊赔偿金额 763 万元、承担受理费 16. 2 万元，而第二被告申银万国对 389 起案件（赔偿金额为 543 万元）承担连带责任。一审判决后，大庆联谊、申银万国以及五位投资人不服，向黑龙江省高级人民法院提起上诉。2004 年 12 月 28 日，黑龙江省最高人民法院作出终审判决，判决大庆联谊公司赔偿金额约为 883. 7 万元，承担受理费 20. 6 万元。2005 年 3 月 9 日案件正式进入执行程序，6 月 9 日执行局将首批已到位的执行款 98. 85 万元交付 55 位投资者。

第一，《1. 9 规定》对诉讼方式的规定过于原则，使得法院在适用过程中任意性过强，不利于受害投资者合法权益的保护。《1. 9 规定》第 12、13、14 条一方面赋予原告以诉讼方式的选择权，即可以选择单独诉讼或共同诉讼方式提起诉讼；另一方面，其亦赋予人民法院对多个原告因同一虚假陈述事实对相同被告提起的诉讼时可以通知提起单独诉讼的原告参加共同诉讼或可以将两个共同诉讼合并为一个共同诉讼。究其立法本意，不难发现，最高法院试图减少同类案件的受案数量，便利当事人参与诉讼，以期达到诉讼经济的目的。然而事与愿违，由于《1. 9 规定》对诉讼方式的规定亦过于原则，使得司法实践中受案法院在适用时任意性过强。例如，哈尔滨中级人民法院在受理大庆联谊案时要求律师将案件中 400 余位原告细分成每 10 个或 20 个一组，进行诉讼。大庆联谊案将被分割为 20 余个案件进行审理，而案件的诉讼代表人至少亦要 40 余人。从表面看来，哈尔滨中院的做法并没有直接与法律和司法解释的规定相抵触。但从其行为后果来看，此种做法不仅直接延宕了案件审理的进程，而且还大大增加了诉讼当事人，尤其是受害投资者的诉讼费用，增加了其诉讼难度。这显然有违《1. 9 规定》中设立诉讼方式条款的立法本意。此外从情理而言，试想受害投资者刚刚受到上市公司虚假陈述行为的侵害，当其寄希望于法律为其主持公道之时，法院不是努力为其减少损失，却在利用法律条款的不完善继续增加其负担，难免会使得对于法律满怀热情与期盼的投资者感到寒心。好的法律需要好的法官将其运用于司法实践之中，法官也只有在深入、准确理解法律真意之时才能在实践运用中充分发挥法律应有的作用。

第二，代表人诉讼的适用范围过于狭窄。我国代表人诉讼的适用范围是诉讼标的属于同一种类，即争议的权利义务关系性质相同，并不一定涉及同一事实问题或法律问题。[①] 在理论上，诉讼标的被指为诉讼争议的法律关系，而在司法实践中，因同一事实造成损害涉及的当事人众多时，当事人有的选择以合同关系起诉，有的选择以侵权行为起诉，因此，尽管是由同一侵权行为造成损害事实，但诉讼标的并不同一。依照我国的法律规定，在这种情况下，尽管受害者众多，也不得提起代表人诉讼，这必然把代表人诉讼局限于很狭窄的范围。就证券欺诈民事诉讼而言，部分主体可能以合同关系起诉，而另一部分则以侵权关系起诉，致使争议的法律关系并不相同，无法适用代表人诉讼，即使得具有同一事实问题或法律问题的证券民事纠纷不易被作为代表人诉讼提起。[②]

第三，代表人诉讼中的权利登记程序使得代表人诉讼的规模难以扩大。根据《民事诉讼法》第 55 条的规定，在代表人诉讼中，法院可以发出公告，说明案件情况与诉讼请求，并通知有关利害关系人向法院进行登记。法院的裁判在登记的范围内执行，未参加登记者，可以另行起诉。但是，一方面，依据《民事诉讼法》第 55 条和《关于适用〈中华人民共和国民事诉讼法〉若干问题的意见》第 63 条的规定，法院“可以”发出公告，这意味着也可以不发公告，是否发出公告属于法院自由裁量权。另一方面，在确定原告方当事人时，我国代表人诉讼制度采取的是“选择加入”规则。按《民事诉讼法》规定，在起诉时人数不确定的代表人共同诉讼中，

① 江伟、肖建国：《关于代表人诉讼的几个问题》，载《法学家》1994 年第 3 期。

② 参见朱印《试论完善共同诉讼制度》，http：//www. chinalawedu. com/news/2004_ 7%5C23%5C1435002556. htm，2006 年 10 月 19 日。

人民法院在受理案件后，可以发出公告，在公告中说明案件情况和诉讼请求，通知尚未起诉的权利人在规定期间内到法院登记。只有经过明确登记的投资者才成为共同诉讼的当事人。在大规模的证券民事侵权纠纷案件中，仅当事人进行登记一项工作，就给律师和法院增加了巨大的工作量，这种“选择加入”的登记方式根本无法集中处理当事人人数规模上万的诉讼。而且证券欺诈民事诉讼案件多属“小额多数”情形，权利人多持“搭便车”心理，不愿到法院登记，甚至在诉讼时效内亦不主张权利，这就导致判决中违法者的赔偿额大大低于其违法所得，所以不但不能在最大程度上救济受害者，反而使责任人为其违法行为而高奏凯歌。[①]

第四，选定代表人程序难以操作。由于我国《民事诉讼法》及其司法解释对代表人诉讼制度规定得过于原则，《民事诉讼法》关于代表人诉讼只有简单的2个条文，《关于适用〈中华人民共和国民事诉讼法〉若干问题的意见》中关于代表人诉讼的条文也只有6条款，所以对于法院在代表人产生过程中起什么样的作用、对于诉讼代表人的代表资格如何审查和监督、诉讼代表人在诉讼中不能正确履行代表职责并进而损害被代表人的利益时该如何补救、被代表人可依据什么程序更换代表人，这些问题都有待立法精细化，提供可操作的法律依据。而且即使进行代表人诉讼，在原告互不了解的情况下，要保证选出的代表人能够忠实履行代表义务、善意地维护被代表的全体成员的合法权益是十分困难的，即使勉强做到，也要付出极高的代价。

第五，代表人诉权限制的规定降低了诉讼效率。代表人诉讼中代表人具有双重身份，他既是其他当事人的代理人，又是本案当事人之一。在群体诉讼中，案件的复杂性使和解成了终结诉讼的重要手段。而和解是由代表人代表全体原告与对方当事人作出的，必然

① ［日］小岛武司著，陈刚等译：《诉讼制度改革的法理与实证》，法律出版社2001年版，第61页。

涉及代表人是否忠实于代理的问题。为了监督代表人忠实履行代表义务，我国《民事诉讼法》第 54 条规定：“代表人变更、放弃诉讼请求或承认对方当事人的诉讼请求，进行和解，必须经被代表的当事人的同意。”这也就意味着当某人被选作代表人后，其诉讼权利是受到限制的。诉讼代表人代表的当事人人数众多，由他们集中统一变更、放弃诉讼请求的意见，不管采取信件、公告等何种方式，诉讼成本都相当高，假如被代表的当事人无法形成统一意见，诉讼可能被搁浅或者以很多被代表的当事人不满意的方式结束。其结果导致我国代表人诉讼制度过于繁琐而失去其诉讼经济的立法初衷，使其发挥作用的余地大为缩小，功能十分有限。虽然，最高人民法院颁布的《1.9 规定》第15 条规定“诉讼代表人应当经过其所代表的原告特别授权，代表原告参加开庭审理，变更或者放弃诉讼请求，与被告进行和解或者达成调解协议”，这对民事诉讼法诉讼代表人没有实体权利处分权做出了修改，在一定程度上增强了诉讼的可操作性，但是人数众多的原告形成特别授权本身却在实践中很难实现。

**（三）我国证券民事诉讼模式的现实选择**

由于诉讼代表人模式的缺陷，使得其已经不能够适应我国证券业的发展需要，不能够发挥其保护广大投资者合法利益、维护证券市场健康运行的作用，我们必须建立一种新型的诉讼模式。我们应当立足于中国的具体国情，学习和吸收国外的先进经验，试图创建适合我国证券市场发展现状的证券民事赔偿诉讼模式。

在美国集团诉讼模式、日本的选定当事人模式和德国的团体诉讼模式三种证券欺诈民事诉讼模式中，我国的代表人诉讼制度是在吸收借鉴了美国集团诉讼和日本的选定当事人制度的立法经验的基础上产生的，与两者有着天然的血缘联系。但在美国、日本与德国三者间，美国的证券市场最为发达，其集团诉讼模式在解决证券欺诈民事争议中的效果和作用也最为巨大，而我国的证券市场也主要是仿照美国而设立的，大量的证券交易规则均带有美国色彩。因此，我国大多数学者均主张参照借鉴美国的集团诉讼模式进一步改进我国的证券民事诉讼机制。在参照与借鉴美国集团诉讼模式的观点中，又有两种主要的主张，其一，引进集团诉讼取代代表人诉讼。持此观点的学者充分认识到了我国目前证券民事诉讼制度的严重缺陷以及在司法实践中所遭遇的尴尬境地，同时看到了美国集团诉讼制度的先进之处以及对我国的借鉴意义，因此提出："从合理保护投资者权利、促进市场合理配置资源以及完善上市公司的公司治理等方面的要求出发，有必要尽快建立我国的证券集团诉讼制度。"① 其二，借鉴集团诉讼，改革代表人诉讼。这是当前国内学者对待美国集团诉讼制度的主流态度。他们针对我国代表人诉讼制度的缺陷，借鉴美国集团诉讼制度，提出了一系列主张。

对于上述两种参照和借鉴美国集团诉讼模式的主张，我们认为，美国的集团诉讼模式的确对我国完善证券民事诉讼制度具有重大的借鉴意义，但是也不能无视我国的现实国情，盲目"引进集团诉讼取代代表人诉讼"。因为美国的集团诉讼模式适用于我国证券欺诈民事诉讼案件，存在多方面障碍：（1）市场条件不具备。我国证券市场尚处于初创阶段，相对美国成熟市场仍属于新兴市场。新兴市场存在着的多种缺陷，而且也不具备适用成熟市场条件下所采用的侵权法律制度，因此我们不能完全、机械地照搬美国的集团诉讼。（2）法律文化偏差。美国是英美法系国家，集团诉讼模式的形成与发展是在衡平法范围内进行的，衡平法所独有的灵活性同样体现在集团诉讼制度上，并使集团诉讼在美国发展成为一种独立的既不同于共同诉讼也不同于诉讼代理的现代诉讼形式。而我国法律体系深受大陆法系的影响，代表人诉讼制度是以传统的共同诉讼理论和任意的诉讼担当理论为基础，在制度设计上更接近于大陆法系国家，如日本。这就导致了我国的传统诉讼理论和集团诉讼

① 参见杜要忠《美国证券集团诉讼程序规则及借鉴》，载《证券市场导报》2002年第7期。

在某些方面相冲突，国内法院在采用集团诉讼上会有抵触情绪，即使在形式上引入了集团诉讼，这种冲突和抵触也会在法律文化的层面上长期存在。（3）政策因素的缺失。一方面，在我国目前的证券监管模式下，法院在证券监管政策层面的问题上发挥其作用的空间，在制度上受到了一定的限制。在证券欺诈民事诉讼案件中，如果要法院担负并不在其职能范围内的政策性功能，一则会加大法院的额外工作负担，且有可能擅越其他职能机构的职权范围；二则由于专业方面的因素而很有可能带来政策的冲突。另一方面，美国《联邦民事诉讼规则》赋予法院裁定集团诉讼的相关事项的广泛权力，这就对法院和法官提出了很高的要求。在我国，各级人民法院的司法水平和法官的素质还有待提高，能运用集团诉讼来解决案情复杂、人数众多的群体纠纷的法官不多，特别是对于证券侵权纠纷，法官除需具备较高的法律素养外，还需具备金融证券等专业知识。这个问题并不是仅依靠一个制度的引进就可以在短期内解决的。[①]

基于此，我们认为，借鉴集团诉讼改革代表人诉讼应当是我国证券民事诉讼模式完善比较现实的选择。为达到解决现代纠纷的功能，许多国家往往是多种诉讼模式并用的。例如，由于德国注重团体利益，各种私人团体林立，有的性质相同，一个团体的胜诉判决只片面扩张至该团体的成员，而对其他团体的成员无既判力，于是另一个团体对同一被告可以通过另行起诉的方式获得法院有利裁判。日本既有选定当事人诉讼，也有团体诉讼。法国有选定当事人制度来解决群体纠纷，同时由于法国广泛承认职业行会的团体性地位，故也存在团体诉讼。所以，在借鉴美国集团诉讼模式的同时，对于其他国家的先进诉讼制度也可以结合我国国情有选择的引进。

---

① 参见陈明《构建我国证券侵权的集成式诉讼制度——兼评国内学者对美国集团诉讼制度的三种态度》，载《兰州学刊》2004 年第 5 期。

## 四 我国证券民事诉讼模式完善的立法构想

### （一）扩大代表人诉讼机制的适用范围

从国外来看，群体性诉讼机制受案范围均呈现从严到宽的趋势。1966年以前，无论美国还是英国、加拿大，都将“共同的利益”作为适用集团诉讼的要件，在其解释上，各法院均持保守立场。1966年，经过修正的美国联邦民事诉讼规则规定，只要诉讼成员有着共同的法律问题或事实问题就可提起集团诉讼，法院判例亦承认了受案范围的广阔外延。从法院判例来看，所谓“共同的法律问题”，比如征税中关于某种税收规定所引起的争议，多数纳税人便面临着共同的法律问题；又如带有种族歧视色彩的法规或规定所引起的争议，认为该法规或规定损害了其合法权益的多数人便构成一个集团。而在同一公害产品责任事故、交通事故中的所有受害人，便认为是具有共同事实问题的集团，可以提起集团诉讼。[①]日本选定当事人制度也采取了缓和标准，规定只要有共同的争点就可以选定当事人。如果拘泥于诉讼标的属于同一种类，即争议的法律关系性质相同，而非涉及“同一事实问题或法律问题”，必然会限制代表人诉讼模式解决群体性纠纷的功能。为了便于证券欺诈民事诉讼适用代表人诉讼机制，采用新诉讼标的理论，将受案标准确定为有共同的事实问题或法律问题，乃是必然选择。[②]具体而言，代表人诉讼机制的适用应考虑以下因素：（1）参加诉讼的人数众多；（2）至少有一个共同的事实或法律问题；（3）提起诉讼的原告的诉讼请求在全体成员中具有典型性；（4）提起诉讼的原告能够充分地代表全体成员进行诉讼；（5）采用代表人诉讼与单独诉

---

① 参见肖建华《群体诉讼与我国代表人诉讼的比较研究》，载《比较法研究》1999年第2期。

② 仲崇玉：《论证券欺诈民事案件的诉讼方式》，载《法学论坛》2003年第4期。

讼相比是否具有明显的优越性。只有规定详细的确认代表人诉讼的规则，才能从源头上控制和规范证券民事诉讼，防止恶意诉讼的提起，浪费司法资源。

**（二）规定“选择退出”制度**

我国现行的代表人诉讼中的程序通过“选择加入”（opt-in）来起到送达和确定诉讼当事人人数的作用，尽管这种制度安排克服了诉讼人数不确定的弊端，但并没有对以“小额多数”为特征的证券欺诈民事诉讼案件中受害的中小投资者群体以最简单易行的方式进行救济。有关权利人如果由于某种原因没有通过“选择加入”程序进行登记，也没有在诉讼时效内主张权利，那么法院判决确定的赔偿金额会大大低于违法行为人的违法所得，这样不但没有起到最大限度救济受害者的作用，还会放纵违法行为人。美国在当事人加入群体性诉讼的方式上，1938 年的《联邦民事诉讼规则》采用“选择加入”方式，而 1966 年修订的《联邦民事诉讼规则》则规定只有在法院公告后申报退出的，将来才不受判决拘束，没有申报退出的，视为当然的当事人，这就采取了与 1938 年规则截然相反的“选择退出”规则。美国曾在 20 世纪 80 年代对集团诉讼所作的调查显示，在 1938 年申报加入的制度下，只有 15% 的被害人加入这个诉讼，因此集团诉讼提起的结果，大概只能解决 15% 的损害情况。而采用 1966 年的制度，调查报告发现申请“退出”的，也差不多是 15%，也就是说大概可以解决 85% 的纷争。① 因此，需要改变我国目前代表人诉讼中的“明示参加、默示退出”的制度，借鉴美国集团诉讼“明示退出、默示参加”的规则。这样的制度设计，一方面，将有利于扩大我国证券民事诉讼的范围，保证广大“小额多数”的原告参加到证券集团诉讼中来，更好地保护中小投资者的合法权益，防止因为预收诉讼费和复杂的诉讼程序将

---

① 参见肖建华《群体诉讼与我国代表人诉讼的比较研究》，载《比较法研究》1999 年第 2 期。

这些原告排除在诉讼之外；另一方面，提升了证券欺诈者的违法成本，发挥了法律机制的预防功能。

**（三）构建律师胜诉酬金制度**

律师是否勤恳尽职是证券民事诉讼成败的关键。美国以其律师胜诉酬金（Contingency Fee）制度，调动了律师推动证券欺诈民事诉讼的积极性，使证券民事诉讼得以发动并顺利进行。在美国证券民事诉讼实践中，律师在胜诉后可以取得被告赔偿总额的27%—30%作为其回报。[①] 由于赔偿总额巨大，律师收入相当丰厚。受这种激励机制的鼓动，律师往往像“企业家”一样主动寻求业务机会，进行商业判断，[②] 成为发动证券民事诉讼的主要推动者。借鉴美国集团诉讼中的律师胜诉酬金制度，在证券欺诈民事诉讼案件中实行律师风险代理收费制度。证券民事诉讼原告的诉讼费用由代理律师垫付，如果胜诉或和解，律师可以从赔偿金或和解金中扣回垫付的诉讼费并且可获取较高佣金；如果败诉，律师自己承担诉讼费用。尽管我国的律师事务所一时难以有美国律师事务所那样的雄厚财力，但亦应重视律师激励和责任机制的确立，由律师召集受害人会议、征集授权签名、发动代表人诉讼。[③] 这样，一方面，让规模大、实力强的律师事务所来主动驱动诉讼，减轻中小投资者的畏讼心理、诉讼风险和经济负担；另一方面，加强证券民事诉讼律师服务的竞争，在充分竞争的环境下，保证高水准的律师服务。此外，加大律师的诉讼成本，以防止律师滥用证券民事诉讼的冒险冲动。

**（四）引进诉讼担当制度**

诉讼担当，是指本不是权利主体或民事法律关系主体的第三人，对他人的权利或法律关系享有管理权，以当事人的地位，就该

---

① 江伟：《民事诉讼法原理》，中国人民大学出版社1999年版，第452页。

② James D. Cox, Robert W. Hillman, Donald C. Langevoort. *Securities Regulation: Case and Materials. A Division of As pen Publishesers, Inc.*, 1997. 972, 973.

③ 仲崇玉：《论证券欺诈民事案件的诉讼方式》，载《法学论坛》2003年第4期。

法律关系所产生的纠纷而行使诉讼实施权，判决的效力及于原民事法律关系的主体。作为一种证券诉讼制度，诉讼担当是指由中介机构或权益保护的中介组织代表股民起诉，维护股民合法权益。[①] 在现代社会中，个人权利的实现往往通过其所在的社会组织或团体实现。以诉讼担当理论为基础，德国形成了团体诉讼制度，这种诉讼制度可以帮助个人通过其所在的社会组织或团体实现权利，是实现个人价值及私权的重要手段。因此我们认为，可修改民事诉讼法，引入诉讼担当制度，以明确规定某些社会团体可基于法律之规定，能够直接代表众多投资者提起诉讼。即赋予某些团体诉权，由他们代表权利人提起诉讼。有学者认为，由证券业协会充任诉讼担当人比较合适，（1）证券业协会由具有专业知识和技能的人组成，由其出面提起诉讼，具有更强的诉讼能力；（2）证券业协会本身有运作的资金，不会给投资者带来太大的资金负担，但是考虑到证券业协会的资金来自其成员而非投资者，为了强化由证券业协会担当诉讼的合理性，可以由其在胜诉或和解后从赔偿金或和解金中获取一定补偿或报酬。（3）证券业协会是证券交易所、证券公司、兼营证券业务的金融机构和证券市场中介机构组成的自律组织，由其代表投资人诉讼可以对上述组织构成威慑，从而更好起到证券业协会的自律监管作用。[②] 当然，在诉讼过程中，证券业协会的诉讼行为应受到法院及被代表者的监督。

**（五）强化对诉讼代表人的监督**

在我国规范证券民事诉讼的《1.9规定》中的代表人诉讼制度并没有完全沿用《民事诉讼法》上的代表人制度。《民事诉讼法》第55条第3款规定："代表人的诉讼行为对其所代表的当事人发生效力，但代表人变更放弃诉讼请求或者承担对方当事人的诉讼请求

① 王甲乙：《当事人适格之扩张与界限》，载《法学丛刊》1995年第1期。

② 陈明：《构建我国证券侵权的集成式诉讼制度——兼评国内学者对美国集团诉讼制度的三种态度》，载《兰州学刊》2004年第5期。

进行和解，必须经被代表的当事人的同意。”按照民事诉讼法的规定，诉讼代表人只具备诉讼权利，没有实体权利处分权，诉讼中如遇到变更、放弃诉讼请求等情况只能征得被代表的当事人的同意。而诉讼代表人代表的当事人人数众多，由他们集中统一变更、放弃诉讼请求的意见，不管采取信件、公告等何种方式，诉讼成本都相当高。假如被代表的当事人形不成统一意见，诉讼可能被搁浅或者以很多被代表的当事人不满意的方式结束。而《1.9 规定》第 15 条规定：“诉讼代表人应当经过其所代表的原告特别授权，代表原告参加开庭审理，变更或者放弃诉讼请求，与被告进行和解或者达成调解协议。”这是对民事诉讼法诉讼代表人没有实体权利处分权的发展。经过人数众多的原告特别授权，诉讼代表人可以获得实体权利处分权，代表原告做出变更或者放弃诉讼请求等实体权利的处分行为。这种规定，虽然在一定程度上增强了诉讼的可操作性，但是人数众多的原告形成特别授权本身却在实践中很难实现。而且诉讼代表人经过特别授权获得实体权利的处分权之后，实际上和美国集团诉讼中的自荐拥有实体权利的处分权的代表人一样可以对实体权利进行处分。这样就会面临另一些问题：一是被代表的当事人和诉讼代表人之间的利益追求目标有其共性，也有其个性，因此存在着诉讼代表人为自身的利益损害被代表的当事人的合法权益的可能性；二是诉讼代表人为了获得非法利益与对方当事人串通，放弃本该争取的被代表的当事人的利益，当诉讼代表人经过授权获得实体权利的处分权之后，这些情况是不可避免的。

在这种情况下，应该加强对诉讼代表人的监督，健全对诉讼代表人的约束机制。首先，每一个诉讼代表人应保证能够公正和充分地保护被代表的当事人的利益，自己没有在诉讼中获得非法利益的企图。其次，诉讼代表人获得判决判定的损害赔偿之外，只能从被代表的当事人所获赔偿中支取诉讼中合理的成本和支出，并将诉讼过程中的合理支出以被代表的当事人都能够知悉的方式公之于众。再次，加强人民法院的监督。一方面应当进一步借鉴美国诉讼中法院奉行的司法审查做法。① 对于代表人过失为诉讼行为以及与他人合谋诈害被代表人的，法院可宣布其行为无效。在判决执行过程中，法院应当监督胜诉财产的分配程序。另一方面，正如美国Frankel法官所言，应当使未参加诉讼的当事人有机会对代表人的行为提出异议。② 人民法院有权督促诉讼代表人在诉讼的每一个阶段结束之后用被代表的当事人能够知悉的方式通知被代表的当事人诉讼的进展情况。人民法院有权对诉讼代表人放弃诉讼的请求和与对方当事人达成和解协议的请求进行审查。只有这样才能够借助人民法院的力量防止诉讼代表人借助自己手中拥有的实体权利处分权与对方当事人串通或者为自己牟取不正当利益。

① Richard H. Fenjamin, Kaplan Kevinm Clemont. *Materials on Civil Procedure*. 1123.

② Supreme Court of the United states 1931 1us. 32, 61. Ct. 115.

# 第六章　证券欺诈民事诉讼机制

## 一　证券欺诈民事诉讼的受案范围

我国人民法院关于证券欺诈民事诉讼的受理始于2002年1月15日最高人民法院发布的《关于受理证券市场因虚假陈述引发的民事侵权纠纷案件有关问题的通知》，即《1.15通知》，从此开始受理和审理证券市场由中国证监会及其派出机构作出生效处罚决定，因虚假陈述行为引发的民事侵权赔偿纠纷案件，以逐步建立和完善证券市场上侵权民事责任制度。在此之前，2001年9月21日，最高人民法院下发《关于涉及证券民事赔偿案件暂不予受理的通知》，即《9.21通知》，认为我国的资本市场正处于不断规范和发展阶段，也出现了不少问题，如内幕交易、欺诈、操纵市场等行为。这些行为损害了证券市场的公正、侵害了投资者的合法权益，也影响了资本市场的安全和健康发展，应该逐步规范。当前，法院审判工作中已出现了这些值得重视和研究的新情况、新问题，但受目前立法及司法条件的局限，尚不具备受理及审理这类案件的条件。经研究，对上述行为引起的民事赔偿案件，暂不予受理。通知一经发布，舆论哗然，广大中小投资者骂声一片，学术界和传媒也对此大加抨击。时隔几个月后，《1.15通知》出台。2003年1月9日，最高人民法院公布《关于审理证券市场因虚假陈述引发的民事赔偿案件的若干规定》，即《1.9规定》。人民法院开始受理因虚假陈述引发的民事赔偿案件。

但是直到今日，因内幕交易、操纵市场引发的民事赔偿案件，人民法院还是不受理，而不是说证券市场没有此类案件的发生。从理论上讲，凡是有权利，就必须有救济；无救济即无权利。英美法中甚至讲“救济走在权利之前”。我国《证券法》虽然也将内幕交易和操纵市场行为规定为禁止的交易行为，《办法》将其认定为证券欺诈行为，但是《证券法》只对这两类行为设定了行政责任并规定“构成犯罪的，依法追究刑事责任”，却没有规定民事责任。所以，目前投资者尚不能就这两类证券欺诈行为遭受的经济损失提起民事诉讼，请求民事赔偿。这极大地限制了投资者进行民事索赔的权利。法治是现代社会的基础，司法最终解决是法治的基本要求，它决定了诉讼是公正和正义的最终保障手段。如果剥夺了人民的这一手段，权利保障又从何谈起。所以，最高人民法院出台的《9.21 通知》引起了社会各界的激烈反应就是这个道理。

我们认为，这种状况只是暂时的，只是因为我们的证券立法尚不完善、人民法院尚不具备全面受理证券欺诈民事案件的能力。我们要做的正是要为立法作出理论上的探讨。暂不受理内幕交易和操纵市场引起的民事赔偿，只能是权宜之计。一方面，最高人民法院2000 年 11 月 8 日颁布的《民事案件案由规定（试行)》，已经给我们受理证券欺诈民事诉讼提供了明确的法律依据。其中涉及证券纠纷的案件有 20 多个，包括证券发行、返还、欺诈、内幕交易纠纷，操纵证券交易市场纠纷，虚假证券信息纠纷，公司知情权纠纷，董事、监事、经理损害公司利益纠纷，等等。另一方面，随着我国证券市场的建立和逐步发展，出现的这些新问题、新情况我们不能一味回避，而应该主动分析问题、积极应对，运用法律手段公平、公正地解决新兴市场的矛盾。“如果法律不能充分解决由社会和经济的迅速变化所带来的新型争端，人们就会不再把法律当作社会组织的一个工具而加以依赖……一旦如此，法律将日益成为与社会和经济生活无关的事情，政府也会再次失去它的引导该社会的社会与经济发展最有效的手段。”① 所以，我们可以肯定地说，所有的证券

① ［美］罗纳得·德沃金著，信春鹰、吴玉章译：《认真对待权利》，中国大百科全书出版社 1998 年版，中文版序言，第 2 页。

欺诈行为引起的民事赔偿案件最后都将被人民法院受理，所有的违法行为主体都将对因此受损失的投资者承担民事赔偿责任。投资者，尤其是受害的中小投资者期待着这一天早日到来！

## 二 证券欺诈民事诉讼原告的确定

证券欺诈民事诉讼的原告的范围很广泛，即凡是因被告的证券欺诈行为而蒙受损失的投资者均可依法提起民事诉讼。问题的关键在于如何在具体案件当中确定哪些受害投资者享有原告资格。买卖证券的时间界限是投资者是否享有损害赔偿请求权的重要因素。笔者认为，在证券欺诈行为发生期间买卖证券的投资者应享有损害赔偿请求权。

对于虚假陈述，根据《1.9 规定》第18、19 条规定，投资者在虚假陈述实施日及以后，至揭露日或者更正日之前买入该证券；在虚假陈述揭露日或者更正日及以后，因卖出该证券发生亏损，或者因继续持有该证券而发生亏损的，可以享有损害赔偿请求权。但是该规定将在诱空虚假陈述实施日之前买入与虚假陈述有直接关联的证券，并在虚假陈述揭露日或更正日之前卖出该证券而遭受损失的投资者排除在原告的范围之外了。《1.9 规定》只考虑到因诱多虚假陈述诱买入与该虚假陈述有直接关联的证券而遭受损失的投资者，而未考虑到诱空虚假陈述诱卖出与该虚假陈述有直接关联的证券而遭受损失的投资者。

《1.9 规定》中证券虚假陈述民事诉讼原告的确定的规则过分依赖买卖时间，强调只有投资者在实施虚假陈述行为与揭露或更正该行为时间段内购入并持有与陈述直接相关的证券，并在虚假陈述被揭露或更正之后卖出的，投资者的损失才可能被认定与该虚假陈述有因果关系，投资者才能成为原告。这种规定显然是不妥当的。以前面提及的大庆联谊案为例，一方面，在大庆联谊案中，以虚假陈述实施日和揭露日为分界点，投资者买卖股票的情形有以下六种：(1) 实施日之前买卖；(2) 实施日前买，实施日后至揭露日前卖；(3) 实施日前买，揭露日以后卖；(4) 实施日以后至揭露日前买卖；(5) 实施日以后至揭露日之前买，揭露日以后卖；(6) 揭露日以后买卖。从理论而言，在前述六种情形中至少 (2)、(3)、(4)、(5) 种情况投资者的损失和虚假陈述之间存在一定的因果关系。依据《1.9 规定》的相关规定，其仅仅认定第 (5) 种情形，而将其他情形一概排除。以 (2)、(4) 两种情况为例，《1.9 规定》确定在虚假陈述揭露日前已经卖出证券的，法院应当认定虚假陈述与投资者损失之间不存在因果关系，在这个阶段买入或卖出证券遭受损失的投资者并无原告资格。不难看出，此项规定中暗含着一个假设，即虚假陈述在未被揭露之前，证券价格未受陈述的影响；虚假陈述一旦被揭露，证券价格才受影响而下跌。显然这一假设是错误的。因为虚假陈述一旦作出，股价就已经包含了虚假信息，即使未被披露或纠正，证券价格已经受其影响。[①] 另一方面，依据《1.9 规定》的要求，在大庆联谊案中仅上海参与起诉的投资者之中，目前就已有 60 多人因在虚假信息披露日前抛出股票而面临败诉风险。[②] 这样的结果可能会带来两方面负面影响。一是它可能给投资者一个错误信号，即使股价下跌也不要抛售，不要积极止损，而是要等待揭露日到来，只有这样才可能获赔。二是给造假公司一个错误信号，即尽量拖延揭露时间，选择和使用含糊词句，让投资者难以判断是否属于风险揭示；或者进行多次不属于风

---

① 我们以“东方电子”的股价变动情况对这一结论作一佐证。“东方电子”股价从 2001 年 7 月 16 日起由前一个交易日收盘 17.44 元开始异常下跌，到 9 月 10 日“东方电子”收盘价已经跌至 9 元以下，短短两个月时间就出现 50% 左右的异常跌幅，而直到 2001 年 10 月 15 日该公司才发布其被证监会查处的公告。十分明显，“东方电子”的价格早在其揭露日之前就因为包含了虚假信息而受到巨大影响。依据《1.9 规定》的规定，在“东方电子”跌得最多的两个月中抛出股票而遭受损失的投资者必然会被认定为“虚假陈述与损害结果之间不存在因果关系”，投资者将面临败诉的危险，这合理吗？

② 在大庆联谊案中，上海诉讼团人数仅为 381 人，近 1/6 的投资者将直接面临败诉的危险。

险提示的提示，逐步诱导投资者抛售股票，使大部分投资者成为“揭露日前已抛售者”，以减少“可求偿投资者的数量和可求偿金额”。毋庸讳言，仅就大庆联谊案而言，《1.9 规定》中虚假陈述受害者原告资格认定的规定有失公允。

对于内幕交易，与内幕交易者同时为反向交易的投资者享有损害赔偿请求权，“同时”的具体的判断可以交给法院去认定。

对于操纵市场，由于操纵市场的行为往往是持续的，所以从操纵行为人第一次操纵某种证券价格到最后一次操纵该种证券价格期间善意买卖该证券的投资者均有诉权；以散布谣言方式操纵市场的，从散布谣言时起至谣言被纠正之时止，善意买卖该证券的投资者享有诉权。

## 三 证券欺诈民事诉讼被告的确定

### （一）虚假陈述证券欺诈案件的被告

我国证券立法对虚假陈述证券欺诈案件的被告规定表述有一些差别。依《证券法》第 69、173、193 条的规定，虚假陈述民事责任的主体包括发行人、上市公司、发行人和上市公司的董事、监事、高级管理人员和其他直接责任人员、发行人和上市公司的控股股东、实际控制人、保荐人、承销的证券公司以及为证券的发行、上市、交易等证券业务活动制作、出具审计报告、资产评估报告、财务顾问报告、资信评级报告或者法律意见书等文件证券服务机构。

依《股票发行与交易管理暂行条例》（以下简称《股票条例》）第 16、17、18 条的规定，虚假陈述民事责任的主体为发起人、发行人及其董事、承销商、专业服务机构及其直接责任人。《禁止证券欺诈行为暂行办法》（以下简称《办法》）第 11、12 条对虚假陈述民事责任的主体没有限定，泛指任何单位和个人。而最高人民法院颁布的《1.9 规定》第 7 条除了列举《证券法》和

《股票条例》所规定的上述民事责任的主体之外，还将控股股东、上市推荐人及其负有责任的董事、监事和经理等高级管理人员以及其他作出虚假陈述的机构或者自然人作为民事责任的主体来加以规定。其中，所谓“其他作出虚假陈述的机构或者自然人”，依《1.9规定》第25条的规定，包括国家工作人员、新闻传播媒介从业人员、证券交易所及其从业人员、证券公司及其从业人员、证券登记结算机构及其从业人员、证券交易服务机构及其从业人员、社会中介机构及其从业人员、证券业协会及其工作人员、证券监督管理机构及其从业人员等九类主体。而依据中国证监会2003年12月28日发布的《证券发行上市保荐制度暂行办法》的相关规定，保荐机构及相关保荐代表人也可以成为虚假陈述民事责任的主体。

**（二）内幕交易证券欺诈的被告**

我国《证券法》明文禁止证券交易内幕信息的知情人员利用内幕信息进行证券交易活动。

《证券法》第74条规定，证券交易内幕信息的知情人包括：（一）发行人的董事、监事、高级管理人员；（二）持有公司百分之五以上股份的股东及其董事、监事、高级管理人员，公司的实际控制人及其董事、监事、高级管理人员；（三）发行人控股的公司及其董事、监事、高级管理人员；（四）由于所任公司职务可以获取公司有关内幕信息的人员；（五）证券监督管理机构工作人员以及由于法定职责对证券的发行、交易进行管理的其他人员；（六）保荐人、承销的证券公司、证券交易所、证券登记结算机构、证券服务机构的有关人员；（七）国务院证券监督管理机构规定的其他人。

《办法》第6条规定，本办法所称内幕人员是指由于持有发行人的证券，或者在发行人或者与发行人有密切联系的公司中担任董事、监事、高级管理人员，或者由于其会员地位、管理地位、监督地位和职业地位，或者作为雇员、专业顾问履行职务，能够接触或者获得内幕信息的人员，包括：（一）发行人的董事、监事、高级管理人员、秘书、打字员，以及其他可以通过履行职务接触或者获得内幕信息的职员；（二）发行人聘请的律师、会计师、资产评估人员、投资顾问等专业人员，证券经营机构的管理人员、业务人员，以及其他因其业务可能接触或者获得内幕信息的人员；（三）根据法律、法规的规定对发行人可以行使一定管理权或者监督权的人员，包括证券监管部门和证券交易场所的工作人员，发行人的主管部门和审批机关的工作人员，以及工商、税务等有关经济管理机关的工作人员等；（四）由于本人的职业地位、与发行人的合同关系或者工作联系，有可能接触或者获得内幕信息的人员，包括新闻记者、报刊编辑、电台主持人以及编排印刷人员等；（五）其他可能通过合法途径接触到内幕信息的人员。

应该说，二者规定的内幕人员的范围没有实质的差别，只是前者更为概括，后者更为具体详明。我们认为采用《办法》的规定更为可取，能够具体列举的尽量具体列举，最后加上一个弹性条款即可，不用规定得过于概括；实际上做概括的规定，最后还是要加上弹性条款的，如“国务院证券监督管理机构规定的其他人”。与其这样，还不如在能明确的地方尽量明确，便于司法操作。

**（三）操纵市场证券欺诈的被告**

《证券法》在第77条规定，禁止任何人操纵证券市场。该条没有具体规定哪些主体可以成为操纵市场的行为人；而是概括地规定，凡事从事了操纵市场行为的主体就是操纵市场的行为人。《办法》第7条也是规定，禁止任何单位或者个人以获取利益或者减少损失为目的，操纵市场。二者的规定是一致的。“任何人”并非只指所有的自然人，而是包括所有的法人以及非法人组织。“任何单位或者个人”中，单位并非一个规范的法律用语，但在我国的立法当中却运用较多，它是指法人以及非法人组织。所以，操纵市场证券欺诈的被告是所有从事操纵市场行为的主体。

**（四）其他证券欺诈民事诉讼的被告**

对于证券分析师是否可以成为被告，我国法律法规没有作出明确的规定。证券分析师，俗称股评家。曾几何时，中国的股评家沦为“庄家”的“股托”，有意无意地散布谣言，指鹿为马，明知山有虎，偏叫投资者向“虎山行”，一度被股民怒斥为“黑嘴”。“黑嘴”“黑庄”狼狈为奸，炮制出的一个个股市“神话”、“奇迹”，伤透了股民的心，继山东中级人民法院审理了“中国股评第一案”之后，对“股市黑嘴”的诉讼接连不断，一时间证券分析业陷入了严重的信任危机。无独有偶，美国华尔街的分析师们也因三寸不烂之舌欺骗投资者而诉讼缠身，据报道，在全美涉及证券欺诈的300多起案件中，排在最前面的25个案子全是状告分析师的。① 显然，正如足球场上的“黑哨”会毁掉一场比赛，乃至损害足球事业的发展一样，股市里屡禁不绝的“黑嘴”同样会对一个行业、一个市场的规范和发展构成重大阻碍。

对于股票分析师成为被告的问题，虽然法律上没有明确的规定，但我国的司法实践已经给出了答案。山东股民张先生状告股票分析师一案在历时三年之后取得了胜诉，在国内，股民状告虚假股评误导并且胜诉获赔，本案当属首例。由于很多中小投资者在证券专业知识方面非常欠缺，判断能力相对较弱，使得他们更愿意去相信所谓专家（即分析师）的意见，但令人愤怒的是，偏偏是这些所谓的专家欺骗了他们，使许多人血本无归。山东张先生胜诉一案开启了股票分析师赔偿先河的作用，以使得更多中小投资者的合法权益得到更有效、更全面的保护。而将股票分析师包括在证券侵权民事赔偿的被告范围之内则是一种很好的选择。

## 四　损害赔偿的范围

由于证券交易具有价格的多变性和不可预测性等特征，投资

---

① 邢颖：《股评家的嘴有人管了》，载《法制日报》2002年12月25日。

者的财产利益只有在特定的时间上才能被确认，在未来的某个时间段内，投资者持有的证券价格是升还是降是无法确定的。因此，在证券民事赔偿中，不能简单地援用一般侵权法损害赔偿理论来确定被告的责任范围。一方面在保护投资者的同时，也应防止巨额赔偿的超量威慑，防止对经济发展产生负面影响。另一方面，确定赔偿范围应排除精神损害索赔的可能，排除交易中的期待利益等间接损失。

**（一）关于损害赔偿的起点与终点**

如何确定证券欺诈侵权案中损失计算的期间，这是证券民事赔偿的一大难点。这一期间是用来将投资者所受损失限定在一个合理的范围内，以便将并非虚假陈述所造成的损失排除在外而确定的一个时间段。在证券市场中，当虚假陈述人实施的虚假行为被揭露或被更正以后，股票虚涨的市值将会被蒸发掉，引起股价的下跌，但是现实生活中股价的下跌在很大程度上还会受到其他因素的影响，例如市场的过度反应，各类虚假陈述的违法行为掺杂其间，等等，因此不能单纯地用投资者的购买价去减虚假陈述被揭露后该股票下跌后的价格，而且当市场过度反应之时，股价会不停地下跌，此时如果用购买价减去股价的最低点的差价作为投资者的损失，显然是不公平的。因为这就将并非虚假陈述行为人所致而是由市场本身存在的不测风险所导致的损失都包括进去了。因此，各国、各地区在证券法中规定虚假陈述损害赔偿的范围时都要确定一个合理期间，通过此期间来限定损害赔偿的范围。美国《1933 年证券法》第 11 条对证券发行登记文件中的虚假陈述损害赔偿作了规定。根据该节的规定，赔偿计算时间依据原告是否或何时卖出了证券：如果判决时仍持有证券，损害赔偿计算按购买价与诉讼时的价格之差；如果提起诉讼前已卖出，损害赔偿计算按购买价与卖出价之差；如果在诉讼期间卖出，损害赔偿计算按购买价与卖出价之差。其中购买价均不得超过公开发行价。也即对发行文件出现虚假陈述者，赔偿计算起点是买入时，止点是卖出时或诉讼时（判决时）。[①] 规则 10b－5 对交易过程中的虚假陈述案件计算赔偿范围作了规定，其目的是对“实际损失”进行赔偿。实际损失的计算依据主要是由《证券交易法》第 28 节第（a）条规定。由此，在虚假陈述影响证券价格期间，投资者买卖证券的直接损失，具体案件的计算则依据法官的判断。我国现行证券法对证券损害赔偿的起止时间点没有作具体规定。《1.9 规定》虽有所涉及，但规定得不明确。笔者认为，证券民事赔偿制度的根本目的是保护投资者的利益，在确定证券损害赔偿的起止时间时，应充分考虑到这一点。以发行价格作为赔偿计算的起点和上限，存在着明显的缺陷。因为我国目前证券发行与上市交易之间在价格上差异较大，证券价格进入二级市场后往往会上涨，而申请发行文件中的虚假陈述行为一般都是在上市后较长期间才能被发现，如果以发行价作为赔偿起点，对二级市场买卖证券的投资者不利。根据当前我国市场行情，一级市场基本稳赚不赔，二级市场也很少有跌破发行价的。在这两种情况下，投资者的损失难以得到救济。同时，以发行价作为计算损失的起点将可能导致这样一种情况：投资者购入证券以后在市场总体向好的背景下价格一路走高。在侵权行为实施后或开始影响市场后价格开始下跌，但仍然是高于发行价。在此情况下投资者有无损失？能否起诉？答案将是否定的。由于有利的市场因素被侵权者享有，侵权者不承担任何责任，这显然是不合理的。所以以公开发行价作为证券发行虚假陈述案件的赔偿计算的起点，在我国证券市场上并不适用。笔者认为，为充分保护投资者利益，使投资者的实际损失得到有效的救济，应以虚假信息披露之日作为损害赔偿的计算起点。

当虚假陈述被揭露或更正以后，虚假陈述行为对证券交易影响并不会立刻结束，它对证券市场价格的影响是逐步减少直至消灭，

① 文建秀：《证券市场信息披露中注册会计师的法律责任》，法律出版社 2003 年版，第 221 页。

那么把损害赔偿的范围限定在虚假陈述被揭露或更正以后的多长时间之内，这是证券民事赔偿的一大难点，也是学界争议较大的问题。美国《1995年证券私人诉讼改革法案》第21P（e）条确定了一个计算损害赔偿的期间："①除本条第2款规定以外，在任何依据本法提起的私人诉讼中，原告依据证券市场价格确定损害赔偿时，判给原告的损害赔偿不得超过原告为证券所支付的适当的买价或者所收到适当的卖价，与该证券在更正被起诉的错误陈述或者遗漏的信息向市场公布之日起90天内该证券的平均交易价格之间的差额。②在任何依据本法提起的私人诉讼中，原告依据证券市场价格确定损害赔偿时，如果原告在前款90天内卖出或者重购系争证券的，原告的损害赔偿额不得超过其为系争证券所支付的适当的买价或者收到的适当的卖价，与更正被起诉的错误陈述或者遗漏的信息向市场公布之日至原告卖出或者重购之日止该证券的平均交易价格之间的差额。③所谓证券的平均交易价格是指以本条第1款规定的90天内该证券每日收盘价为基础计算出来的该证券日交易价格的平均值。"该法确定合理期间为90天时并没有给出理由，只是想借助虚假陈述更正或揭露后的"后续期间"，来改变计算投资者损失缺乏确定性的现状，从而将可索赔的损失限定在虚假陈述而非其他因素所造成的范围之内。我国台湾地区"证券交易法"在第157—1条中对内幕交易行为的民事赔偿规定了合理期间，被告"应就消息未公开前其买入或卖出该股票之价格，与消息公开后10个营业日收盘价格之间之差额限度内，对善意从事相反买卖之人负损害赔偿责任"。该法在第20条、第155条对虚假陈述行为人规定了应负赔偿责任，但没有对投资者损失计算规定合理期间。①

《1.9规定》对损害赔偿的终止日期作了规定。根据第33条，

① 李国光、贾纬编著：《证券市场虚假陈述民事赔偿制度——最高人民法院〈关于审理证券市场因虚假陈述引发的民事赔偿案件的若干规定〉评释》，法律出版社2003年版，第158—159页。

终止日期分别按下列情况确定：①揭露日或更正日起，至被虚假陈述影响的证券累计成交量达到其可流通部分100%之日。但通过大宗交易协议转让的证券成交量不予计算；②按前项规定在开庭前尚不能确定的，则以揭露日或更正日后第30个交易日为终止日；③已经退出证券交易市场的，以摘牌日期前一交易日为终止日；④已经停止证券交易的，可以停牌日前一交易日为终止日，恢复交易的，可以第①项规定确定终止日。通常情况下，如此确定终止日是没有什么困难的，也比较好操作，但当遇到配股、转配股、增发新股、债转股等，投资者投资差额损失计算的终止日就难以确定。例如在嘉宝案中，按虚假陈述行为揭露日或更正日至流通股累计成交量达到100%之日计算，嘉宝案的揭露日即证监会处罚公告日为2000年9月4日，当日流通股为6681万股，而在达到流通股累计成交量100%之前的10月9日，有转配股4828万股上市，而电脑又无法区分转配股与非转配股的交易，到底是认定6881万股还是认定11509万股，《1.9规定》并没有明文规定，但流通股的交易量累计达到100%时很大一部分又是来自转配股的交易。如果根据第33条第2款的规定，以揭露日或更正日后第30个交易日为终止日期，则计算损失的价格会有所不同。同时，目前我国的证券交易有A、B股之分，在确定终止日时，A股与B股是分开计算还是合并计算，《1.9规定》也没有明确。笔者认为，美国《证券私人诉讼改革法案》和我国台湾地区确立终止日期的方法较之《1.9规定》更具有合理性与可操作性。只是美国确立的90天的合理期限过长，而我国台湾地区确立的10个营业日的时间又过短。合理期间既不能过长又不能过短。该期间越短对投资者保护越不利，越长对虚假陈述者惩罚易过度。如果合理期间确定不当，既难以达到有效填补投资者损失的目的，也容易不公正地加大对虚假陈述的惩罚。笔者认为以揭露日或更正日后第30个交易日作为损失计算的终止时间比较科学且符合我国市场情况。因为当虚假陈述影响的证券在虚假陈述被揭露后，其股价会发生波动，而在经过30个交易日以后，就可以大致推定上市公司的股票价格基本上摆脱了虚假陈述行为的影响，也表明投资者在此期间是完全有机会实施减损的。

**（二）关于损失的种类**

根据各国立法与司法实践，证券交易损失范围主要涵盖了证券交易价格的降低、交易费用的支出、利息损失三种。有些国家还将诉讼费和律师费也纳入可以裁决由被告支付的范围内，如美国《证券法》第11节（e）条的规定。《1.9规定》对损失赔偿的计算以“投资人实际损失”为根本依据，按发行市场和交易市场分别确定。对于发行市场，投资者的损失包括退回投资款并加算银行同期存款利息。对于交易市场，投资者的损失包括投资差额损失、投资差额损失部分的佣金和印花税及资金利息。[①] 投资差额损失是指投资者因虚假陈述行为而遭受投资利益方面的损失，其计算方法依据投资人卖出证券的时间不同而存在差异。这种损失是因为虚假陈述所引起的，应由侵权人承担。学者们对于应在多大范围内赔偿佣金、印花税存在争议。根据《1.9规定》侵权人仅赔偿投资差额损失部分的佣金与印花税，而不赔偿非投资差额损失部分的佣金与印花税。这种规定较为合理，其理由包括：①依据有效市场理论，投资者相信市场的公正性与价格的合理性才进行投资。只要投资，任何投资者必然发生佣金和印花税两项费用，这是市场投资成本而非虚假陈述影响市场才发生的损失。②佣金是为投资者提供服务的证券公司所收取的劳务报酬和手续费；印花税是投资者进行投资必须向国家和地方税务部门缴纳的税费，这是该两项费用产生的直接原因。③受虚假陈述侵权的投资者，其直接损失是所持股票在有效市场前提下正常价格与受到欺诈后价格之间的差额，而不是整个股票价值的全部灭失。因此，依附股票价值发生的佣金和印花税，即便是虚假陈述者承担也不应全部属于赔偿范围，而只应是投资差额

① 文建秀：《证券市场信息披露中注册会计师的法律责任》，法律出版社2003年版，第222页。

损失部分的佣金和印花税。① 投资资金利息是资金被证券占有而丧失了其他投资机会的成本，这种机会成本的最低金额是将资金存放在银行的利息额。因此，如果证券投资决策与虚假陈述直接有关，则利息损失也应由侵权者承担。《1.9规定》没有将律师费和诉讼费包括在赔偿范围之中，这种做法不合理，因为这两项费用与虚假陈述直接有关，没有虚假陈述行为，投资者自然就不会遭受损失，原告也就不会发生这笔费用，而高额的律师费和诉讼费往往使受损投资者望而止步，不利于惩治市场违法者。因此应将这笔费用列入赔偿范围。综上所述，证券侵权民事赔偿的范围应包括投资差额损失、投资差额损失部分的佣金和印花税，资金占用利息损失、律师费、诉讼费等。

**（三）损害赔偿数额的确定**

确定赔偿数额是追究证券欺诈民事责任的又一难点问题。因为在具体案件中，受害人的损失情况相当复杂，而证券价格又受到各种因素的影响。因此，要准确地确定赔偿金额有一定的困难。如前所述，损失赔偿的计算以"实际损失"为基本原则，考虑到损失的范围，损害赔偿额以通过这样一个计算公式计算：投资者实际损失赔偿额=投资差额损失+投资差额损失部分的佣金和印花税+资金占有利息损失+律师费+诉讼费。其中后四种费用的发生与金额比较确定，不再赘述。最难计算的是投资差额的计算。

1. 美国立法确定的损害赔偿额计算方法

（1）美国《证券法》确定的计算方法。美国《证券法》第11节（e）条确定了损失赔偿额的计算方法。根据第11节（e）条，如果投资者因注册登记文件中对重大事实的错误陈述或隐瞒而购买证券受到损失，受害人可以获得的赔偿额为：投资者购买

① 李国光、贾纬编著：《证券市场虚假陈述民事赔偿制度——最高人民法院〈关于审理证券市场因虚假陈述引发的民事赔偿案件的若干规定〉评释》，法律出版社2003年版，第152—153页。

证券时支付的金额（不超过该证券公开发行的价格）减去起诉时该证券的价格。如果投资者在起诉前已经售出证券，则损失额为：投资者购买证券时所支付的金额（不超过该证券公开发行的价格）减去起诉前出售该证券时的价格。如果投资者在起诉期间（起诉后判决前）出售证券的，损害赔偿额为：投资者购买该证券所支付的金额减去出售该证券的价格，但以该转售价大于起诉时该证券的价格为限。

（2）规则 10b－5 确立的计算方法。根据规则 10b－5，对损失赔偿额都是依据实际损失计算法来计算的。该方法的具体规则为：因被告虚假陈述而买入证券的原告的损害赔偿数额为：证券的真实价值（通常是虚假陈述行为被揭露后证券的市场价格，也即没有虚假陈述行为时原告买进该证券的价格）与原告支付的价格之间的差额；因被告的虚假陈述行为而卖出证券的原告的损失赔偿额为：证券的真实价值（即没有虚假陈述行为时原告卖出该证券的价格）与原告获得的价格之间的差额。这种方法的最大缺陷是合理地确定交易时证券的真实价格较为困难。实践中发展出来的方法有价格反映法和真实价格恒定法两种。①

（3）1995 年《证券私人诉讼改革法》确定的计算方法。为限制证券市场上大量涌现的滥诉行为，美国国会于 1995 年通过的《证券私人诉讼改革法》第 21D（e）条确立了一个新的损失赔偿计算方法。该方法为，原告的损失赔偿额为：原告买入或卖出证券价格与相关虚假信息或遗漏信息得到更正，并传播到市场后 90 天内平均价格收盘价的差。

2. 国内学者提出的确定损失赔偿的方法

关于虚假陈述证券民事损害赔偿的计算方法，目前我国理论界

① 李国光、贾纬编著：《证券市场虚假陈述民事赔偿制度——最高人民法院〈关于审理证券市场因虚假陈述引发的民事赔偿案件的若干规定〉评释》，法律出版社 2003 年版，第 166 页。

与实务界提出了多种计算方法：

（1）实际差价计算法。即从原告为取得该证券所支付的金额中扣除以下各款所列数额后的差额：第一，要求赔偿损失时的市场价款（如无市场价，损失额为当时的处分推定价格）；第二，如在要求赔偿损失时证券已卖出，为该证券卖出的价额，如果能证明原告所受的全部或部分损失并非由其会计作假引起，而是由于其他原因造成的，则对原告的全部或部分损失不承担赔偿责任。有的学者还设计出以下方案：①以真实信息公告前一日的股票收盘价减去虚假信息公告前一日的收盘价，以两者之间的差价为每股的损失，每个原告持有的股份数额乘以每股的损失即为应得的赔偿额；②以虚假信息公告后至真实信息公告前一段时间的股票收盘价的加权平均价作为其准价，减去恢复上市交易后一周内的加权平均价，以两者之差作为每股的损失。这种计算方法的难点是如何确定一个合理时间。

（2）实际价值计算法。即赔偿金额应为受害者进行股票交易时的价格与当时股票的实际价值之差额。这种计算方法的难点在于证券的实际价值难以确定。

（3）实际诱因计算法。即虚假陈述者只对其行为所造成的证券价格波动负赔偿责任，对其他引起的那部分证券价格波动不负赔偿责任。这种方法的难点是如何确定各种不同因素对证券价格的影响及影响程度。

（4）非法所得计算。即赔偿金额限定在会计造假者的全部非法所得，包括获得的利益或减少的损失。这是一种简便的确定方法，[①] 但这种方法对受害人不利。如果虚假陈述者没有非法所得，则投资者的损失得不到任何赔偿，这显然有失公平，对造假者也起不到惩罚的作用。

---

① 参见飞草《中国独立审计侵权责任之法理分析》，http：//www.studa.com/newpaper，2003年4月1日。

3. 本文对损失赔偿计算方法的见解

证券欺诈民事责任的最终目的是为了保护投资者合法的经济利益，从而使因虚假陈述行为而失衡、扭曲的经济关系得以恢复原状。因此，民事责任不应体现为对虚假陈述人的惩罚（这应是行政责任和刑事责任的任务），而应对投资者的损失进行实事求是的赔偿，应以公平合理为原则。通过以上的分析可以看出，美国《证券法》所确立的计算方法并不适合我国，因为该方法实际上以证券发行价作为损失赔偿起点价的上限。而如前所述，我国目前发行价与上市交易价之间存在较大差异，这种方法将使二级市场的很大一部分投资者的损失得不到赔偿。国内有学者认为非法所得计算方法比较可取，因为其具有确定性、可操作性。笔者认为这种方法忽视了对受害人利益的保护，适用的结果有失公平。实际诱因法操作起来难度较大。相比较而言，美国 1995 年《证券私人诉讼改革法案》所确立的计算方法较为合理，它既弥补了受害人的损失，又适当地限制了会计师的责任。笔者认为，我国会计师侵权损害赔偿的计算方法为：投资者的投资差额损失等于投资者在虚假陈述期间买入证券的价格与虚假陈述被揭露或更正后 30 天内平均收盘价的差乘以投资人所持证券数量。这种方法既考虑到了受害人的利益，又适当地限制了会计师的责任，也具有较强的操作性。

## 五　证券欺诈民事诉讼前置程序

证券欺诈民事赔偿案件作为新型案件具有当事人人数众多且分散、举证或取证困难等特点。为了方便于法院对此类案件的受理与审判，最高人民法院首先于 2002 年发布了《1.15 通知》，其第 2 条规定："人民法院受理的虚假陈述民事赔偿案件，其虚假陈述行为，须经中国证券监督管理委员会及其派出机构调查并作出生效处罚决定。当事人依据查处结果作为提起民事诉讼事实依据的，人民法院方予依法受理。"《1.9 规定》确定的前置程序有三种类型：一是中国证券监督管理委员会或其派出机构公布对虚假陈述行为人作出处罚决定；二是中华人民共和国财政部、其他行政机关以及有权作出行政处罚的机构公布对虚假陈述行为人作出处罚决定；三是人民法院认定有罪的，作出刑事判决。《1.9规定》进一步补充了《1.15通知》的内容，其第6条第1款规定："投资人以自己受到虚假陈述侵害为由，依据有关机关的行政处罚决定或者人民法院的刑事裁判文书，对虚假陈述行为人提起民事赔偿诉讼，符合民事诉讼法第108条规定的，人民法院应当受理。"《1.9规定》丰富和发展了《1.15通知》关于前置程序的原则性规定。首先，增加了刑事处罚的前置程序。其次，对行政处罚主体作了扩大规定。对证券市场进行行政监管，主要是中国证监会及其派出机构。但对市场参与主体从行业上具有行政管理权的部门，还有财政部等其他行政机关，或者经授权的机构。再次，对前置程序不确定状态作了规定。第11条规定，人民法院受理虚假陈述证券民事赔偿案件后，受行政处罚当事人对行政处罚不服申请行政复议或者提起行政诉讼的，可以裁定中止审理。有关行政处罚被撤销的，应当裁定终结诉讼。

这就是说，在我国投资者不得直接就证券欺诈的民事赔偿案件向人民法院提起诉讼，必须符合上述任何一种前置程序方可起诉。

对于证券欺诈民事诉讼前置程序的设置，各界引起较大争议，有人认为设置前置程序有其必要性；有人却认为设置前置程序存在诸多弊端，没有必要设置。我们的观点是，目前设置前置程序应该作为权宜之计，待条件成熟后应该取消这种强制性的前置程序。

最高人民法院的《1.15通知》和《1.9规定》也有它的理由。参与起草《1.15通知》和《1.9规定》的最高人民法院法官贾纬在中国人民大学的一次讲座上解释了前置程序设置的必要性。① 笔

① 贾纬：《对最高人民法院〈关于审理证券市场因虚假陈述引发的民事赔偿案件的若干规定〉的理解与适用》，天涯法律网。

者将其归纳为三点：一是要求法官直接来判定虚假陈述的行为存在与否相当困难，而中国证监会及其派出机构是代表国家对证券市场行使监管的机关，由其对专业性较强的市场行为作出是否违法的判断并决定处罚与否更为稳妥。二是以证券监管机构作出生效处罚决定为受理虚假陈述民事赔偿案件的前提，可以解决原告在起诉阶段难以取得相应证据的困难。三是防止大量的此类案件被起诉，人民法院不能够胜任。贾纬法官也明确表示，这个前置程序只是一个过渡性的东西，随着我们市场的完善，尤其是市场机制障碍的解决和我们市场成熟以后，这些东西要逐渐被淘汰掉的。

来自律师界的分析认为，这一前置程序是把双刃剑。一方面，它解决了作为原告的投资者在起诉阶段难以取得证据的困难，实际上免除了原告的举证责任，降低了案件受理的门槛，具有一定的积极意义。但另一方面，由于前置程序是案件被受理的必要条件，证监会的处罚决定能否当然地成为证据，充当案件受理的前提，还有很大的不确定性。①

根据《1.9 规定》，受到虚假陈述行为侵害的广大投资者，如果仅仅依据虚假陈述行为侵害其合法权益为由起诉的，人民法院可以不予受理；受害投资者必须等待证监会或人民法院对虚假陈述行为及其主要责任人员的行政处罚或刑事裁判作出后提起诉讼，其诉讼才可能被受理。这样的规定显然是不妥当的。

首先，“法官不得拒绝裁判”是法治社会最基本的法律原则之一，而《1.9 规定》却无视这一基本法律原则，为证券虚假陈述民事赔偿案件的受理设置前置程序，同时人为地给投资者向人民法院寻求司法救济设置障碍，变相地限制甚至剥夺了投资者的诉权，不仅使法官拒绝受理证券民事诉讼案件有了充足的理由，而且也是对“司法为民”方针的违背。有法谚云：“没有无救济

① 张海波：《中国股市大索赔》，第七章：备受争议的前置程序，http：//vnet.business. sohu. com/business/。

的权利。”当投资者（股东）的合法权益因上市公司等不法行为人的虚假陈述行为而受到损害时，法律理应站在受害投资者一边，为其受侵害的权利（虚假陈述行为主要侵害了投资者即公司股东的知情权）提供法律救济。然而《1.9规定》却人为地提高了受害投资者向法院寻求司法救济的门槛。一方面，投资者不得不耐心等待中国证监会的行政处罚决定或人民法院的刑事裁判文书的作出，而这一等待过程却又是相当漫长的。在大庆联谊案中，大庆联谊的虚假陈述行为发生于1997年，中国证监会的处罚决定却是在2000年3月才作出，前后相距近3年。另一方面，不难设想，当漫长的前置程序走完之后，时过境迁的被诉上市公司也许已无赔偿能力，从而大大降低了投资者获得赔偿的可能性。对于大庆联谊案而言，该公司公布了2003年中期年报中已经发布了预亏公告，此案拖延的时间越长，将来案件判决执行的困难也就越大，甚至于最终可能使投资者一无所获。[①] 此外，在现实社会中，不少证券违规行为因监管不力、执法不严等多种原因而未受到相应的行政处罚或刑事制裁，在此情况下依照《1.9规定》，受害人也就控告无门了，其诉讼权利实质上就被不正当地限制甚至剥夺了。最高人民法院某负责人曾解释说：“以证券监管机构作出生效处罚决定为受理虚假陈述民事赔偿案件的前提，可以解决原告在起诉阶段难以取得相应证据的困难。”然而对于此种解释，试问：案件还未经法庭受理和审判，何以得出原

---

① 这种情况不仅仅在大庆联谊案中存在，东方电子案也许更能说明问题。“东方电子”将其虚增收入的10.39亿元经会计调整后挂在“其他应付款”科目上，但实际上公司已经没有这样一笔巨额资金留在账上，出售股票收入所被确定的收益，部分已经采取现金和红股方式分配给全体股东。而10.39亿元虚增收入主要与“伪造”内部职工股及进行内幕交易有关，那么这些虚增收入势必会被证监会确定为非法所得，并极可能在日后的行政处罚中被要求以货币资金的形式上缴。如此一来，姗姗来迟的行政处罚和刑事制裁不仅将直接影响公司的持续经营，而且等到投资者证券民事赔偿诉讼案宣判之时，造假公司早已被掏空，只剩下一具空壳，投资者只落得赢了官司输了钱的下场。

告难以举证之结论？如果原告在起诉阶段就难以举证，他又怎会轻易冒着败诉的风险提起民事诉讼？毋庸讳言，这种过于主观的、一厢情愿式的规定与解释明显过于牵强，还可能贻害无穷。第一，设立前置程序就意味着虚假陈述行为人只要不被追究行政责任或刑事责任，也就不可能被追究民事责任。这在现实中很可能会助长一部分人的侥幸心理，尤其会诱发轻微违规行为的大量发生。第二，由于设立前置程序，不法行为人为了免于被追究行政责任与刑事责任，进而免被追究民事赔偿责任，无疑会加大行贿力度，从而有可能助长腐败，妨害执法、司法公正。第三，虽然相对于一般民事案件而言，审理证券民事赔偿案件难度更大，困难更多。但是，利用前置程序将大量证券民事赔偿案件拒之于法院之外，不仅说明法院难以胜任审理此类案件，使广大受害投资者对于我国司法机关失去信心，也容易助长法官的惰性，不利于法官素质的提高。①

其次，前置程序的规定与《民事诉讼法》、《证券法》以及相关司法解释相抵触，有破坏法治统一与尊严之嫌。《民事诉讼法》第 108 条规定：“起诉必须符合下列条件：（一）原告是与本案有直接利害关系的公民、法人和其他组织；（二）有明确的被告；（三）有具体的诉讼请求和事实理由；（四）属于人民法院受理民事诉讼的范围和受诉人民法院的管辖。”《证券法》第 63 条规定：“发行人、承销的证券公司……存在虚假记载、误导性陈述或有重大遗漏，致使投资者在证券交易中遭受损伤的，发行人、承销的证券公司应当承担赔偿责任。”从条文的语义分析来看，很明显“造成实际损伤”即为虚假陈述赔偿责任的触发要件和前提条件。只要投资者因虚假陈述而“遭到损伤”并且其起诉符合《民事诉讼法》第 108 条规定的条件，人民法院就应当依法受理当事人的诉讼请求，不应以任何机关作出的调查处罚为前提。除上述规定之

① 参见殷洁《证券虚假陈述民事责任制度论》，载《法学》2003 年第 6 期。

外，最高人民法院2001年制定并于1月1日起实施的《民事案件案由规定》（试行）第161条至第168条就明确规定证券欺诈属于人民法院的受案范围。由此可见，证券民事赔偿受理前置程序的规定不仅与最高人民法院制定的司法解释相抵触，最重要的是其超越立法权限与《民事诉讼法》、《证券法》等法律相关规定相矛盾，在某种程度上对我国的法治统一与尊严构成了挑战。

第三，行政前置程序抬高了诉讼门槛，严重损害了投资者的民事诉讼权。

第四，行政前置程序不利于法院及时惩处民事侵权行为。

第五，行政前置程序增大了政府对证券市场监管的成本，降低了监管效率。

## 六 证券欺诈民事赔偿的诉讼时效

### （一）证券欺诈民事赔偿诉讼时效的意义

民法上的诉讼时效，是指权利人在法定期间内不行使权利即丧失请求，法院依诉讼程序强制义务人履行义务的权利的制度。诉讼时效的意义在于督促权利人及时行使权利，对怠于行使权利者进行惩罚，从而使权利义务关系确定化。

就证券欺诈民事赔偿而言，诉讼时效制度具有特殊的意义。第一，有利于稳定证券市场秩序。证券交易换手率高、成交量大，现代证券交易所实行集中竞价交易系统下的非面对面交易，如果证券欺诈行为的受害者在多年后才主张权利，则必将推翻一系列交易关系，这在证券交易中几乎不可能，并会造成证券交易秩序的紊乱。第二，督促投资者及时行使权利。如果投资者长期不行使权利，就会妨碍证券和资金的流转，不能更好地发挥财产的效用。第三，有助于证券欺诈民事赔偿案件的审理。证券市场瞬息万变，权利人久不行使权利，证据易灭失，难免为证券欺诈民事赔偿案件的审理带来困难，最终不利于对受害者利益的保护。

### （二）证券欺诈民事赔偿诉讼时效的立法例①

各国和地区对证券欺诈民事赔偿诉讼时效的规定不尽一致。

1. 美国

美国1933年《证券法》第13条对错误注册上市申请表的民事责任规定诉讼时效为1年，即自错误陈述或隐瞒行为等被发现或应当被发现之日起计算。如果发生上述诉讼情形，证券在被以真实价值向公众出售3年后诉权消灭。换言之，发现注册文件、公开说明书等虚假、重大遗漏或未注册而发行或出售证券致人损害的赔偿请求，其诉讼时效期间最迟不得超过证券公开发行后的第3年。《证券交易法》第9条（e）项和第18条（c）项规定，诉权自违法行为发现后1年，或违法时间发生后3年消灭。其他默示诉权，自发现时起算，多为6年。

2. 加拿大

加拿大《证券法》第138条规定了根据证券法所提起诉讼的时效问题。该条第1款规定，有权提起撤销诉讼的诉讼时效，是从交易发生之日起的180天。该条第2款规定，提起其他诉讼时效的诉讼时效为:（1）从原告知道侵害事实之日起的180天内；或（2）从交易发生之日起的3年之内。

3. 日本

日本《证券交易法》第20条规定，请求权人自得知或经相当注意能够得知有价证券呈报书或计划书中，对重要事项有虚假记载，或者应记载的重要事项或为避免产生误解所必需的重要事实记载有欠缺时起，1年内未行使时消灭。与有价证券的募集或推销有关的损害赔偿请求权，自呈报书生效时起或自计划书交付时起5年内不行使请求权，则该请求权消灭。其他损害赔偿请求权，如《证券交易法》第16、17、21、22、24条的损害赔偿请求权，均

---

① 陈洁：《证券欺诈侵权损害赔偿研究》，北京大学出版社2002年版，第81页；于莹：《证券法中的民事责任》，中国法制出版社2004年版，第78—81页。

无特殊诉讼时效限制，适用《日本民法典》第724条关于损害赔偿请求权的一般消灭时效规定。请求权自受害人或其法定代理人知悉损害及加害人时起，3年间不行使时归于消灭；或者，自侵权之日起，经过20年不行使权利时，权利亦消灭。前者为一般诉讼时效，后者为长期诉讼时效。

4. 德国

德国《有价证券交易法》第37条规定，顾客针对有价证券服务企业的因违背提供情况义务和因有价证券附加服务上的错误咨询而产生的损害赔偿请求权时效为3年，自该请求权产生时起算。

5. 我国台湾地区

我国台湾地区“证券交易法”第24条规定，证券特殊诉讼时效的规定，适用于一切因有价证券的募集、发行、买卖而产生的损害赔偿请求权。诉讼时效期间自请求权人知悉有受赔偿原因时起算2年，或者自募集、发行或者买卖之日起算5年。

由上述规定可见，各国和地区证券欺诈民事赔偿的诉讼时效一般为1—3年，在证券法无特别规定时，适用一般的诉讼时效。至于诉讼时效的起算点，一般自受害人知悉损害及加害人时起算。

**（三）我国证券欺诈民事赔偿的诉讼时效**

我国《证券法》对诉讼时效没有做出特别规定。在特别法没有规定的情况下，证券欺诈民事赔偿的诉讼时效应适用《民法通则》关于诉讼时效的规定，即普通诉讼时效2年，最长保护期为20年。最高人民法院2003年1月9日公布的《关于审理证券市场因虚假陈述引发的民事赔偿案件的若干规定》第5条规定：“投资人对虚假陈述行为人提起民事赔偿的诉讼时效期间，适用民法通则第一百三十五条的规定，根据下列不同情况分别起算：（一）中国证券监督管理委员会或其派出机构公布对虚假陈述行为人作出处罚决定之日；（二）中华人民共和国财政部、其他行政机关以及有权作出行政处罚的机构公布对虚假陈述行为人作出处罚决定之日；（三）虚假陈述行为人未受行政处罚，但已被人民法院认定为有罪的，作出刑事判决生效之日。因同一虚假陈述行为，对不同虚假陈述行为人作出两个以上行政处罚；或者既有行政处罚，又有刑事处罚的，以最先作出的行政处罚决定公告之日或者作出的刑事判决生效之日，为诉讼时效起算之日。”可见，该司法解释规定我国证券民事赔偿的诉讼时效亦为 2 年。

我们认为，我国证券欺诈民事赔偿诉讼时效的时间过长。由于证券市场瞬息万变，信息的时效性非常强，过长的诉讼时效对发行人、中介机构等主体在披露信息后将承担过长的诉讼风险，不利于证券市场的稳定；对投资者而言，数年后时过境迁，证据易灭失，确定损害赔偿额将十分困难，这不利于诉讼的迅速解决和受害者利益的有效保护。此外，根据统计资料，中国证监会发现并查处的证券欺诈行为最短数月（如渤海公司案），最长的要四五年（如红光实业案），随着证监会监管效率的提高，对证券欺诈行为的发现时期将会缩短①。鉴于此，我们建议我国《证券法》应仿效美国、日本等国证券立法，对证券欺诈民事赔偿的诉讼时效做出特别规定，可规定自知道或应当知道权利被侵害之日起 1 年内行使，以证券欺诈行为发生之日起 5 年作为权利的最长保护期。

① 文建秀：《证券市场信息披露中注册会计师的法律责任》，法律出版社 2003 年版，第 153 页。

# 第七章　仲裁：证券欺诈民事责任法律救济的新途径

对于证券市场而言，广大投资者的存在是其产生的基石，而投资者合法权益的保护则是证券市场得以健康、有序发展的保证。随着我国证券市场的发展，证券经营参与者（包括投资者）之间的关系日趋紧密和复杂，各种证券纠纷，尤其是投资者与其他证券经营参与者之间的纠纷也逐步增多，并且呈现出专业性与多样性特点。为了保护广大投资者合法权益、维护证券市场的健康发展，最高人民法院出台了多部关于审理证券市场民事侵权纠纷案件的司法解释，以期推动我国证券争议诉讼的发展。但毋庸讳言，我国证券争议诉讼制度，包括最高人民法院的司法解释在内，存在着诸多不足，难以满足维护投资者合法权益、解决大量证券纠纷的要求。因此，有必要在证券争议诉讼方式之外寻找其他解决证券纠纷的途径。

2001 年中国证监会前副主席高西庆在清华大学就投资者保护的法律环境问题明确指出："行政监管部门力量、经验不足，监管力度不够而形成大量纠纷无法解决的状态，加上仲裁、调解等司法前置程序的缺乏，导致大量纠纷拥向司法部门。"高西庆副主席的讲话实际上表达了建立证券仲裁制度的观点。其后，证监会法律部的负责人则直接肯定了建立证券仲裁制度的必要性。而仲裁机构也对证券仲裁制度的建立表现出积极的态度。① 2004 年 1 月 18 日，

---

① 根据《财经时报》消息，2002 年有关人士及相关仲裁机构已经向中国证监会提出采用仲裁机制解决证券纠纷。从那时起，仲裁机构便开始与证监会进行协商和接洽。参见邓妍《仲裁解决证券纠纷，证监会击掌高法》，载《财经时报》2002 年 8 月 29 日，第 B1 版。

国务院法制办和中国证监会印发《关于依法做好证券、期货合同纠纷仲裁工作的通知》，该通知明确规定，证券期货市场主体之间发生的与证券期货经营交易有关的纠纷，属于平等民事主体之间发生的民商事纠纷，适用仲裁方式解决。通知要求，对适用证券、期货交易活动的合同示范文本或者格式合同，应该按照仲裁法和国务院文件的有关规定，将仲裁解决纠纷的方式载入合同争议解决条款，供当事人选择。凡是不符合规定的合同示范文本或者格式合同，应当在2004年6月30日前依法修订完毕。通知要求各有关方面要积极为证券、期货市场主体提供选择仲裁委员会的便利，仲裁委员会要根据便民原则协助当事人确定适当的仲裁地点；仲裁委员会应当编制专门的证券、期货专业仲裁员名册供当事人选择。3月17日，国务院法制办和中国证监会又在上海共同召开了"证券期货仲裁工作会议"，对运用仲裁的方法解决证券期货合同纠纷的工作作了研究和部署。至此，仲裁已经成为解决中国证券期货市场民商事纠纷的重要途径。

目前，在立法方面，我国1994年颁布的《仲裁法》以及某些行政法规对证券争议仲裁制度作了原则性规定，证券争议解决之中仲裁方式虽曾经被推广，但在现实中却极少被运用。证券争议仲裁制度徒有虚名，并未发挥其应有作用，已是公认的事实。因此，以保护投资者合法权益为中心，在充分了解证券争议仲裁制度的现状和价值功效的基础上，结合国外先进的证券仲裁经验，探讨我国证券争议仲裁制度存在问题的根源，从而有的放矢地提出我国证券争议仲裁制度完善的立法构想，以期促使仲裁制度在证券争议解决中发挥其应有的作用。

## 一　证券争议仲裁制度的基本理论分析

### （一）证券争议仲裁制度的起源与发展

仲裁（arbitration），从字面上解释，"仲"表示地位居中，

“裁”表示衡量、判断，仲裁一般是指居中“公断”，即双方在某一问题上争执不决时，由第三方居中调解，做出裁断。仲裁作为一个法律概念，一般是指双方当事人之间通过合意自愿将有关争议提交由双方共同选定的第三方即仲裁人或公断人审理，第三方依据法律或者公平原则判定当事人双方的事实问题或者权益问题，双方当事人约定接受此公断约束并自觉履行裁决义务的一种制度。仲裁作为一种当事人之间定纷止争的方式，它最早起源于村庄中遇到纠纷时请长者决断的习惯；在古罗马或者更早时期，仲裁就已经成为商人之间解决纠纷的主要手段。仲裁作为一项法律制度得以确立则始于1697年英国颁布的仲裁法，19世纪以来，许多国家也都相继通过立法，将仲裁作为解决当事人之间民商事争议的方法固定下来。我国1994年8月31日通过了《中华人民共和国仲裁法》，明确规定平等主体的公民、法人和其他组织之间发生的合同纠纷和其他财产权益纠纷可以仲裁，从而为仲裁制度在我国纠纷解决中的适用提供了直接的法律依据。

证券仲裁，则是将仲裁制度运用于证券纠纷的解决中。证券争议仲裁滥觞于19世纪的英美法系国家，是英美法系国家证券市场发展的必然产物。[①] 证券争议仲裁制度是伴随着证券交易所的发展而发展起来的，美国是现代证券争议仲裁的发源地，证券争议仲裁有近190年的历史，已经成为解决证券争议的主要方法。[②] 从学理上讲，所谓证券争议仲裁是指在平等主体的当事人之间发生有关证券发行和交易的财产性争议时，双方当事人根据事先或事后达成的仲裁协议，将争议提交给仲裁机构，由其依照一定程序裁定双方的

① J. Kirkland Grant, *Securities Arbitration for Brokes, Attorneys, and Investors*, Greenwood Publishing Group, Inc., 1994, p. XXV.

② Ibid, pp. 4—8.

事实或权义问题，双方受此公断约束的制度。[①]

早在1817年美国纽约证券交易所章程中就已经可以看到有关仲裁的规定。1817年美国纽约证券交易所成立的章程中规定交易所会员："所有因为股票买卖而产生的争议问题，应当由董事会以大多数票决定"，这实质上即是证券争议仲裁的规定。当时美国的证券业才刚刚开始发展，证券交易仅仅发生在交易所的成员之间，排除成员的外人的进入，所以证券交易所的规则中带有大量商人自治的色彩；而仲裁作为商人之间或行会内部解决纠纷的手段，自然在当时的证券交易所章程中享有一席之地。可见，美国的证券仲裁起初一方面是商人自发的产物，另一方面其也仅被作为解决有价证券交易所会员之间纠纷的一种手段。直到1872年纽约证券交易所修改章程时才将证券仲裁扩展到会员与非会员之间，将证券仲裁扩展到会员与非会员之间的初衷，依然是基于商人自律的传统，认为仲裁是由证券业内人士把持可以更好地保护证券业人士的利益。但此时证券争议仲裁这种带有强烈商人自治传统的制度却受到了美国法院的质疑，法院认为仲裁侵犯了他们的司法管辖权。为了减少司法部门对仲裁的敌意，1925年美国国会通过了《联邦仲裁法》（Federal Arbitration ACT），其赋予仲裁以法律效力，并明确规定仲裁协议有效、不可撤销、具有执行力。但是随着1929年美国"股灾"的发生，以保护投资者利益为基本理念的1933年的《证券法》与1934年的《证券交易法》为投资者创设了不同于普通商品购买者的特权，即证券出售者不能以"买者自负"对抗投资者，并且《证券法》第14条规定，使获得证券的任何人可以不遵守本法规定或者委员会的条

---

① 杨峰：《我国证券强制仲裁若干问题研究》，载《河南政法管理干部学院学报》2002年第4期；叶振宇：《仲裁程序选择权研究》，载梁慧星主编：《民商法论丛》（第12卷），法律出版社1999年版，第203页。

例和规则的任何条款、款项或者规定的，都无效。[①] 也就是说，1933 年的《证券法》与 1934 年的《证券交易法》均要求证券争议必须在法庭上解决，禁止任何不符合法律规定的合同条款。1953 年美国 Wilko V. Swan[②] 判例中，联邦最高法院认为经纪人与投资者在争议之前订立的争议仲裁事项，都是对 1933 年《证券法》第 14 条中关于证券法管辖纠纷的明显的漠视，因此无效，由此判例最终形成了著名的 Wilko 禁令。Wilko 禁令的出台使美国的证券争议仲裁的适用受到了严重的打击，在现实中证券争议仲裁制度几乎失去了用武之地。

30 多年后转机终于出现。1987 年 10 月 19 日，美国发生了著名的“黑色星期一”的股灾，市场的混乱造成许多证券买卖指令执行失当或未被执行情况的发生，大量的证券交易纠纷因而发生。根据美国证券及交易所委员会的统计，在 1987 年内该组织就接到 19392 宗有关证券交易的投诉。而在股灾发生之前，在美国联邦地区法院等候审理的涉及证券交易、交易所权力争议的案件已经达到 3050 宗。美国法院系统面临着证券交易纠纷堆积如山的严峻局面。恢复证券仲裁制度分流爆炸的证券纠纷，成为了法院不得不考虑的一个对策。1987 年美国联邦最高法院在 Shearson/American Express Inc. V. McMahon[③] 中认为“不存在任何关于联邦证券争议不能仲裁的理由”，判决争议前的证券仲裁协议是可以执行的。[④] 1989 年 Rodriguez de Qiu jas V. Shearson/American Express Inc. 案中，美国联邦最高法院明确推翻了 Wilko V. Swan 案中形成的 Wilko 禁令，明确地表示基本上所有在证券法下的请求均可以提起仲裁。这样，从 1989 年起，除了一些例外的情况，证券争议的仲裁协议和其他

---

① 何震、方菲：《关于美国证券仲裁发展的几个重要判例之评析》，载《河北法学》2003 年第 6 期。

② 346 U. S. 427 (1953)。

③ 482 U. S. 220 (1987)。

④ 参见张锐《证券仲裁——神秘的“英雄”?》，载《金融法苑》2003 年第 2 期。

协议一样能够被法院强制执行。此后，仲裁成为美国证券争议解决的最主要方式。以有关证券争议仲裁案件处理数据为例，美国证券自律组织（Securities Self-regulatory Organization，SRO）受理的证券仲裁案例1980年仅800余件，1997年即跃升到6000余件；美国证券经纪商协会（NASD）更是由1980年的318件升至2001年的6639件，21年间增加了近20倍！[①]

大陆法系部分国家和地区在20世纪亦在立法中规定了证券争议仲裁制度。德国《证券交易法案》第28、53、61条规定了证券仲裁的内容；韩国1982年《证券和交易法》，我国台湾地区1989年《证券交易法》第166条至第170条也对证券仲裁制度作出了规定。

我国的证券争议仲裁制度几乎是随着证券市场的建立而同步建立的。在1990年底和1991年上半年，分别建立上海和深圳两个证券交易市场，证券仲裁制度亦随之诞生。1990年《上海证券交易所市场业务试行规则》对证券仲裁的有关内容以专章作出原则性规定。[②] 1991年《上海证券交易所仲裁实施细则》对前述《试行规则》中的原则性规定进行了补充和具体化。1993年国务院《股票发行与交易管理暂行条例》第八章“争议的仲裁”首次以行政法规的形式确立了证券仲裁制度的法律地位。[③] 1994年8月26日，国务院证券委员会公布《关于指定中国国际经济贸易仲裁委员会为证券争议仲裁机构的通知》（证委发［1994］20号），8月27日其发布的《到境外上市公司章程必备条款》第163条以及1994年

---

① 陈真：《证券争议纠纷解决方式之探讨——我国证券仲裁制度之反思与构建》，载《中国对外贸易商务月刊》2002年第10期。

② 《上海证券交易所市场业务试行规则》第十二章。

③ 《股票发行与交易管理暂行条例》第79条规定：“与股票的发行或者交易有关的争议，当事人可以按照协议的约定向仲裁机构申请调解、仲裁。”第80条规定：“证券经营机构之间以及证券经营机构与证券交易场所之间因股票的发行或者交易引起的事议，应当由证券委批准设立或者指定的仲裁机构调解、仲裁。”

10月11日中国证券监督管理委员会发布《关于证券争议仲裁协议的通知》（证监发字［1994］139号）均规定了证券争议仲裁的有关事项，主要内容是：指定中国国际经济贸易仲裁委员会为解决证券争议的仲裁机构；凡是与股票发行或者交易有关的争议，需要采取仲裁方式解决的，应当签订证券争议仲裁协议或仲裁条款；证券经营机构之间以及证券经营机构与证券交易场所之间因股票的发行或者交易引起的争议必须采取仲裁的方式；证券争议仲裁协议或仲裁条款应当约定仲裁地点在北京，仲裁裁决是终局的，对合同当事人具有约束力。1994年10月21日中国证监会就证券经营机构之间、证券经营机构与交易所之间证券争议仲裁问题再次发文强调："证券经营机构之间以及证券经营机构与证券交易所之间因股票的发行和交易引起的争议必须采用仲裁的方式解决。上述机构签订的与证券发行或者交易有关的合同，应当包括证券争议仲裁条款。证券经营机构之间以及证券经营机构与证券交易所之间因股票发行和交易引起的争议，事先没有订立仲裁协议的，应当于纠纷发生后签订证券争议仲裁协议。"除上述专门规定证券仲裁制度的法规和规范性文件以外，1994年我国颁布了《仲裁法》，就仲裁的基本原则、范围、机构、程度等作出了全面规定。上述法律法规及规范性文件组成了我国现有的证券争议仲裁法律制度的基本框架。而对于证券仲裁实践而言，1994年北京两家证券公司因股票发行过程中承销团成员之间承销费用划分问题与另一家证券公司发生争议而向中国国际经济贸易仲裁委员会提起仲裁，开启了我国证券争议仲裁之门。然而，由于我国现行证券仲裁制度尚存诸多问题，截至2002年9月，中国国际经济贸易仲裁委员会只裁定了12例有关证券纠纷的案件。[①] 证券争议仲裁制度尚未在解决证券纠纷中发挥其应有的作用。

---

① 《国务院法制办：政府支持仲裁方式解决证券纠纷》，载《国际金融报》2002年9月27日。

### （二）证券争议仲裁制度的优越性与价值功效

1. 证券争议仲裁制度的优越性

一种法律制度能够产生、存在与发展必然是其与其他的法律制度相比较而言具有着某种天然的优越性，证券争议仲裁制度也不例外。证券争议仲裁的优越性也是在与证券诉讼等其他证券争议解决方式的比较中体现出来的。

第一，证券仲裁具有专业性。证券业是一个专业性、技术性、复杂性、时间性很强的行业，其争议的解决需要对争议发生的环境、背景、程序、技术条件等因素做全面的考虑后方能作出合理裁决，所以一般要求对证券争议进行裁判的人员具有相应的专业理论和经验。各仲裁机构大都有专业人士担任仲裁员，有的仲裁机构，如中国国际贸易仲裁委员会，还拥有证券仲裁员，从而能够保证证券仲裁具有专业性和权威性。美国的证券规则更是要求仲裁庭的组成必须包含至少一名具有证券从业背景的仲裁员。具有证券背景的仲裁员，他们或者具有证券从业经历，或者与证券行业有直接或间接的联系。专业仲裁员除能保证证券仲裁的审理质量外，甚至还可以在证券的法律法规缺乏的情况下，依据证券的实际规则、理论和国际惯例来审理案件。

第二，证券争议仲裁具有灵活性。由于仲裁是一种协议管辖，是来自双方当事人的合议，是当事人意思自治的体现。正是由于当事人的意思自治决定着仲裁有着诉讼无法比拟的灵活性。当事人可以决定提交仲裁的争议的范围，可以根据自己的判断选择仲裁员，可以选择开庭地点，可以在仲裁规则的范围内约定审理案件的程序和方式。由于仲裁是当事人合议的结果，是一种相对较为宽松的解决争议的方式，双方可在一种较为缓和的气氛中解决争议，既便于问题的解决，又有利于当事人今后的业务往来。在法律的适用上，仲裁更显灵活性，证券仲裁当事人不仅可以自己约定适用的法律，仲裁庭也可以依据法律、国际惯例、行业惯例以及公平合理的原则对案件作出判断。[①]

第三，证券争议仲裁具有效率性。由于证券市场行情瞬息万变，如果采用诉讼两审终审的冗长程序，解决争议的时间过长，可能给当事人造成的损失会更大；而且因市场变化造成举证困难，使争议解决更趋复杂。对于证券争议仲裁而言，一方面，仲裁是一裁终局，比证券诉讼更能迅速及时解决当事人之间的争议；仲裁程序所用时间较短，也可以减少证券市场变化带来的举证困难等不利因素。另一方面，证券争议仲裁坚持自主性原则，可以采取比较灵活的审理制度，当事人可以自主选择仲裁程序，可以协议决定省略某些程序，程序的机动灵活性使得每一案件的审理期限能够相对较短，从而使争议的解决更加快捷。此外，在美国，全国证券仲裁员名册所列绝大部分是知名的法律界人士，他们针对各种证券争议案件进行仲裁，依法判断是非曲直，而不纠缠于证券业务细节，这往往使他们的仲裁更加高效和公平。证券仲裁所需费用也相对诉讼较少，可以节省当事人纠纷解决的费用，具有效益性。

第四，证券争议仲裁具有保密性。无论是一般商业活动还是证券活动，当事人大都不愿自己的交易内幕公之于众，更不愿自己的争议满城皆知。而仲裁一般以不公开审理为原则，各国的仲裁法律和规则均规定了仲裁员及仲裁秘书人员的保密义务，使当事人的商业秘密不致因仲裁活动而泄漏。这一点在处理证券争议时尤为重要。因为对于证券业而言，许多证券交易、证券争议等信息很可能影响到证券市场的变化，影响到某一证券或证券公司的业绩，所以保密性则显得更加重要。

2. 证券争议仲裁制度在我国现阶段特有的价值功效

自证券市场建立以来，各级人民法院截止到2001年底已经审结了47011件因合同产生的证券民事纠纷案件，那么自1984年到

---

① 参见姚俊逸《中国证券仲裁实践及其新发展》，http：//www. china - arbitration. com/view/view. asp? id =129&cate =4，2003年10月5日。

2001年的17年之间，中国平均每年至少也有2700多宗证券诉讼发生。[①] 2001年后随着大庆联谊案、银广夏案、东方电子案等大量证券欺诈案件相继浮出水面，证券民事纠纷案件的数量大增。面对证券民事案件的诉讼狂潮，2001年9月21日最高人民法院不得不发布了《关于涉及证券民事赔偿案件暂不受理的通知》，明确规定暂不受理证券市场中涉及虚假陈述、内幕交易、操纵市场等三方面民事赔偿案件，此举立即引起了理论界和实务界的强烈批评。虽然随着2002年1月15日最高人民法院下发的《关于受理证券市场因虚假陈述引发的民事侵权纠纷案件有关问题的通知》以及2003年1月9日最高人民法院公布的《关于审理证券市场因虚假陈述引发的民事赔偿案件的若干规定》，人民法院系统又打开了受理证券纠纷民事诉讼的大门，但时至今日并没有多少案件通过法院的诉讼得以真正的解决。基于此，笔者认为，证券争议仲裁制度在我国现阶段具有更加全面、高效地保护投资者合法权益和缓解法院受案压力、促进多元化证券争议解决机制建立的价值功效。

首先，证券争议仲裁制度具有更加全面、高效地保护证券投资者合法权益的价值功效。一方面，证券争议仲裁制度注重效益，符合投资者在证券市场中追逐效益的价值取向。投资者投资于证券市场目的主要在于对经济效益（即投资回报）的追求，证券争议的存在必将致使涉及争议的资金处于停滞状态，且争议双方当事人都将为此支付额外的机会成本；争议早日解决，资金则可早日流向回报率最大化的投资渠道。然而，由于我国现行法律制度中证券民事诉讼机制的缺陷，通过诉讼方式解决争议以达到对效益的追求，往往成为一种遥不可及的奢望。[②] 而证券仲裁，如前所述，一则有别于诉讼两审制，实行一裁终局制，有利于当事人之间争议的迅速解

① 参见张锐《证券仲裁——神秘的“英雄”?》，载《金融法苑》2003年第2期。

② 具体内容可以参见常健《试论证券虚假陈述民事赔偿案的裁判标准——以大庆联谊案的审理进程为中心》，载《安徽大学学报》2006年第6期。

决；二则仲裁制度具有灵活的特点，只要双方当事人同意，许多环节可以简化。[①] 根据美国 Deloitte Haskins & Sells 公司对于纽约证券交易所的调查显示，1988 年证券诉讼案件在法院审理的时间平均为 599 天，而在各证券仲裁机构的仲裁时间仅为 168 天。由于纠纷解决时间的大大缩短又使得证券仲裁的平均法律成本比诉讼要低 12000 美元。[②] 我国目前虽然尚没有专门证券仲裁规则，但实践中，中国国际经济贸易仲裁委员会在受理证券仲裁案件时均依从该会规定的简易仲裁程序。例如程序采用仲裁员独任制；仲裁请求变更或反请求提出，不影响简易程序的继续进行；裁决须在开庭 30 天内作成等等。[③] 这些程序安排显然有利于效率的提高。另一方面，利用仲裁解决证券纠纷有利于确保公平，尤其是在证券市场中处于弱势地位的投资者的公平。正如美国著名法学家 Domake On Aristotles 所言，公平和正义是存在于法律文字之外的，选择仲裁而不是法庭更有利于实现公平和正义，因为法官只盯着法律，而仲裁员讲求的是公平。[④] 长期以来，在我国司法实践中存在着“重实体、轻程序”的倾向，加之现有的司法审判机制独立性不够、法律漏洞多等因素，在处理包括证券纠纷在内的民事纠纷时常常会出现法律与道德、权力与道义情理等不一致的情况，根据法律规范衡量，法院有时很难作出合情合理的判决。而仲裁机构由于其民间性、专业性、准司法性的特点及其对公平、合理的追求，使得在仲裁过程中仲裁机构能够给予双方当事人平等的待遇（这对于在证券争议中

---

① 例如，美国纽约证券交易仲裁规则中即规定：“当事人以书面形式放弃开庭审理，并要求争议事项根据所提交的诉状和文件进行解决。”

② 调查见于判例 Securities Industry Association V. Connolly 703 F. Supp. 146（D. Mass. 1988），转引自叶振宇《证券仲裁选择权研究》，梁慧星主编：《民商法论丛》第 12 卷，法律出版社 1999 年版，第 286 页。

③ 《中国国际经济贸易仲裁委员会仲裁规则》第 64 条至第 74 条。

④ *The Arbitrator's Manual*, January, 2001, A Publication of SICA；转引自占小平：《证券争议仲裁制度研究》，http：//www.civillaw.com.cn/weizhang/default.asp? id = 9177，2003 年 10 月 5 日。

处于弱势地位的投资者而言是至关重要的），而且在坚持法律基本原则的基础上，其力求摆脱僵化的法律教条，本着客观、公平、公正的原则，尽可能地做出更接近客观实际的裁决。① 显然，对于在我国证券欺诈民事责任立法缺位的情况下对诉讼无门的投资者而言，证券仲裁应是一种最优的选择。此外，证券争议仲裁制度中诸多特殊规则的设计倾向于对投资者权益的保护。例如，在仲裁对各方当事人的强制性方面，美国证券仲裁规则中规定，如果没有在合同中约定仲裁条款，争议发生后经纪商不得强迫客户去仲裁；相反，即使投资者与证券经纪商的合同中不包括仲裁条款，客户也得强迫经纪商仲裁，只要该争议是由于经纪商的业务引起或与经纪商的业务活动有关。在开庭地点的选择方面，不同于普通民事纠纷，证券民事纠纷案件涉案人数众多而且分布地域广泛，在确定管辖地问题上，如果简单适用民事诉讼“原告就被告”的管辖原则，位处弱势的投资者可能得跑到千里之外的被告所在地进行诉讼，参加诉讼的成本必然大大增加进而影响甚至阻却。而美国多家证券仲裁机构都规定，原则上以参加证券仲裁当事人中投资者所在地作为开庭地点。这种安排大大有利于减轻投资者的经济负担。另外在证券仲裁开庭前的证据发现程序、仲

---

① 在美国，除在证券仲裁申请中另有规定外，仲裁员不受实体法或证据法原则的约束，证券仲裁的证据可以超出法律承认的证据种类范围。而在我国为数不多的几则证券争议仲裁案件中就已有这样的经典案例。作为我国证券争议仲裁历史上第一起案件，1994 年 9 月北京两家证券公司因股票发行过程中承销团成员之间承销费用的划分问题上同另一证券公司发生争议而向中国国际经济贸易仲裁委员会申请仲裁，仲裁委员会受理后，按照仲裁规则规定对该案进行了审理。然而，由于当时我国证券市场刚刚成立，不仅缺乏规范市场的法律法规，而且又未形成行业惯例和做法，仲裁庭在查清案件事实的基础上，在裁决该案时除依据中国现有法律法规外，更多地参考和借鉴了国外关于承销费用的划分的规定和习惯做法。这一裁定对于我国后来证券发行中承销费用划分的实践和立法都产生了积极的影响。参见姚俊逸《中国证券仲裁实践及其新发展》，http：//www. china - arbitration. com/view/view. asp？ id = 129&cate = 4，2003 年 10 月 5 日。

裁员的选择以及证券仲裁庭的组成等特殊规则设计方面也都体现出对投资者利益保护的侧重。

其次，证券争议仲裁制度具有缓解法院受案压力和促进多元化证券争议解决机制建立的价值功效。随着我国证券市场规范化、法制化进程的不断推进，投资者的维权意识亦日益增强。但是由于诉讼方式在我国民事争议解决中处于“垄断”地位，大量证券争议案件积压在法院，导致法院不堪重负，办案效率和质量日益低下。[①]同时，法院对诉讼的“垄断”还产生工作人员办案态度蛮横、工作方法粗暴、诉讼成本过高等诸多弊端。而在美国，据《司法》杂志统计，联邦法院归档的诉讼中有90%的案件并未通过审判而是通过仲裁、调解等其他方式解决的。[②]显然，我国有必要借鉴和引进这种多元化竞争和功能互补的争议解决机制，打破诉讼的“垄断”地位，以提高证券争议解决的效率，更有效地维护社会的公平和正义。如果将仲裁制度应用于证券争议解决之中，不仅可以基于证券仲裁具有更加全面、高效地保护投资者权益的价值功效而增加投资者请求实现的可能，降低其寻求救济的成本；而且大量证券争议都在仲裁途径解决，在缓解法院受案压力的同时，也将在客观上促使诉讼失去其“垄断”地位，给法院造成一种良性竞争压力，促使法院系统提高办案效率和质量，并促进多元化证券争议解决机制的建立。

## 二　美国证券争议仲裁制度的特点与基本规则解析

美国是现代证券争议仲裁制度的发源地，其有关证券仲裁的法

---

① 我国自1998年股民姜顺珍对成都红光股份有限公司提起民事赔偿诉讼以来，时至今日尚无一例涉及投资者的证券争议通过诉讼方式结案。

② ［美］J. 弗尔博格、李志：《美国ADR及其对中国调解制度的启示》，载《山东法学》1994年第4期。

律规则也是最全面、有效的。目前，美国仲裁协会（American Arbitration Association）于1993年制定了《证券仲裁规则》(1993 Securities Arbitration Rules)，于1999年又颁布了《证券仲裁增补程序》(Supplementary Procedures for Securities Arbitration)。这两个规则与美国仲裁协会的《商事仲裁规则》(Commercial Arbitration Rules)、《全美证券经销商协会仲裁程序》(NASD Code of Arbitration Procedure) 以及《纽约证券交易所章程》(NYSE Constitution)、《美国证券交易所章程》(AMEX Constitution) 中的仲裁条款，共同构成了美国证券仲裁规则的核心。①

**(一) 美国证券争议仲裁制度的特点**

1. 证券争议仲裁机构的民间化与设置的多元化

美国的证券仲裁机构，包括美国仲裁协会（AAA）及许多证券业自律组织，其中全美证券交易商协会更是证券业之商会；但无论美国仲裁协会或者证券业自律组织，均是民间组织。在仲裁机构的设置上，1987年以前主要是各种证券业自律组织资助的证券仲裁机构，包括全美证券交易商协会、纽约证券交易所、美国证券交易所、地方证券规则制订会、太平洋证券交易所、中西部证券交易所、波士顿证券交易所、芝加哥期权交易所、辛辛纳提证券交易所，及费城证券交易所。② 1987年9月10日美国证监会给证券业仲裁协会的建议之一即为在仲裁协议中增加美国仲裁协会为仲裁机构。而美国仲裁协会与证券自律组织仲裁机构不同，它不受证监会的监管。在美国证监会（SEC）和美国证券业仲裁协会的要求下，证券业协会（SIC）要求其成员——综合证券公司在与客户的争端前仲裁协议中将美国仲裁协会作为一个替代的仲裁机构，并且，证

① 参见叶红光《证券仲裁制度：证券诉讼的替代机制》，载《证券市场导报》2002年第5期。

② 参见沈四宝、马其家《美国证券仲裁的现状和特征》，载《证券时报》2002年10月29日。

券业协会制定的标准客户合同也包括美国仲裁协会。美国仲裁协会开展证券仲裁业务，会给各种证券业自律组织带来积极的竞争。在自律组织仲裁机构案件积压过多的情形下，美国仲裁协会还可起到安全阀的作用。而且，美国仲裁协会参与证券仲裁，有助于提高证券仲裁公正的形象。从公众投资者的观点看，选择美国仲裁协会仲裁其纠纷也是其一项不可剥夺的权利。由此，使得美国的证券仲裁机构更加趋于多元化。

2. 证券争议仲裁范围的广泛化

美国纽约证券交易所 1817 年的章程规定，只有股票纠纷才能交付仲裁。后来美国证券仲裁实践与判例法的发展使得证券争议仲裁的范围日渐扩大，时至今日美国证券仲裁的范围包括投资者与经纪交易商、投资人与证券顾问公司之间、证券经纪商之间、发行人和承销商之间、证券交易商和证券交易所之间的纠纷。具体而言，这些可仲裁的纠纷包括：（1）投资人与证券经纪交易商间由于委托合同所产生的纠纷，包括投资人指责证券商利用投资人的现金账户进行过度频繁买卖，以赚取佣金，证券商未经投资人授权而进行交易等情况；（2）投资人与证券投资顾问公司间因投资顾问行为所产生的争议，包括证券商对投资者作出的不当的投资劝诱、劝诱含有不实陈述或重大遗漏，证券商处理委托时未尽有一般合理的注意义务等情况；（3）投资人与证券金融事业之间因融资、融券行为所发生的争议；（4）证券经纪交易商之间的纠纷，包括不同证券商在证券承销、证券配售中存在的合同关系，并由此所生的事实上或法律上争议；（5）证券发行人与承销商之间、承销团的承销商之间因承销合同所发生的争议；（6）证券经纪交易商与证券交易所之间的纠纷，包括证券商与证券交易所之间在证券结算、托管、证券商租用交易所大堂席位等方面的合同争议；（7）投资人与经纪交易商之间，因买卖证券之佣金所生之争议。[①] 此外，美国

① 参见张锐《证券仲裁——神秘的“英雄”?》，载《金融法苑》2003 年第 2 期。

各个证券交易所及全美证券交易商协会自 1968 年起，又以仲裁解决证券业自律组织会员机构的雇员与雇主相互间所生的纠纷（雇佣歧视及劳动争议），法院在判例上也给予支持。以证券业内劳动争议作为证券仲裁之标的，这也是美国证券争议仲裁制度上的独特做法。

3. 强制仲裁与标准仲裁条款的广泛使用

当证券争议发生之时，当事人如若希望选择仲裁的方式来解决争议的话，那么一般而言需要具有仲裁协议或在合同中有仲裁条款存在。在美国证券仲裁实践中，从几个方面为证券纠纷有效进入仲裁提供了制度的“通道”，这些“通道”实际上也起到了对部分证券纠纷进行强制仲裁[①]的效果。一方面，美国证监会要求美国的大型零售证券经纪公司在客户开立账户的合同中加入格式化的仲裁条款；另一方面，美国证监会要求证券业自律组织在章程中规定，公众投资人可以在证券纠纷发生后依照章程要求那些证券业自律组织的成员机构进入仲裁，而且自律组织之间成员机构发生纠纷时也必须以仲裁的方式解决。此外，即使不存在仲裁协议或仲裁条款，依据仲裁规则规定，一个公众客户（public customer）也有权对一个经纪商提起仲裁，只要该争议是因经纪商的业务引起或与经纪商的业务有关。即客户向经纪商提出仲裁的要求时，该经纪商应当同意以仲裁的方式解决他们之间的争议，即使没有书面仲裁协议，而经纪商却不能迫使客户接受仲裁。

对于上述强制仲裁的规定，由于仲裁条款包含在委托合同之中，而大多数委托合同为证券经纪公司所制定的标准格式合同的内容。因此，在美国，投资者担心仲裁受证券业者的操纵和控制，导致不公正的裁判，曾多次引起人们对强制的仲裁条款的约束力及其可执行性提出质疑。但在现实中，首先，美国的立法与判例都强烈

---

① 所谓强制仲裁是指纠纷发生后，依照法律的规定，或者虽有仲裁协议，但缺乏当事人之间真正的合意，而进行的仲裁。

支持仲裁；其次，政府也公开表示证券业自律组织所主持的证券仲裁机构是公正无私的；第三，许多法院判例认为证券仲裁协议在法律上并非不合理，证券交易中的标准格式合同内的仲裁条款，不再被法院认为是违反公共政策的。目前，凡在诉讼中主张此种强制仲裁条款无效的人，应负举证责任。可见，美国法院已承认实质上的强制仲裁，认为它可以保护公众投资人。因此，在美国的证券仲裁实践中，期权客户委托合同、保证金客户委托合同和现金客户委托合同一般规定有标准仲裁条款，而这些期权客户委托合同、保证金客户委托合同和现金客户委托合同一般是证券公司自己制作的标准格式委托合同。美国证券交易委员会在 1987 年曾对这些合同使用标准仲裁条款的情况进行过调查。调查显示，在接受调查的 65 家证券公司之中，89% 的保证金客户委托合同附有仲裁条款，83% 的期权客户委托合同附有仲裁条款，但在现金客户委托合同中附有仲裁条款的只有 40%，由于在客户委托证券商进行有价证券交易的过程中，保证金及期权账户的资金风险较大，因此，证券业界较倾向于使用证券仲裁。

4. 证券争议仲裁规则的设计体现证券业的特殊性

证券争议仲裁规则的设计体现证券业的特殊性在美国证券争议仲裁规则中有大量体现，具体而言：（1）证券争议仲裁庭应由公共仲裁员和证券业内仲裁员组成。证券交易既包括了特殊的交易习惯，又有特殊的契约术语，当事人对证券交易公平合理期待如何并非一般普通市民可知，因此证券仲裁需要该行业专家才能胜任，在许多国家和地区已成为实践的通例。[①]（2）仲裁员不一定完全遵从

① 在美国证券仲裁中，虽然强调证券业专家的作用，但制度上对其依赖也有所约束，一般仲裁机构为仲裁申请人及被申请人双方同时提供两份仲裁员名册，一份为公众仲裁员名册，另一份为非公众仲裁员名册，仲裁机构要求当事人双方在选择合议仲裁庭的成员时，应注意公众仲裁员的人数需占多数。即在 3 人的合议仲裁庭中，其中 2 名仲裁员应是公众仲裁员，1 名为非公众仲裁员，由此产生稀释专家仲裁员影响的作用；如果实行独任仲裁员仲裁，该仲裁员一般为公共仲裁员，除非当事人有不同的要求。

证据法定规则。在实践中，证券仲裁的证据可以超出民事诉讼法承认的证据种类范围，例如美国仲裁协会和全美证券交易商协会的证券仲裁规则就规定了仲裁庭可对提供的证据的关联性和实质性作出判定，不一定完全遵从证据法定规则，仲裁庭甚至可以接纳传闻证据。（3）仲裁员在证券仲裁中可以作出惩罚性损害赔偿的裁决。证券仲裁中惩罚性损害赔偿的裁决，在判例中美国法院认为仲裁条款约定依照全美证券交易商协会的规则进行仲裁，由于美国联邦及各州仲裁法均未就仲裁员可给予的救济或补救作出明确的否定，证券业自律组织的仲裁规则也未明示禁止仲裁员作出惩罚性损害赔偿裁决。因此，法院认为证券仲裁员根据全美证券交易商协会的仲裁规则，在该仲裁申请的裁决中给予惩罚性损害赔偿，是可以允许的。而在实践中，部分证券仲裁员也开始根据其经委任取得的证券仲裁权，对当事人一方给予高额的惩罚性损害赔偿裁决。（4）当事人有请求对拒不履行裁决的证券商作出处罚的权利，而证券商不履行仲裁裁决也应受到处分。当事人一方在对方不履行证券仲裁裁决时，可请求证券主管部门作出行政处分，或者请求证券市场作出行业处罚。美国一般公众客户可以无须向法院请求确认裁决，直接在超过法定的履行时效，一般为裁决作出30天之后，请求对拒不履行的证券商作出处罚。值得强调的是，处罚请求权只是由公众投资人单独享有，相反，如果拒不履行仲裁裁决的是公众投资人一方，则证券商不能依据证券仲裁请求权，要求行政当局给予处罚，而只有请求法院强制执行。此项规则实质上体现了证券法上保障小投资者利益的立法精神。凡证券商拒不履行仲裁裁决，除会受到对方当事人向法院要求强制执行之外，还会受到证券业自律组织的处分。例如，纽约证券交易所仲裁规则明确规定，不履行证券仲裁裁决的交易所会员，将要出席纽约证券交易所的纪律聆讯，最严重的后果为撤销会员资格。（5）设计特殊的证券仲裁规则，使证券仲裁的程序交易成本远低于诉讼成本。在节省使用法律程序的成本方面，美国 Deloitte Haskins & Sell 公司对于纽约证券交易所的调查显示，在1987年10月1日至1988年6月30日之间，使用证券仲裁的平均法律成本比诉讼要低12000美元。在节省费用中，主要在于免除了诉讼程序中有关开庭前审理的各项开支。另一项优点为通过使用证券仲裁而节省的直接成本，是当事人获得裁决或判决的时间，即1988年证券诉讼案件在法院审理的时间平均为599天，而在各个证券仲裁机构的仲裁时间，平均仅为168天。此外，通过调查还发现，公众投资人自仲裁所获得的赔偿额，为他们所主张的20%，远远优于通过诉讼而获得的赔偿——其所主张的2.6%。而且1990年在各个证券业自律组织的仲裁机构所作成的裁决共有2279项，其中58%，即1325项含有向公众投资人赔偿的内容。仲裁申请索赔金额在10万美元以下的仲裁申请，赔偿率为58.8%，在美国仲裁协会处理的仲裁申请中，有57.6%达成赔偿的裁决。①

**（二）美国证券争议仲裁制度的基本规则②**

当事人如果选择了以仲裁的方式解决证券争议的话，则将根据当事方选择的程序规则和仲裁制度进行。而各仲裁机构的仲裁程序实质上是大体类似的。

1. 申请与受理

仲裁首先开始于一个仲裁条款，基于强制仲裁制度产生的仲裁条款和公众客户的请求，一方可以通过向仲裁机构提交仲裁申请来启动仲裁条款，同时签署一个服从仲裁的协议（Submission agree-

① 参见沈四宝、马其家《美国证券仲裁的现状和特征》，载《证券时报》2002年10月29日。

② 参见宋波《美国证券争议仲裁制度研究》，载《仲裁与法律》2003年第2期；沈四宝、马其家：《美国证券仲裁的现状和特征》，载《证券时报》2002年10月29日；叶红光：《证券仲裁制度：证券诉讼的替代机制》，载《证券市场导报》2002年第5期；姚俊逸：《在美国仲裁协会仲裁证券争议——对我国证券仲裁的反思》；郑春玉：《美国证券仲裁规则介绍》，载《前沿》1996年第4期；丁文英：《美国仲裁协会简介》，载《前沿》1996年第4期；马其家、王玲：《美国证券仲裁裁决及其救济方法探讨》，载《证券市场导报》2006年第6期；等。

ment）并缴纳费用。仲裁申请最迟必须在引起争议事件发生之后6年内递交。多数情况是递交给管辖交易发生地或者证券发行地的一家证券自律组织。证券仲裁委员会主任（Director）会制作一份仲裁申请的副本给被申请人，被申请人将有20个工作日的时间答复并且递交答辩状并附上证据。被申请人的答辩或反请求会由仲裁委员会主任送交申请人，请求人有10个工作日给出答复。此外，被申请人同样要求填写服从仲裁协议，如不填写并不会影响仲裁裁决结果的执行力。

2. 仲裁庭的组成

一旦仲裁机构认为其对争议具有管辖权，将由仲裁委员会主任任命组成一个仲裁小组的候选仲裁员人选。这些仲裁员不属于仲裁机构的雇员，但他们从各个证券自律组织那里领取酬金。每一个仲裁机构都有一个仲裁员的名册，仲裁员的数量和类别将根据仲裁请求和当事方的类型不同而不同。一般处理各证券自律组织成员之间的争议的仲裁小组有完全来自证券业的仲裁员组成，而处理成员与非成员之间的争议的仲裁小组则由“公共仲裁员”占多数组成。对于普通争议，如果争议金额少于1万美元，将只任命一个仲裁员实行独任仲裁，该仲裁员一般为公共仲裁员，除非当事人有不同的要求；如果是大的争议，典型的仲裁小组由3名仲裁员组成，其中2名仲裁员应是公众仲裁员，1名为专业仲裁员。候选的仲裁员必须披露他们的身世、过去的工作经历以及其他可能的潜在利益冲突。①

每一个仲裁员必须宣誓确保根据当事人提交的书面文件和证据作出一个公正合理的判断。当事方有权对仲裁员的任命提出质疑并说明理由，也可以无需任何理由而提出异议。但当事方不能同仲裁

① 实践中，许多当事方对候选仲裁员的先前判决感兴趣，希望从中能够判断出仲裁员对某类案件的倾向性。因此从1989年开始，为方便当事人查询，各个仲裁机构都对各个仲裁员的过去判断的情况进行公开。

员直接发生联系，否则将导致裁决无效。当事方同仲裁员的任何联系都必须通过仲裁委员会主任进行。此外，在仲裁过程的任何一个阶段，如果任何一方有理由相信一个仲裁员不能做出公平的判决，他可以立即通知仲裁委员会主任，仲裁员将被撤换。各方都有权对仲裁员的人选提出异议。

3. 开庭

开庭的日期和地点将由仲裁委员会主任安排。第一次开庭的时间和地点在至少8个工作日以前告知当事方。开庭的地点一般是客户争议发生时的地址。这意味着证券经纪商必须承担所有包括证人、律师的差旅、住宿、伙食费用以及其他费用，也可能需要在每一个有客户的地方去参加仲裁。这种安排大大有利于减轻公众客户的经济负担。

开庭程序为：（1）仲裁员和证人宣誓；（2）各方简要陈述案情和事实，但可以弃权，申请人陈述事实，出示证据；（3）被申请人陈述事实，出示证据；（4）证人宣誓，接受当事方的交叉质询，回答仲裁员提出的问题；（5）被申请人可以提出反请求；（6）当事方辩论；（7）各方作总结陈述；（8）开庭结束后，当事方留下听候下一步通知。

4. 裁决

仲裁员应当在仲裁庭审结束后30日内作出一项裁决，通常是书面的并且有多数仲裁员签名。裁决书的内容包括当事方的姓名，立案和作出判决的时间，开庭的时间、地点及次数，争议事项的基本介绍，双方的仲裁请求以及裁决结果并附上仲裁员的姓名。在生效仲裁裁决作出之后，仲裁裁决的副本将通过证券业自律组织送达当事方，裁决书将对外公开。

## 三　我国证券争议仲裁制度问题产生的根源

随着世界各国证券争议仲裁法律制度的日益完善及其在实践中

广泛应用，其价值功效越来越为人们所认可，显示出旺盛的生命力，成为了证券民事争议解决的基本途径之一。虽然我国现行《仲裁法》以及一些行政法规对证券争议仲裁制度作出了原则规定。但目前，证券仲裁制度往往仅被作为一种理论制度加以研究，并未在实践中发挥其应有的作用。究其根源，笔者认为，这种现象是由多种原因造成的，不仅包括观念上的因素，也包括体制上的缺陷，还有我国证券争议仲裁立法上的漏洞。只有全面分析证券争议仲裁制度虚化现象的原因，我们才能有的放矢地提出完善证券争议仲裁制度的法律对策，促使我国证券市场中争议的早日解决，以维护证券市场健康、有序的发展。

### （一）传统观念的束缚

首先，我国缺乏良好的争议仲裁的传统。法治的基础在于民众，广大民众具有要求社会实现法治的心理要求才是实现法治的根本。① 同样，仲裁制度产生与发展的基础也在于民众。作为一种法律制度，仲裁起源于西方社会，是民间商人之间自发形成的解决纠纷的手段，其一直在西方国家延续发展并早在14世纪起即逐步被各国立法所认可。② 正是由于仲裁制度在西方社会具有广泛而深厚的民众基础，才使得证券争议仲裁仅仅兴起百余年却能得以迅速发展和完善。而在我国，20世纪初叶，随着西方现代思潮的涌入，仲裁制度作为陌生事物才逐步落足于中华大地。民众的传统思维中并没有仲裁的概念，当权利受到侵害时，人们首先是忍让，其次是考虑以牙还牙，再次是寄希望于明君和清官。③ 即使是在法治建设深入发展的今天，虽然民众的法律意识有了很大提高，但绝大多数人依然将诉讼、行政调解等方式视为维护其权益的根本途径，而忽

① 常健、饶常林：《试论我国实现法治的途径》，载《江海学刊》2001年第1期。

② 14世纪时，瑞典就有一个地方法典将仲裁作为解决争议的手段列入其法令条例中；1697年，英国颁布了第一部仲裁法；1809年，法国颁布的《民事诉讼法典》对仲裁作了专编规定；1887年，德国制定的《民事诉讼法典》第十编也规定了仲裁程序。

③ 卓泽渊：《中国法治的过去与未来》，载《法学》1997年第8期。

视仲裁制度的存在。[①] 良好的争议仲裁传统的缺乏，无疑妨碍了我国证券争议仲裁制度的完善及其应有作用的发挥。

其次，证券争议仲裁制度的民间性特质及其价值功效尚未被广泛接受和认可。一方面，证券仲裁具有民间性的特质，但对于固守着传统思维的广大投资者而言，其往往更乐于相信明君和清官，而质疑缺乏政府权力支撑的仲裁机构能否在争议解决过程中公正地裁判他们与处于强势地位的，甚至有政府投资入股的其他证券经营者之间的纠纷。另一方面，证券仲裁制度的价值功效尚不能为人们深刻理解。例如，我国1995—1996年全国证券交易自动报价系统制定的进行国债回购的交易成交报告书中的回购主协议第20条规定，回购交易中发生的纠纷，如协商解决不成，将提交中国国际经济贸易仲裁委员会仲裁，仲裁地点在北京。然而，当大量的国债回购纠纷发生时，法院系统并不认为仲裁有助于减轻其受案压力和保护投资者权益，而是考虑到国债纠纷金额巨大，受理费用可观，认为仲裁机构有抢案源之嫌。[②] 显然，这些思想和观念不利于证券仲裁制度的发展和其在实践中作用的发挥。

**（二）现行体制的缺陷**

首先，仲裁机构的行政化倾向使证券争议仲裁制度的设计失灵。一方面，我国仲裁机构的一个显著特点是将以前隶属于行政机关的各类机构变为民间机构，使仲裁机构从行政系统中分离出来并获得了独立的地位。但是仲裁机构名称上保留了“仲裁委员会”称谓，且其经费、人员编制等仍由相关政府部门掌控，从而使其具

---

① 北京市仲裁委员会委托独立调查机构在1997年9月就北京地区企业对仲裁的了解程度访问了659家企业。调查发现，发生经济纠纷之后，首选解决方式依次为协商、诉讼、行政调解，只有8.6%的企业首选仲裁。参见万学忠《零点调查告诉你》，载《法制日报》1997年10月14日第5版。

② 姚俊逸：《中国证券仲裁实践及其新发展》，http：//www.china－arbitration.com/view/view.asp？id＝129&cate＝4，2003年10月5日。

有相当浓厚的行政色彩。[①] 另一方面，在组建仲裁委员会时，一些地方采取行政手段将委员名额分配到机关和部分高校，要求推荐人员担任仲裁委员会委员。这种做法实质上是将《仲裁法》中有关仲裁委员会独立于行政机关，其组成人员中法律、贸易专家不得少于三分之二的规定视为一纸空文，仲裁的公正性必将失去有效保障，仲裁机构的民间性亦荡然无存。防范仲裁机构行政化倾向而强调其民间性之实益，是在于避免仲裁过程中受到公力的干预，以维护仲裁过程及结果之公正，使仲裁获得正统性。[②] 在仲裁机构行政化倾向条件下，证券仲裁能否排除公力干预、秉承公平和正义难免令人怀疑。

其次，证券争议仲裁专业性缺失使此制度存在着先天不足。目前，我国法律法规认可的证券仲裁机构是中国国际经济贸易仲裁委员会，但其并非是证券争议仲裁的专业机构。专业性的缺失往往导致投资者对仲裁机构争议解决的专业水平产生怀疑，妨碍了我国证券仲裁实践的开展。在美国，证券交易委员会一方面鼓励证券业自律组织和证券交易所设立专门的争议仲裁机构参与证券纠纷的解决；另一方面，其积极推动证券业仲裁联席会议成立并使之制定《统一仲裁规则》。美国这种在证券监管机构推动下的专业化证券争议仲裁模式理应值得我国借鉴。

**（三）立法的漏洞**

如前所述，《仲裁法》及其他行政法规等组成了我国证券争议仲裁法律制度的框架。但毋庸讳言，这些规定过于原则、片面，存

---

① 国务院在要求各地重新组建仲裁委员会时指出：仲裁委员会成立初期，其所在地市人民政府应当参照有关事业单位的规定，解决仲裁委员会的人员编制、经费、用房等问题。参见肖峋编著《仲裁制度、仲裁程序与仲裁实例分析》，中国法制出版社 1997 年版，第 52 页。

② 所谓仲裁的正统性是指仲裁裁决具有可为社会全体接受的性质。参见叶振宇《仲裁程序选择权研究》，载梁慧星主编：《民商法论丛》（第 12 卷），法律出版社 1999 年版，第 292 页。

在着这样或那样的漏洞，在实践中缺乏应有的可操作性，其未能通过立法确定起一种确立证券仲裁有效进行的法律机制。甚至可以说，立法的缺失和漏洞已经成为阻碍我国证券争议仲裁制度作用发挥的最主要原因。

第一，我国证券争议仲裁制度的法律规定立法层次低、范围窄、缺乏系统性，且某些内容与现行法律存在冲突。除《仲裁法》之外，关于证券仲裁在我国具有法律效力的规定往往仅见于行政法规和规范性文件，立法层次过低。由于这些法规和规范性文件令出多门，亦缺乏法律制度应有的体系化、系统化。并且包括国务院《股票发行与交易管理暂行办法》在内的几乎所有证券仲裁制度的立法，仅仅规范股票争议的仲裁，没有涉及债券、基金等其他证券。证券市场具有极强专业性和操作性特点，当证券发行与交易过程中发生争议时，层次过低、范围窄且缺乏系统性的法规和规范性文件在司法适用上必然存在障碍。此外，中国证监会 1994 年发布《关于证券争议仲裁协议的通知》将中国国际经济贸易仲裁委员会指定为证券争议的法定仲裁机构。《中国国际经济贸易仲裁委员会仲裁规则》第 2 条规定："可以解决的争议范围包括涉外争议以及法律、行政法规特别规定或者特别授权的争议。"但是，中国证监会的《通知》既非法律，亦非行政法规，其规定明显与《规则》相矛盾。[①] 而且，根据《立法法》第 8 条规定诉讼和仲裁制度只能制定法律，那么国务院和中国证监会是否有权制定有关证券仲裁的制度，显然亦值得商榷。

第二，《仲裁法》某些条款或存在缺憾或过于僵化，阻碍了证券争议仲裁的开展。1994 年《仲裁法》出台之时，我国证券市场尚处于初创阶段，侵害投资者合法权益而引起的争议十分鲜见。在此前提下，《仲裁法》仅对一般争议的仲裁予以规范，并

① 叶红光：《证券仲裁制度：证券诉讼的替代机制》，载《证券市场导报》2002 年第 5 期。

未针对证券争议的解决设计特殊的机制。但是，随着证券业的蓬勃发展，当迫切需要在证券争议解决中引入仲裁制度之时，《仲裁法》的某些条款却成为阻碍这一潮流发展的桎梏。例如，在我国仲裁裁决的司法审查中，《仲裁法》第58条规定了六种仲裁裁决被撤销的情形，[①] 其中第4、5款涉及对仲裁裁决的实体审查。实际上，这是赋予人民法院以全面审查和否决权，其结果是导致“一裁终局制度”成为空话，造成事实上的一裁一审，严重影响仲裁机构的权威和人们对仲裁的信赖。此外，我国《仲裁法》第7条规定：“仲裁应当根据事实、符合法律规定，公平合理地解决纠纷。”即要求仲裁必须以“事实为依据、以法律为准绳”。众所周知，我国证券市场是一个新兴的市场，证券管理法律法规和司法实践都十分匮乏，在无法可依的情况下，如果不能充分借鉴国外的先进经验和利用仲裁员的专业素质判断，证券仲裁必将面临困境。毋庸讳言，制定于1990年代初期的《仲裁法》，在证券市场日益发达的今天，在某种程度上已经不能适应社会发展的要求，其中某些规则已经成为证券仲裁制度发展的阻碍。《仲裁法》的修改已是大势所趋。

第三，《证券法》中遗漏证券争议仲裁制度的相关规定，使仲裁制度在证券争议解决中缺乏最直接的法律支撑。1994年《中华人民共和国证券法》（草案）修改稿第九章185、186和187条曾对证券争议仲裁制度作了原则性规定。然而，1998年底《证券法》正式颁行时，这几个条文却被删除了。《仲裁法》作为仲裁制度的基本法律规范，其主要针对仲裁的一般性问题作出规定，往往并不

---

① 《仲裁法》第58条规定：“当事人提出证据证明裁决有下列情形之一的，可以向仲裁委员会所在地的中级人民法院申请撤销裁决：（一）没有仲裁协议的；（二）裁决的事项不属于仲裁协议的范围或者仲裁委员会无权仲裁的；（三）仲裁庭的组成或者仲裁的程序违反法定程序的；（四）裁决所根据的证据是伪造的；（五）对方当事人隐瞒了足以影响公正裁决的证据；（六）仲裁员在仲裁该案时有索贿受贿，徇私舞弊，枉法裁决行为的。”

能过多涉及某些专业性仲裁制度中特殊规则的建构。对于证券仲裁而言，将大量特殊规则，如时效、审限、例外情况等，在《证券法》中予以明确规定无疑是一种较好的选择。而且《证券法》始终秉持保护投资者合法权益的思想，这对于证券仲裁制度更加全面、高效维护投资者权益的价值功效的发挥具有指导意义。然而，现今证券争议仲裁制度在《证券法》中的缺失，不仅使投资者错误地认为证券争议只能通过诉讼解决，而且也使得有关证券仲裁的法规和规章的制定缺少上位立法的指导和支持，缺乏最直接的依据。此外，如前所述，我国《立法法》第 8 条规定诉讼和仲裁制度只能制定法律。由于《证券法》中缺乏证券仲裁的制定，必然使最明确地建构了证券争议仲裁制度的国务院《股票发行与交易管理暂行条例》具有违反《立法法》之嫌。可以认为，《证券法》中争议仲裁制度的缺失是导致我国证券争议仲裁不彰的根本原因之一。

通过分析可以发现，造成我国证券争议仲裁制度在实践中难以有效发挥作用的因素是多方面的，不仅包括观念上的因素，还包括体制和立法上的因素。目前，随着党的十六届三中全会的召开，完善社会主义市场经济体制的改革已经进入了一个崭新的阶段，证券市场健康、有序的发展和投资者合法权益全面、有效的保护呼唤着多样化证券争议解决机制的建立，呼唤着证券争议仲裁制度的完善。然而，从哪个角度入手扭转证券争议仲裁制度作用难以发挥的状况，促进诸多证券争议的早日顺利解决，无疑是一个艰难的抉择。由于从观念和体制入手，尤其是从观念入手完善证券仲裁制度并促使其作用发挥费时长、风险大、见效慢，显然无法满足我国证券市场发展的要求。因此，笔者认为，我们应当着力于填补立法中证券争议仲裁制度的缺陷，通过立法的完善逐步推动仲裁制度在证券争议解决中的运用，进而促使体制的转变和人们观念的更新。

## 四 完善我国证券争议仲裁制度之立法对策选择

诚然，我国证券争议仲裁制度的立法漏洞是其作用难以有效发挥的最主要因素，我们证券仲裁制度的完善也必须首先从立法方面着手，但是我们应该认识到，我国证券仲裁制度作用虚化现象产生有其深刻的观念和体制因素的影响。要从根本上解决证券仲裁制度存在的问题，必须要求我们以立法完善促进体制与观念的变革，以体制和观念的转变推动立法的不断进步与发展。

### （一）证券争议仲裁制度立法完善的过程必须贯彻侧重于保护投资者合法权益的思想

广大投资者的存在是证券市场产生的基石，而投资者合法权益的保护则是证券市场得以健康、有序发展的保证。基于此，在各国证券立法中无不将保护投资者合法权益视为其立法的中心目标和原则。作为证券市场争议解决机制之一的证券仲裁制度，在实践中运用时，往往直接面对的是权益遭受侵害的投资者，其机制设计和立法完善过程贯彻侧重于投资者合法权益保护的思想更是其应有之意，具有着理论和现实上的积极意义。首先，贯彻侧重保护投资者权益的思想有利于投资者在心理上认可证券争议仲裁制度，乐于将争议提交仲裁。如前所述，我国民众缺乏良好的争议仲裁传统，并且对于证券仲裁制度的价值功效认可度不高。针对这种情况，在证券仲裁法律制度中明确规定侧重保护投资者权益，并在中国证监会的推动下由证券业自律组织大力宣传，逐步引导投资者将证券争议提交仲裁，当投资者了解到证券争议仲裁制度将对其权益侧重保护时，自然而然地在心理上乐于接受仲裁制度，进而有助于在广大民众中逐步培养争议仲裁的传统。其次，有利于保障证券市场平稳有序，维护社会安定团结。证券纠纷具有争议标的大、社会影响广等特点，在现实中由一两起证券纠纷引发整个证券市场波动的事例并不鲜见。在证券争议仲裁中切实保护投资者合法权益，不仅有助于及时解决纠纷，更主要的是有利于保障整个证券市场的平稳有序，维护社会的安定团结。再次，有助于促进我国证券仲裁立法的发展与世界潮流相衔接。对于弱势群体利益保护有所倾斜是世界各国立法惯例。在证券争议仲裁立法完善过程中贯彻倾向于投资者权益保护的思想，并将其体现于具体规则之中，这不仅符合世界立法发展的潮流，而且也有利于我国证券仲裁机构在涉外证券争议中作出的裁决被国外法院承认并执行。

**（二）修改《仲裁法》，为证券争议仲裁制度立法完善提供基本的前提和保障**

仲裁法是规范和调整仲裁活动的基本法，其相关规则和制度的构建将为证券争议仲裁制度的立法完善提供基本的前提和保障。然而，如前所述，《仲裁法》出台于我国社会主义市场经济体制和证券市场初创阶段，其中许多规则和制度的规定或是过于原则，缺乏可操作性，或是存在某些漏洞，已远不能适应当今仲裁实践发展的需要。自《仲裁法》颁布以来，最高人民法院已经发布了30余个司法解释（非司法解释类的答复则更多），其中的许多做法已突破了现行仲裁立法的规定。一些仲裁机构在其仲裁规则中也开始小心翼翼地对《仲裁法》进行查缺补漏。[①]《仲裁法》的修改与完善已经成为社会进步和实践发展的必然要求。从证券争议仲裁制度立法完善角度而言，笔者认为，《仲裁法》至少要作以下几方面修改。

第一，修正《仲裁法》中确定的严格的“以事实为依据、以法律为准绳”的原则，赋予仲裁员自由裁量权。现行《仲裁法》第7条规定：“仲裁应当依据事实，符合法律规定，公平合理地解决纠纷。”这一规定在有关仲裁开庭和裁决程序的规定中，如证据的提供与收集、证据的质证、当事人的辩论等，得到了充分的体现。众所周知，我国目前法制尚不完善，如果仲裁活动必须严格依

---

① 宋连斌、黄进：《〈中华人民共和国仲裁法〉（建议修改稿）》，载《法学评论》2003年第4期。

据“以事实为依据、以法律为准绳”原则，那么在法律规范缺失或存在漏洞的情况下仲裁必将面临困境。这种现象在证券争议仲裁中表现得尤为突出。在国外，仲裁与诉讼的区别之一是仲裁员在仲裁过程中可以不一定完全遵从证据法定规则，①而是在不违反法律原则的基础上利用仲裁员的专业素质作出判断。这也正是仲裁制度之优势所在。在我国目前法制尚不健全、法官专业素养有待提高的条件下，修正《仲裁法》中某些过于僵化的条款，赋予仲裁员自由裁量权，使仲裁员在坚持法律原则的基础上依据自身专业素质来裁决争议。这对于我国仲裁事业的发展，尤其是对证券争议仲裁的发展是至关重要的。

第二，在《仲裁法》中增加设立专业仲裁委员会的相关规定，为专业证券争议仲裁机构的设立提供法律依据。《仲裁法》第10条规定：“仲裁委员会可以在直辖市和省、自治区人民政府所在地的市设立，也可以根据需要在其他设区的市设立，不按行政区划层层设立。”目前，我国共有仲裁委员会166家。但是由于证券争议仲裁的专业性特点，各地仲裁委员会一方面缺乏处理证券争议仲裁的经验，尚不能提供足够数量的精通证券业务的专业仲裁员；另一方面，其在处理争议过程中可能存在地方保护主义的干扰。因此，设置专业仲裁委员会无疑将是最优的选择，但这需要《仲裁法》的修改以提供必要的法律依据。

第三，修改《仲裁法》第58条，完善我国仲裁裁决的司法审查制度。如前所述，《仲裁法》第58条实质上是赋予人民法院对仲裁的实体审查权，导致了仲裁“一裁终局”成为空话，严重影响了仲裁制度的权威性。基于此，有学者认为，把人民法院对仲裁机构裁决的司法审查权限严格限定于程序审查，建议将第58条修改为：“当事人提出的证据证明裁决有下列情形之一的，可以向仲

① 沈四宝、王晓刚、沈建中、马其家：《美国证券仲裁及其启示》，载《证券市场导报》2003年第1期。

裁地或仲裁机构所在地的中级人民法院申请撤销裁决：（一）仲裁协议不存在或无效、失效；（二）仲裁庭的组成或仲裁程序与当事人的协议不一致，除非此种协议与仲裁法的强制性规定不符，或者当事人无此协议时，与仲裁法不符；（三）提出申请的当事人一方未能获得有关委任仲裁员或进行仲裁程序的适当通知，或者由于其他不属于当事人负责的原因未能陈述案件的；（四）裁决的事项不是提交仲裁的标的，或者不属于仲裁协议的范围；或者属于仲裁机构无权仲裁的，但裁决的事项部分越权时，仅可撤销该部分裁决，除非裁决的事项不可划分。"①

**（三）在《证券法》中增加证券争议仲裁的相关规定，为其立法完善提供最直接的法律支持**

我国证券法明确规定了违反证券法律规范的刑事、行政和民事责任，但是对于证券民事纠纷的解决方式却未作任何规定，这使证券争议仲裁制度的立法完善缺乏最直接的法律支撑。目前，《证券法》的修改已经提到了立法机关的议事日程。② 借助《证券法》修改的东风，在其中增加证券争议仲裁的相关条款，必然会对我国证券争议仲裁制度的立法完善有所裨益。笔者建议，在《证券法》中增加以下条款：

第一，"证券发行或者证券交易中，各方当事人之间发生纠纷时，可以依据事先或者事后达成的书面仲裁协议，向仲裁机构申请仲裁。当事人未达成书面仲裁协议的，可以向人民法院起诉"。此条款的立法目的在于：一方面，明确提出在证券发行或交易过程中财产性争议都可以依据仲裁协议向仲裁机构申请仲裁；另一方面，原则上规定当事人提起仲裁必须以事先或事后达成的书面仲裁协议

---

①　宋连斌、黄进：《〈中华人民共和国仲裁法〉（建议修改稿）》，载《法学评论》2003 年第 4 期。

②　2003 年 7 月 18 日全国人大常委会法工委成立了以周正庆为组长的《证券法》修改起草小组，正式揭开了《证券法》修改的序幕。

为依据。此外，条款还进一步明确了仲裁制度适用于证券法中规定的所有证券种类，从而弥补了国务院《股票发行与交易管理暂行条例》等法规中规定仲裁制度仅能适用于股票发行或交易中争议解决的立法漏洞。

第二，“客户与证券公司之间因为证券公司的业务引起或者与证券公司的业务活动有关的争议，客户可以要求将争议提交仲裁。凡公司股东与公司之间或者与公司董事、监事、经理或者其他高级管理人员之间，基于公司章程、《公司法》及其他有关法律、行政法规所规定的权利义务发生的与公司事务有关的争议或权利主张，公司股东可以将此类争议或者权利主张提交仲裁”。或是由于投资者在购买证券时都是通过承销机构进行，与证券发行人即股份公司之间并没有发生直接的关系，缺乏书面合同，无法在其中约定仲裁条款；或是由于投资者在委托证券公司进行证券交易时处于弱势，证券公司可能会拒绝与之约定仲裁条款。在此情况下，法律应当明确投资者与其他证券经营参与者之间即使没有事先或者事后达成的书面仲裁协议，投资者也有权将争议提交仲裁，从而体现出证券争议仲裁制度全面、高效地维护投资者权益的价值功效。

第三，“依照规定申请仲裁机构仲裁的，由仲裁机构作出仲裁裁决，并制作仲裁裁决书。对仲裁机构的仲裁裁决，当事人应当履行。当事人一方在规定期限内不履行仲裁机构的仲裁裁决的，另一方可以申请人民法院强制执行”。此条款明确了证券争议仲裁裁决的法律效力，保障了仲裁裁决的履行。

第四，“证券发行或者交易纠纷申请仲裁的期限为 1 年，自当事人知道或应当知道其权利被侵害之日起计算”。此条款立法目的在于明确证券争议仲裁的时效问题。查《民法通则》有关诉讼时效规定为期 2 年，自当事人知道或者应当知道其权利被侵害之日起计算。个别种类纠纷则设有 1 年期限之例外。为了确保证券争议当事人的实体利益及程序利益，将证券仲裁申请时效期设定为 1 年，即当事人自知道或应当知道权利被侵害时起 1 年内，其可依有效的证券仲裁争议向仲裁机构申请仲裁，超过仲裁时效之后，当事人仍可依《民法通则》规定2年诉讼时效，向法院提起诉讼。①

**（四）借鉴国外先进立法经验，制定《证券仲裁示范规则》，指导证券争议仲裁实践②**

证券市场中的争议往往表现出争议标的大、社会影响广、案情疑难复杂、专业性强的特点，仅依靠《仲裁法》、《证券法》中的原则性规定往往难以全面规范证券争议仲裁。针对证券争议仲裁的特殊性，借鉴国外先进仲裁经验，有必要由中国证券监督管理委员会牵头，会同中国证券业协会、中国国际经济贸易仲裁委员会、上海和深圳证券交易所等相关部门的专家学者，组织制定符合证券争议解决特点的全国性的《证券仲裁示范规则》，通过制度创新的方式来指导证券争议仲裁实践。

在《证券仲裁示范规则》中应当着重解决以下几方面问题：（1）进一步明确证券争议仲裁受理的范围；（2）规定证券争议仲裁实行证券仲裁员名册制，进一步提高证券仲裁员的公信度和专业性；（3）严格规定证券仲裁员实行披露制度；（4）规定仲裁员在处理证券纠纷时不一定要遵从证据法定规则；（5）强调在整个仲裁过程中可以灵活运用调解机制；（6）对案件受理的收费和审理的时间作出明确的规定。

综上所述，证券争议仲裁是证券市场中争议解决的基本途径之一，其具有更加全面、高效地保护投资者合法权益和缓解法院受案压力、促进多元化证券争议解决机制建立的价值功效。在我国证券市场发展过程中，证券争议仲裁制度由于观念、体制和立法等方面因素的影响，而未能发挥其应有的作用。这显然不符合我国完善社

① 叶振宇：《仲裁程序选择权研究》，载梁慧星主编：《民商法论丛》（第12卷），法律出版社1999年版，第197页、第270页。

② 上海证券交易所、对外经济贸易大学法学院联合课题组：《证券纠纷仲裁制度方案设计》，课题主持人：沈四宝、卢云华。

会主义市场经济体制和维护证券市场健康、有序发展的要求。因此，有必要从立法角度入手通过对证券争议仲裁法律制度的完善，促进我国现有仲裁体制和观念的变革，以体制和观念的转变推动立法的不断进步和发展，为我国社会主义市场经济体制的完善和证券市场健康、有序发展提供有力的保障。

# 参考文献

## 中文类

[1] 彭真明:《注册会计师对第三人民事责任研究》,中国社会科学出版社 2006 年版。

[2] 彭真明、常健、江华:《商法前沿问题研究》,中国法制出版社 2005 年版。

[3] 彭真明、常健:《盲目照搬还是尊重国情—对当前〈公司法〉修改中几个问题的反思》,《法商研究》2005 年第 4 期。

[4] 彭真明:《论注册会计师对第三人民事责任的归责原则》,《法商研究》2004 年第 6 期。

[5] 彭真明:《论注册会计师不实财务报告民事责任的承担主体》,台北《月旦财经法》2005 年第 1 期。

[6] 彭真明:《注册会计师不实财务报告民事责任的定性》,《甘肃政法学院学报》2005 年第 3 期。

[7] 彭真明:《论证券分析师的民事责任》,《中南民大学报》2004 年第 4 期。

[8] 彭真明、周子凡:《管理层收购的法律分析》,《法律科学》2003 年第 3 期。

[9] 彭真明:《独立董事与我国公司治理结构》,《武汉大学学报》2003 年第 3 期。

[10] 彭真明、江华:《美国独立董事制度与德国监事会制度之比较——也谈中国公司治理结构模式的选择》,《法学评论》2003 年第 1 期。

[11] 彭真明、常健:《管理层收购与国有资产保护》,《浙江社会科学》2004 年第 4 期。

[12] 彭真明:《论操纵期货市场行为及其法律责任》,《华中师范大学学报》1998 年第 4 期。

[13] 彭真明:《论注册会计师不实财务报告的民事责任》,《法律科学》2006 年第 5 期。

[14] 彭真明:《论注册会计师不实财务报告民事责任的认定》,《法学评论》2006 年第 4 期。

[15] 彭真明、江华:《论利益相关者理论与我国公司治理结构的完善》,《甘肃政法学院学报》2007 年第 1 期。

[16] 冯果、彭真明主编:《公司与企业法》,中国法制出版社 2007 年版。

[17] 彭真明、陆剑:《上市公司治理的另类路径——德国公司治理立法最新进展评析》,《法商研究》2007 年第 3 期。

[18] 彭真明主编:《公司法教程》,对外经济贸易大学出版社 2007 年版。

[19] 陈洁:《证券欺诈侵权损害赔偿研究》,北京大学出版社 2002 年版。

[20] 财政部注册会计师考试委员会办公室编:《审计》,东北财经大学出版社 1998 年版。

[21] 杜景林、卢谌译:《德国商法典》,中国政法大学出版社 2000 年版。

[22] 丁平准主编:《中国注册会计师法律责任——案例与研究》,辽宁人民出版社 1998 年版。

[23] 符启林主编:《中国证券交易法律制度研究》,法律出版社 2000 年版。

[24] 郭峰主编:《证券法律评论》,法律出版社 2001 年第 1 卷。

[25] 郭锋主编:《虚假陈述证券侵权赔偿》,法律出版社 2003 年版。

[26] 郭琳广、区沛达,刘巍、李伟斌等编译:《香港公司证券法》,法律出版社 1999 年版。

[27] 高如星、王敏祥:《美国证券法》,法律出版社 2000 年版。

[28] 顾功耘:《公司法律评论》(2001 年卷),上海人民出版社 2001 年版。

[29] 贺绍奇:《"内幕交易"的法律透视——理论研究与案例分析》,人民法院出版社 2000 年版。

[30] 蒋大兴:《公司法的展开与评判》,法律出版社 2001 年版。

[31] 梁慧星:《民法总论》,法律出版社 1996 年版。

[32] 梁慧星主编:《民商法论丛》(第 1 卷),法律出版社 1994 年版。

[33] 梁慧星主编:《民商法论丛》(第 5 卷),法律出版社 1996 年版。

[34] 梁慧星主编:《民商法论丛》(第 9 卷),法律出版社 1998 年版。

［35］梁慧星主编：《民商法论丛》（第12卷），法律出版社1999年版。

［36］梁慧星主编：《民商法论丛》（第16卷），金桥文化出版（香港）有限公司2000年版。

［37］梁慧星主编：《民商法论丛》（第26卷），法律出版社2003年版。

［38］李国光、贾纬编著：《证券市场虚假陈述民事赔偿制度——最高人民法院〈关于审理证券市场因虚假陈述引发的民事赔偿案件的若干规定〉评释》，法律出版社2003年版。

［39］龙卫球：《民法总论》，中国法制出版社2002年第2版。

［40］林国全：《证券交易法研究》，中国政法大学出版社2002年版。

［41］刘燕：《会计法》，北京大学出版社2001年版。

［42］罗结珍译：《法国公司法典》，国际文化出版公司1995年版。

［43］赖英照：《证券交易法逐条释义（第1册）》，台北三民书局1992年版。

［44］赖英照：《证券交易法逐条释义》（第4册），台北三民书局1991年版。

［45］赖源河：《证券管理法规》，自版发行，1989年。

［46］赖源河：《证券管理法规》1998年增修订2版。

［47］梅仲协：《民法要义》，中国政法大学出版社1998年版。

［48］齐斌：《证券市场信息披露法律监管》，法律出版社2000年版。

［49］史尚宽：《债法总论》，中国政法大学出版社2000年版。

［50］史尚宽：《民法总论》，中国政法大学出版社2000年版。

［51］汤敏、茅于轼主编：《现代经济学前沿专题》（第二集），商务印书馆1993年版。

［52］王泽鉴：《侵权行为法》，中国政法大学出版社2001年版。

［53］王泽鉴：《民法学说与判例研究》（第2册），中国政法大学出版社1997年版。

［54］王泽鉴：《民法学说与判例研究》（第6册），中国政法大学出版社1999年版。

［55］王启富、陶髦主编：《法律辞海》，吉林人民出版社1998年版。

［56］王利明：《侵权行为法归责原则研究》，中国政法大学出版社1995年版。

［57］王利明：《民商法研究》（第五辑），法律出版社2001年版。

［58］王利明：《民法·侵权行为法》，中国人民大学出版社 1993 年版。

［59］万猛、刘毅：《英美证券法律制度比较研究》，武汉工业大学出版社 1998 年版。

［60］吴志攀主编：《国际金融法》，法律出版社 1999 年版。

［61］万鄂湘主编：《民商法理论与审判实务研究——全国法院第十五届学术讨论会获奖论文集》，人民法院出版社 2004 年版。

［62］魏振瀛主编：《民法》，北京大学出版社、高等教育出版社 2000 年版。

［63］肖峋编著：《仲裁制度、仲裁程序与仲裁实例分析》，中国法制出版社 1997 年版。

［64］谢荣：《中国注册会计师职业发展战略》，中信出版社 2002 年版。

［65］徐杰主编：《经济法论丛》（第 2 卷），法律出版社 2001 年版。

［66］叶林：《证券法》，中国人民大学出版社 2006 年版。

［67］杨志华：《证券法律制度研究》，中国政法大学出版社 1995 年版。

［68］余雪明：《证券交易法》，台湾证券暨期货市场发展基金会 2001 年版。

［69］郑顺炎：《证券市场不当行为的法律实证》，中国政法大学出版社 2000 年版。

［70］郑玉波主编：《民法债编论文选辑》，五南图书出版公司民国 69［1980］年版。

［71］周爱民：《股市有效性、泡沫与预警》，经济科学出版社 1998 年版。

［72］周志诚；《注册会计师法律责任——中国海峡两岸案例比较研究》，上海财经大学出版社 2001 年版。

［73］张明远著：《证券投资损害诉讼救济论》，法律出版社 2002 年版。

［74］张新宝著：《中国侵权行为法》，中国社会科学出版社 1995 年版。

［75］《中国证券法破产法改革》，中国政法大学出版社 1999 年版。

［76］《民商法纵论：江平教授 70 年华诞祝贺文集》，中国政法大学出版社 2000 年版。

［77］［意］彼得罗·彭梵得：《罗马法教科书》，黄风邦凡特译，中国政法大学出版社 1992 年版。

［78］［英］密尔松：《普通法的历史基础》，李显东等译，中国大百科全书出版社 1999 年版。

[79] [英] R.E.G. 佩林斯·A. 杰弗里斯编:《英国公司法》,《公司法》翻译小组译,上海翻译出版公司1984年版。

[80] [德] 康德:《法的形而上学原理——权利的科学》,沈叔平译,商务印书馆1991年版。

[81] [美] 迈克尔·D. 贝勒斯:《法律的原则——一个规范的分析》,张文显等译,中国大百科全书出版社1996年版。

[82] [美] R.M. 昂格尔:《现代社会中的法律》,吴玉章、周汉华译,译林出版社2001年版。

[83] [美] 奥利弗·E. 威廉姆森:《资本主义经济制度》,段毅才、王伟译,商务印书馆2002年版。

[84] [美] 道格拉斯·R. 卡迈克尔等著:《审计概念与方法》,刘明辉、胡英坤译,东北财经大学出版社1999年版。

[85] [美] 阿尔文·A. 阿伦斯·詹姆斯·K. 洛不贝克:《审计学——整合方法研究》,中国审计出版社2001年版。

[86] [美] 罗纳德·德沃金:《认真对待权利》,信春鹰、吴玉章译,中国大百科全书出版社1998年版。

[87] [英] 哈耶克:《自由秩序原理》,邓正来译,三联书店1997年版。

[88] [美] 罗伯特·考特、托马斯·尤伦:《法和经济学》,张军译,三联书店1994年版。

[89] R.K. 莫茨·H.A. 夏拉夫著:《审计理论结构》,文硕等译,中国商业出版社1990年版。

[90] 史际春、李青山:《论经济法的理念》,载史际春、邓峰主编,《经济法学评论》(第3卷),中国法制出版社2003年版。

[91] 曹玉俊、李怀祖:《欺诈行为的经济学分析》,《当代经济科学》1998年第3期。

[92] 曹建明:《国际经济法学》,中国政法大学出版社1999年版。

[93] 王伯琦:《民法总则》,正中书局1979年版。

[94] 曾世雄:《损害赔偿法原理》,中国政法大学出版社2001年版。

[95] [日] 枝川公一著、宇燕平等译:《罪与罚——现代美国犯罪面面观》,海南出版社1997年版。

[96] 郑顺炎:《证券内幕交易规制的本土化研究》,北京大学出版社2002年版。

[97] 胡华勇:《股票市场操纵行为监管研究》,法律出版社 2005 年版。

[98] 吴弘主编:《中国证券市场发展的法律调控》,法律出版社 2001 年版。

[99] 杨亮:《内幕交易论》,北京大学出版社 2001 年版。

[100] 胡晓珂:《证券欺诈禁止制度初论——以反欺诈条款为中心的研究》,经济科学出版社 2004 年版。

[101] 费孝通:《差序格局》,载《乡土中国》,三联书店 1985 年版。

[102] 罗怡德:《证券交易法》,台湾黎明文化事业股份有限公司 1991 年版。

[103] 成思危:《虚拟经济探微》,载《虚拟经济理论与实践——第二届全国虚拟经济研讨会论文选》,南开大学出版社 2003 年版。

[104] 李东方:《证券监管法律制度研究》,北京大学出版社 2002 年版。

[105] 杨峰:《证券民事责任制度比较研究》,法律出版社 2006 年版。

[106] 汤欣:《证券市场虚假陈述民事赔偿制度评析——兼论证券法上的一般性反欺诈条款》,《证券法律评论》第 3 卷,法律出版社 2003 年版。

[107] 王连洲、李诚著:《风风雨雨证券法》,上海三联书店 2000 年版。

[108] 程啸著:《证券市场虚假陈述侵权损害赔偿责任》,人民法院出版社 2004 年版。

[109] 贺绍奇:《"内幕交易"的法律透视》,人民法院出版社 2000 年版,第 279—280 页。

[110] 张卫平著:《诉讼的架构与程式》,清华大学出版社 2000 年版。

[111] 参见 [日] 小岛武司著:《诉讼制度改革的法理与实证》,陈刚、郭美松等译,法律出版社 2001 年版。

[112] 范愉编著:《集团诉讼问题研究》,北京大学出版社 2005 年版。

[113] [美] 史蒂文·苏本、玛格瑞特·伍著:《美国民事诉讼的真谛》,蔡彦敏、徐卉译,法律出版社 2002 年版。

[114] 白晓红、李挺伟:《会计师事务所虚假验资如何承担民事责任》,《中国注册会计师》2001 年第 4 期。

[115] 白硕:《证券虚假陈述民事责任研究》,法大民商经济法律网。

[116] 毕秀玲:《论审计应有职业关注概念的基本理论》,《审计研究资料》1999 年第 7 期。

[117] 曹玉俊、李怀祖:《欺诈行为的经济学分析》,《当代经济科学》

1998 年第 3 期。

［118］曹顺明、郎贵梅：《我国信息披露不实的民事责任及其立法完善》，《当代法学》2002 年第 4 期。

［119］常健、饶常林：《试论我国实现法治的途径》，《江海学刊》2001 年第 1 期。

［120］常铁威：《证券内幕交易立法比较研究》，《中外法学》1995 年第 5 期。

［121］蔡奕：《英国关于市场操纵的立法与实践》，《证券市场导报》2004 年第 12 期。

［122］陈洁：《会计师提供不实信息致第三人损害的民事责任》，《人民司法》1999 年第 12 期。

［123］陈甦：《信息公开担保的法律性质》，《法学研究》1998 年第 4 期。

［124］陈锦隆：《会计师查核签证财务报表之民事责任》，《台湾会计研究月刊》第 171 期。

［125］陈汉文：《证券分析师、定价机制与利益冲突》，《审计与理财》2003 年第 6 期。

［126］陈真：《证券争议纠纷解决方式之探讨——我国证券仲裁制度之反思与构建》，《中国对外贸易商务月刊》2002 年第 10 期。

［127］程安林：《注册会计师对第三人民事责任若干问题研究》，《审计研究》2002 年第 2 期。

［128］崔勇：《中国注册会计师验资民事责任若干问题探讨》，《山东社会科学》2002 年第 6 期。

［129］邓磊：《论律师在证券业务中不实陈述的民事责任》，《律师世界》2003 年第 3 期。

［130］杜要忠：《采用集团诉讼完善我国证券民事诉讼机制》，《证券时报》2002 年 8 月 26 日。

［131］冯果：《内幕交易与私权救济》，《法学研究》2000 年第 2 期。

［132］飞草：《独立审计侵权责任归责原则——过错抑或过错推定》，CPA. Esnai. com. 2001 年 11 月 28 日。

［133］甘小晶：《过错责任，注册会计师民事责任的归责原则》，《江西财经大学学报》2001 年第 6 期。

［134］黄晓莉：《证券信息披露制度中中介机构的法律责任》，转自人大

复印资料《经济法学·劳动法学》2003 年第 4 期，原载《广东省经济管理干部学院学报》2002 年第 4 期。

[135] 金泽刚:《操纵证券交易价格行为及法律责任》,《中南财经政法大学学报》2002 年第 4 期。

[136] 贾纬:《对最高人民法院〈关于审理证券市场因虚假陈述引发的民事赔偿案件的若干规定〉的理解与适用》，天涯法律网。

[137] 蒋尧明:《上市公司会计信息产品民事赔偿责任研究》，《会计研究》2003 年第 4 期。

[138] 蒋尧明、王庆芳:《论会计信息的商品属性》，《财经研究》2002 年第 3 期。

[139] 蒋尧明、张凤英:《论审计报告的“虚假”与“真实”》，《审计研究》2003 年第 2 期。

[140] 姜世明:《德国会计师之第三人责任之研究》(上),《台湾司法周刊》第 994 期。

[141] 姜世明:《律师第三人责任制度之研究》,《法律评论》第六十七卷第十期至第十二期合刊。

[142] 焦津洪:《“欺诈市场理论”研究》,《中国法学》2003 年第 2 期。

[143] 江苏省高级人民法院:《验资单位因虚假验资承担民事责任案件的审理》,《人民司法》2000 年第 8 期。

[144] 刘俊海:《论证券市场法律责任的立法和司法协调》,《现代法学》2003 年第 25 卷第 1 期。

[145] 刘小燕:《禁止内幕交易的立法统一和国际合作趋势》，《社会科学》2000 年第 1 期。

[146] 刘燕:《注册会计师民事责任研究：回顾与展望》，《会计研究》2003 年第 11 期。

[147] 刘燕:《从验资诉讼看会计界与法律界思维方式之分歧》，《经济科学》1999 年第 5 期。

[148] 刘燕:《验资报告的“虚假”与“真实”：法律界与会计界的对立——兼评最高人民法院法函［1996］56 号》,《法学研究》1998 年第 4 期。

[149] 刘正峰:《会计师虚假验资证明民事赔偿责任研究》,《现代法学》1999 年第 4 期。

[150] 刘正峰:《独立审计准则的地位研究》，《中国法学》2002 年第

4 期。

[151] 刘桂明:《律师业面临十大难题》, 中国律师网 http: //www.acla. org. cn/program/article. jsp? ID = 5121&CID = 619243405。

[152] 蓝雅清:《律师民事责任之研究》, 国立台湾大学法律研究所硕士论文, 2002 年 6 月。

[153] 李俊敏:《操纵证券交易市场民事赔偿若干问题初探》, http: //www. dffy. com2003 年 11 月 16 日。

[154] 李爽、吴溪:《审计失败与证券市场监管》,《会计研究》2002 年第 3 期。

[155] 李建东、周一虹:《注册会计师验资断案逻辑探讨》,《兰州商学院学报》1999 年第 2 期。

[156] 李勇坚:《律师从事证券业务对第三者的民事法律责任研究——兼与注册会计师比较》,《金融法苑》第 49 期。

[157] 李若山、朱国泓:《〈私人证券诉讼改革法案〉下的注册会计师法律责任》,《财务与会计》2001 年第 8 期。

[158] 赖武:《证券虚假陈述民事责任的认定》, 《法制与社会发展》2003 年第 2 期。

[159] 林婵娟、蔡彦卿等:《全球会计师法律责任探索》, 《台湾会计师会讯》1996 年第 12 期。

[160] 罗文志:《证券民事赔偿"迷局"》,《经济导刊》2003 年第 4 期。

[161] 梁卫军:《美国的集团诉讼及对我国证券民事案件的借鉴意义》,《学术论坛》2004 年第 2 期。

[162] 缪静:《论注册会计师对第三人的民事责任》,《法学》2002 年第 8 期。

[163] 郎咸平:《保护投资者, 振兴股市新思维》,《新财富》2002 年 2 月号。

[164] 马卓檀:《投资者权益保护逐步落到实处》,《证券时报》2001 年 7 月 12 日。

[165] 邱永红:《证券欺诈中会计师的民事责任》,《律师世界》2002 年第 8 期。

[166] 屈茂辉:《律师职务损害责任探讨》,《法律科学》1999 年第 3 期。

[167] 屈茂辉:《专家民事责任基本问题研究》,《湖南师范大学社会科

学学报》1998 年第 4 期。

[168] 盛建明：《论证券评级机构的法律责任》，2000 年对外经贸大学博士学位论文。

[169] 沈四宝、王晓刚、沈建中、马其家：《美国证券仲裁及其启示》，《证券市场导报》2003 年第 1 期。

[170] 宋利国、曾宇熙：《中国内地与普通法系地区注册会计师法律责任的比较研究》，《安徽大学学报（哲学社会版）》第 23 卷第 4 期。

[171] 宋一欣：《证券民事侵权赔偿理论与实务》，宋一欣律师主页 http：//www. syxlawyer. com. cn。

[172] 宋连斌、黄进：《〈中华人民共和国仲裁法〉（建议修改稿）》，《法学评论》2003 年第 4 期。

[173] 文建秀：《证券市场信息披露中注册会计师的法律责任》，《中国注册会计师》2001 年第 12 期。

[174] 文庶：《从民事责任角度看会计师事务所组织形式》，《中国注册会计师》2003 年第 1 期。

[175] 万学忠：《零点调查告诉你》，《法制日报》1997 年 10 月 14 日第 5 版。

[176] 王利明：《我国证券法中民事责任制度的完善》，《法学研究》2001 年第 4 期。

[177] 王新波：《注册会计师民事责任探讨》，《中国注册会计师》2003 年第 2 期。

[178] 王红光：《律师的法律责任》，http：//www. chineselawyer. com. cn/porgram/magazine/article. jsp? Id = 15432。

[179] 刘才富：《律师责任赔偿制度初探》，《山东法学》1997 年 8 月 20 日。

[180] 王昆江：《论我国证券内幕交易立法的进一步完善》，《河北大学学报》2000 年第 3 期。

[181] 王赫：《试论我国证券内幕交易立法的完善》，《兰州大学学报》1998 年第 2 期。

[182] 王科：《证券市场不实陈述的合同责任性质初探》，《证券市场导报》2002 年第 9 期。

[183] 王建敏：《证券民事诉讼的形式以及前置程序分析》，《政法论丛》

2005 年第 2 期。

［184］ 王祖志：《试析证券民事赔偿司法解释的局限性》，《华东政法学院学报》2003 年第 3 期。

［185］ 王晶：《〈证券法〉161 条连带责任之检讨》，北大法律信息网 www. chinalawinfo. com.

［186］ 王颖：《律师：法律人还是中介人》，《21 世纪经济报道》2003 年 12 月 8 日。

［187］ 翁晓健：《论注册会计师审计失败的归责原则》，《厦门大学法律评论》2001 年第 2 期。

［188］ 徐平：《独立审计法律责任问题研究》，《东北财经大学学报》2001 年第 3 期。

［189］ 肖建华：《群体诉讼与我国代表人诉讼的比较研究》，《比较法研究》1999 年第 2 期。

［190］ 杨峰：《美国集团诉讼及其对完善我国证券侵权群体诉讼制度的借鉴意义》，《福建政法管理干部学院学报》2002 年第 4 期。

［191］ 杨雄胜：《会计诚信问题的理论思考》，《会计研究》2002 年第 3 期。

［192］ 杨明宇：《证券发行中不实陈述的民事责任研究》，中国民商法律网 http：//www. civillaw. com. cn.

［193］ 杨峰：《我国证券强制仲若干问题研究》，《河南政法管理干部学院学报》2002 年第 4 期。

［194］ 余劲军：《论证券法中注册会计师对第三人的民事责任》，《律师世界》2002 年第 3 期。

［195］ 颜延：《从注册会计师的注意义务看独立审计准则的法律地位》，《会计研究》2003 年第 6 期。

［196］ 苑德军、王国平：《证券分析师的两难境地》，《银行家》2003 年第 1 期。

［197］ 殷洁：《证券虚假陈述民事责任制度论》，《法学》2003 年第 6 期。

［198］ 姚俊逸：《中国证券仲裁实践及其新发展》，http：//www. china-arbitration. com/view/view. asp？ id = 129&cate = 4，2003 年 10 月 5 日。

［199］ 叶红光：《证券仲裁制度：证券诉讼的替代机制》，《证券市场导报》2002 年第 5 期。

［200］郑彧：《关于证券信息披露制度中中介机构的法律责任问题之中美比较研究》，《复旦民商法学评论》，法律出版社 2001 年 9 月刊。

［201］张静：《信任问题》，《社会学研究》1997 年第 2 期。

［202］张开平：《构造证券投资的长期预期》，《中国工业经济》1999 年第 2 期。

［203］张保华、李晓斌：《欧盟对操纵市场行为的监管与立法实践》，《中国证券市场导报》2005 年第 1 期。

［204］张文魁：《关于证券市场有争议的几个问题》，《上海金融》2001 年第 9 期。

［205］张新宝：《专家责任》，中国民商法网 http://www. civillaw. com. cn.

［206］张新宝：《专家责任（二）》，中国民商法网 http://www. civillaw. com. cn.

［207］张美珍、陈平泽：《刍议证券虚假陈述民事赔偿问题》，《中国会计师》2002 年 6 月号。

［208］张海波著：《中国股市大索赔》，第七章备受争议的前置程序，http://vnet. business. sohu. com/business/。

［209］张天民：《独立性与注册师的民事责任》，《经济导刊》2002 年第 11 期。

［210］张蕊：《注册会计师的民事责任及其抗辩》，《会计研究》2003 年第 3 期。

［211］张远忠：《论发行公司虚假陈述的民事责任》，《法学》1998 年第 1 期。

［212］张虹、何湘渝：《试论违反〈证券法〉信息公开制度的民事责任——证券法第 63 条及第 161 条对投资者的保护》，《政治与法律》2000 年第 3 期。

［213］张宇润：《证券虚假陈述及民事责任确定之我见》，《政法论坛》第 20 卷第 6 期。

［214］卓泽渊：《中国法治的过去与未来》，《法学》1997 年第 8 期。

［215］周友苏、罗华兰：《论证券民事责任》，《中国法学》2000 年第 4 期。

［216］周志诚：《海峡两岸会计师法律责任之研究》，上海财经大学博士论文 2000 年。

[217] 周建龙:《会计信息的公益性与商品性》,《中央财经大学学报》2000 年第 4 期。

[218] 庄永丞:《论证券交易法第 20 条证券欺诈损害赔偿责任之因果关系》,《中原财经法学》2002 年第 8 期。

[219] 赵秀梅:《证券市场虚假陈述民事责任研究》,《北京理工大学学报》(社会科学版) 2003 年第 4 期。

[220] 占小平:《证券争议仲裁制度研究》, http://www.civillaw.com.cn/weizhang/default.asp? id =9177, 2003 年 10 月 5 日。

[221] 邹海林:《专家责任的构成机理与适用》, 中国法学网 http://www.iolaw.org.cn。

[222] [美] 玛丽亚·S. 博斯等:《对白领犯罪传统观念的挑战》,《外国法译评》1993 年第 4 期。

[223] [美] 小约翰·科菲:《市场失灵与强制披露制度的经济分析》,《经济社会体制比较》2002 年第 1 期。

[224] [美] J. 弗尔博格、李志:《美国 ADR 及其对中国调解制度的启示》,《山东法学》1994 年第 4 期。

[225] [日] 龙田节著:《操纵行情的禁止》, 鲍荣振译,《外国法译评》1994 年第 4 期。

[226]《中科创业案点中法律死穴, 量刑难以震慑证券犯罪》, 新华网无锡频道 2003 年 6 月 20 日消息。

[227] 蒋晓玲:《过失所致之纯粹经济上损失——从律师、会计师谈起》, 载《月旦法学》杂志第 26、27 期。

[228] 姜世明:《德国自由职业者民事责任加重法理基础》, 载《法律评论》2006 年第 5 期。

[229] 黄荃:《台湾会计师签证责任与历来受处分案例之探讨》, 载《台湾会计研究月刊》第 153 期。

[230] 马秀日:《不合理的无限责任与无理的有限责任》, 载《台湾会计研究月刊》第 112 期。

[231] 黄铭杰:《从安然案看我国会计师民事责任之现状》, 载《月旦法学》2002 年第 6 期。

[232] 范瑞华:《公司法与证券交易法下之外部审计人员责任》, 载《万国法律》2002 年第 8 期。

[233] 刘燕:《国外会计师职业发展历程的法律视角》,《中国注册会计师》2000 年第 7 期。

[234] 金勇军:《会计师第三人责任问题》,第 12 届亚太地区国际会计专题研讨会论文。

[235] 刘连煜:《证券诈欺与因果关系》,载《月旦法学》杂志 2001 年 11 月第 78 期。

[236] 王勇华:《登记文件出现不实陈述或重大遗漏的民事责任——美国〈1933 年证券法〉第 11 条评析》,载《证券市场导报》2002 年第 5 期。

[237] 马秀如:《从会计师法的修正看注意义务》,《台湾会计》第 216 期。

[238] 梁卫军:《美国的集团诉讼及对我国证券民事案件的借鉴意义》,载《学术论坛》2004 年第 2 期。

[239] 高翔、闵志慧:《对我国证券欺诈行为的成因分析》,《投资与证券》2000 年第 9 期。

[240] 刘东平:《证券欺诈的成因分析及其法律规制》,西南政法大学 2003 年硕士学位论文。

[241] 张静:《信任问题》,《社会学研究》1997 年第 2 期。

[242] 张志雄、李箐:《基金黑幕——关于基金行为的研究报告解析》,《财经》2000 年 10 月号。

[243] 梁定邦:《龟兔赛跑,赢者为谁——为〈巴菲特:从 100 元到 160 亿〉作序》,《上海证券报》2000 年 3 月 9 日。

[244] 蔡文海:《中国证券欺诈屡禁不止的成因》,香港《信报财经月刊》1999 年 11 月。

[245] 魏杰:《中国股市四论》,《现代金融导刊》1998 年第 5 期。

[246] 赵果:《建立证券民事赔偿制度为何失败》,《经济学消息报》2002 年 3 月 29 日,第 2 版。

[247] 陈旭、刘勇:《对我国股票市场有效性的实证分析及政策建议》,《投资研究》1999 年第 3 期。

[248] 高翔、闵志慧:《对我国证券欺诈行为的成因分析》,《投资与证券》2000 年第 9 期。

[249] 高西庆:《证券市场强制信息披露制度的理论根据》,载《证券市场导报》1996 年 10 月号。

［250］程啸、杨文:《对〈关于审理证券市场因虚假陈述引发的民事赔偿案件的若干规定〉的若干评析》，载《判解研究》2003 年第 1 期。

［251］赖武:《证券虚假陈述民事责任的认定》，载《法制与社会发展》2003 年第 2 期。

［252］郭锋:《证券市场虚假陈述及其民事赔偿责任——兼评最高法院关于虚假陈述民事赔偿的司法解释》，载《法学家》2003 年第 2 期。

［253］张勇健:《对于〈关于审理证券市场因虚假陈述引发的民事赔偿案件的若干规定〉中几个时间点的理解与适用》，载《判解研究》2003 年第 1 期。

［254］常铁威:《证券内幕交易立法比较研究》，载《中外法学》1995 年第 5 期。

［255］杨德敏:《内幕交易民事责任探析》，载《江西财经大学学报》2005 年第 2 期。

［256］薛永慧著:《群体纠纷诉讼机制研究》，中国政法大学 2006 年博士学位论文，第 41—43 页。

［257］《当事人适格之扩张与界限》，载《法学丛刊》1995 年第 1 期。

［258］梁卫军:《美国的集团诉讼及对我国证券民事案件的借鉴意义》，载《学术论坛》2004 年第 2 期。

［259］陈明:《构建我国证券侵权的集成式诉讼制度——兼评国内学者对美国集团诉讼制度的三种态度》，载《兰州学刊》2004 年第 5 期。

## 英文参考文献

1. Dan L. Goldwasser. Thomas Arnold. *Accountant's Liability*. Practicing Law Institute. 2002.

2. James Hamilton. J. D. , L. L. M. Ted Trautmann, J. D. sarbanes-Lxley Act of 2002-law and Explanation. CCH INCORPORATED. 2002.

3. Cf. willis W. Hagen II, *Accountants' Common Law Neglinence Lability to Third Parties*, COLUM, BUS. L. REV. 199 (1988).

4. Marc J. Epstein & Albert D. Spalking. *The Accountant's Guide to Legal Liability and Ethics*, Homewood: Business One Irwan. 1993.

5. Carl S. Hawkins. 1959. "*Professional Negligence Liability of Pubic Accountants*" . 12 VAND L. Rew 797.

6. R. W. V. Dickerson. *Accountants and the law of negligence*. Toronto：Canadian Institute of Chartered Accountants. 1996.

7. Fiflis. *Current Problems of Accountants. Responsibilities to Third Parties*. 28 VAND. L. REV. 31. 1975.

8. Metcalf Committee. *Improving the Accountability of Publicly Owned Corporations and their Auditors*, *Report of the Subcommittee on Peports*, *Accounting and Management of the Committee on Governmental Affairs*, U. S. Senate, Washington. 1978.

9. Howard B. Wiener. *Common Law Liability of the Certified Pubic Accountant for Negligent Misrepresentation*. 20 San Diego L. Rev, 233, 1983.

10. John A. Siciciano. *Negligence Accounting and the Limits of Instrumental Tort Reform* 86 Mich. L. Rev. 1988.

11. Rupert M. Jackson & John L. Powess. 1982. *Professional negligence*; $4^{th}$ edition, London：Sweet & Maxwell; A. M. Dugdale & K. M. Stanton. 1982 *Professional negligence*; $3^{rd}$ edition, London：Butterworths.

12. Behrendt, J. T. , R. Clegg, and R. L. Weilgel, ed. *Accountants' Liability*：*The Need For Fairness*. National Legal Center for the Public Interest. (1994) .

13. Brachel, J. , "*Limited Liability CPA Firms*：*An Attractive Choice*", The Journal of Accountancy, (July 1995), pp. 20—21.

14. Dalton, D. , J. Hill and R. Ramsay. "*The Threat of Litigation and Voluntary Partner/Manager Turnover in Big Six Firms*", Journal of Accounting and Public Policy, (1997), pp. 379—413.

15. Dan L. Goldwassr, "*Accountants'Liability*", The CPA Journal, (Nov. 1988), pp. 72—74.

16. David M. Dennis, Terry J. Engle and William L. Stephens, "*The Effece of Litigation on Public Accounting as a Career Choice*", Accounting Horizon, (June 1996), pp. 1—13.

17. International Federation of Accountants. *Auditors'Legal Liability in The Global Marketplace*：*A case for Limitation*, July 199.

18. Mednick, R. and J. J. Peck, "*Proportionality*：*A Much—Needed Solution*

*to the Accountants' Legal Liability Crsis" in Accountants' Liability*: *The Need for Fairness Chapter* 2 (1994).

19. Newton, N. Minow, "*Accountants'Liability and the Litigation Explosion*", (Sep. 1984), Journal of Accountancy, pp. 70—86.

20. Howard B. Wiener.: *Common Law Liability of the Certified Public Accountant for Negligent Misrepresentation*, Vol. 20 San Diego Law Review No. 2.

21. Kelly Burleson Rushin, *Estate Planning Malpractice*: *Will Alabama Courts Relax the Privity Barrier*, 52 Ala. L. Rev. 1335 (2001).

22. James D. Cox, Robert W. Hillman, Donald C. Langevoort. 23. *Securities Regulation*: *Case and Materials*. A Division of As pen Publishesers, Inc., 1997.

23. Richard H. Fenjamin, Kaplan Kevinm Clemont. *Materials on Civil Procedure*. 1123.

24. Supreme Court of the United states 1931 1us. 32, 61. Ct. 115.

25. William R. Mclucas, John H. Walsh, Lisa L. Fountain, *Settlement of Insider Trading Cases with the SEC*, The Business Lawyer, November, 1992.

26. Aggarwal K. Rajesh and Guojun Wu, *Stock Market Manipulation—theory and Evidence*, University of Michigan Business Working Paper, 2002.

# 后　记

近年来，在我国证券市场相继出现了银广夏、三九医药、蓝田股份及科龙电器等上市公司提供虚假财务信息、欺瞒上市、欺骗投资者的诸多典型案例，证券市场中的欺诈行为到了使中小投资者难以忍受的地步，而证券违法事件中的受害人在行使自己的诉权时，遇到来自公司法、证券法等立法上以及司法实践中众多困难与阻碍，使得追究证券违法者的民事责任成本过高，从而使有心通过诉讼维权者望而却步。我国证券市场投资者的维权诉讼之所以步履维艰，其中一个重要原因就是我国现行法律对于证券市场的投资者权利受到侵害时救济方法规定的相当不完备，证券民事责任制度严重缺位。笔者长期从事证券法、公司法及相关学科的教学与研究，对证券投资者利益的法律保护问题特别关注，发表了一批与此相关的研究成果。2002 年笔者以“证券欺诈的民事责任及其法律救济制度研究”为题申报国家社会科学基金项目，并有幸获得立项（批准号：02CFX005）。《证券欺诈民事救济制度研究》一书为该项目的最终研究成果。

在本书出版之际，我要特别感谢全国哲学社会科学规划办公室对本课题研究给予的支持，感谢浙江师大为本书的出版所给予的大力支持。同时，衷心感谢中国社会科学出版社任明编辑为本书的出版付出的辛勤努力。本书在写作过程中，参考了一些相关著作和论文，将其作为参考书目列入其后，对其作者表示感谢。

彭真明

2007 年 12 月